普通高等院校航空服务类专业重点教材

民用机场现场运行管理与实践

主　编◎李艳伟　游婷婷　闫法威

副主编◎张　喆　王清琦

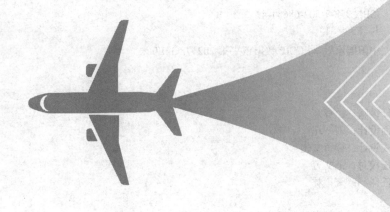

清华大学出版社

北京

内容简介

根据教材的使用对象和教学要求，本书包括机场基础知识、机场管理及运行模式、航班地面保障、航班正常管理、民用机场运行效率等十四章内容，涵盖了《国家职业技能标准——机场运行指挥员（2019年版）》中关于机场现场运行所需的知识体系要求。本书在注重讲解理论基础知识的同时，结合民航部门发布的法律法规、规范性文件等要求进行编写。全书提供了大量的机场图片，图文并茂的编排方式直观鲜明，使学生学有所依，便于理解。同时，本书融入了思政阅读、拓展阅读、复习题、测试题和实践训练等，体系更加丰富。

本书既可作为民航院校交通运输、空港运行与管理、机场运行服务与管理专业的教学用书，也可作为机场运行指挥员的培训教材，还可作为有志于从事民航服务类职业人士的求职面试参考用书和在职人员的专业读物。

图书在版编目（CIP）数据

民用机场现场运行管理与实践 / 李艳伟，游婷婷，闫法威主编.
北京 ：清华大学出版社，2025.4.
(普通高等院校航空服务类专业重点教材).
ISBN 978-7-302-68651-4
Ⅰ．F560.81
中国国家版本馆 CIP 数据核字第 202573G4E0 号

责任编辑：杜春杰
封面设计：刘 超
版式设计：楠竹文化
责任校对：范文芳
责任印制：宋 林

出版发行：清华大学出版社
　　　网　　　址：https://www.tup.com.cn, https://www.wqxuetang.com
　　　地　　　址：北京清华大学学研大厦 A 座　　　　　邮　　编：100084
　　　社 总 机：010-83470000　　　　　　　　　　邮　　购：010-62786544
　　　投稿与读者服务：010-62776969，c-service@tup.tsinghua.edu.cn
　　　质量反馈：010-62772015，zhiliang@tup.tsinghua.edu.cn
印 装 者：大厂回族自治县彩虹印刷有限公司
经　　销：全国新华书店
开　　本：185mm×260mm　　　印　　张：20.25　　　字　　数：467 千字
版　　次：2025 年 5 月第 1 版　　　　　　　　印　　次：2025 年 5 月第 1 次印刷
定　　价：69.80 元

产品编号：104522-01

普通高等院校航空服务类专业重点教材编委会

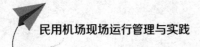
柳　文（湖南通软创智信息科技有限公司）　　贺红艳（中原工学院）

秦　洪（中原工学院）　　贾丽娟（沈阳航空航天大学）

徐　丽（北京城市学院）　　高　婷（沈阳航空航天大学）

郭雅萌（江西青年职业学院）　　唐　珉（桂林航天工业学院）

黄春新（沈阳航空航天大学）　　黄　婧（江西工业贸易职业技术学院）

龚艾蒂（南昌航空大学）　　梁　莹（沈阳航空航天大学）

彭　泽（湖南通软创智信息科技有限公司）　　焦于歌（郑州经贸学院）

游婷婷（广州民航职业技术学院）　　楚　喆（郑州航空工业管理学院）

路　鹏（郑州航空工业管理学院）　　路　攀（郑州航空工业管理学院）

熊慧茹（重庆公共运输职业学院）　　潘万东（河南交通职业技术学院）

序　言

　　我国航空运输业高速持续发展，民航强国的战略意义不言而喻。特别是国产大飞机C919投入商业运营，必将推动我国民航业步入新的历史发展时期，也必将对高质量人才培养提出新的标准。现阶段，我国航空服务类专业发展呈现良好态势，专业开发水平得到迅猛提升，而人才培养过程不仅需要科学化、精细化的人才培养目标，更需要贯穿始终且不断创新的教育教学改革。教材作为人才培养的基础，不仅仅是体现教学内容和教学方法的知识载体，是开展教学活动不可缺少的基本工具，还是深化教育教学改革，全面推进素质教育，培养创新人才的重要保证。简言之，高质量的人才培养需要高水平的教材支撑，开发高质量的教材是新时代专业教育及人才培养之所需，是推动教育模式转变与创新的助力器，更是高等学校教师、行业人士，乃至出版社应有的责任担当。

　　优秀的教材至少需要具备传承、引领及可读性三个特征。传承就是把学科与专业建设中的优秀成果保留下来；引领就是密切结合专业的发展趋势，通过创新，对专业的发展具有导向作用；可读性就是教材易于学习，能更好地为教师服务、为学生服务、为教学服务。不可否认的是，教材往往滞后于专业与行业发展，因此，需要业界共同努力来改变这种状况，顺势而上，不断为教材增添新的内涵。为此，清华大学出版社经过精心准备，在充分调研、论证的基础上，力求打造出更具特色的航空服务类专业重点教材，发挥清华大学出版社在航空服务类专业教材建设方面的引领作用，为航空服务类专业建设与人才培养贡献力量。

　　为突出本系列教材的特色，我们着力于重点教材的深度开发，挖掘其潜力，在细节上做足功课，也在呈现形式上下足功夫，其开发思想体现在以下几方面：

　　第一，回归专业的本质属性。2018年教育部把本科层次的航空服务类专业规范为"航空服务艺术与管理"，学科归属为艺术类，但其内涵并非属于艺术。航空服务与管理是一种高端服务和管理，是一项系统的人与人接触的具有管理属性的技能型工作，在服务品质上有服务的艺术性体现，但不是表演性质的艺术。在之前的专业沿革中，表演艺术属性偏重，影响了人们对航空服务类专业的正确认知。为此，本次重点教材开发试图在此方面做努力。

　　第二，重视服务的自然属性。服务是社会文明程度的重要标志，特别是在满足人们对幸福生活追求的过程中，服务意识或行为发挥着不可替代的作用。培养航空服务人才，一方面是满足行业的需要，另一方面，航空服务人员作为具有青春活力的群体，既代表着个人形象，更代表着航空公司形象，在一定意义上、一定环境中还代表着国家形象，体现着整个社会的服务水平。因此，不能把航空服务类专业的人才培养狭义地理解为航空运输发展的要求，其实也是社会文明与进步不可缺少的要素。

第三，突出多学科交叉融合。航空服务艺术与管理专业属高等教育本科层次，隶属于新文科。结合新文科的发展需求，该专业更需要学科支撑，即多学科交叉融合促其发展，努力架构航空服务专业的学科体系，使服务技能建立在扎实的理论基础上，使所培养的人才更具职业发展潜质、更具开放性，不仅具有航空服务类专业技能的功底，更需要把技能掌握建立在更宽广的知识沃土上，知其然，更知其所以然。

第四，加强课程思政的植入。牢记"为党育人、为国育才"的初心使命，落实立德树人根本任务，培养学生的爱国情怀与高尚人格，强化"民航人"品质的塑造，突出教材不但传授文化知识，更是塑造民族精神，增强文化自信的载体。

我们力求本次航空服务类专业重点教材的开发具备以下特色：

第一，充分体现专业属性，强化服务意识和国际化能力。实现本土人才国际化将极大地增强国际竞争力，航空服务人才国际化是一种过程。这种过程是各种文化交流碰撞的过程，是相互学习，相互渗透，互通有无。基于此，本系列教材注重思政育人，把思想政治教育贯穿在教材编写和人才培养的全过程。

第二，创新教材结构，打破传统教材壁垒。本系列教材均为新形态教材，根据教材内容，增加二维码（形式多样：文字、图片、录音、录像、自测客观题等）。

第三，重视学科交叉，突出学科归属与体现。尝试走出过度强调技能而忽视理论的倾向，使专业建设能更好地建立在学科发展的基础上。

第四，加强顶层系统定位，建立科学的课程门类。避免过度交叉与重叠，使教材简洁、清晰，既体现教材各自的功能，又体现教材之间的有机联系。

优秀教材的诞生需要编写团队千辛万苦的不懈努力和编辑人员一丝不苟的工作态度，我们相信，此次的付出定会开拓航空服务类专业教材的新局面。

普通高等院校航空服务类专业重点教材编委会

2023 年 6 月

前　言

近年来，机场新建、扩建、迁建工程大量涌现，许多机场由中型机场向枢纽机场转型，由一般枢纽机场向大型枢纽机场转型。机场容量的增大、跑滑系统的布局变化及机坪机位分布的重构均为机场运行带来了新的挑战，机场相关部门及原有工作人员面临巨大的现场运行压力，急需大量民航专业技术人才进入岗位，保障机场的正常运行。目前，市场上关于民用机场现场运行的教材并不多，本书编者在教学和实践方面均有一定的经验，因此本书能够满足机场运行类专业的学生和机场运行相关部门人员的需求。

"民用机场现场运行管理与实践"是《普通高等学校本科专业类教学质量国家标准》中对航空类交通运输专业（空港方向）、机场运行服务与管理专业等课程体系要求的一门核心课程。本书涵盖了民用机场现场运行的主要内容，包括机场基础知识、机场管理及运行模式、航班地面保障、民用机场道面系统运行管理、航班正常管理、民用机场运行效率等，同时对民用机场运行所使用的机场运行指挥系统、A-CDM 等进行了介绍，并编辑了大量的实践训练题目。本书具有专业性、针对性、实用性强的特点，结合民航部门发布的法律法规、规范性文件等要求进行编写，同时每章章末都配备了复习题和测试题，适合机场运行指挥员、现场运行人员、普通高校及职业院校交通运输、机场运行服务与管理等专业的学生使用。

本书共分十四章，其中李艳伟（沈阳航空航天大学）编写第一章、第四章、第八章、第十三章，张喆（辽宁省机场管理集团有限公司）编写第五章、第十一章，游婷婷（广州民航职业技术学院）编写第二章、第三章、第六章、第七章，闫法威（首都机场集团有限公司北京大兴国际机场）编写第九章、第十章、第十二章，王清琦（郑州航空工业管理学院）编写第十四章，李艳伟负责全书的统稿。

本书是编者们多年教学和工作经验的总结，大部分内容为原创，部分内容参考了中国民航局、机场司等部门颁布的民航规章、规范性文件及行业标准，少部分内容在参考国内外一些著作的基础上进行了独立的翻译、挑选、修改，在此，编者们向有关作者和编辑表示最诚挚的谢意。由于编者水平有限，书中难免存在疏漏和不足之处，敬请广大读者批评指正。

编　者

目　　录

第五章　民用机场目视助航灯光维护　/　130

第八章　航班地面保障　/ 184 ✈

第十一章　机场陆侧交通运行管理　　/　244

第十二章　机场环境管理　　/　256

第十三章 航班正常管理 / 276

第十四章 民用机场运行效率 / 293

第一章　机场基础知识

【本章学习目标】

- 掌握民用航空系统的组成；
- 掌握我国运输机场的分类；
- 掌握通用机场的分类；
- 掌握民用机场等级划分的方法；
- 掌握机场运行管理法律体系的组成。

第一节　民用航空系统

民用航空是指使用航空器从事除国防、警察和海关等国家航空活动以外的航空活动。民用航空活动是航空活动的一部分，同时以"使用航空器"界定了它和航空制造业的界限，用"非军事等性质"表明了它和军事航空等国家航空活动不同。

一、民用航空的分类

民用航空分为两部分：公共航空运输（商业航空）和通用航空。

公共航空运输（商业航空）又称航空运输，是指使用航空器进行经营性客货运输的航空活动。它的经营性表明这是一种商业活动，以营利为目的。它又是运输活动，是交通运输的一个组成部门，与铁路运输、公路运输、水路运输和管道运输共同组成了国家的交通运输系统。尽管航空运输在运输量方面与其他运输方式相比是较少的，但由于快速、远距离运输的能力及高效益，航空运输在总产值上的排名不断提升，而且在经济全球化的浪潮中和国际交往上发挥着不可替代的作用。

除了公共航空运输，民用航空的其余部分统称为通用航空。通用航空是指除军事、警务、海关缉私飞行和公共航空运输飞行以外的航空活动，包括从事工业、农业、林业、渔业、矿业、建筑业的作业飞行和医疗卫生、抢险救灾、气象探测、海洋监测、科学实验、遥感测绘、教育训练、文化体育、旅游观光等方面的飞行活动。通用航空包括多项内容，范围十分广泛，大致可以分为以下几类。

1. 工业航空

工业航空指的是使用通用航空器从事工业生产的航空作业，包括使用航空器进行工矿业有关的各种活动，具体的应用有航空摄影、航空物探、航空石油服务、海洋监测等。在这些领域中，利用航空的优势可以完成许多以前无法进行的工程。例如海上采油，如果没有航空提供便利的交通和后勤服务，很难出现这样一个行业。工业航空包括以下几种常见的作业形式。

（1）航空物探：使用通用航空器及专用设备从空中测量地球各种物理场（磁场、电磁场、重力场、放射性场等）的变化，以了解地下地质情况和矿藏分布状况的航空作业。

（2）空中巡查：使用通用航空器及专用设备按预先设定的区域从空中对被检测目标进行巡查的航空作业。

（3）海洋监测：使用通用航空器及专用设备对领海和专属经济区内海洋资源的使用情况进行空中巡逻、监测和执法等航空作业。

（4）直升机机外载荷飞行：以直升机为起吊平台进行的吊装、吊运等航空作业。

（5）航空摄影：以测绘为目的，使用通用航空器及专用设备从空中对地表景物进行拍摄的航空作业。

（6）航空石油服务：使用通用航空器为石油勘探和开采提供服务的航空作业，分为石油服务和海上石油服务。

2. 农业航空

农业航空包括农、林、牧、渔各行业的航空服务活动，如森林防火、灭火、喷洒农药等。农业航空包括以下几种常见的作业形式。

（1）航空喷洒（撒）：使用通用航空器及专用喷洒（撒）设备，从空中向地面目标区喷洒（撒）液态或固态物料的航空作业。

（2）航空播种：使用通用航空器及专用播撒设备，从空中向地面目标区域播撒植物种子的航空作业。

（3）航空护林：使用通用航空器及专用仪器设备并配备专业人员，实施森林消防的航空作业。航空护林包括巡护预警、机降灭火、索（滑）降灭火、吊桶灭火。

① 巡护预警：森林航空消防飞行观察员乘坐通用航空器在林区上空巡查火情并对其进行观察、判断、记录、报告的过程。

② 机降灭火：扑火队员乘坐直升机降落到火场附近，扑救森林火灾的航空作业。

③ 索（滑）降灭火：扑火队员通过悬停的直升机上的索（滑）降设备降至地面扑救森林火灾的航空作业。

④ 吊桶灭火：使用直升机外挂吊桶装载化学药剂或水，扑救森林火灾的航空作业。

（4）人工降水：当云中降水条件不足时，使用通用航空器向云层中播撒催化剂以促进降水的航空作业。

（5）气象探测：使用通用航空器及专用设备对大气物理、大气化学和气象现象进行探索、测量的航空作业。

（6）渔业飞行：使用通用航空器及专用设备对渔业资源及使用情况进行空中巡逻、监测的航空作业。

3. 航空科研和探险活动

航空科研是使用通用航空器进行空中科学实验的航空作业，包括新技术的验证、新飞机的试飞，以及气象天文观测和探险活动。

4. 航空体育运动

航空体育运动是使用各类航空器开展的体育活动，如跳伞、滑翔机、热气球以及航空模型运动。

5. 其他

（1）公务飞行：使用30座以下的通用航空器按单一用户（企业、事业单位、政府机构、社会团体或个人）确定的时间、始发地和目的地，为其公务活动提供的无客票飞行服务。

（2）通用航空包机飞行：单一用户（企业、事业单位、政府机构、社会团体或个人）与通用航空企业签订包机合同，包租30座以下的通用航空器为其提供的飞行服务。

（3）直升机引航作业：使用直升机在外籍轮船和港口之间运送引航员的飞行服务。

（4）航空应急救援：使用通用航空器及专用设备实施应急救援的航空作业。

（5）航空医疗救护：使用通用航空器及专用医疗救护设备并配备专业医护人员，对患者进行紧急施救的飞行服务。

（6）空中游览：使用通用航空器搭载游客在特定地域上空进行观光游览的飞行服务。

（7）空中拍照：使用通用航空器及专用设备为影视制作、新闻报道、比赛转播等拍摄空中影像资料的航空作业。

（8）空中广告：使用通用航空器进行广告宣传的飞行服务。

（9）航空城市消防：使用通用航空器对城市建筑物进行火情监测、空中灭火、人员救援等航空作业。

（10）航空表演飞行：使用通用航空器展示飞机性能和飞行技艺，以普及航空知识和满足观众观赏需求为目的而进行的飞行活动。

（11）航空竞技飞行：使用通用航空器，以检验、交流飞行技能为目的而进行的竞技飞行活动。

（12）个人娱乐飞行：拥有飞行驾驶执照的个人为保持和提高飞行技能、体验飞行乐趣、展示飞行技艺而进行的飞行活动。

（13）私用或商用飞行驾驶执照培训：使用通用航空器，以掌握飞行驾驶技术、获得飞行驾驶执照为目的而进行的飞行活动。

（14）航空训练飞行：民用航空驾驶员为提高飞行技能、保持驾驶执照有效性及增加型别等级等进行的飞行活动。

使用民用航空器从事通用航空经营活动的企业，称之为通用航空企业。截至 2022 年年底，获得通用航空经营许可证的传统通用航空企业 661 家。其中，华北地区 130 家，东北地区 48 家，华东地区 179 家，中南地区 150 家，西南地区 93 家，西北地区 37 家，新疆维吾尔自治区 24 家。通用航空在册航空器总数达 3186 架，其中，教学训练用飞机 1157 架。

2020 年 7 月 29 日，中国民用航空局（以下简称民航局）发布了《通用航空经营许可管理规定》（CCAR-290-R3），其中将经营性通用航空活动分为三类。

（1）载客类，是指通用航空企业使用符合民航局规定的民用航空器，从事旅客运输的经营性飞行服务活动。载客类经营活动主要类型包括通用航空短途运输和通用航空包机飞行。

（2）载人类，是指通用航空企业使用符合民航局规定的民用航空器，搭载除机组成员及飞行活动必需人员以外的其他乘员，从事载客类以外的经营性飞行服务活动。

（3）其他类，是指通用航空企业使用符合民航局规定的民用航空器，从事载客类、载人类以外的经营性飞行服务活动。

二、民用航空系统的组成

从组织结构上看，民用航空系统由政府部门、参与航空运输的各类民航企业、民航机场三大部分组成。

（一）政府部门

民用航空业对安全的要求高，涉及国家主权和国家交往的事务多，要求迅速协调和统一调度，因而几乎各个国家都设立独立的政府机构来管理民航事务，我国是由民航局来负责管理的。政府部门管理的主要内容如下。

（1）制定民用航空各项法规、条例，并监督这些法规、条例的执行。

（2）对航空企业进行规划、审批和管理。

（3）对航路进行规划和管理，并对日常的空中交通实行管理，保障空中飞行安全、有效、迅速地实行。

（4）对民用航空器及相关技术装备的制造、使用制定技术标准，进行审核、发证，监督安全，调查处理民用飞机的飞行事故。

（5）代表国家管理国际民航的交往、谈判，参加国际组织内的活动，维护国家的利益。

（6）对民航机场进行统一规划和业务管理。

（7）对民航的各类专业人员制定工作标准，颁发执照，并进行考核，培训民航工作人员。

（二）民航企业

民航企业是指从事和民航业有关的各类企业。其中，最主要的是航空运输企业，即我们常说的航空公司，它们掌握航空器，从事生产运输，是民航业生产收入的主要来源。其他类型的航空企业如油料、航材、销售等，都是围绕运输企业开展活动的。航空公司的业务主要分为两个部分：一部分是航空器的使用（飞行）、维修和管理，另一部分是公司的经营和销售。

（三）民航机场

机场是民用航空和整个社会的结合点，也是一个地区的公众服务设施，它既带有营利的企业性质也带有为地区公众服务的事业性质，因此世界上大多数机场是地方政府管辖下的半企业性质的机构。主要为航空运输服务的机场称为航空港或简称空港，使用空港的一般是较大的运输飞机，空港要有为旅客服务的地区（候机楼）和相应设施。

民用航空是一个庞大复杂的系统，其中有事业性质的政府机构，有企业性质的航空公司，还有半企业性质的空港，只有各个部分协调运行，才能保证民用航空事业迅速发展。

第二节　机场发展概述

国际民航组织将机场（航空港）定义为：供航空器起飞、降落和地面活动而划定的一块地域或水域，包括域内的各种建筑物和设备装置，主要由飞行区、旅客航站区、货运区、机务维修设施、供油设施、空中交通管制设施、安全保卫设施、救援和消防设施、行政办公区、生活区、后勤保障设施、地面交通设施及机场空域等组成。民用运输机场包括一系列的建筑，主要有跑道、塔台、停机坪、航站楼、停车场、联外交通设施等，大型机场还可能有地勤服务专用场所、场内运输设施、维修区域、储油库等。机场可分为非禁区和禁区，跑道、滑行道、停机坪、储油库、安检区、候机区等都属于禁区。非禁区和禁区都要严格管控。

一、机场发展历史

最早的飞机起降落地点是草地，一般为圆形草坪，飞机可以在任何角度，顺着有利的风向进行起降。机场周围会有一个风向仪及机库（因为当时的飞机一般是由木头和帆布制成的，不能风吹雨打、日晒雨淋）。之后开始使用土质场地，避免草坪增加的阻力，然而，土质场地并不适合潮湿的气候，否则会泥泞不堪。随着飞机重量的增加，起降要求亦跟着提高，混凝土跑道开始出现，任何天气、任何时间皆适用。

1922年，第一个供民航业使用的永久机场和航站楼出现在德国柯尼斯堡，这个时代的机场开始使用水泥铺设的停机坪，允许夜间飞行和较重的飞机降落。20世纪20年代后期，出现第一个使用照明设施的机场。20世纪30年代，进场下滑照明设备开始使用，因此飞机起降的方向和角度开始有了固定的规定。国际民用航空组织标准化了照明的颜色和闪光时间间隔。20世纪40年代，坡度线进场系统开始使用，这一系统包括两排灯光，形成了一个漏斗状图案，用于标示飞机在机场滑翔坡的位置。此外，灯光还用于指示不正确的进场高度和方向。这些标准化的照明措施对于确保飞行安全、提高机场运行效率具有重要意义。

第二次世界大战之后，机场的设计越发趋于复杂，航站楼聚集在一处，而跑道聚集在另一处，这样的安排可方便机场设施的扩展，但也意味着乘客在登机时必须移动较长的距离。之后，机场所铺设的混凝土开始有了导水沟槽，与飞机降落的角度垂直，有助于排水，避免影响飞机起降作业。

20世纪60年代后，机场的建设随着喷气式飞机的增加蓬勃发展，跑道延伸至3000m

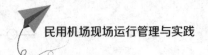

长,利用滑模机筑出连续性的强化混凝土跑道,现代化的机场航站楼也开始使用廊桥系统,乘客不必走出室外登机。

我国机场发展过程可分为以下几个阶段。

(一)改革开放之前的机场发展概况

1949 年以前,我国拥有(含港、澳、台)民用航空运输机场 36 个,除两航使用的民航机场(基地或航空站)外,大多为军民合用机场;除上海龙华、广州白云等机场可起降 DC-4 型运输机外,一般只适用起降 DC-2 型、DC-3 型等中小运输机。

1949 年后到改革开放前,我国陆续新建、改扩建了天津、首都、虹桥、广州、武汉南湖、太原武宿、兰州中川、合肥骆岗、哈尔滨阎家岗等一批民用机场。1978 年,运输机场的数量增加到 78 个,但除北京首都、上海虹桥、广州白云、天津张贵庄等部分省会机场可起降波音、麦道等大中型喷气飞机外,大多数机场规模较小。

(二)1979—1985 年

改革开放以后,中国民航事业迎来了快速发展的新时期,民用机场建设进入一个高峰期。从 1979 年到 1985 年,为适应民航陆续引进的一批较先进的喷气飞机的运行需要,先后新建了厦门高崎、北海福成、温州永强、南通兴东等机场,扩建大连周水子、汕头外砂等机场,并对成都双流、海口大英山、桂林奇峰岭、福州义序等机场进行了改造和扩建。1984 年,历时 10 年的北京首都国际机场第一次扩建工程结束,北京首都国际机场成为我国第一个拥有两条跑道的民用机场。在这一时期,机场建设在投资、设计、施工技术等方面进行了大胆的尝试。

(三)1986—1990 年("七五"时期)

"七五"期间,我国陆续引进了大型中、远程宽体式喷气飞机,这进一步促使我国的民用机场在建设标准、规模以及安全保障等各方面不断提高。同时,随着国家经济发展,各地方政府修建机场的积极性更为高涨。这期间,重点建设了洛阳北郊、西宁曹家堡、沈阳桃仙、长沙黄花、宁波栎社、重庆江北、西安咸阳、深圳宝安、三亚凤凰等机场,改扩建了南京大校场、常州奔牛、成都双流等机场。在这一时期,机场建设的特点是中央及地方政府投资不断增大;军民合用机场建设相互支持和协调加强;重视项目前期工作,基本建设程序的执行更为规范;机场建设项目中,航站区比重增大;对项目经济效益及技术分析更为重视,施工开始采用总承包和招标方式;机场安全和保安设施不断完善。

(四)1991—2000 年("八五""九五"时期)

"八五"和"九五"时期是民航机场建设发展的高峰时期。"八五"期间,民航基本建设投资 122 亿元,技术改造投资 61 亿元。"九五"期间,民航基本建设投资增至 680 亿元,技术改造投资达 126 亿元。在这一时期,机场的建成从根本上改变了我国民用机场基础设施较为落后的局面,满足了我国航空运输发展的需要,促进了各地经济社会的发展。

(五)2000—2010 年("十五""十一五"时期)

经过几十年的建设和发展,我国机场总量初具规模,机场密度逐渐加大,机场服务能力逐步提高，现代化程度不断增强，初步形成了以北京、上海、广州等枢纽机场为中心，以成都、昆明、重庆、西安、乌鲁木齐、深圳、杭州、武汉、沈阳、大连等省会或重点城市机场为骨干以及其他城市支线机场相配合的基本格局，我国民用运输机场体系初步建立。

2008年2月2日，中国民用航空总局发布了《全国民用机场布局规划》（不含通用航空机场），根据布局规划的指导思想、目标和原则，依据已形成的机场布局，结合区域经济社会发展实际和民航区域管理体制现状，按照"加强资源整合、完善功能定位、扩大服务范围、优化体系结构"的布局思路，重点培育国际枢纽、区域中心和门户机场，完善干线机场功能，适度增加支线机场布点，构筑规模适当、结构合理、功能完善的北方（华北、东北）、华东、中南、西南、西北五大区域机场群。通过新增布点机场的分期建设和既有机场的改扩建，以及各区域内航空资源的有效整合，机场群整体功能实现枢纽、干线和支线有机衔接，客、货航空运输全面协调，大、中、小规模合理的发展格局，并与铁路、公路、水运以及相关城市交通相衔接，共同构成现代综合交通运输体系。

（六）2011—2020年（"十二五""十三五"时期）

"十二五"时期是我国全面建设小康社会的关键时期，是深化改革开放、加快转变经济发展方式的攻坚时期，国内外形势呈现新变化、新特点。此期间我国民航全面落实了《全国民用机场布局规划》，实施枢纽战略，满足综合交通一体化需求；加强珠三角、长三角、京津冀等区域机场的功能互补，促进了包括北方机场群、华东机场群、中南机场群、西南机场群、西北机场群在内的多机场体系的形成；尤其缓解了大型机场容量饱和问题，积极发展支线机场。

"十三五"时期是我国全面建成小康社会的决胜阶段，也是民航强国建设的关键时期：统筹协调民用运输机场和通用机场布局建设，构建覆盖广泛、分布合理、功能完善、集约环保的国家综合机场体系，发挥整体网络效应，为民航可持续发展奠定基础。在机场建设方面，完善了国际、区域枢纽机场功能，大大提升了大型机场的容量，增强了中型、小型机场的保障能力。

（七）2021年至今（"十四五"时期）

中国民航业发展迅速，特别是在机场基础建设方面取得了显著的成果，并且保持着持续快速发展的状态。然而，在大量投入的开发建设过程中，也有很多底层问题逐步显现，主要体现在与民航发展需求增量的矛盾、与机场运行安全的矛盾、与城市规划建设的矛盾、与旅客出行需求的矛盾、与环境生态保护的矛盾等方面。这些矛盾的产生，说明过去的发展模式已经不再适用于现在的行业发展需求，需要将过去的注重数量发展转变为注重质量发展的模式。因此，在这样的时代背景下，民航局提出实施新时代民航高质量发展战略，建设平安、绿色、智慧、人文"四型机场"，并明确了"平安"是基本要求，"绿色"是重要内涵，"智慧"是创新动力，"人文"是根本目标。2020年1月出台了《中国民航四型机场建设行动纲要（2020—2035年）》，2020年12月正式实施《四型机场建设导则》，通过平安、绿色、智慧、人文四个方向打造未来机场，开启了我国机场体系建设的新篇章。

同时，民航"十四五"发展规划中明确指出要完善国家综合机场体系，加快枢纽机场建设，提出由综合性枢纽机场和专业性货运枢纽机场共同组成航空货运枢纽规划布局。完

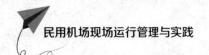

善非枢纽机场布局，鼓励毗邻地区合资合作建设规划内机场设施，实现资源共享、互利共赢；推进存量设施提质增效，加强多机场、多跑道、多航站楼运行模式研究，注重空地资源匹配，探索运行新标准、新模式，充分挖掘设施潜力；推动与各种交通方式深度融合，形成一批以机场为核心的现代化综合交通枢纽。

二、机场分类

机场分类的方法较多，根据服务对象、航线业务范围、作用等方面进行分类，便于科学管理、合理建设并设置相应配套设施和机构。

（一）按服务对象划分

根据航空服务的目的不同，航空器可分为国家航空器和民用航空器。国家航空器的概念最早于 1919 年《巴黎公约》中正式出现："下列为国家航空器：（a）军用航空器。（b）专为国家目的服务的航空器，如邮政、海关、警用航空器。除此之外任何其他航空器都应当被认定为是私人航空器。"由此可见，确定航空器是不是国家航空器的决定因素是航空器是否受雇于国家服务部门。

按照《中华人民共和国民用航空器国籍登记规定》中给出的定义，民用航空器是指除用于执行军事、海关、警察飞行任务外的航空器。

按照服务对象不同，机场可以分为民用机场、军用机场、军民合用机场。

1. 民用机场

民用机场是指专供民用航空器起飞、降落、滑行、停放以及进行其他活动使用的划定区域，包括附属的建筑物、装置和设施。民用机场分为运输机场和通用机场；不包括临时机场和专用机场。

（1）运输机场。运输机场指可以供运输旅客或者货物的民用航空器起飞、降落、滑行、停放以及进行其他活动使用的划定区域，包括附属的建筑物、装置和设施。主要供公共航空运输活动使用，也可以供通用航空活动使用。运输机场包括一系列的建筑，主要有跑道、塔台、停机坪、航站楼、停车场、联外交通设施等，大型机场还可能有地勤服务专用场所、场内运输设施、维修区域、储油库等。截至 2022 年年底，我国境内运输机场有 254 个。

（2）通用机场。通用机场是使用民用航空器从事公共航空运输以外的民用航空活动而使用的机场，也就是专门为民航的"通用航空"飞行任务起降的机场，包括可供飞机和直升机起飞、降落、滑行、停放的场地和有关的地面保障设施。

根据《通用机场建设规范》，按照对公众利益的影响程度，通用机场分为以下三类。

① 一类通用机场：具有 10～29 座航空器经营性载人飞行业务，或最高月起降量达到 3000 架次以上的通用机场。

② 二类通用机场：具有 5～9 座航空器经营性载人飞行业务，或最高月起降量在 600～3000 架次的通用机场。

③ 三类通用机场：除一、二类外的通用机场。

上述分类中的经营性载人飞行活动是指以载人为直接目的，并发生了取酬行为的飞行活动，如公务飞行、包机（出租）飞行、空中游览等，不包括以空中作业为直接目的的载人飞行活动，如农林飞行、抢险救援、空中勘测、训练飞行等。

在《通用机场管理规定》中，通用机场指的是不提供 30 座以上飞机载客服务保障的民用机场。通用机场按照其社会属性分为 A、B 两类。

A 类通用机场是指对公众开放的通用机场，即可以为通用航空载客、空中游览活动提供服务的通用机场。

B 类通用机场是指不对公众开放的通用机场，即除 A 类通用机场以外的通用机场。

A 类通用机场按照服务保障等级划分为以下两级。

A1 级通用机场是指可以为乘客座位数 10 座及以上航空器的载客飞行活动提供服务的通用机场。

A2 级通用机场是指除 A1 级外的其他 A 类通用机场。

本规定所称载客飞行，是指为获取酬金或者收费而从事旅客运输的飞行活动，并且合同当事人履行的是因运送旅客而发生位移的运输合同。

通用机场按照飞行场地的物理特性分为跑道型机场、水上机场和直升机场。跑道型机场一般是指在陆地上可供固定翼飞机起降的机场。

截至 2021 年年底，我国在册管理的通用机场数量达到 370 个。获得通用航空经营许可证的传统通用航空企业 599 家，其中，华北地区 121 家，东北地区 49 家，华东地区 157 家，中南地区 140 家，西南地区 78 家，西北地区 33 家，新疆维吾尔自治区 21 家。通用航空在册航空器总数达到 3018 架，其中，教学训练用飞机 1077 架。

2. 军用机场

军用机场是供军用飞机起飞、着陆、停放和组织、保障飞行活动的场所，是航空兵进行作战训练等各项任务的基地。

现代军用机场，按设施和保障条件分为永备机场和野战机场；按跑道所能保障的飞机类型分为特级机场、一级机场、二级机场和三级机场；按所处战略位置分为一线机场、二线机场和纵深机场。

永备机场的跑道和保障设施多为永久性的，供航空兵常年驻用；野战机场一般铺设装配式金属板或其他简易道面跑道，配备活动式保障设备，供航空兵临时驻用。

特级机场主要供重型轰炸机和大型运输机使用，跑道长度为 3200～4500m。

一级机场主要供中型轰炸机和中型运输机使用，跑道长度为 2600～3000m。

二级机场主要供歼击机、强击机和轻型轰炸机使用，跑道长度为 2000～2400m。

三级机场主要供初级教练机和小型运输机使用，跑道长度为 1200～1600m，或为直径 2000m 左右的土质圆形场地。通常一级机场、二级机场部署歼击航空兵和强击航空兵，纵深机场部署轰炸航空兵和运输航空兵。

3. 军民合用机场

军民合用机场是既可军用又可民用的机场，机场分时段为军用航空器或民用航空器提供保障服务。军民合用机场是促进民航发展的重要力量，是拉动地方经济发展的有力引擎，是巩固国防建设的有益补充。

空军部分机场实行军民合用始于 1985 年。30 多年的实践证明，军用机场军民合用利国利军利民。民航局机场司领导介绍，由于机场建设耗资巨大、选址条件苛刻，尤其是在高原、山区等特殊地域，可建机场的地理位置更是稀缺资源。空军开放机场进行军民合用，避免了在同一区域内重复建设机场设施，极大地节约了国家建设成本。同时，军民合用机场有着极为重要的现实意义和战略意义：对于空军来讲，军民合用能大大提升军用机场的保障能力；对于民航而言，军用机场军民合用能提高其运输能力，增加客货吞吐量，缓解民用机场压力。

（二）按航线业务范围划分

按照飞机飞行的起讫点，航线可分为国际航线、国内航线和地区航线三大类。航线中任意一个航段的起讫点（技术经停除外）在外国领土上的航线称为国际航线；各航段的起讫点（技术经停点除外）都在国内的航线称为国内航线；地区航线是指在一国之内，连接普通地区和特殊地区的航线，如中国内地/大陆与港澳台地区之间的航线。截至2022年年底，我国共有定期航班航线4670条，国内航线4334条（其中港澳台航线27条），国际航线336条。

民航运输机场按照其航线性质，通常分为以下几类。

（1）国际机场：国际机场是指经批准设立口岸，拟开通国际航线和（或）港澳台地区航线的机场。这类机场通常规模较大，且属于国家一类口岸和区域性枢纽空港。除经营国际航线外，国际机场一般也接待国内航班。国际航线出入境并设有海关、边防检查（移民检查）、卫生检疫、动植物检疫和商品检验等联检机构的机场，如北京首都国际机场、芝加哥奥黑尔国际机场。

国际机场又分为国际定期航班机场、国际定期航班备降机场和国际不定期航班机场。其中，国际定期航班机场是指可安排国际通航的定期航班飞行的机场；国际定期航班备降机场是指为国际定期航班提供备降的机场；国际不定期航班机场是指可安排国际不定期航班飞行的机场。

（2）国内航线机场：专供国内航线使用的机场。

（3）地区航线机场：在我国指内地民航运输企业与香港、澳门等地区之间定期或不定期航班飞行使用，并设有相应（类似国际机场的）联检机构的机场，如海拉尔东山机场、长春大房身机场、齐齐哈尔三家子机场、佳木斯东郊机场、合肥骆岗机场、济南遥墙机场。我国的地区航线机场属于国内航线机场。

（三）按机场在民航运输系统中所起的作用划分

机场是航空运输系统网络的节点，按照其在该网络中的作用，民用运输机场可以分为以下几类。

1. 枢纽机场

国际、国内航线密集的机场。枢纽机场能提供一种高效便捷、收费低廉的服务，从而让航空公司选择它作为自己的航线目的地，让旅客选择它作为中转其他航空港的中转港。枢纽机场既是国家经济发展的需求，也是航空港企业发展的需求。枢纽机场不仅承载着大量的航空运输业务量，还显著影响了整个航空网络的运输组织效率。

枢纽机场是中枢航线网络的节点，机场系统比较复杂，具有以下特点。

（1）高比例的中转业务。建立枢纽机场的条件之一是当地应具有较大的空运市场需求和中转国际旅客及货物的潜在需求。在国外一些门户机场中，国际中转客货的比重一般要占该机场吞吐量的30%以上。高比重的国际客货中转量是枢纽机场的重要标志之一。

（2）高效的航班衔接能力。枢纽机场一般地理位置比较优越，有利于航空公司采用中枢航线布局模式。位于中枢航线布局模式的核心地位、航线数量多、连通能力强，是枢纽机场业务发展的根本要素。

关于枢纽机场的分类方法，国内外不尽相同，常见的有以下几种分类方式。

（1）美国按照业务量进行分类，根据业务量的不同，枢纽机场可分为大、中、小型枢纽机场。

美国联邦航空管理局（Federal Aviation Administration，FAA）按单个社区内所有机场交通量占全美交通量的比重，将枢纽机场分成四类，其中大型枢纽登机乘客量大于或等于总登机量的 1%，中型枢纽登机乘客比重为 0.25%~0.99%，小型枢纽登机乘客比重为 0.05%~0.24%，非枢纽登机乘客比重则低于 0.05%。美国大型枢纽机场的中转旅客百分比很大，芝加哥奥黑尔国际机场和达拉斯沃思堡国际机场的中转旅客超过 50%。

（2）我国枢纽机场分类。根据 2017 年发布的《全国民用运输机场布局规划》，我国枢纽机场可分为国际枢纽机场和区域枢纽机场。

国际枢纽机场包括北京首都国际机场、广州白云国际机场和上海浦东国际机场等。区域枢纽机场包括哈尔滨太平、大连周水子、温州龙湾、武汉天河、兰州中川、海口美兰、天津滨海、呼和浩特白塔等机场。

2. 干线机场

以国内航线为主，航线连接枢纽机场、直辖市和各省会或自治区首府，空运量较为集中，一般将省会机场及沿海发达城市的机场、年吞吐量千万级的主干线路机场，认定为干线机场，可起降空客、波音等干线客机。随着干线机场在航空运输网络中的地位不断提升，干线机场的枢纽功能不断显现。

3. 支线机场

《民用航空支线机场建设标准》明确了支线机场是指符合下列条件的机场：设计目标年旅客吞吐量小于 50 万人次（含），主要起降短程飞机，规划的直达航班一般在 800~1500km 范围内。

三、机场分级

为了便于给机场配备适量的工作人员和相应的技术设备设施，为了保障飞机能安全准时起降和为优质服务提供必要条件，也为了能更好地经营管理机场，发挥其最大社会效益和经济效益，必须对机场进行分级。

机场分级的标准有很多种，民用运输机场主要以飞行区指标、跑道导航设施等级和旅客吞吐量等进行分级。

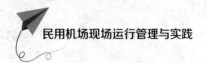
（一）机场飞行区指标

机场飞行区指标在《机场设计和运行》(《国际民用航空公约》附件14第Ⅰ卷）中称为机场基准代号。机场飞行区指标的目的是将有关机场特性的技术要求相互联系起来，为拟在该机场运行的飞机提供一系列适当的机场设施。

机场飞行区应根据拟使用该飞行区的飞机的特性按指标Ⅰ和指标Ⅱ进行分级。指标Ⅰ按拟使用该飞行区跑道的各类飞机中最大机型所需的最长基准飞行场地长度，采用数字1、2、3、4进行划分，如表1-1所示。指标Ⅱ按拟使用该飞行区跑道的各类飞机中的最大翼展，采用字母A、B、C、D、E、F进行划分，如表1-2所示。

表1-1　飞行区等级代码Ⅰ划分

飞行区指标Ⅰ	飞机的基准飞行场地长度/m
1	<800
2	800～1200（不含）
3	1200～1800（不含）
4	≥1800

表1-1中飞机的基准飞行场地长度是指某型飞机在批准的最大起飞质量、海平面、标准大气条件、无风和跑道坡度为零的条件下，飞机起飞所需的最小飞行场地长度。飞机基准飞行场地长度是对飞机的要求来说的，与机场跑道的实际距离没有直接关系。

表1-2　飞行区指标Ⅱ划分

飞行区指标Ⅱ	翼展/m
A	<15
B	15～24（不含）
C	24～36（不含）
D	36～52（不含）
E	52～65（不含）
F	65～80（不含）

截至2022年，我国有4F级机场15个，4E级机场39个，4D级机场37个，4C级机场158个，3C级机场4个，3C级以下机场1个。机场飞行区指标直接决定了什么等级的飞机能够使用该机场，常用机型与飞行区指标关系如表1-3所示。

表1-3　常用机型与飞行区指标关系

飞机型号	飞行区指标	飞机的基准飞行场地长度/m	翼展/m	主起落架外轮距/m
172s	1A	381	11.00	2.7
Turbo6	1A	543	11.00	2.9
DHC3	1B	497	17.70	3.7
C90	1B	488	15.30	4.3
PC-24	2B	830	17.00	3.3
HS125-700	3A	1768	14.30	3.3

续表

飞 机 型 号	飞行区指标	飞机的基准飞行场地长度/m	翼展/m	主起落架外轮距/m
CRJ100ER	3B	1720	21.20	4.0
A319neo	3C	1735	35.80	8.9
B737-700	3C	1598	34.30	7.0
B737-800	4C	2090	34.30	7.0
B737-900	4C	2240	34.30	7.0
B737-7	4C	2375	35.90	7.0
B737-8	4C	2600	35.90	7.0
B737-9	4C	3100	35.90	7.0
A310-300	4D	2350	43.90	11.0
B757-200	4D	1980	38.10	8.6
B757-300	4D	2400	38.10	8.6
B767-300	4D	1981	47.60	10.8
A330-300	4E	2776	60.30	12.6
A340-600	4E	3189	63.40	12.6
A350-900	4E	2631	64.70	12.9
A350-1000	4E	2754	64.70	12.8
B747-400	4E	2890	64.95	12.6
B777-300	4E	3140	60.90	12.9
B787-8ER	4E	2600	60.10	9.8
B787-9	4E	2800	60.10	9.8
B787-10	4E	2800	60.10	9.8
A380	4F	2865	79.80	14.3
B747-8	4F	2956	68.40	12.7
B777-9	4F	2900	71.80	12.8

从表1-3可以看出,4F类的航空器有A380、B747-8、B777-9三种机型,航空公司运控人员在确定4F类飞机运行的备降机场的时候,也要选择4F级别的机场,但我国4F级别的机场一共只有15个,在这种情况下,飞行区指标可以向下兼容,即选择4E级别的机场保障F类飞机的运行。

2018年11月13日,民航局发布了咨询通告——《F类飞机在现有4E运输机场运行要求》(AC-139-CA-2018-01),适用于主起落架外轮外侧边间距小于15m的F类飞机在现有4E运输机场及含4E跑道/滑行道/机坪的4F机场的运行,包括定期/不定期航班的主、备降,训练、维修、调机等飞行任务以及中国民用航空局按照重大、紧急特殊运输方式进行保障的航空运输任务。

该咨询通告明确规定了4E级别机场保障F类飞机运行时应具备以下条件。

(1)跑道长度应满足拟运行飞机的安全起降要求。

(2)拟运行飞机所需的跑道道面宽度应不小于45m。

(3)对于B747-8机型和An-124货运机型,所需的跑道道面及道肩总宽度应不小于60m。

（4）对于 A380 机型，在执行训练、维修、调机等飞行任务时，所需的跑道道面及道肩总宽度应不小于 60m。

（5）滑行道道面宽度不小于 23m 或按照下式进行计算。

$$W \geqslant T_M + 2C$$

式中，W 为实际滑行道道面宽度；T_M 为飞机主起落架外轮外侧边间距；C 为飞机主起落架外轮外侧边与滑行道道面边缘之间的净距，C 取值与 T_M 有关，对于 F 类飞机，C 取值为 4m。

（6）拟运行飞机所需的滑行道道面及道肩总宽度应不小于 44m。若不满足，宜在外侧发动机关闭或慢车推力下滑行，放慢滑行速度，同时提供滑行摄像系统（如有）辅助引导。

（7）供 F 类飞机使用的跑道、滑行道、机坪强度应与飞机的航空器等级序号（aircraft classification number，ACN）相适应。

（8）对于 F 类客运飞机运行使用的备降机场，根据《国际民航公约》附件 6，其消防保障等级不低于 8 级。对于 F 类全货运飞机运行使用的机场，根据《机场勤务手册》（Doc 9137）第 1 部分，其消防保障等级不低于 7 级。

（9）滑行道与滑行道之间的间距、安全距离等需满足要求。

（二）跑道导航设施等级

跑道配置导航和助航设施的标准，反映了该机场具备的飞行安全等级和航班正常率保障的设施完善程度，是机场的重要指标。跑道导航设施等级根据机场性质、地形环境、当地气象、起降机型及年飞行量等因素进行综合研究加以确定。按配置的导航和助航设施可提供飞机以何种程序飞行来划分，跑道可分为非仪表跑道和仪表跑道。

1. 非仪表跑道

非仪表跑道指供飞机用目视进近程序飞行的跑道或用仪表进近程序飞行至某一点之后飞机可继续在目视气象条件下进近的跑道。

目视气象条件是指等于或者高于规定最低标准的气象条件，用能见度、距云的距离和云高表示。

2. 仪表跑道

仪表跑道是指配备有目视助航设施和非目视助航设施，供飞机使用仪表进近程序飞行的跑道。仪表跑道按运行条件可分为非精密进近跑道、Ⅰ 类精密进近跑道、Ⅱ 类精密进近跑道和Ⅲ 类精密进近跑道。

（1）非精密进近跑道。装备相应的目视助航设备和非目视助航设备的仪表跑道，足以对直接进近提供方向性引导，最低下降高或决断高不低于 75m，能见度不小于 1000m 的仪表进近运行的跑道。

（2）精密进近跑道。配备有目视和非目视助航设施，能够为飞机进近提供三维航迹引导的仪表跑道。按运行条件分类如下。

Ⅰ 类精密进近跑道——装有仪表着陆系统和（或）微波着陆系统以及目视助航设备，决断高低于 75m 但不低于 60m，能见度不小于 800m 或视程不小于 550m 的跑道，代字为

CATI。

Ⅱ类精密进近跑道——装有仪表着陆系统和（或）微波着陆系统以及目视助航设备，决断高低于 60m 但不低于 30m，跑道视程不小于 300m 的仪表进近运行的跑道，代字为 CATII。

Ⅲ类精密进近跑道——装有仪表着陆系统和（或）微波着陆系统引导飞机至跑道并沿其表面着陆滑行的仪表跑道，决断高低于 30m 或无决断高，跑道视程小于 300m 或无跑道视程限制，代字为 CATII3。

其中，ⅢA——用于决断高小于 30m 或无决断高，且跑道视程不小于 175m 时运行；ⅢB——用于决断高小于 15m 或无决断高，且跑道视程小于 175m 但不小于 50m 时运行；ⅢC——用于无决断高和无跑道视程限制时运行。

（三）年旅客吞吐量规模

按机场近期、远期规划的年旅客吞吐量规模对机场进行分类，用于在规划中分类指导各功能区、设施、系统的配置。机场按规划年旅客吞吐量规模分为超大型机场、大型机场、中型机场、小型机场，如表 1-4 所示。

表 1-4　机场按年旅客吞吐量规模分类

航 站 等 级	年旅客吞吐量/万人
超大型机场	≥8000
大型机场	2000～8000（不含）
中型机场	200～2000（不含）
小型机场	<200

（四）关于救援和消防的机场分级

救援和消防勤务的主要目的是救护受伤人员，为了保障救援和消防，必须有足够的手段。其中包括必要的器材（如灭火剂）、设备、车辆和设施（如应急通道）等。这些物质保障的配备是以使用该机场的飞机尺寸为依据的，由此划分出机场的救援和消防级别，如表 1-5 所示。

表 1-5　救援和消防的机场级别

机 场 级 别	机身总长度/m	最大机身宽度/m
1	0～9	2
2	9～12	2
3	12～18	3
4	18～24	4
5	24～28	4
6	28～39	5
7	39～49	5
8	49～61	7
9	61～76	7
10	76～90	8

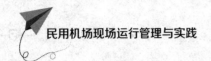

四、民用机场系统组成

民用机场系统是由各类机场设施组成的系统，以便实现其服务功能。机场的活动是以旅客（包括行李、货物、邮件等）为中心的，活动范围包括空中空间和陆上空间两个方面，民用机场系统可分为空侧和陆侧两大部分。民用机场系统组成如图 1-1 所示。

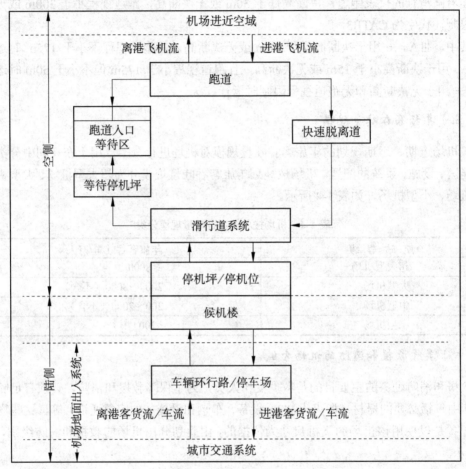

图 1-1　民用机场系统组成

机场空侧包括飞机活动区和机场终端区。机场飞机活动区指的是机场内供飞机起飞、着陆、滑行和停放使用的部分。机场终端区指的是飞行区与航路之间过渡衔接的空域，终端区是飞机交通汇聚和发散的空域，是最为复杂的空域之一。机场陆侧包括航站楼、地面各种附属设施及地面交通设施。

民用机场内部按照功能不同，可以分为飞行区、航站区和公共区。

1. 飞行区

飞行区是指机场内由建筑物和室外隔离设施所围合的区域，包含跑道、滑行道、机坪等设施和场地。飞行区的范围由位于空侧、陆侧交界处建筑物（如航站楼、货运站、机库）的外立面，以及建筑物外的隔离设施共同界定，其界线完整闭合。飞行区一般包括各种铺筑面、场地以及配套的设备、建筑物和构筑物（如消防站、灯光站、通导台站、排水沟、高杆灯），但不包括界定飞行区范围的建筑物。

2. 航站区

航站区是指机场内航站楼及其配套的站坪、交通、服务等设施所在的区域，主要为旅客和货邮运输服务，完成客、货邮陆空交通方式的转换。航站区分为客运航站区和货运航站区。

（1）客运航站区。客运航站区包括登机机坪、航站楼与地面运输区三大部分。

登机机坪是指旅客从航站楼上机时飞机停放的机坪。这个机坪要尽量使旅客减少步行上机的距离。

航站楼的建筑是一个城市或一个国家的门户，也是一个城市或国家的象征。因而在设计航站楼建筑时，在考虑功能和使用的同时，应该使其雄伟壮观，体现出城市或国家的气质和现代化的意识，更要考虑使用者的便利和安全等方面的需要。航站楼包括旅客服务区和管理服务区，旅客在旅客服务区完成旅客的出港流程和进港流程。

地面运输区主要包括机场进入通道及机场停车场和内部道路系统。机场是城市的交通中心之一，并有严格的时间要求，大型城市为了保证机场交通的通畅都修建了市区到机场的专用公路或高速公路，有的机场还开通了到市区的轨道交通，保障了足够的公共交通系统。

机场停车场的设置，不仅要考虑乘机的旅客，还要考虑接送旅客的人员及机场工作人员的车辆，以及观光者和出租车辆的需求，因此机场既要有足够大的停车面积，又要能够实施有效的管理。机场应按车辆使用的急需程度把停车场分为不同的区域，离航站楼最近的应该是接送旅客的车辆、出租车辆的停车区，以减少旅客步行的距离。机场、航空公司职工使用的车辆则应安排到较远的位置或专用停车场。

（2）货运航站区。货运航站区是指机场内货机坪、货运站（库）及其配套设施所在的区域。航空货运服务包括货物仓储和收运（仓储、打包或分拣、提供托盘服务、运单检查、数据录入与查询、制作运单或提货单）、安检与海关服务（货物安检、报关与清关、简单加工、保税仓储）、特殊货运服务（危险货物收运与处理建议、易腐货物装卸、冷藏服务、易腐货物装卸建议、贵重物品装卸）、农产品物流等。

3. 公共区

公共区是机场内飞行区、航站区、货运区、机务维修区以外的区域，包含机场管理机构、驻场单位的生产保障等设施和场地，如航空公司基地、航空配餐区、民航各系统办公区、生活区、机场开发区、现代物流园区等。机务维修区是指机场内维修机坪、机库及其配套设施所在的区域。

第三节 机场运行管理法律体系

机场运行管理法律体系是由规范机场规划、布局、建设、使用许可、运营管理、安全保卫、应急救援、净空保护、环境保护以及机场设施管理等诸多活动的一系列国际法律文件、国内法律规范构成的有机体系。

机场运行管理法律体系涉及的内容很广，层次较多，大体上由国际法律文件和国内法律规范两大部分组成，法律体系构成如图1-2所示。

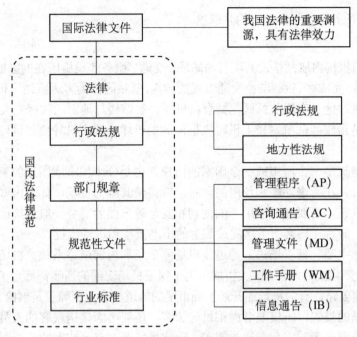

图 1-2　机场运行管理法律体系框架

机场运行管理法律体系中的国际法律文件主要包括中国缔结或者加入的多边国际条约及附件、中外双边协定和其他国际法律文件，例如 1944 年的《国际民用航空公约》及其附件 14《机场》。

机场运行管理法律体系中的国内法律规范由法律、行政法规、部门规章、规范性文件等多个层次构成。

法律是由国家制定或认可并以国家强制力保证实施的，反映由特定物质生活条件所决定的统治阶级意志的规范体系。与机场相关的法律主要有《中华人民共和国安全生产法》《中华人民共和国民用航空法》等。

行政法规是指国家机关制定的规范性文件。国务院通过由总理以国务院令发布或授权中国民航局发布的民用航空行政法规，包括国务院制定和颁布的行政法规和省、自治区、直辖市人大及其常委会制定公布的地方性法规。有关机场的法规有《民用机场管理条例》（国务院令第 553 号）等。地方性法规有《云南省民用运输机场保护条例》《重庆市民用机场保护条例》《四川省民用机场净空及电磁环境保护条例》等。

部门规章是国务院各部门、各委员会、审计署等根据法律和行政法规的规定和国务院的决定，在本部门的权限范围内制定和发布的调整本部门范围内的行政管理关系的，并不得与宪法、法律和行政法规相抵触的规范性文件，主要形式是命令、指示、规定等。CCAR（China Civil Aviation Regulations）即中国民航规章，也指中国民航规章体系。目前，中国民航管理的机场、航空公司和其他航空企业全部按照 CCAR 的要求来建立和健全各自的管理体系。有关机场的规章有《运输机场使用许可规定》（CCAR-139）、《运输机场运行安全管理规定》（CCAR-140-R2）、《运输机场建设管理规定》（CCAR-158）等。

规范性文件是根据法律、法规和规章制定的相关管理规章的细化管理，包括管理程序（aviation procedure，AP）、咨询通告（advisory circular，AC）、管理文件（management document，

MD）、工作手册（working manual，WM）、信息通告（information bulletin，IB）等。

AP 是各职能部门下发的有关民用航空规章的实施办法或具体管理程序，是民航行政机关工作人员从事管理工作和法人、其他经济组织或者个人从事民用航空活动应当遵守的行为规则，如《运输机场不停航施工管理办法》（AP-140-CA-2023-03）等。

AC 是各职能部门下发的对民用航空规章条文所做的具体阐述，如《民用航空机场运行最低标准制定与实施准则》等。

MD 是各个职能部门下发的就民用航空管理工作的重要事项做出的通知、决定或政策说明，如《民用航空空中交通管理系统管理信息网运行管理规定》等。

WM 是各职能部门下发的规范和指导民航行政机关工作人员具体行为的文件。

IB 是各职能部门下发的反映民用航空活动中出现的新情况以及国内外有关民航技术上存在的问题进行通报的文件，如《部分机场和终端（进近）管制区容量评估情况》等。

行业标准是对没有国家标准而又需要在全国某个行业范围内统一的技术要求所制定的标准。有关机场运行的相关标准规范有《运输机场机坪运行管理规则》《民用机场飞行区技术标准》《运输机场总体规划规范》等。

一、国际法律文件——《国际民用航空公约》附件 14《机场》

《国际民用航空公约》附件又称"国际标准和建议措施"，是国际民航组织在国际民用航空公约的原则下制定的标准性文件，包括民航各个活动的具有约束力的技术文件、各成员国必须遵守的文件。根据民航形势和技术发展，国际民航组织逐年讨论和修改完善这些文件。国际民航组织各成员国均须根据这个文件结合本国情况制定本国有关的法律和规章。

国际民航组织也使用这个文件制定下一级的各种手册和程序，附件给国际民航提供了统一的规则基础，对促进国际民用航空事业发展和保证国际航空安全起到了极为重要的作用。国际民航组织已经制定了 19 个附件，各个附件针对民航不同领域做出了具体规定，内容包括人员执照颁发、空中规则、国际空中航行气象服务、航图、航空器的国籍、航空器的运行、航空器的适航性、失事调查、机场等，如表 1-6 所示。

表 1-6 《国际民用航空公约》附件

附件编号	附件名称	附件编号	附件名称
附件 1	《人员执照的颁发》	附件 11	《空中交通服务》
附件 2	《空中规则》	附件 12	《搜寻和救援》
附件 3	《国际空中航行气象服务》	附件 13	《航空器事故和事故征候调查》
附件 4	《航图》	附件 14	《机场》
附件 5	《空中和地面运行中所使用的计量单位》	附件 15	《航空情报服务》
附件 6	《航空器的运行（2 册）》	附件 16	《环境保护》
附件 7	《航空器国籍和登记标志》	附件 17	《安全保卫：保护国际民用航空免遭非法干扰行为》
附件 8	《航空器的适航性》	附件 18	《危险品的安全航空运输》
附件 9	《简化手续》	附件 19	《安全管理》
附件 10	《航空电信》		

在《国际民用航空公约》的 19 个附件中，附件 14 是机场的标准和建议措施，国际民用航空组织理事会于 1951 年 5 月 29 日依据《国际民用航空公约》（1944 年芝加哥签署）第三十七条的规定首次通过，并定为《国际民用航空公约》的附件 14。这些标准和建议措施是在机场、航路和地面助航设施专业委员会于 1947 年 9 月第三次会议和 1949 年 11 月第四次会议建议的基础上形成的。附件 14《机场》分为两卷：第 Ⅰ 卷《机场设计和运行》和第 Ⅱ 卷《直升机场》。

二、国内法律文件

（一）法律

1.《中华人民共和国民用航空法》

根据民航航空的特点，该法专门就民用机场的建设和使用、使用许可、机场安全生产、管理等做了原则规定。

2.《中华人民共和国安全生产法》

该法明确了生产经营单位的安全生产保障、生产经营单位及其主要负责人对本单位安全生产工作负有的职责、从业人员的权利和义务、国家实行生产安全事故责任追究制度、安全生产的监督管理、生产安全事故的应急救援与调查处理，以及违法应当承担的法律责任等。

（二）行政法规——《民用机场管理条例》

为了规范民用机场的建设与管理，积极、稳步推进民用机场的发展，保障民用机场的安全和有序运行，维护民航行政主管部门、机场、其他驻场单位、旅客、货主等的合法权益，依据《中华人民共和国民用航空法》，国务院制定了《民用机场管理条例》，适用于中华人民共和国境内民用机场（运输机场和通用机场）。

《民用机场管理条例》明确了机场的公共基础设施定位，更强调机场的安全和服务水平，并对经营性业务的管理模式提出了相应的要求；明确了行业管理部门、地方政府、机场管理机构各自的定位与责任；对民用机场的规划、投入使用、运营管理及其相关活动进行了规定。

现对民用机场规划和投入使用进行详细介绍。

1. 民用机场规划相关规定

全国民用机场的布局和建设规划，由国务院民用航空主管部门会同国务院其他有关部门制定，并按照国家规定的程序，经批准后组织实施。

运输机场总体规划由运输机场建设项目法人编制，并经国务院民用航空主管部门或者地区民用航空管理机构（以下统称民用航空管理部门）批准后方可实施。飞行区指标为 4E 以上（含 4E）的运输机场的总体规划，由国务院民用航空主管部门批准；飞行区指标为 4D 以下（含 4D）的运输机场的总体规划，由所在地地区民用航空管理机构批准。民用航空管理部门审批运输机场总体规划，应当征求运输机场所在地有关地方人民政府意见。运输机场建设项目法人编制运输机场总体规划，应当征求有关军事机关意见。

运输机场内的建设项目应当符合运输机场总体规划。任何单位和个人不得在运输机场内擅自新建、改建、扩建建筑物或者构筑物。运输机场新建、改建和扩建项目的安全设施应当与主体工程同时设计、同时施工、同时验收、同时投入使用。安全设施投资应当纳入建设项目概算。

通用机场的规划建设应当遵循《通用机场建设规范》（MH/T 5026—2012）。

2.民用机场投入使用的条件

（1）运输机场投入使用的条件。运输机场投入使用应当具备下列条件。

① 有健全的安全运营管理体系、组织机构和管理制度。

② 有与其运营业务相适应的飞行区、航站区、工作区及空中交通服务、航行情报、通信导航监视、气象等相关设施、设备和人员。

③ 使用空域已经批准。

④ 飞行程序和运行标准符合国务院民用航空主管部门的规定。

⑤ 符合国家规定的民用航空安全保卫条件。

⑥ 有处理突发事件的应急预案及相应的设施、设备。

（2）通用机场投入使用的条件。通用机场投入使用应当具备下列条件。

① 有与运营业务相适应的飞行场地。

② 有保证飞行安全的空中交通服务、通信导航监视等设施和设备。

③ 有健全的安全管理制度、符合国家规定的民用航空安全保卫条件以及处理突发事件的应急预案。

④ 配备必要的管理人员和专业技术人员。

（三）民航规章

1.《运输机场使用许可规定》（CCAR-139）

根据《中华人民共和国民用航空法》和《民用机场管理条例》的要求，机场实行使用许可制度。对公众开放的民用机场应当取得机场使用许可证，方可开放使用。

《运输机场使用许可规定》适用于运输机场（含军民合用机场民用部分，以下简称机场）的使用许可及其相关活动管理。该规定规范了运输机场使用许可工作，保障运输机场安全、正常运行；规范了运输机场许可证的监督管理、申请、核发、注销，机场手册的编写、内容及动态管理等。

（1）机场使用许可审批机构。民航局负责对全国范围内的机场使用许可及其相关活动实施统一监督管理，负责飞行区指标为4F的机场使用许可审批工作。

民航地区管理局受民航局委托实施辖区内飞行区指标为4E（含）以下的机场使用许可审批工作，监督检查本辖区内机场使用许可的执行情况，组织对辖区内取得使用许可证的机场进行年度适用性检查和每5年一次的符合性评价。

（2）机场使用许可的申请与核发。机场使用许可证应当由机场管理机构按照本规定向民航局或者受民航局委托的机场所在地民航地区管理局申请。

申请机场使用许可证的机场应当具备下列条件。

① 有健全的安全运营管理体系、组织机构和管理制度。

② 机场管理机构的主要负责人、分管运行安全的负责人以及其他需要承担安全管理职责的高级管理人员具备与其运营业务相适应的资质和条件。

③ 有符合规定的与其运营业务相适应的飞行区、航站区、工作区及运营、服务设施、设备及人员。

④ 有符合规定的能够保障飞行安全的空中交通服务、航空情报、通信导航监视、航空气象等设施、设备及人员。

⑤ 使用空域已经批准。

⑥ 飞行程序和运行标准符合民航局的规定。

⑦ 有符合规定的安全保卫设施、设备、人员及民用航空安全保卫方案。

⑧ 有符合规定的机场突发事件应急救援预案、应急救援设施、设备及人员。

⑨ 机场名称已在民航局备案。

民航局或者民航地区管理局经过审查,管理机构的申请符合要求的,应当在受理申请后的 45 个工作日内以民航局的名义作出批准决定,并自作出批准决定之日起 10 个工作日内将批准文件、机场使用许可证及手册一并交与机场管理机构。

机场使用许可证载明事项发生变化时,机场管理机构应当按照规定申请变更。申请变更机场使用许可证的,机场管理机构可以仅报送机场使用许可证申请资料的变化部分。

（3）机场使用许可的注销。有下列情况之一的,民航局或者民航地区管理局应当依法办理机场使用许可证的注销手续。

① 机场关闭后,不再具备安全生产条件,被撤销机场使用许可的。

② 决定机场关闭不再运营的。

③ 机场管理机构依法终止的。

④ 因不可抗力导致机场使用许可无法实施的。

⑤ 法律、行政法规规定的应当注销行政许可的其他情形。

有下列情形之一的,机场管理机构应当于机场预期关闭前至少 45 日报民航局或者所在地民航地区管理局审批,民航局或者民航地区管理局应当在 5 个工作日内予以答复,但机场使用许可证不予注销。

① 机场因改扩建在 1 年以内暂不接受航空器起降的。

② 航空业务量不足,暂停机场运营 1 年以内的。

2.《运输机场建设管理规定》（CCAR-158）

为了加强运输机场建设监督管理,规范建设程序,保证工程质量和机场运行安全,维护建设市场秩序,民航局依据相关法律法规制定了《运输机场建设管理规定》,适用于运输机场（包括军民合用运输机场民用部分）及相关空管工程的规划与建设。其规定了运输机场及空管工程建设程序,对运输机场的选址、总体规划、设计、建设施工、竣工验收及空管工程的建设管理提出了明确的要求。

由该规定可知以下几点。

（1）民航局负责全国运输机场及相关空管工程规划与建设的监督管理,民航地区管理局负责所辖地区运输机场及相关空管工程规划与建设的监督管理。

（2）运输机场工程建设程序一般包括新建机场选址、预可行性研究、可行性研究（或项目核准）、总体规划、初步设计、施工图设计、建设实施、验收及竣工财务决算等。

（3）空管工程建设程序一般包括预可行性研究、可行性研究、初步设计、施工图设计、建设实施、验收及竣工财务决算等。

（4）运输机场工程按照机场飞行区指标划分为 A 类和 B 类。

A 类工程是指机场飞行区指标为 4E（含）以上的工程。

B 类工程是指机场飞行区指标为 4D（含）以下的工程。

3.《运输机场运行安全管理规定》（CCAR-140-R2）（交通运输部令 2022 年第 7 号）

为了保障运输机场安全、正常运行，依据《中华人民共和国民用航空法》及其他有关法律法规，交通运输部制定了《运输机场运行安全管理规定》，适用于运输机场（包括军民合用运输机场民用部分，以下简称机场）的运行安全管理。该规定明确了各个管理机构的安全责任、权利和义务，同时对飞行区运行管理、目视助航设施管理、机坪运行管理、不停航施工管理、电磁环境管理、除冰雪管理、航空油料供应安全管理、机场安全信息管理等提出了明确的要求。

4.《民用航空运输机场航空安全保卫规则》（CCAR-329）

该规则根据《中华人民共和国民用航空安全保卫条例》制定，目的是规范民用航空运输机场航空安全保卫（以下简称航空安保）工作，保证旅客、工作人员、公众和机场设施设备的安全，适用于中华人民共和国境内民用航空运输机场（含军民合用机场民用部分）的安全保卫工作，与机场安全保卫活动有关的单位和个人应当遵守该规则。

该规则明确了民航局、民航地区管理局、机场管理机构的安全保卫职责，并对机场管理机构、公共航空运输企业及油料、空管、配餐等驻场民航单位的安全保卫工作的组织和管理、航空安保管理体系、质量控制、经费保障等进行了一般规定，同时规定了航空安保方案的制定、形式和内容、报送、保存、分发、修订等，最后对机场运行中的航空安保措施和安保信息报告提出了明确的要求。

5.《民用机场专用设备使用管理规定》（CCAR-137）

民用机场专用设备（以下简称机场设备），是指在民用机场（含军民合用机场的民用部分）内使用，保障机场运行、航空器飞行和地面作业安全的航空器地面服务设备、目视助航及其相关设备和其他地面服务设备等。

为了规范和加强民用机场专用设备管理，保证民用机场专用设备的安全适用，保障航空安全，根据《中华人民共和国民用航空法》《中华人民共和国特种设备安全法》《民用机场管理条例》制定《民用机场专用设备使用管理规定》，适用于中华人民共和国领域内民用机场专用设备的检验、使用和安全管理。

该规定明确规定民航局对机场设备的检验、使用实施安全监督管理，制定有关标准和技术规范，认定检验机构，发布机场设备目录和合格的机场设备通告，建立机场设备信息系统。民航地区管理局对辖区内机场设备的使用实施安全监督管理。

该规定明确民用机场专用设备应当符合国家规定的标准和技术规范的要求,符合安全、适用、节能、环保的原则。同时明确了民用机场专用设备制造商、使用者、检验机构的责任,保障专用设备从制造、出厂、使用、维护等环节均满足标准规范的要求。

6.《民用运输机场突发事件应急救援管理规则》(CCAR-139-Ⅱ-R1)(交通运输部 2016 年第 45 号令)

该规则根据《中华人民共和国民用航空法》《中华人民共和国突发事件应对法》《民用机场管理条例》制定,适用于民用运输机场(包括军民合用机场民用部分)及其邻近区域内突发事件的应急救援处置和相关的应急救援管理工作。目的是规范民用运输机场应急救援工作,有效应对民用运输机场突发事件,避免或者减少人员伤亡和财产损失,尽快恢复机场正常运行秩序。

该规则明确民航局、民航地区管理局、机场管理机构机场应急管理职责,机场管理机构应当按照国家、地方人民政府的有关规定和本规则的要求,制定机场突发事件应急救援预案,并负责机场应急救援工作的统筹协调和管理。使用该机场的航空器营运人和其他驻场单位应当根据在应急救援中承担的职责制定相应的突发事件应急救援预案,并与机场突发事件应急救援预案相协调,送机场管理机构备案。

该规则中明确了机场突发事件分类和应急救援响应等级、应急救援组织机构和职责、突发事件应急预案主要内容、应急救援设备设施种类和人员要求、应急处置基本要求、应急救援的日常管理和演练等。

(四)规范性文件

机场运行管理相关的规范性文件包括的类别较多,如表 1-7 所示。

表 1-7　民用机场运行管理相关规范性文件(截至 2024 年 6 月)

序　号	名　　称	文号/编号	发 文 日 期
1	运输机场地面车辆和人员跑道侵入防范管理办法	民航规〔2024〕11 号	2024-01-23
2	运输机场鸟击及动物侵入防范管理办法	民航规〔2022〕2 号	2022-01-13
3	运输机场控制区人员通行证管理规定	民航规〔2023〕19 号	2023-05-30
4	运输机场跑道表面状况评估和通报规则	民航规〔2021〕32 号	2021-09-03
5	运输机场运行安全保障能力综合评估管理办法	民航规〔2021〕20 号	2021-07-12
6	运输机场总体规划审查办法	AP-158-CA-2021-01	2021-07-05
7	通用机场空管运行管理办法	民航规〔2021〕8 号	2021-03-24
8	运输机场净空区域内建设项目净空审核管理办法	民航规〔2021〕3 号	2021-01-22
9	运输机场场址审查办法	AP-158-CA-2020-01	2020-11-27
10	民用机场飞行区工程施工智能监控技术指南	IB-CA-2020-01	2020-09-08
11	运输机场总体规划仿真研究编制指南	AC-158-CA-2020-02	2020-09-04
12	运输机场总体规划环境影响篇章编制指南	AC-158-CA-2020-01	2020-08-28
13	运输机场外来物损伤航空器事件确认和报告规则	民航规〔2020〕25 号	2020-08-26
14	《运输机场使用手册》编制规则	民航规〔2020〕13 号	2020-05-27
15	航空承运人特殊机场的分类标准及运行要求	AC-121-FS-17R2	2020-04-07
16	运输机场机坪运行管理规则	AP-140-CA-2022-07	2022-06-15

序　　号	名　　称	文号/编号	发 文 日 期
17	运输机场仪表着陆系统（ILS）低能见度运行管理规定	AC-91-CA-2019-01	2019-08-12
18	民用运输机场应急救护工作规范	MD-139-FS-001	2019-08-12
19	运输机场安全管理体系（SMS）建设指南	AC-139/140-CA-2019-3	2019-07-10
20	运输机场不停航施工管理办法	AP-140-CA-2023-03	2023-06-28
21	F类飞机在现有4E运输机场运行要求	AC-139-CA-2018-01	2018-11-13
22	大型机场运行协调机制（运管委）建设指南	MD-TR-2018-02	2018-09-29
23	运输机场运行安全保障能力综合评估管理办法	民航规〔2021〕20号	2021-07-12
24	绿色机场规划导则	AC-158-CA-2018-01	2018-01-26
25	民用运输机场安全保卫设施管理规定	MD-SB-2017-007	2017-09-30
26	机场时刻容量评估技术规范	AP-93-TM-2017-01	2017-05-09
27	机场道面外来物探测设备技术要求	AC-137-CA-2024-01	2024-06-03
28	高原机场运行	AC-121-FS-2015-21R1	2015-11-02
29	运输机场鸟击及动物侵入防范方案（范本）	AC-140-CA-2024-03	2024-05-07
30	民用机场电磁环境保护区域划定规范与保护要求	AC-118-TM-2011-01	2011-12-09
31	运输机场外来物防范管理办法	AP-140-CA-2022-05	2022-05-16
32	民用机场飞行区场地维护技术指南	AC-140-CA-2010-3	2010-08-24
33	民用机场常见鸟类防范指南	AC-140-CA-2010-1	2010-02-21
34	民用机场助航灯光系统运行维护规程	AP-140-CA-2009-1	2009-08-10
35	降低运输机场飞行区运行风险设计指南	AC-158-CA-2024-03	2024-03-14
36	A类通用机场运行安全管理实施细则	民航规〔2024〕21号	2024-02-23
37	运输机场飞行区场地管理办法	民航规〔2024〕3号	2024-01-23
38	民用机场使用许可实施细则	AP-139-CA-2024-02	2024-01-19

（五）行业标准

关于民用机场运行管理的行业标准，包括了民用机场内建筑、道面、施工工程、设备设施、信息显示系统等的设计规范，与本教材内容相关的行业标准如表1-8所示。

表1-8　民用机场运行管理相关的行业标准

序　　号	名　　称	标 准 号	发 文 日 期
1	人文机场建设指南	MH/T 5048-2020	2020-10-14
2	绿色机场评价导则	MH/T 5069-2023	2023-06-01
3	四型机场建设导则	MH/T 5049-2020	2020-10-13
4	运输机场总体规划规范	MH/T 5002-2020	2020-11-10
5	民用机场净空障碍物遮蔽原则应用指南	MH/T 5062-2022	2022-12-07
6	机场协同决策系统技术规范	MH/T 6125-2022	2022-02-18
7	民用运输机场服务质量	MH/T 5104-2013	2013-03-13
8	通用机场建设规范	MH/T 5026-2012	2012-05-29
9	民用航空运输机场消防站消防装备配备	MH/T 7002-2006	2007-04-11
10	机场飞行区草地建植技术要求	MH/T 5102-2004	2007-04-11

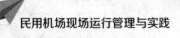

思政阅读

中国电科：打造智慧机场　谱写交通强国民航新篇章

本章复习题

1. 简述民用航空系统的组成。
2. 简述通用航空包括的飞行种类。
3. 简述经营性通用航空活动分类。
4. 简述通用机场的分类。
5. 运输机场按照服务对象，可分为哪几类？
6. 简述飞行区代码划分的方法。
7. 简述机场运行管理法律体系的组成。

本章测试题

第二章　机场运行指挥部门

【本章学习目标】

- 掌握机场运行指挥部门的作用；
- 掌握机场运行指挥人员的职业守则；
- 掌握机场运行指挥部门的岗位设置及职业功能。

第一节　机场运行指挥部门的作用

随着全球经济一体化进程的加快，国家之间、城市之间的交流日益频繁，民航运输业以其安全、快速、高效的特点正发挥着越来越重要的作用。近年来，随着我国经济和民航业的快速发展，机场的规模和业务量日益扩大，快速增长的民航客货运输量给我们统一调度管理、规范生产经营和设备运行、保障航班正点和飞行安全、优化旅客服务质量、提高工作人员素质和安全防范等带来了新的挑战。民航业是一个技术与资金密集、业务复杂、发展迅速、对安全和服务要求极高的行业。机场不仅是民航运输的一个重要组成部分，还是一个国家和城市的重要窗口。如何在航班地面保障过程中确保安全、正常、高效地实施系统化管理，做好机场本单位及驻场各单位的协调配合等工作，更加合理、优化利用机场的各类资源，促进经济效益的持续增长，是机场正常运行与管理的重要问题。

在民航发展初期，民航业内及各机场对现场指挥还没有明确的编制名称和统一的运作形式。20 世纪 80 年代中后期，民航体制改革后，机场作为企业独立开展运营，需要有一个部门对机场内部的各生产保障部门及生产过程进行统一的协调指挥和全面的综合管理，由此，机场运行指挥部门逐步产生。随着民航业的迅速发展，机场所承担的运营任务越来越繁重，机场运行指挥部门在机场运营中起到的作用越来越突出。目前，国内大多数机场都有相应的机构，只是名称稍有不同，如现场指挥中心、机场运控中心等，但主要职能基本相同。

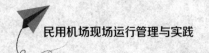

机场运行指挥部门是机场运行的神经中枢，是机场航班生产与服务的最高协调管理机构，它担负着机场运行的组织、指挥、协调、控制和应急救援指挥的重要职责，直接影响到机场的安全、有序、高效的运行，其作用主要体现在以下三个方面。

（1）指挥枢纽作用。机场以运行指挥部门为核心，将生产运行网络、通信网络、组织指挥网络、安全保障网络、应急救援网络整合为统一的机场运行管理体系，实施统一的组织协调指挥。

（2）参谋助手作用。机场运行指挥部门在实施机场生产运行的管理和指挥协调中，可真实、全面地掌握机场生产保障的状况和信息，以及机场各生产保障单位的工作状态和存在的问题，及时向领导进行反馈，为机场领导的决策提供依据和参考意见，并将机场领导的决定和指令及时下达到各生产保障部门。

（3）对外协调作用。机场运行指挥部门作为机场生产运行的指挥平台，除对机场本身各部门进行组织、指挥和控制外，还必须与地方政府各部门、驻场的航空公司、空中交通管制部门、联检单位等与机场生产运行有关的单位和人员进行协调。机场运行指挥部门的工作协调和服务保障质量直接代表了机场的形象，并对机场生产运行的安全、有序、高效发挥着重要的作用。

第二节　机场运行指挥人员的要求

机场运行指挥员是现代机场运行过程中不可缺少的重要管理人员，他们所负担的职责要求从业人员应具备广泛的专业知识，包括航空器相关技术性能知识、空中交通管理知识、机场各种地面特种设备设施使用与运行专业知识、航空气象知识、航行情报知识、飞行签派知识、现代信息交换和处理专业知识、航空客货运输知识、机坪运行专业知识、航空安全管理知识、民航有关的法律法规以及应对突发事件的应急救援专业知识和机场运行流程专业知识等。此外，机场运行指挥员还需要掌握管理理论及其他专业技术知识，并能在机场运行的实践中加以运用。由此可见，机场运行指挥是一个综合性极强的专业，所以从事该专业的工作人员应当是能够保障机场正常运行，科学系统地管理、监督与协调运行并能处理突发事件的综合型专业人员，具有较强的语言表达能力、组织协调能力和解决问题的能力。

依据《中华人民共和国职业分类大典（2022年版）》，机场运行指挥员职业编码为4-02-04-03。《机场运行指挥员国家职业技能标准（2019年版）》将机场运行指挥员定义为：从事机场信息采集处置和发布、航班保障和服务、机坪管理和应急救援组织与指挥协调等工作的人员。该职业共设四个等级，分别为四级/中级工、三级/高级工、二级/技师、一级/高级技师。

（一）职业道德和职业守则

职业道德是指人们在职业生活中应遵循的基本道德，即一般社会道德在职业生活中的具体体现，是本行业人员在职业活动中的行为规范，又是行业对社会所负的道德责任和义务。而民航业的职业道德，更多的是指在保证旅客生命和财产安全方面要遵守的操作规程和严谨认真的职业态度。

机场运行指挥员职业守则概括如下。

1. 安全至上，行动迅速

航空安全管理的不断创新，能极大地提高航空安全水平。民航在推进各项改革开放工作的同时，始终没有放松对安全工作的重视。坚持"安全第一，预防为主，综合治理"的方针，强化安全生产责任制，创新安全管理理念，重视安全规章标准的建设，强化专业技术人员的培训，加大安全投入力度，积极采用现代化的科技手段。保证安全是机场运行工作的基本要求，也是职业道德要求的具体内容。保证安全的观念应渗透在工作的点点滴滴之中，必须时刻牢记于心。

民航必须走科学发展的道路，而安全发展是民航科学发展的基础和重要前提。国际民航组织将"安全"定义为一种状态，即通过持续的危险识别和风险管理过程，将人员伤害或财产损失的风险降至并保持在可接受的水平或其以下。该定义反映了安全的三点内涵：第一，安全是相对的，不是绝对的；第二，安全是可控的，通过人的主观努力，掌握规律，加强管理，提高风险防控能力，认真吸取事故和事故征候的教训，事故是可以预防的；第三，在事故与人的主观努力的评价上，要实事求是，客观地鉴定和处理。因此，机场运行指挥员应该树立强烈的安全意识，认真学习各项规章制度，全面掌握各项安全管理规章。

2. 爱岗敬业，忠于职守

爱岗敬业反映的是从业人员热爱自己的工作岗位、敬重自己所从事的职业、勤奋努力、尽职尽责的道德操守。这是社会主义职业道德最基本的要求。对自己工作岗位的热爱，对自己所从事职业的敬重，既是社会的需要，也是从业者应该自觉遵守的道德要求。职业不仅是个人谋生的手段，还是从业者不断完成自身社会化的重要条件，是个人实现自我、完善自我不可或缺的舞台。

机场运行指挥员应树立自己的职业理想，强化自己的职业责任，职业理想越高就越能发挥自己的主观能动性，对社会的贡献也就越大。机场运行指挥员的工作领域会随着职业生涯的发展不断扩展，从四级机场运行指挥员到三级、二级、一级，还可以参与人员管理、业务管理、员工培训、职业技能鉴定等。

3. 遵章守纪，认真负责

安全不是纸上谈兵，而是要能真正地落实和执行。这就要求机场运行指挥员认真遵守各项安全规章制度，使每项工作都能落实到位，不流于形式，不做表面文章，对工作认真负责，否则，就难以实现安全生产目标。

4. 团结协作，大局为重

团结协作是日常工作基本规范之一。机场运行指挥员在日常业务活动中，要互相支持、互相协作、互相配合，顾全大局，明确工作任务和共同目标，在工作中尊重他人，虚心诚恳，积极主动协同同事做好各项业务。对于机场运行指挥工作而言，工作内容的烦琐与工作范围的广泛要求大家要团结协作，共同保障工作的顺利进行。

5. 钻研业务，善于思考

职业技能又称职业能力，是人们进行职业活动、履行职业责任的能力和手段。它包括

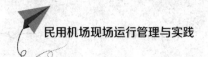

从业人员的实际操作能力、业务处理能力、技术技能以及与职业有关的理论知识等。我国民航技术人员与国外同业相比，在理念、培训方式、管理流程、专业技能方面还存在差距。不断提高个人的职业技能并积极推进整体从业人员职业技能的提升，是每一名机场运行指挥员的责任和使命，也是履行职业责任、实现职业理想的具体体现。

勤于钻研思考是机场运行指挥员职业道德要求的一个重要方面。机场运行指挥员只有不断丰富自己，提高自己，才能在业务上不断拓宽自己的知识面，提升自身素质和应对特殊情况的能力。

6. 组织有序，指挥果断

在日常运行情况下，机场运行指挥部门负责机场的总体运行协调与指挥，保证机场运行安全、顺畅、有序。机场运行指挥员在事件处置过程中务必指挥果断，指令明确，确保处置过程组织有序，协调有力，尤其在机场大面积航班延误等特殊情况下。

7. 协调有方，监管到位

机场运行涉及航空公司、空管、油料、机务、地面服务、联检等多个单位，机场运行指挥员应该统一协调、指挥、监管各驻场单位及内部保障部门，以保证机场安全有序运行。

8. 服务精细，救援有力

在保证安全的情况下，机场运行指挥员应向航空公司等驻场单位提供更优质、周到、精细的服务，以提升机场运行效率，一旦发生突发事件，能反应及时、救援迅速。

（二）工作内容

机场运行指挥员作为人社部颁布的民航行业具有国家职业技能标准的三个职业之一，主要从事机场航班信息处置、航班运行保障管理、运行资源管理、机坪运行管理、应急救援管理，承担调配机场运行保障资源、管控航班进程、处置应急事件的职责。《机场运行指挥员国家职业技能标准（2019年版）》中对四个级别的机场运行指挥员的工作内容进行了明确规定，同时提出了详细的技能要求和相关知识要求。

1. 航班信息处置

要求机场运行指挥员能够使用系统接收、处理、变更航班动态信息；能够使用专用通信设备规范通话；及时发布航班延误信息；能够收集航班信息，编制航班计划。

2. 航班运行保障管理

要求机场运行指挥员能够使用系统监控航班地面保障进程；能按照运行信息处理的程序，接收联检部门、机组、航空公司运控部门及机场保障部门的信息；能识别不安全事件信息；进行航班正常性统计、录入并按规定要求及时上报航班运行数据。

3. 运行资源管理

机场保障航班正常运行的资源多种多样，机场运行指挥员主要负责机位分配、行李转盘分配、候机区登机口的分配。要求机场运行指挥员能按既定分配规则安排机位；能根据机位变化、流程变化和设备状况调整行李转盘的分配方案；能根据航班保障要求分配和调整候机区、登机口。

4.机坪运行管理

机坪运行比较复杂，要求机场运行指挥员能够对机坪运行进行秩序管理，对机坪设施设备实施监控，对航空器地面运行状态进行监控，对不停航施工和机坪环境进行管理。

5.应急救援管理

要求机场运行指挥员能够对应急救援信息进行收集和处置，同时能够对应急救援现场进行处置。

《机场运行指挥员国家职业技能标准（2019年版）》对四级/中级工、三级/高级工、二级/技师、一级/高级技师的技能要求和相关知识要求依次递进，高级别涵盖低级别的要求。

（三）职业鉴定要求

1.申报条件

（1）具备以下条件者，可申报四级/中级工。

从事本职业工作1年（含）以上。

（2）具备以下条件之一者，可申报三级/高级工。

① 取得本职业四级/中级工职业资格证书（技能等级证书）后，累计从事本职业工作5年（含）以上。

② 具有大专及以上本专业或相关专业毕业证书，并取得本职业四级/中级工职业资格证书（技能等级证书）后，累计从事本职业工作3年（含）以上。

（3）具备以下条件者，可申报二级/技师。

取得本职业三级/高级工职业资格证书（技能等级证书）后，累计从事本职业工作4年（含）以上。

（4）具备以下条件者，可申报一级/高级技师。

取得本职业二级/技师职业资格证书（技能等级证书）后，累计从事本职业工作4年（含）以上。

2.鉴定方式

鉴定方式分为理论知识考试、技能考核以及综合评审。理论知识考试以笔试、机考等方式为主，主要考核从业人员从事本职业应掌握的基本要求和相关知识要求。技能考核主要采用现场操作、模拟操作等方式进行。主要考核从业人员从事本职业应具备的技能水平，综合评审主要针对技师和高级技师，常采取审阅申报材料、答辩等方式进行全面评议和审查。

理论知识考试、技能考核和综合评审均实行百分制，成绩皆达60分（含）以上者为合格。

第三节 机场运行指挥部门席位设置及职责

机场运行指挥部门是机场运行的核心，其席位分配有很多形式，基本包括值班经理、综合协调指挥席、航班信息管理席、资源管控席、航班进程管理席、计划席等，各个席位之间分工合作，密切配合，保障飞机在机场停机坪和跑道位置的顺利滑行和安全，完成飞

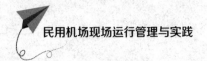

机过站的保障工作。

1. 值班经理及职责

（1）负责班组人员日常工作的组织领导和管理。

（2）负责运行生产中各类问题的组织、协调、处置。

（3）负责机桥位安排、信息发布情况的督促检查。

（4）负责飞行区内突发异常事件的前期处置及报告。

（5）负责值班记录和各类台账的检查。

（6）负责每日的点名和次日的交接班。

（7）负责组织召开班前、班后例会。

（8）负责完成领导交给的各项工作任务。

2. 综合协调指挥席及职责

（1）负责协调处理机场各保障单位、航空公司所发生的各类生产运行和安全问题。

（2）负责参与处置飞行区内所发生的各类突发事件，并做好记录和报告。

（3）负责协调重要客人、特殊旅客的特殊情况保障。

（4）掌握飞行区内生产区域及施工区域的工作动态，协调相关事宜。

（5）负责各相关预案的响应和处置。

（6）负责填写飞行区异常情况记录。

3. 航班信息管理席及职责

（1）负责收集、核实、发布航班信息。

（2）负责对不正常航班的信息进行跟踪。

（3）负责记录、跟踪重要旅客航班与专机任务信息动态。

（4）负责协助值班经理做好当天的运行保障工作。

（5）负责航空公司运力调整变更与发布。

4. 资源管控席及职责

（1）负责航班的停机位及登机口的分配与调整。

（2）负责季度/次日机登机口计划安排并核对发布。

（3）负责维护登机口、机位信息。

（4）负责临时航空器停场的对接和审批。

（5）负责跟踪专机、包机机位资源使用情况。

（6）涉及资源管控席的特殊事件的处置，包括航空器滑回、返航、备降、应急等。

5. 航班进程管理席位及职责

（1）负责对航班保障进度进行监控。

（2）负责机场代理航班放行正常及发生航班放行不正常原因跟踪、调查和统计。

6. 计划席及职责

（1）负责收集次日、临时航班计划。

（2）负责次日航班计划编制。

（3）负责临时航班计划校对与录入。

（4）负责收集要客信息并录入航班计划。

（5）负责航班计划的统计与分析。

（6）负责航班计划基础信息的维护。

拓展阅读

机场运行指挥员所需基础知识和工作要求

思政阅读

首届中国民航机场运行指挥员职业技能大赛决赛举办

本章复习题

1．简述机场运行指挥部门的主要作用。

2．简述机场运行指挥员的职业守则。

3．简述机场运行指挥部门的席位设置及职责。

本章测试题

第三章　机场管理及运行模式

【本章学习目标】

- 掌握机场所有权的主要形式；
- 掌握机场经营管理模式的主要形式；
- 掌握我国机场经营管理模式的主要形式；
- 掌握机场运行模式的种类及特点。

第一节　机场所有权

纵观世界机场，其所有权形式主要有以下几种。

1. 政府直接管理的公有形式［public(state) ownership with government control］

机场归国家政府所有，政府专门设立相关部门——民用航空部（局），通常在国家运输部下，并且由政府直接进行管理。这种类型的所有权形式大都是第三世界国家，少数发达国家也采用这种形式，如加拿大、瑞典和挪威等国家。

2. 通过机场当局管理的公有形式（public ownership through an airport authority）

机场归国家政府所有，但政府不直接进行管理，而是通过机场当局进行管理，其目的就是建立一个更具专业的组织来执行，完成长期计划，而政府作为政策控制中心，负责战略政策的制定，如泰国和墨西哥。有些国家和地区则建立区域性机场当局，如法国的巴黎地区机场当局、美国的阿拉斯加和夏威夷等地。

3. 公有与私有的混合形式（mixed public and private ownership）

机场设施有些归国家所有，有些则由私有组织企业控制，如有的机场飞行区等设施是公有的，而航站区因为是由航空公司投资兴建，因此归其所有和运营。随着机场投融资渠道的变化，有些机场卖掉一部分股份，就造成这种模式的存在。

4. 完全私有化的形式（private ownership）

机场完全归私人所有并管理。例如，英国机场管理局是全球第一个获得机场完全私有化权利的公司，但英国政府保留了其对机场公司的部分权力，由运输部行使法规审批权，包括对公司的投资及股权转让行使否决权；每隔 5 年，由垄断与企业合并委员会对机场公司进行一次审查，并就违反公众利益的行为向英国民航局提出建议，同时对后 5 年的收费标准提出建议。

国际机场理事会（ACI）在《国际机场理事会的政策手册》中记载了机场所有权的政策。国际民用航空组织（ICAO）在其公布的经济手册中也提出了机场所有权的观点。国际机场理事会考虑到其会员成分的多样性和他们在经营中面临的多种国家管理制度问题，在机场所有权政策方面采取了务实和灵活的做法。1995 年 9 月，在华盛顿举行的国际机场理事会第五届世界大会上，对机场所有权问题达成如下协议。

（1）机场应具有建立最适当的组织结构以满足市场挑战的自由。

（2）任何机场的所有权类型应使机场在经营方面具有最大的灵活性。

（3）机场的所有权形式应有利于开辟新的财政渠道，创造更多改进业务和增加盈利的机会。

机场无论采用何种所有权形式，根据国际民航组织《国际民航组织关于机场和空中航行服务收费的政策》（Doc 9082 号文件），国家最终要对安全和保安问题负责，并且鉴于机场可能滥用其优势地位，国家还要负责对其经营实行经济监督。国家应确保遵守《芝加哥公约》及其各个附件以及航空运输协定中规定的国家所有相关义务，并确保遵守国际民航组织的各项政策和措施。同时，机场必须担负起为所在社区、城市、社会服务的责任。

第二节　机场管理模式

一、机场的经营管理模式

世界上大型机场经营管理模式主要有四种。

（1）中央或地方政府所有并组织专门机构进行管理和组织运营。目前，世界上的大部分机场采用这种管理模式。例如，约有 66.7% 的美国机场采用这种管理模式。

这类机场的所有权（或股权）划分也不尽一致。有的归中央政府所有，有的归中央政府和地方政府共有，有的仅属地方政府所有，并由相应的所有者组建或共同组建行政色彩浓厚的机场管理局（委员会）负责机场日常管理和运营。

德国的法兰克福机场，联邦政府（交通部代表）拥有 25.9% 的股权，黑森州政府拥有 45.2% 的股权，法兰克福市政府拥有 28.9% 的股权。

美国的洛杉矶、亚特兰大等机场属所在的市、郡政府所有，并由地方政府组建机场管理局（委员会）进行运营管理。

（2）组织半政府、半市场性质的机场管理局（或称空港委员会、空港公司、机场管理

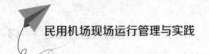

公司等）对机场进行管理和组织运营。

这种模式是 20 世纪 60 年代以后逐步发展起来的。迄今为止，实行这种管理模式的机场仅限于一些业务量大、收入多、能获得利润的国际和国内主干线机场，如美国的纽约—新泽西地区的三个大型机场等。

根据这种模式组建的机场管理局是一个介于政府和营利性企业之间的组织，属于公共法人性质，拥有一定的经营自主权。其职责是通过企业和市场途径（而非行政途径）管理和发展机场，与航空公司建立业务关系，确保机场安全运营等。

采用这种管理模式的机场产权结构与采用第一种管理模式的机场相类似。其股权主要为各级政府所有，即各级政府对机场实行控股，其中有极少数机场的部分股权为社会团体所有。

（3）由社团、企业、私人等所有者代表、专家组成机场当局，对机场进行管理和运营。

这种管理模式的机场绝大多数为小型机场，投资规模和业务量都很小。

（4）私有化后改组的机场公共控股公司对机场进行管理和运营。

英国的希思罗机场（Heathrow Airport）、盖特威克机场（Gatwick Airport）、斯坦斯特德机场（Stansted Airport）、爱丁堡机场（Edinburgh Airport）、南安普敦机场（Southampton Airport）、格拉斯哥机场（Glasgow Airport）和阿伯丁机场（Aberdeen Airport）由于业务量大，收入稳定，每年都有盈利，不需要政府补贴，所以进行了私有化运作，共同组建了英国机场管理局。

1987 年，英国机场管理局改组为英国机场公共控股公司后，政府保留的部分权力如下。

① 控股公司设立一个"金股"，由运输部掌握，行使法规审批和股权转移控制权。

② 每隔 5 年，有垄断与企业合并委员会对机场公共控股公司及其子公司的经营情况进行一次审查，并就违反公众利益的行为向英国民航局提出建议，同时对以后 5 年的机场收费标准提出建议。

私有化后，机场公共控股公司通过营利性企业的途径，每个机场各组建一个子公司，负责 7 个机场的经营管理。这 7 个机场的再投资也由机场公共控股公司自己筹措，政府不给补贴，但可以向控股单位申请补贴。

2009 年 3 月，英国竞争委员会发表调查报告，认为英国机场管理局包揽经营的机场数目众多，占英国机场的市场份额超过 60%，有垄断市场意图之嫌，要求英国机场管理局出售其中两家伦敦机场和一家苏格兰机场的股权。2009 年 10 月，英国机场管理局以 15.1 亿英镑出售盖特威克机场全数股权予美国投资基金公司，借此消除其垄断市场的嫌疑；2012 年 5 月，爱丁堡机场以 8 亿英镑的价格出售，同年 8 月出售伦敦斯坦斯特德机场。由此，英国机场公共控股公司旗下机场只剩 4 家，更名为伦敦希思罗机场有限公司，公司旗下的希思罗、格拉斯哥、阿伯丁、南安普敦 4 个机场各自以其品牌独立运作。

二、我国的机场经营管理模式

我国的机场管理模式经历了由军属管理转变为由中国民航总局直接管理，航空公司、机场、航管、油料、省民航管理局合一，到 5 家逐步分开，机场作为企业下放由地方政府管理即机场属地化的一个过程。其中，2003年开始的机场属地化改革是我国民航发展史上意义重大的一次管理模式改革，直到2004年7月8日，随着甘肃所辖的兰州、庆阳、敦煌、嘉峪关4个机场移交当地政府，民航机场的属地化改革任务基本完成。机场属地化改革后，机场的所有权及管理模式又陆续发生了一些变革，如首都机场集团跨省收购等。目前，我国机场的所有权形式以公有为主，其中首都机场、西藏自治区机场为国家所有，由民航局、中国民用航空西藏自治区管理局管理，其他机场由地方政府所有，其管理方式有地方政府直接管理、地方政府委托管理及混合所有委托管理等。从机场运营管理架构的角度，我国机场运营管理模式可以总结为以下六种。

（一）省（区、市）机场集团模式

这是一种以省会机场为核心机场，以省内其他机场为成员机场的机场集团组织架构。也就是进行机场属地化管理，分为两种情况：第一种是成立省（区、市）机场管理集团公司或管理公司，并由机场公司统一管理区域内的所有机场，如上海、天津、海南；第二种是成立省（区、市）机场管理集团公司或机场管理公司，但机场公司只管理区域内部分而不是全部机场，如重庆、广东、四川。

以省为单位将全省的机场统一管理，存在很多优点：一是省政府可以把全省的资源调动起来扶持省内各机场的建设和发展；二是可以从全省的角度统一规划机场布局，统一考虑全省机场的建议，避免各地市各自为政；三是把全省的航空运输和机场的建设统筹考虑，一体化发展，更好地服务于全省的社会经济发展需要；四是能够发挥省机场集团公司的优势，在管理、人员、资金等方面形成规模优势，以大带小，有利于省内小型机场的生存和发展。省（区、市）机场管理集团最大的优势就在于省内资源的统一。此外，这种模式也会在一定程度上造成机场所在地的地市政府缺乏扶持机场建设和发展的主动性和积极性。

举例1：广东省机场管理集团公司。

广东省机场管理集团公司是直属广东省人民政府的国有大型航空运输服务保障企业，成立于2004年2月25日，现由广东省人民政府国有资产监督管理委员会直接监管。公司下辖广州白云、揭阳潮汕、湛江、梅县、惠州5个机场。

举例2：甘肃省民航机场集团。

甘肃省机场在属地化改革后经历了由省机场集团管理到航空公司管理，又回到省机场集团管理的过程。甘肃省机场是最后一批属地化改革的机场，完成于2004年。2006年2月，甘肃省政府与海航集团在兰州签订战略合作协议，双方将在航空运输、机场管理等方面进行全面合作，同时甘肃省国资委与海口美兰国际机场签订了产权重组协议，10月27日，新的甘肃机场集团正式挂牌成立。自此，甘肃省国资委管理的甘肃机场集团下辖的兰州、敦煌、嘉峪关、庆阳4个机场，按照海航现代企业制度模式运营。2015年1月，海航剥离甘肃机场，甘肃省政府组建甘肃省民航机场集团来负责兰州中川、嘉峪关、敦煌、庆阳、金昌、张掖等机场的建设、管理和运营工作。

举例3：东部机场集团。

东部机场集团于2018年9月15日正式挂牌成立，是江苏省从推动全省机场资源整合的战略高度出发，依托于南京禄口国际机场组建的全省机场集团。该集团按照省市共建的

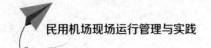

原则，采用现金收购方式，受让徐州、常州、淮安、盐城、扬州泰州5家机场公司51%的股权，以及连云港机场60%的股权。东部机场集团是在长三角世界级机场群建设大背景下成立的省级机场集团，集团内7家机场总体规划、统筹布局、协调共建，推动江苏民航做强做优做大，从而不断增强地方服务及地方经济发展能力。东部机场集团成立之前，江苏省机场的模式为省会机场模式，省政府只负责管理省会机场，其他机场由所在地市政府管理。

（二）跨省机场集团模式

这是一种超越省机场管理集团的运营管理架构，是由几个省的机场管理集团通过资产重组，组建为一个跨省的机场集团。首都机场集团是集团化管理模式的主要代表，它隶属于民航局，是一家跨地域、多元化的大型国有企业集团，于2002年12月28日成立。目前集团拥有北京、天津、江西、重庆、吉林、内蒙古、黑龙江、河北8省（自治区、直辖市）所辖机场40多个。各机场以子公司的形式运营，也有的以控股方式进行管理，其上级机场集团进行行政和业务上的管理，一般会设定年度经营目标，亏损由集团公司统一进行补贴。

西部机场集团是我国第二大跨省区运作的大型机场集团，隶属于陕西省人民政府，其前身为西安咸阳国际机场。目前，集团负责西安咸阳、银川、西宁3个干线机场和陕西、甘肃、宁夏、青海4省（自治区、直辖市）16个支线机场及3个通用机场的建设和运营管理。

跨省收购的主要目的是在资源配置、航线网络、人力资源等方面发挥跨省机场集团的更大规模效应。这种模式的优势表现在以下几个方面：一是集团公司将成员机场的地面服务、商贸、广告等非航空性质业务实行了一体化经营和管理，发挥了专业化公司的规模优势；二是在人员使用和资金运作方面，统一调配，统一运作，提高了运营效率；三是利用机场集团公司的管理优势，在一定程度上提高了小型机场的管理水平。跨省机场集团模式也存在一些不足：一是降低了成员机场所在省、市政府投资机场建设和扶持机场发展的积极性；二是机场集团公司归当地国资委管理，当地的国资委没有权力和义务把机场集团公司的资金投入其他省份的机场中；三是集团公司将成员机场的非航空性业务采用专业化公司的模式实行"条条管理"，航空性业务则由各成员机场"分块管理"，不利于机场的安全运行和服务水平的提高；四是当地政府把机场交给省外的跨省机场集团公司管理后，没有了机场建设投资的压力，往往要求机场建设的标准要高、规模要大，超出了适度、合理的范围，同时在资金等方面给跨省机场集团公司造成很大的压力。

（三）省会机场公司模式

河南省成立了河南省机场集团有限公司，是河南省人民政府直属的国有大型航空运输企业，但只负责管理省会郑州新郑国际机场，其他省内机场则属于其他管理方式。例如，洛阳北郊机场为中国民航飞行学院管理，南阳机场为南方航空公司管理，信阳机场由龙浩民用机场管理有限公司控股。

（四）市属机场公司模式

在市属机场公司模式下，机场由所在地市政府管理，如深圳、厦门、无锡、南通、绵阳、南充、攀枝花、宜宾、泸州、万州。目前，共有31家机场由所在地市政府管理。

这种模式，在不同的城市，情况也不相同。如果机场所在城市的经济实力强，当地政府又重视和大力扶持机场，机场就发展得好，如深圳、大连、青岛、厦门、宁波等机场。但是，除了上述几个机场，其他 26 个机场业务量普遍较小，机场所在地经济欠发达，地方政府的财力也有限，往往是"心有余而力不足"，客观上欠缺足够的资源支持机场。

（五）委托管理模式

委托管理模式有两种情况：一是内地机场委托内地机场进行管理，如黑龙江和内蒙古机场集团委托首都机场集团管理；二是内地机场委托港资管理，目前仅有珠海机场一家。

机场被委托有利于被委托机场利用受托机场的经营机制和管理优势来提高经营管理水平（包括安全、服务、效率等）。但委托管理也往往因受托方缺乏主人翁意识，探索、规划所管理机场长远发展战略的积极性不高，容易产生短期行为。

（六）航空公司管理模式

海南航空集团重整之前，海口、三亚、东营、宜昌、安庆、满洲里、潍坊等多个机场由海航集团管理。2021 年，海航集团重整后，成立海南机场设施股份有限公司，控股股东变更为海南省最大的国资平台——海南省发展控股有限公司，正式融入海南国资体系，该公司参控股及管理输出机场共 11 家，包括三亚凤凰国际机场、营口兰旗机场、潍坊南苑机场、松原查干湖机场、安庆天柱山机场、唐山三女河机场、三沙永兴机场、满洲里西郊机场等。海口美兰机场则直接由海南省发展控股有限公司控股，也融入海南国资体系。

目前，仍由航空公司管理的机场有南方航空公司管理的南阳机场、厦门航空公司管理的武夷山机场。

三、典型机场运营模式对比

全球机场的运营管理方式主要以美国和英国为代表，形成了管理型和经营型两种模式。

（一）管理型运营模式

所谓管理型运营模式的机场，主要是指机场运营当局脱离机场经营者的角色，回归机场管理者本位，在机场的特许经营权的法律环境具备的条件下，基于市场公平原则，不直接从事面对机场用户的经营性业务，而转变为主要为机场服务业务的供应者提供正常运行的资源和环境，创造公平经营的平台。机场管理机构应逐步过渡到不直接从事经营性业务，而是通过对经营性业务实施专业化、市场化的运作，采取业务外包的形式，将这些业务交由专业公司去做，自身则成为这些业务的监管者，专心从事机场的规划、建设和管理，为航空公司提供一个公平运营的平台。

管理型机场的最大特点是所有权与经营权分离，行使所有权的运营当局要逐步摆脱具体的生产经营事务，主要承担机场总体规划、安全监督、服务与运行效率监管、航空市场与服务项目拓展、机场商业开发、机场设施建设、机场国土资源管理职责，着力抓好制定各种专业规范和标准、特许经营制度，成为机场"游戏规则"的制定者和监督者，成为机场运营的决策中心、资本运营中心和调控中心。而经营权则通过特许经营等业务外包形式交与专业公司，吸引专业公司成为机场运营的利润中心，主要从事机场业务的生产经营与服务，通过主动走向市场、开拓发展，创造良好的服务和经济效益，实现机场运营价值的最大化。

美国、加拿大、巴西、日本、韩国等国家均把机场定性为非营利性的公共设施或产品，机场管理机构多为管理型，机场的建设和经营由政府承担或给予补贴。

（二）经营型运营模式

所谓经营型运营模式的机场，主要是指采取自营方式为主，以垄断性经营、"大而全"模式以及管理与经营一体化为特征的、经营机场范围从保障性的航空业务到经营性的非航空业务的一个相对完整独立的机场经营主体。主要做法是：经营项目主要采取自己铺摊子、招人马的方式经营，主营业务资源的开发主要依靠投入更多的生产性资金，购买先进的设施设备，招聘更多的人员；非主营业务主要是不断增加延伸服务项目和业务范围，组建相应的经营开发单位，不断增加相应人员，通过人员和部门的不断增加拉动非主营业务的收入。

从我国机场的发展历程来看，经营型机场模式在特定的情况下曾经促进我国机场的发展，特别是在大型机场的发展初期，曾经较快地提升机场经济收入总量，使机场经营者有能力加大对机场基础设施设置的投入力度，最终提升了机场运营保障能力，较快地扩大了机场的业务生产规模。同时，机场经营项目的细分与增加也大大提高了员工的收入，提高了员工的生产经营积极性；而增加单位与部门，则锻炼和培养了机场的管理干部与员工队伍，同时解决了内外各类人员的就业问题。可以说，经营型机场模式对我国机场早期发展产生了历史性的促进作用。但随着我国机场生产业务规模的不断扩大，社会经济环境的变化以及枢纽机场的建设发展，机场的投资主体出现变化，机场的所有权与经营权出现事实的分离，经营型机场模式逐步体现出与机场发展的不适应性，并最终演变成为大型机场运营发展的"瓶颈"效应。

经营型运营模式和管理型运营模式的对比如表3-1所示。

表 3-1　经营型运营模式与管理型运营模式对比

类　目	经营型机场	管理型机场
企业制度	所有权与经营权混合，既是经营主体又是管理主体，多重身份	所有权与经营权分离，经营与管理机构分立，自主经营，自负盈亏
激励与约束	缺乏有效制衡和激励手段	能有效地制衡和激励
管理手段	直接干预、具体操作	间接干预、宏观操作
管理理念	从既得利益和眼前利益出发，自主经营	专业化管理，服务保障为主，航空公司与机场的利益一致
经营管理方式	自行铺摊子、招人马，设立更多的单位和部门，自己经营机场的各项业务	管理机构退出经营，通过特许经营的方式引入专业化公司运营机场业务
经营效益	规模大、人员多、成本高，机场业务收入高，成本越庞大，经营效益越差	经营业务通过竞争形式外包，收费稳定，投入少，规模小，效益稳定
收入来源	机场收费及自营项目收益，项目越多，规模越大，收入越高	机场收费及特许经营收费，资源价值越大，收费越多

类 目	经营型机场	管理型机场
机场当局的角色	既是机场相关业务的经营者，又是管理者，并试图垄断从事机场区域内的经营项目，经营状况总体不佳	作为机场的所有者和管理者，着力于制定各种专业规范和标准、特许经营权制度，并扮演监管者角色
与航空公司的关系	竞争关系的存在使机场的运营难以中立，在对航空公司的资源使用方面有失公平，使航空公司在机场的运营受到制约，机场与航空公司关系恶化	机场的运营是中立的，地面服务是在机场监管下为航空公司提供同一标准的优良服务，机场运营的目的就是为航空公司打造良好的平台
其他专业经营公司进入壁垒	难以独立进入机场垄断市场，或是以合营的方式获取机场的优质资源，与机场运营当局分享利润	作为经营者负责机场业务运作，通过协议方式取得机场业务经营权，成为机场经营利润中心

四、国外机场管理模式举例

（一）美国

美国机场就是典型的公益性定位，采取的就是管理型运营模式。美国机场经营层面的业务采取特许经营的方式，授权第三方私人公司或者航空公司负责，并不是由机场自身进行经营管理。第三方私人公司或者航空公司需要向机场当局交纳飞机起降费、土地租金、特许经营权费等费用。机场管理者身兼机场老板与机场执行者两个身份。一方面是以老板的身份维护机场建筑物、合理分配土地使用，更重要的是要保障机场的安全和航空业务的高效运营；另一方面是以执行者的身份处理好机场的公共关系及机场的日常运营，为机场的经营者以及旅客提供优质的服务。机场管理者的本质职责是确保机场及机场设施的安全，以及机场运营业务的高效性。美国这种公益性质的管理型机场运营模式主要具有以下优点。

（1）合理的功能定位。美国政府将机场定性为："不以营利为目的、为社会提供公益服务的公共产品，是城市基础设施。"机场归政府所有，由政府负责投资、建设和管理，机场管理机构多为事业化机构。

（2）有助于机场管理水平的提高。机场管理机构多为管理型而非经营型，人员相当精简，职责明确，只负责制定机场的发展规划、开辟航线、对机场设施的出租和日常维护工作。机场用工制度灵活多样，经营性项目的社会化程度很高。

（3）能获得政府的政策支持。不仅对机场免税，美国各级政府和联邦航空管理局还对机场的建设和经营给予补贴。由于机场建设投资量大，资金使用时间比较集中，所以一般靠地方政府发行债券来筹集资金，以后再由财政统一安排偿还。机场运营的资金来源主要靠起降费、机场内的商业招租费，另外也可以向旅客和承运人收取一些地方规定的税费，运营亏空由政府补助。

（4）采取特许经营权招标的方式既有助于服务水平的提高，又能增加经济效益。机场管理机构通过特许经营权招标的方式将地面服务、候机楼运营、停车场、餐饮、零售、广告等业务进行外包，制定服务标准，统一实行契约化管理。

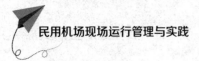
（二）英国

1987 年英国机场私有化后，机场公共控股公司通过营利性企业的途径，每个机场各组建一个子公司，负责 7 个机场的经营管理。这 7 个机场的再投资也由机场公共控股公司自己筹措，政府不给补贴，但可以向控股单位申请补贴。

以英国机场公共控股公司为代表的经营性机场或机场组织的特点如下。

（1）机场功能定位。将机场定性为经营性资产，把英国机场公共控股公司定位成机场管理专业公司，通过多样化的管理模式和有效的经营方式，创造最大利润。

（2）多样化的管理模式。英国机场公共控股公司根据机场的实际情况采取不同的模式进行经营管理，如拥有部分股权及整个机场经营管理权、不参股但拥有整个机场的经营管理权、控股机场管理公司、拥有部分经营管理权等。

（3）经营方式灵活多样。英国机场公共控股公司经营管理机场安检、急救、免税店、部分工程和维修、问询、航显系统。对外发包地面服务、配餐、航油、部分工程和维修、零售、停车场、餐饮。为空管系统、公安、边防、海关及其他公共职能提供设备、设施。

（三）巴西

巴西的突出特点是机场运营的商业化色彩较强。巴西由于其历史原因，民航至今仍然由军方管理。巴西设有民航局负责空管事务，但直接归空军领导。尽管巴西也认为机场是重要的公共产品，但为了提高效率，政府在机场的商业化运营上还是做出了重要举措，即在 1973 年设立了属于国防部的机场管理公司，将全国主要的 67 家机场交由该公司管理。这 67 家机场的流量较大，运量占全国的 96%，收入占全国的 98%，所以具有较好的商业化条件。除了这 67 家机场，其余分布在全国各地的小型机场由地方政府进行承包管理。

（四）日本

日本将机场分为四类：第一类是大型国际机场，有东京国际机场、新东京国际机场、大阪国际机场、关西国际机场；第二类主要是干线机场，目前有 26 个；第三类为较小的民用机场；第四类为军民共用机场。在上述四类机场中，第一类机场和大部分第二类机场为中央政府投资建设、拥有和管理；第二类机场的一小部分由中央政府投资建设、拥有，但由地方政府管理；第三类机场由地方政府投资建设、拥有和管理；第四类机场由军方拥有和管理。

日本机场的具体管理方式基本上是由各级政府直接管理。中央政府拥有的机场大部分由运输大臣负责管理，地方政府拥有的机场由相应的政府部门管理。但同时，日本政府也在探索商业化途径来提高机场的融资效率和管理效率，如新东京国际机场就是由政府设立"新东京国际空港集团"来具体负责机场的日常运营的，关西国际机场由"关西国际空港株式会社（股份公司）"进行运营。日本的关西国际机场投资巨大，在相当长的时期内难以盈利，但机场流量大，具备商业化和企业化的基本条件，所以仍然能够吸引投资，而且投资者基本上是当地的大财团，这些财团的发展对关西国际机场具有一定的依赖性。

第三节 机场运行模式

机场的运行管理模式是机场运行保障的管理体系。不同的发展阶段，机场规模的大小对机场运行控制模式的组织形式和管控方式有直接影响。目前，国内外机场运行模式主要有四种：传统的指挥中心协调运行模式、AOC/TOC区域化运行模式、物理集中IOC模式、虚拟化IOC模式。

一、机场运行模式对比

（一）传统的指挥中心协调运行模式

机场运营规模较小时，机场通常会设立单一的指挥中心，由指挥中心负责机场所有的运控协调和指挥调度工作。指挥中心之外，会按照调度管理的需要设置二级调度、三级调度甚至四级调度，用以协调处理现场的生产保障。这种"统一指挥、统一调度"的传统运行模式在机场只拥有"一座航站楼、一条跑道"的情况下，基地航空公司参与不足时有较为突出的优势，表现在以下几点。

（1）有利于统一发布航班信息、更新航班动态信息。

（2）有利于统一发布资源分配信息、更新资源动态信息。

（3）有利于各方资源的统一控制、统一协调。

但是随着机场规模的日益扩大，许多机场面临"多航站楼、多跑道"的管理新格局，越来越多的基地航空公司、地面代理公司参与航空日常保障事务，传统的指挥中心协调运行模式有众多弊端，例如部门之间协调困难、流程执行效率低下、指挥中心的工作负荷饱和等。

（二）AOC/TOC区域化运行模式

机场运行中心（airport operation center，AOC）是机场运行控制中心和飞行区区域运行管理主体，负责机场运行现场和飞行区安全运行管理。它是机场运行管理和应急指挥的核心，是机场日常航班安全生产和旅客服务现场的最高协调管理机构。其主要任务是机场全局的运行指挥、制订航班计划、航班动态更新和发布、资源分配、资源动态更新和发布、各功能中心的协调管理、外场管理及飞行区安防等。

AOC的核心模式是"集中指挥+分级管理"。集中指挥体现在由AOC统一管理整个机场的关键性业务上，负责各中心之间的协调、应急事件的统一指挥；各中心指挥其所属区域的日常运行、服务与安全。分级管理体现在AOC、各中心及各中心指挥体系下各部门的管理与运作上。

航站楼运行管理中心（terminal operation center，TOC）是机场航站区运行的区域管理者，是航站楼内日常运营、安全生产和服务保障的核心机构，是整个航站楼现场运行的指挥中心，负责航站楼相关的日常生产运行、服务质量监督、安全防范以及楼内各类设备的运行管理等。它是航站楼管理的核心，是楼内旅客服务和驻场单位服务的最高协调管理机构。其主要任务包括航站楼内的服务管理、资源分配管理、商业管理、安全管理和设备设施监控管理。

AOC/TOC 区域化运行模式坚持机场全局层面必要的统一指挥，将不同区域的职能和责任下放到各分区功能中心，由各功能中心牵头负责协调处理各区域内的事务，有利于提升服务质量，加强机场流程执行过程的监控和跟踪。目前，我国大部分年旅客吞吐量千万以上级别的机场采用 AOC/TOC 区域化运行模式，AOC 负责统一指挥、特异情综合协调、航班计划及资源分配和机场全流程运行效能管控。TOC 负责航站楼运行综合管理、楼内资源统筹协调、商业及综合交通秩序管控、楼内设施设备正常性保障和航站楼运行特异情况的先期处置。空地协同运行，提升资源利用效率、航班保障效率、协同指挥水平和航班准点率。有些机场还针对飞行区、交通中心、公共区、货运区设置相应的区域化管理部门。

（三）物理集中 IOC 模式

AOC/TOC 区域化运行模式存在一些误区，最典型的是只看到了"区域化管理"而忽视了"统一指挥"，区域化单位领地意识过强，形成区域壁垒。为有效解决区域壁垒误区，国外机场提出了 IAC（integration airport center）模式，也有机场叫 IOC（integration operation center）模式，即集中运控中心模式。集中运控中心模式将原本区域化组织的运控协调岗位入驻到一个物理空间，形成联合作业机制。同时，建立多部门协同的服务运行保障流程来使各区域部门能够站在机场整体效能提升的基础上执行本部门的事务。采用物理集中是促进各方达成协同的一种措施，目的是通过面对面的沟通和协作来快速形成协同文化。

近几年随着集中大运控理念的提出，北京首都国际机场、上海浦东国际机场/虹桥国际机场、深圳机场等都在向 IOC 模式转变。而北京大兴国际机场、广州白云国际机场、西安咸阳国际机场、成都天府国际机场等已经形成了物理集中的联合运控模式。在联合运控模式下，各中心的协调运控人员会集中到一起进行联席办公，AOC 仍然承担机场航班安全生产与服务的最高协调管理机构的职责。TOC 等其他区域单位也承担原本区域主体的管控职能。只是在 IAC 大厅中，各单位都服从一个常态化的协调组织的统一管理，有些机场是运管委承担这一协调管理的职责。在 IOC 模式下，通过建立标准化的作业程序来稳定运行品质，降低对人的依赖程度。

（四）虚拟化 IOC 模式

虚拟化 IOC 模式是针对物理集中的运控中心模式提出的更高发展目标，即当运行各方协同文化理念统一后，各方无须通过物理集中来促进协同，可以通过数字化平台的支持来形成广泛的虚拟协同格局，这样一来，运行效率更加高效。

二、国内外主要机场运行模式举例

（一）美国亚特兰大机场

美国亚特兰大机场形成"一个中心、两大区域"的精简、高效运行指挥体系，2008 年机场设立联合指挥控制中心 C4（centralized command control center），采用物理集中的运控指挥中心模式，将指挥权全部集中到联合指挥控制中心，作为机场日常运行最高指挥机构，总体负责不正常事件的处理及救援力量调度。其中，空侧运行负责空侧日常运行事务，主要包括飞行区及航站楼空侧部分日常巡视、维护、事件处置；陆侧运行负责陆侧日常运行事务，主要包括航站楼陆侧部分及楼前道路日常巡视、维护及各类事件处置。

联合指挥控制中心 C4 共设置有 12 个席位，每个席位相对独立，系统设备配置完备且各个席位软硬件配置一致，可随时方便增加支持。

这种模式的好处在于能够发挥统一指挥的特点，沟通和协调的渠道和路径较短，效率较高。但由于联合运控中心对现场信息获取的及时性和全面性未能得到支持，因此亚特兰大机场考虑通过信息化的建设增强指挥中心对现场情况掌控的及时性和全面性。

（二）德国慕尼黑机场

德国慕尼黑机场建立"一个中心"运行组织体系，机场枢纽控制中心（MUC）作为集中协调机构，负责协调汉莎航空、星空联盟及其他航司的航班保障作业。机场枢纽控制中心共设置 35 个席位，由来自汉莎航空、星空联盟和慕尼黑机场具有丰富枢纽运行和决策经验的专家值守，通过集中式运行和决策，确保实现准点率和灵活性的双重指标，实现 MCT（最低转机时间）不高于 30 分钟。

慕尼黑机场的运行模式实现了跨组织边界协同合作，集中式运行决策形式提高了航班准点率和灵活性，但需进一步完善信息化平台对业务的支持能力。

（三）德国法兰克福机场

德国法兰克福机场在运行早期面临运行各方相互推诿责任、彼此孤立的局面。为改善这一局面，法兰克福机场于 1998 年开始 Future for FRA（FFF 计划）。在 FFF 计划提出后，法兰克福机场成立了运管委，将空管、机场空侧、基地航空公司纳入一个运行体系中进行协同管理，花费了 10 年时间来让运行各方了解各自的运行情况，以及本身的决策对其他方造成的影响，让运行各方建立起大机场概念的协同文化。整个运行组织体系重点关注机场对恶劣天气环境下的非常态运行的管控，建立了联合运行的协同流程（SOP）来规范各组织的运行；对航班运行的准点率进行重点管控，同时关注机场安防水平；最初基于运管委定期通过书面和面对面的方式来交流运行情况，发现彼此之间协作的问题。

2008 年，We at FRA 的大机场文化已基本形成。在协同文化支持下，法兰克福机场搭建了运行协同平台，实现了运行各方的信息共享。从过去每周、隔日进行的运行报告或晨会机制，变成运行各方基于协同运行平台的实时信息进行问题研究和方案处置的机制，整体运行效率得到明显提升。

（四）新加坡樟宜机场

新加坡樟宜机场并没有设置机场层面的运行指挥中心，航站楼管理、飞行区管理、运行控制指挥等工作均由机场管理部负责，唯一的指挥中心（AOC）设置在航站楼内，至少

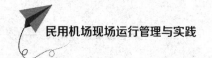
20家驻场单位进驻AOC，共同开展协调工作。各相关单位（航管、消防、地勤、航空公司等）各派1～2个席位进驻，机场派驻1～2名一线人员负责AOC总协调。

机场将空侧运营方面分为空侧管理和空侧营运两大区块。其中，空侧管理负责空侧驾驶中心（ADC）、野生动物及障碍物管理、事故调查及安全推广等；空侧营运负责管理空侧管理中心（AMC）及空侧控制中心（ACC）。

新加坡樟宜机场的运控模式管理层级简单，运行效率较高，但目前想通过数据集成整合来提升AOC对全局的指挥协调能力。

（五）中国香港国际机场

中国香港国际机场实施集中运作的运行管理模式组建IAC，即将飞行区（含机位分配、行李转盘分配、摆渡车调度、行李系统运行）、航站楼（含场区、巴士调度）、海天客运码头调度、安保公司、维修保障部门等单位集中到一起，形成IAC，统一管理机场日常生产运行，并设置专职总值班经理，作为香港国际机场当日运行最高决策者，可以调动各部门、各级运行值班人员。

香港国际机场的运控模式体现了集约化管理的集中运控模式，管理层级简单、统一指挥发挥较好。香港国际机场新的信息化发展规划中也重点强调了通过数字孪生等技术手段来增强运控中心对运行态势和现场运行情况的掌握程度。

（六）中国北京首都国际机场

中国北京首都国际机场区域运行组织模式主要采用多中心运行组织结构，实行"区域化、专业化、归口化"的四级指挥体系。北京首都国际机场管理机构设置运行控制中心（Terminal Area Monitor&Control Center，TAMCC），是机场日常生产运行的指挥核心，按区域划分设置各属地，包括飞行区AOCC、航站楼TOCC、公共区LOCC，同时航空公司、地服公司和专业公司均设置各自的区域控制中心。建立物理集中的运控大厅，将各区域控制中心后台引入运控大厅，统一协调。各个区域控制中心之间的关系可以概括为"统一指挥＋分区管理"，其特点是各区域控制中心管理职责清晰，事件响应迅速，资源利用率高。但TAMCC与各区域控制中心的管理边界还需进一步清晰。

（七）中国北京大兴国际机场

中国北京大兴国际机场开航后，采用的是物理集中一体化运行管理模式。机场设置AOCC（联合运行指挥中心），各区域指挥中心、运行主体以及外部合作单位均入驻联合运行指挥大厅进行协同工作。管理分区、业务分层、事件分级：飞行区、航站楼、公共区负责各自辖区日常运行管理、指挥和决策；日常运行业务分室内决策层和现场处置层；一般事件由现场人员直接处置，较大事件由属地区域中心指挥处置。重大事件通过联合会商机制协同处置。通过合理的权限设置及管理流程设计，减少日常运行过程中的指挥调度层级，精简各级协调管理岗位。

思政阅读

智慧机场——让机场更好建、更好用、更好管

本章复习题

1. 简述世界机场几种主要的所有权形式。
2. 简述世界机场几种主要的经营管理模式。
3. 简述我国机场的主要经营管理模式。
4. 简述管理型运营模式和经营性运营模式的主要特点。
5. 简述世界机场几种主要的机场运营模式。

本章测试题

第四章　民用机场道面系统运行管理

- 掌握跑道参数；
- 掌握机场滑行道系统的组成；
- 掌握机场日常运行管理内容；
- 掌握机场道面评价流程；
- 掌握机场不停航施工管理内容。

第一节　机场道面系统构成

机场道面系统为飞机起飞、着陆、地面滑行和上下客货提供安全的地面保障服务，跑道、滑行道和机坪构成了机场的道面系统。

一、机场跑道系统

跑道是陆地机场上经修整供航空器着陆和起飞而划定的一块长方形场地，其材质可以是沥青或混凝土，可以是弄平的草、土或碎石地面，甚至可以是木板、页岩、黏土等。机场的跑道直接提供飞机起飞和着陆的运转场地。飞机对跑道的依赖性非常大。如果没有跑道，地面上的飞机无法起飞，空中飞行的飞机无法落地，因此跑道是机场上最重要的工程设施。一条完整的机场跑道是由长方形的机场跑道主体工程以及跑道的附属区域组成的。其中，跑道的附属区域主要包括道肩、跑道端安全区、升降带等。

（一）机场跑道主体工程

跑道按照使用主次不同可分为主跑道和次要跑道。在条件允许的情况下，优先使用的跑道为主跑道，其他为次要跑道。

跑道的参数决定了跑道的性能，从而决定了机场的等级和标准，以及什么等级的飞机可以使用该机场。跑道参数主要有三类。

（1）跑道的方位。

（2）跑道的基本尺寸。基本尺寸主要是指跑道的长度、宽度、公布距离。

（3）跑道的道面参数。跑道的道面参数主要包括跑道的强度、粗糙度、平整度和坡度。

下面对跑道参数做详细的介绍。

1. 跑道方位

跑道方位是一个极为重要的基础数据，新建机场应对机场跑道方位进行测量或复核，获取准确的跑道方位数据，以确保航空器的导航、飞行安全，杜绝事故隐患。机场跑道方位分为坐标方位、真北方位和磁北方位，三北方位互相关联。跑道方位的确定会影响航空安全、跑道利用率和环境噪声等。

（1）确定跑道方位应考虑的要素。

① 跑道方位和条数应根据机场净空条件、风力负荷、飞机运行的类别和架次、与城市和相邻机场之间的关系、场区地形和地貌、工程地质和水文地质情况、噪声影响、空域条件、管制运行方式等因素综合分析确定。这些因素中，风条件是首要的，也是最重要的。

② 跑道方位的布置宜降低飞机进离场航迹对机场邻近的居民区和其他敏感区的噪声影响。

③ 跑道可利用率。跑道可利用率指的是一条跑道或几条跑道组成的跑道系统的使用不受侧风分量限制的时间百分率。侧风分量指与跑道中线垂直的地面风的分量。

根据《民用机场飞行区技术标准》（MH5001—2021），对于运输机场，跑道方位应使拟用跑道的可利用率不小于 95%，当一条跑道不能满足要求时，宜提供另外一条（或多条）次要跑道，以使跑道可利用率不小于 95%。对于通用机场，根据其功能和性质，跑道方位宜使拟用跑道可利用率不小于 90%。

同时，《民用机场飞行区技术标准》（MH5001—2021）对跑道最大容许侧风分量进行了规定。跑道最大容许侧风分量宜以拟用飞机的性能数据为准，侧风分量超过下列数值时，飞机不宜起飞或降落。

● 对基准飞行场地长度不小于 1500m 的飞机，侧风分量为 37km/h。当跑道纵向摩擦系数不足，致使跑道刹车不良时，侧风分量为 24km/h。

● 对基准飞行场地长度不小于 1200m 但小于 1500m 的飞机，侧风分量为 24km/h。

● 对基准飞行场地长度小于 1200m 的飞机，侧风分量为 19km/h。

（2）跑道方位确定方法。确定跑道方位时，应先根据各级风力风向频率统计数据（场址附近气象台站最近年份统计资料，该资料宜不少于连续 5 年）绘制风玫瑰图，确定主导风向。然后根据主导风向和风玫瑰图，预设跑道方位，最后计算预设跑道的风力负荷。

（3）跑道号码标志的确定。跑道号码应由两位数字组成，平行跑道的号码应由两位数字后加一个字母组成，在单条跑道、两条平行跑道和 3 条平行跑道上，此两位数宜是从进近方向看去最接近于跑道磁方位角度数（从磁北方向顺时针方向计算与向该跑道端进近方向的夹角）的 1/10 的整数。在 4 条或更多的平行跑道上，一组相邻跑道宜按最接近于磁方位角度数的 1/10 编号，而另一组相邻跑道则按次一个最接近的磁方位角度数的 1/10 编号，当按上述规则得出一位数字时，则在它前面加一个零，如图 4-1 所示。

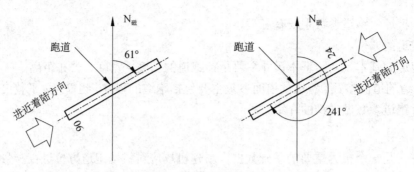

图 4-1　跑道号码标志确定

注：跑道号码的确定方法是以航向角（着陆方向）确定。左图航向角为 61°，取其 1/10 后再四舍五入，即"06"；右图的航向角为 241°，取其 1/10 后再四舍五入，即"24"。

（4）跑道构型。根据 CAAC（中国民用航空局）标准和 FAA（美国联邦航空管理局）标准，单跑道最大容量一般为 30～40 架次/h，所以依据机场需求，如果小于这个值可以选择建设单跑道；如果当地容量超过单跑道容量，则需要设置多条跑道，以满足机场容量的要求。

根据机场跑道数量，可将机场划分为单跑道机场和多跑道机场。单跑道机场是指只有 1 条跑道的机场。拥有两条及以上跑道的机场为多跑道机场。目前，芝加哥奥黑尔国际机场的跑道数量已达 8 条，成为世界上跑道最多的机场，而我国已建成机场的跑道数量最多为 5 条。目前，我国单跑道机场占比超过运输机场总数的 80% 以上。

跑道构型主要是指跑道的数量、方位以及航站楼区相对跑道的位置。根据跑道的基本构型，可将机场跑道划分为单条跑道、平行跑道、交叉跑道和 V 形跑道，如图 4-2 所示。机场通常根据航班流量、地理环境、气象条件以及空域使用等因素选择合适的跑道构型。

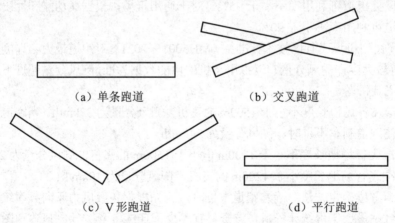

图 4-2　四种跑道基本构型示意

① 单条跑道构型。单条跑道构型是一种最简单的构型。航站区尽可能靠近跑道中部，由联络滑行道与跑道连接。这种构型占地少，适用于中小型地方机场或飞行量不大的干线机场。

② 平行跑道构型。平行跑道构型具有容量大、效率高、跑道间相互影响小、易于管理等优点，是目前新建或改扩建机场最为常用的一种构型。根据国际民航组织规定，平行跑道是指中心线平行或者夹角小于 15° 的非交叉跑道。根据两条跑道中心线间距的不同，可分为近距（≤762m）平行跑道、中距（762 m～1311m）平行跑道和远距平行跑道（≥1311m）。

国内大部分的多跑道构型都采用平行跑道构型，如上海浦东国际机场目前有 5 条平行跑道，其布局如图 4-3 所示。

③V 形跑道构型。如果单一方向的跑道布局不能达到 95% 的机场使用率，则要布局另一方向的跑道，在侧风强的时候使用；当风力较小时，可两条跑道同时运行。通常两条跑道可布局成交叉跑道或 V 形跑道。V 形跑道构型即跑道之间互不相交，散开布置，根据实际运行需求可单独使用，也可与其他跑道同时使用。

国内使用 V 形跑道构型的有成都天府国际机场，该机场远期规划建设 5 条跑道，其中 3 条为平行跑道，其余两条侧向跑道与主跑道垂直。2021 年 6 月 27 日，成都天府国际机场正式通航，一期投入使用 3 条跑道，构型布局如图 4-4 所示。平行跑道作为主起降跑道，侧向跑道一般只用于离场或只用于进近，目的是避免与主起降跑道发生冲突。由于成都天府国际机场航班大部分均向东离港，侧向跑道仅用于向东起飞，可增大早高峰期间的放行流量。可见，V 形跑道构型的运行受到一定限制，无法做到同时起降，其构型的选择均处于机场的实际需求，在飞行架次不大的情况下，有特殊需求的大中型机场可考虑该跑道构型。

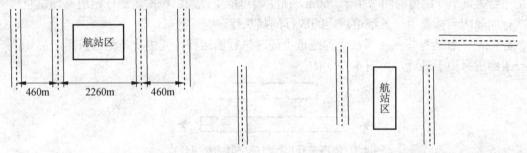

图 4-3　上海浦东国际机场平行跑道构型示意　　　图 4-4　成都天府国际机场 V 形跑道构型布局

④交叉跑道构型。交叉跑道构型主要运用在风向复杂且风速较大的地区，由于以前的运输飞机重量轻，起飞和着陆时对于侧风要求较高，机场为保障其运行能力而根据风向统计数据建设交叉跑道，该跑道构型在美国较为常见，如旧金山机场和波士顿机场等。但随着民用客机机型重量的不断加大以及科技的进步，民用客机对于侧风的要求逐步降低，交叉跑道构型的采用也越来越少，除非由于地形、用地或其他因素限制。

当跑道数量达到一定程度时，再增加跑道的数量并不能有效增加起降架次，反而会给机场管理和管制运行带来极大的困难。因此，一些航空业务量需求极大的国际化大都市多数采用两场一主一辅的运行模式，明确各自分工，提高整体运行效率。在我国，典型的一市两场的城市如北京、上海、成都等。

（5）平行跑道的运行模式。

①平行跑道的基本运行模式。为规范民用机场平行跑道同时仪表运行工作，保证民用航空飞行活动安全、高效、有序地进行，根据《中华人民共和国民用航空法》第七十三条、第七十四条和第八十二条的规定，2023 年 3 月 15 日，交通运输部做出修改《平行跑道同时仪表运行管理规定》的决定，自 2023 年 5 月 1 日起实施。《平行跑道同时仪表运行管理规定》规定了平行跑道同时仪表运行按照跑道用于进近和离场的运行方式分为独立平行仪表进近、相关平行仪表进近、独立平行离场、隔离平行运行四种模式。

● 独立平行仪表进近模式：指在相邻的平行跑道仪表着陆系统上进近的航空器之间不需要配备规定的雷达间隔时，在平行跑道上同时进行的仪表着陆系统进近的运行模式，如

图 4-5 所示。

● 相关平行仪表进近模式：指在相邻的平行跑道仪表着陆系统上进近的航空器之间需要配备规定的雷达间隔时，在平行跑道上同时进行的仪表着陆系统进近的运行模式，如图 4-6 所示。

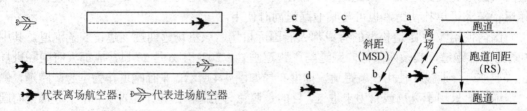

图 4-5 独立平行进近运行时航空器的起降分布　　　图 4-6 相关平行仪表进近

● 独立平行离场模式：指离场航空器在平行跑道上沿相同方向同时起飞的运行模式。但是，当两条平行跑道的间距小于 760m，航空器可能受尾流影响时，平行跑道离场航空器的放行间隔应当按照为一条跑道规定的放行间隔执行。

● 隔离平行运行模式：指在平行跑道上同时进行的运行，其中一条跑道只用于离场，另一条跑道只用于进近，如图 4-7 所示。

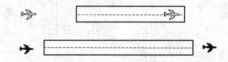

图 4-7 隔离平行运行时航空器的起降分布

基本运行模式平行间距条件和其他的一些补充条件在《平行跑道同时仪表运行管理规定》中给出了具体的要求，如表 4-1 所示。

表 4-1 平行跑道基本运行模式的运行条件

运 行 模 式	运 行 条 件
独立平行仪表进近模式	（1）跑道中心线的间距小于 1310m 但不小于 1035m 的，配备适当的二次监视雷达设备，其方位精度不得小于 0.06°，更新周期不得大于 2.5 秒，且具有位置预测和偏航告警功能的高分辨率显示器； （2）跑道中心线的间距小于 1525m 但不小于 1310m 的，可以配备相同或者优于上一条的二次监视雷达设备，但应当确定该设备能够保证航空器的运行安全； （3）跑道中心线的间距大于或者等于 1525m 的，配备适当的监视雷达，其方位精度不得小于 0.3°，更新周期不得大于 5 秒
相关平行仪表进近模式	（1）两条平行跑道中心线的间距不小于 915m 时，允许航空器按照相关平行仪表进近的模式运行； （2）使用雷达引导切入仪表着陆系统航向道； （3）配备适当的监视雷达设备，其方位精度不得小于 0.3°，更新周期不得大于 5 秒； （4）两条跑道上都在进行仪表着陆系统进近； （5）管制员已经告知航空器两条跑道都可以实施进近，或者航空器通过机场自动终端情报服务已经收到此项情报； （6）一条跑道的进近复飞航迹与相邻跑道的进近复飞航迹的扩散角不小于 30°； （7）进近管制员具备超控塔台管制员无线电通话的能力

运 行 模 式	运 行 条 件
独立平行离场模式	（1）两条平行跑道中心线的间距不小于 760m 时，允许航空器按照独立平行离场的模式运行； （2）两条离场航迹在航空器起飞后立即建立不小于 15°的扩散角； （3）具有能够在跑道末端外 2km 以内识别航空器的监视雷达设备； （4）空中交通运行机构已经制定相应的管制指挥程序，保证航空器离场能够按照规定的扩散航迹飞行
隔离平行运行模式	两条平行跑道中心线的间距不小于 760m 时，允许航空器按照隔离平行运行的模式运行。出现下列情形的，跑道中心线的间距应当符合下列规定。 （1）以进近的方向为准，当进近使用的跑道入口相对于离场跑道入口每向后错开 150m 时，平行跑道中心线的最小间距可以减少 30m，但平行跑道中心线的间距最小不得小于 300m； （2）以进近的方向为准，当进近使用的跑道入口相对于离场跑道入口每向前错开 150m 时，平行跑道中心线的最小间距应当增加 30m

② 多种运行模式组合运行。平行跑道同时仪表运行按照四种基本运行模式的不同组合，多种运行模式组合运行主要分为半混合运行和混合运行。

半混合运行是指下列情形之一。

● 一条跑道只用于进近，另一条跑道按照独立平行仪表进近模式或者相关平行仪表进近模式用于进近，或者按照隔离平行运行模式用于离场。

● 一条跑道只用于离场，另一条跑道按照隔离平行运行模式用于进近，或者按照独立平行离场模式用于离场。

混合运行是指两条平行跑道可以同时用于进近和离场。

③ 平行跑道运行模式的确定。跑道运行模式的确定是多跑道运行的重要环节，影响着多跑道运行系统的容量、安全和效率。跑道运行模式的确定受多种因素的影响，包括跑道的数量、跑道中心线间距和航班流量分布等。

目前，国内的远距平行跑道机场主要运行模式为隔离平行运行和独立平行进近运行，其他几种运行模式灵活应用。具体运行模式要由跑道距离决定，跑道间距越大，相邻跑道之间的影响就越小，单条跑道的运行模式也就更加灵活，两条跑道的运行组合方式也会更加灵活多变。

为缓解我国机场的交通紧张问题，面对有限的机场空间与场地，在实现土地资源与环境保护的基础上，近距平行跑道逐渐被机场采用。与单跑道和独立运行远距平行跑道相比，近距平行跑道主要有两个特点：一是两条跑道的起飞流和到达流都相关；二是两条跑道上起、降航空器尾流相互影响。目前，中国大型枢纽机场和干线机场中，有些已采用了近距平行跑道运行方式，如上海浦东国际机场、上海虹桥国际机场、重庆江北国际机场等，其中上海浦东国际机场、上海虹桥国际机场运行较为成熟。

根据《平行跑道同时仪表运行管理规定》第九条的规定，当平行跑道的间距小于 760m，航空器可能受尾流影响时，平行跑道离场航空器的放行间隔应当按照一条跑道规定的放行间隔执行；同时根据《中国民用航空空中交通管理规则》第四十六条的规定，对于近距平行跑道，应为前后进近着陆的航空器配备雷达间隔的尾流间隔。该规定决定了现阶段我国近距平行跑道大多采用隔离平行运行模式，即一条跑道用于起飞，另一条跑道用于降落。

上海虹桥国际机场是我国最先采用近距平行跑道的机场，两条跑道中心线间距365m，北段齐平，两个航站楼分别位于跑道两侧，布局如图4-8所示。跑道使用模式为：主用模式是西起东落隔离运行（18R/36L用于起飞；18L/36R用于落地），备用模式是东起西落（18L/36R用于起飞；18R/36L用于落地）。当使用就近起飞模式时，主用模式为西起东起落，备用模式为东起西起落。上海虹桥国际机场跑道运行间隔是按照一条跑道的运行间隔来规定实施的。穿越跑道时，尽量选择穿越起飞跑道，避免穿越落地跑道，方便管制员掌握穿越间隔。

图4-8　上海虹桥国际机场跑道布局

为了增加近距跑道容量，有些机场采用两条跑道全部用于降落、两个到达单元之间插入一架起飞航空器（起飞航空器使用低边跑道），可以根据到达流和起飞流的比例确定最佳运行方式。

2. 跑道长度

跑道长度是一个机场最重要的指标，在新建或改、扩建民用机场的场道工程中，首先要解决的问题就是修多长的跑道。跑道长度是影响机场运行安全、运行效率的关键因素之一，是决定机场建设规模的最重要因素。

跑道长度应满足使用该跑道的主要设计机型的运行要求，并按预测航程计算的起飞重量、标高、天气状况（包括风的状况和机场基准温度等）、跑道特性（如跑道坡度、湿度和表面摩阻特性等）、地形限制条件等因素经计算确定。

当跑道设有停止道或净空道时，跑道实际长度可小于上述计算所得的结果。但所提供的跑道、停止道或净空道的任何组合应符合使用该跑道的各种飞机起飞和着陆的运行要求。

（1）跑道长度确定的方法。跑道长度主要通过航行服务研究中的飞机性能分析计算来确定。在机场建设的前期研究阶段，各飞机性能分析报告编制单位在跑道长度的计算过程中，主要依据《民用运输机场建设工程项目（预）可行性研究报告编制办法》（MD-PL-2008-01）进行确定。

跑道长度计算的飞机性能分析一般采用查图表和软件计算两种方式。需要根据机场的性质和定位，选定规划机型和规划航线，通过查图表或软件计算进行起飞分析、着陆分析、航程业载分析，综合考虑，确定推荐的跑道长度。查图表是通过查飞机公司提供的性能手册图表进行跑道长度分析，图表来源是飞机飞行手册和飞机性能手册。查图表包含机型多，但查图表费时费力且精度不高，目前大型机型的飞机性能分析主要采用软件计算。

在计算过程中机场的跑道长度应是按照选择的起飞重量和着陆重量计算的以下四个距离中的较大值。

① 飞机全发起飞，实际所需起飞距离［从松刹车开始，滑跑到飞机离地35英尺（约10.67m）所需距离的1.15倍］。

② 飞机起飞过程中，在决断速度V1时发现一发停车，继续起飞，实际所需起飞距离。

③ 飞机起飞过程中，在决断速度V1时中止起飞到完全停止，停止点到开始松刹车那一点的距离。

④ 飞机着陆时从 50 英尺（约 15.24m）的高度到着陆完全停止所需距离的 1.67 倍。

（2）影响跑道长度的关键因素。影响跑道长度的因素主要分为四类，即机场位置因素（如影响大气压的机场标高和地形限制）、跑道的特性（如坡度和表面状况）、气象条件（特别是地面风和气温）、使用该跑道的飞机性能特点和运行质量。下面对起飞分析、着陆分析和航程业载分析过程中影响跑道长度的因素进行分析整理，汇总关键因素如图 4-9 所示。

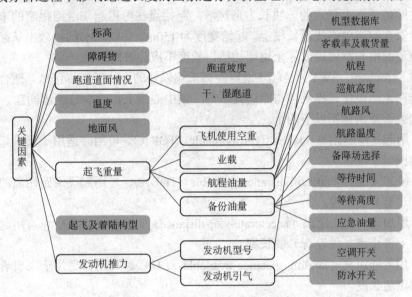

图 4-9　影响跑道长度的关键因素

3. 跑道宽度

跑道宽度取决于该机场拟起降最大机型的主起落架外轮间距，根据飞机起降时绝大部分的轮迹集中在以跑道中心线为中心的 25～30m 确定。确定跑道宽度时还需要考虑跑道表面污染物（雪、雨水等）、侧风、飞机在接地带附近偏离中线的程度、橡胶积累、飞机进近方式和速度、能见度及人为因素等的影响。

根据《民用机场飞行区技术标准》（MH5001—2021）的相关规定，跑道宽度不应小于表 4-2 中的数据。

表 4-2　跑道宽度

单位：m

飞行区指标 I	主起落架外轮外边距			
	<4.5	4.5～6.0（不含）	6.0～9.0（不含）	9.0～15.0（不含）
1	18	18	23	—
2	23	23	30	—
3	30	30	30	45
4	—	—	45	45

注：① 飞行区指标 I 为 1 或 2 的精密进近跑道的宽度应不小于 30m。

② 针对特殊机型、特殊情况可以根据拟使用机型的特性确定跑道宽度。

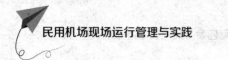
4. 跑道公布距离

当跑道设置了停止道和（或）净空道以后，或者由于各种原因跑道入口内移时，必须在跑道的每个方向公布适用于飞机起降的各种可用距离，即跑道的"公布距离"，以便使用该机场的飞机据此正确地进行起飞和着陆。

净空道（clearway，CWY）是经选定或整备的可供飞机在其上空进行部分起始爬升至规定高度的陆地或水上划定的一块长方形区域。起始点在可用起飞滑跑距离的末端。净空道对称地设置在跑道中心线延长线上，起始宽度为150m，并以15%的扩散率从起端向两侧扩散。净空道起端与跑道端或停止道端相接，长度不应超过跑道的一半。

停止道（stopway，SWY）是起飞滑跑距离末端以外的一块长方形区域，适合飞机在放弃起飞时能在上面停住。停止道与跑道处于同一条中心线上，至少与跑道同宽。

跑道的公布距离包括以下四个。

（1）可用起飞滑跑距离（take off run available，TORA）。可用并适用于飞机起飞时进行地面滑跑的跑道长度。

（2）可用起飞距离（take off distance available，TODA）。可用起飞滑跑距离的长度加上净空道（如设有）的长度。

（3）可用加速一停止距离（accelerate-stop distance available，ASDA）。可用起飞滑跑距离的长度加上停止道（如设有）的长度。

（4）可用着陆距离（landing distance available，LDA）。可用并适用于飞机着陆时进行地面滑跑的跑道长度。

公布距离如图4-10所示。

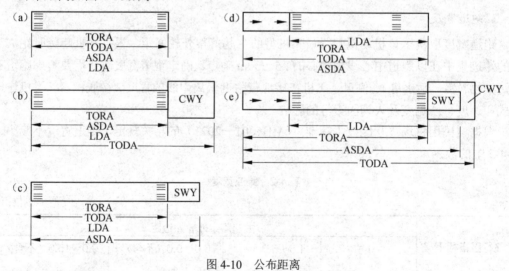

图4-10　公布距离

注：所示公布距离均为从左至右运行。

5. 跑道道面强度

飞机跑道除要承受飞机的重量外，还要承受飞机降落时的冲击力，所以跑道必须具有一定的强度。为了评价机场道面结构对于飞机荷载的适应性，世界各国曾提出很多道面强度的报告方法。

如第二次世界大战及以后的一段时间，英国把机场道面按其适用的机种来分类，如用"战斗机""轰炸机""重轰炸机"和"超重轰炸机"来划分等级；我国民航及苏联民航曾按照飞机总质量或一个主起落架上的质量划分道面等级；此外，还有采用在现有道面上运行飞机的荷载等级来评价道面适应性的方法，如当量单轮荷载（ESWL）法、荷载等级号码（LCN）法。这些方法各自有所侧重，但是由于没有从飞机荷载与道面结构之间相互响应的角度进行分析，因此无法准确地反映道面结构对于飞机荷载的适应程度。为了克服上述几种评价方法的缺陷，同时为了方便国际交流，国际民航组织（ICAO）提出了ACN-PCN评价法，并在会员国间推广。我国作为会员国，也采用了该方法作为道面强度的报告。

（1）道面等级序号。道面等级序号（Pavement Classification Number，PCN）表示道面承载强度不受运行次数限制的数字。

道面供机坪质量大于5700kg的飞机使用时，其承载强度应采用ACN-PCN方法评价。PCN应报告的内容包括PCN的值、确定ACN-PCN的道面类型、基层顶面反应模量或道基顶面强度、最大允许胎压类型、评价方法等。

道面等级序号的报告格式为：PCN值/道面类型/基础强度/胎压限制/评价方法。

PCN报告格式中道面类型、道面基层顶面强度类型、最大允许胎压类型和评定方法的表示方法如表4-3所示。

表4-3　CAN-PCN方法报告格式表示代号

分　类		代　号	备　注
1	道面类型	刚性道面	R	若道面结构是复合的或非标准类型，应加以注解
		柔性道面	F	
2	基础强度	高强度	A	刚性道面基层顶面 k=150 MN/m³，代表大于120 MN/m³ 的 k 值；柔性道面土基顶面CBR=15，代表大于13的CBR值
		中强度	B	刚性道面基层顶面 k=80 MN/m³，代表60～120 MN/m³ 范围内的 k 值；柔性道面土基顶面CBR=10，代表8～13范围内的CBR值。
		低强度	C	刚性道面基层顶面 k=40 MN/m³，代表25～60 MN/m³ 范围的 k 值；柔性道面土基顶面CBR=6，代表4～8范围内的CBR值
		特低强度	D	刚性道面基层顶面 k=20 MN/m³，代表小于25 MN/m³ 的 k 值；柔性道面土基顶面CBR=3，代表小于4的CBR值
3	最大允许胎压类型	胎压无限制	W	胎压无限制
		高	X	胎压上限至1.75MPa
		中	Y	胎压上限至1.25MPa
		低	Z	胎压上限至0.50MPa
4	评定方法	技术评定	T	表示对道面特性进行检测评定或理论评定
		经验评定	U	表示对道面特性依据使用经验评定

应用ACN-PCN方法报告道面强度的示例见例1至例3。

例1 如设置在中强度基础上的刚性道面的承载强度，用技术评定法评定道面等级序号为80，无胎压限制，则其报告资料为：PCN80/R/B/W/T。

例2 如设置在高强度土基上的性质类似柔性道面的组合道面的承载强度，用飞机经验评定法评定的道面等级序号为50，最大允许胎压为1.25MPa，则其报告资料为：

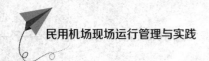

PCN50/F/A/Y/U。

例 3 如设置在中强度土基上的柔性道面的承载强度，用技术评定法评定的道面等级序号为 40，最大允许胎压为 0.80MPa，则其报告资料为：PCN40/F/B/0.80MPa/T。

道面供机坪质量小于或等于 5700kg 的飞机使用时，其承载强度的报告格式为：最大允许的飞机质量/最大允许的胎压。例如，4000kg/0.50MPa。

（2）航空器等级序号（aircraft classification number，ACN）。ACN 表示飞机对具有规定的土基强度道面的相对影响的数字。飞机等级序号与飞机类型及状况有关，同时与运行道面和土基相对强度有关。例如，波音 747-100，当最大起飞质量为 334 757kg、轮胎压力为 1 551 375Pa 时，对于刚性道面的飞机等级序号为 44，对于柔性道面则为 46。

飞机的重量不同，其 ACN 值也不同，制造厂一般提供最大载重和基本重量时的 ACN 值（表 4-4 给出了几种类型的飞机在最大载重和基本重量时的 ACN 值），其他重量的 ACN 值可以通过以下公式计算得到。

$$\text{ACN}_{\text{实}} = \text{ACN}_{\text{最大}} - \frac{W_{\text{最大}} - W_{\text{实际}}}{W_{\text{最大}} - W_{\text{空机}}} \times (\text{ACN}_{\text{最大}} - \text{ACN}_{\text{最小}}) \tag{4-1}$$

表 4-4　几种类型的飞机在刚性和柔性道面上的 ACN 值

飞机类型	全重基本重量/kg	胎压/MPa	刚性道面 土基类型				柔性道面 土基类型			
			高	中	低	甚低	高	中	低	甚低
			ACN				ACN			
B737-200	52 616	1.10	29	30	32	34	26	27	31	35
	27 293		13	14	15	16	12	13	14	15
B747SP	318 881	1.40	38	44	53	60	41	45	54	72
	147 996		15	16	19	20	16	17	18	23
B747-200B	352 893	1.37	46	54	64	73	50	55	67	88
	172 886		19	21	24	28	21	22	24	31
B747-400	385 557	1.41	50	61	72	82	55	62	76	98
	180 985		17	21	25	30	21	23	26	34
B757-200	104 782	1.16	26	31	37	42	28	31	38	50
	58 877		12	14	17	19	13	14	16	22
B767-200	136 984	1.26	32	37	44	51	36	38	45	63
	80 890		17	19	22	25	19	20	22	28
A300-B2	140 000	1.23	37	44	52	60	40	45	55	70
	85 690		19	22	26	30	21	23	26	35
A320-200	69 370	1.33	43	46	48	50	39	40	45	51
	45 000		26	28	29	31	24	25	26	31

（3）ACN-PCN 方法。当 CAN 值等于或小于 PCN 值时，可在规定胎压和飞机的最大起飞质量的条件下使用该道面。如果道面强度受季节性影响有明显变化，则应确定不同的 PCN 值。当 CAN 值大于 PCN 值时，在满足下列条件下可有限制地超载运行。

① 道面没有呈现破坏迹象，基础强度未显著减弱期间。

②对柔性道面，CAN值不超过PCN值的110%；对刚性道面或以刚性道面为主的复合道面，CAN值不超过PCN值的105%。

③年超载运行次数不超过设计年总运行次数的5%。

ACN-PCN方法的应用见例4至例6。

例4　B757-200型飞机在中强度土基刚性道面上的最大ACN值为31，胎压为1.1MPa，该飞机能否在PCN90/R/B/W/T的跑道上起降？

解：B757-200在中强度土基刚性道面上的最大ACN值为31，由于ACN≤PCN，胎压无限制，符合要求，该飞机可以在此跑道上起降。

例5　B747-400在低强度土基刚性道面上的ACN值为72，胎压为1.2MPa，它可否在PCN70/R/C/X/T的跑道上起降？

解：因为是刚性道面，则ACN≤1.05PCN（70×1.05=73.5），而且胎压符合要求（1.2MPa<1.5MPa），在道面状况良好，未超过设计年总运行次数5%的情况下，可以有限制地在该跑道上起降。

应用ACN-PCN方法，令ACN$_{实}$=PCN，确定航空器在某条跑道上运行时所允许的最大重量。

例6　已知某跑道的道面等级序号为PCN55/R/C/W/T，正常情况下，B747-400可以在该跑道上落地的最大允许重量是多少？（已知B747-400的最大重量为385 000kg，对应的CAN值为72，空重为180 000kg，对应的CAN值为25。）

解：设ACN$_{实}$=PCN=55，带入公式

$$\text{ACN}_{实} = \text{ACN}_{最大} - \frac{W_{最大} - W_{实际}}{W_{最大} - W_{空机}} \times \left(\text{ACN}_{最大} - \text{ACN}_{最小}\right)$$

$$55 = 72 - \frac{385\,000 - W_{实际}}{385\,000 - 180\,000} \times (72 - 25)$$

得：$W_{实际}$=310 000kg，即为允许最大着陆重量。

6.跑道粗糙度

有铺筑面的跑道表面应具有一定的粗糙度。路面表面的构造深度（TD）也称纹理深度，是表征路面粗糙度的一种形式，它和路面摩擦系数都是评价路表抗滑性能的专业技术指标，但是构造深度和摩擦系数所表征的作用不同，两者不能互相代替。

道面构造系指道面的表面构造，包括宏观构造（粗纹理）和微观构造（细纹理）。粗纹理是指道面表面外露集料之间的平均深度，可用填砂法等方法测定；细纹理是指集料自身表面的粗糙度，用磨光值表，跑道刻槽如图4-11所示。道面表面的纹理构造使道面表面雨天不会形成较厚的水膜，避免飞机滑跑时发生滑水现象，使跑道具有良好的摩阻特性。飞机在起降过程中需要一定的轮胎—跑道表面摩擦力来进行减速和转向控制，飞行员及时获取跑道状况和摩擦系数对飞行安全至关重要。

图4-11　跑道刻槽

道面抗滑性能的测试设备可分为两类：一类

可直接测试道面的摩擦系数，另一类可通过测试道面的构造深度间接反映道面的抗滑性能。

（1）跑道摩擦系数测试频率。机场管理机构应当定期测试跑道摩擦系数，测试频率应参照表 4-5 中的规定值。

表 4-5　跑道摩擦系数测试频率

跑道日航空器着陆架次	最低测试频率	跑道日航空器着陆架次	最低测试频率
>210	1 次/周	31～90	1 次/3 月
151～210	1 次/2 周	16～30	1 次/6 月
91～150	1 次/月	<16	1 次/年

除定期检测外，若出现下列情况，机场管理机构应当立即测试跑道摩擦系数。

①遇大雨或者跑道结冰、积雪。当跑道上有积雪或者局部结冰时，若跑道摩擦系数低于 0.30，则飞机（特别是着陆时）在方向控制和制动上存在安全隐患，应当关闭跑道。跑道开放运行期间下雪时，应当根据雪情确定测试跑道摩擦系数的时间间隔，并及时对跑道进行除冰雪作业，保证跑道摩擦系数不低于 0.30。没有配备跑道摩擦系数测试设备的机场，当跑道上有积雪时，应当向塔台管制员通报积雪的种类（干雪、湿雪、雪浆和压实的雪）和厚度。航空器能否起降由飞行机组决定。冰雪道面上实际制动性能与实测摩擦系数之间的关系如表 4-6 所示。

表 4-6　冰雪道面上摩擦系数与制动效果的经验关系

摩　擦　系　数	制　动　效　果	摩　擦　系　数	制　动　效　果
≥0.40	良好	0.26～0.29	中等至差
0.36～0.39	中等至良好	≤0.25	差
0.30～0.35	中等		

②在跑道上撒布除冰液或颗粒。

③航空器偏出、冲出跑道。跑道摩擦系数测试应当在跑道中心线两侧 3～5m 范围内进行。跑道表面摩擦系数应当包括跑道每三分之一段的数值及跑道全长的平均值，并依航空器进近方向依次公布。

跑道日航空器着陆 15 架次以上的机场，应当配备跑道摩擦系数测试设备。没有配备跑道摩擦系数测试设备的机场，应当依据规定的频率检查跑道接地带橡胶沉积情况。当接地带跑道中线两侧被橡胶覆盖 80%左右，并且橡胶呈现光泽时，应当及时除胶。在雨天应当进行道面表面径流深度的检查，并做口头评价。检查结束后，将结果报告空中交通管理部门，并记录备查。

（2）道面摩擦系数测试方法。道面摩擦系数测试方法可分为两类。

①定点式摩擦系数测试。测试道面上单点的摩擦系数，主要包括摆式摩擦系数测试仪 BPT 和动态摩擦系数测试仪 DFT 等。

②连续式摩擦系数测试。测试道面上一条测线的摩擦系数，主要包括跑道摩阻测试车（runway grip tester）、SCRIM 测试车、MU-Meter 测试车等。

（3）道面构造深度测试方法。道面构造深度测试方法可用于测定道面的宏观纹理构造，主要方法包括手工铺砂法、电动铺砂仪、激光构造深度仪。

手工铺砂法与电动铺砂法都是利用控制粒径的细砂铺在路面上，以嵌入凹凸不平的表面空隙中砂的体积与覆盖面积之比求得平均深度。适用于测试沥青路面及无刻槽水泥混凝土路面表面构造深度，这是目前工程上常用的方法。

激光构造深度仪测试路面构造深度方法适用于各类车载式激光构造深度仪在新修、改建路面工程质量验收和无严重破损、病害及没有积水、积雪、泥浆等正常行车条件下连续采集路面构造深度，但不适用于带有沟槽构造的水泥路面。目前激光构造深度仪一般采用车载式，其测试效率高、测试结果稳定，并能够与平整度、车辙等其他断面指标同步采集测试数据，为大多数检测单位所使用。但由于测试工作原理所限，该设备在具有槽状或坑状表面构造的水泥混凝土道面上使用受到限制。

7. 跑道平整度

跑道的表面应具有良好的平整度。道面平整度是路面表面相对于理想平面的竖向偏差，或者说道面表面诱使行驶飞机出现振动的高程变化，通常以最大间隙、颠簸累积值、国际平整度指数表征，以 mm 或 m/km 计。它会对飞机的机械性能、滑行安全、燃油消耗、乘坐的舒适性、道面使用年限及排水等产生重要影响。机场道面的不平整不仅会增加飞机轮胎的磨损和燃油消耗，影响飞行员对仪表的读数和乘客的舒适性，还会大幅缩短飞机部分部件和跑道道面的使用寿命。因此，平整度作为度量道面使用性能的一项重要指标，其特性和量测方法便成为机场道面维护研究中最被关注的问题之一。

为了保证跑道道面具有良好的平整度，水泥混凝土道面必须完整、平坦，3m 范围内的高差不得大于 10mm；板块接缝错台不得大于 5mm；道面接缝封灌完好。沥青混凝土道面必须完整、平坦，3m 范围内的高差不得大于 15mm。水泥混凝土道面出现松散、剥落、断裂、破损等现象，或者沥青混凝土道面出现轮辙、裂缝、坑洞、鼓包、泛油等破损现象时，应当在发现后 24h 内予以修补或者处理。

8. 跑道坡度

跑道坡度分横坡坡度和纵坡坡度。纵坡坡度为跑道中线上最高点和最低点标高之差除以跑道长度。通常以百分数表示坡度大小，上坡为正，下坡为负，例如，以−1%表示大小为 1%的下坡坡度。修建跑道时通常依据原有地势，在符合标准的前提下尽量减少土方量，因此很多机场的跑道都带有一定的坡度。

跑道的设计坡度应符合下列要求。

（1）跑道纵坡应平缓，并符合表 4-7 中的规定值。

表 4-7　跑道各部分的纵坡及边坡

飞行区指标 I	1	2	3	4
跑道中线上最高、最低点高差与跑道长度的比值/%	2.00	2.00	1.00	1.00
跑道两端各四分之一长度的坡度/%	2.00	2.00	0.80	0.80
跑道其他部分的坡度/%	2.00	2.00	1.50	1.25
相邻两个纵向坡度的变化/%	2.00	2.00	1.50	1.50
变坡曲线的最小曲率半径/m	7500	7500	15 000	30 000
变坡曲线的曲面变率，每 30m 为/%	0.40	0.40	0.20	0.10

（2）当跑道纵向变坡不能避免时，宜具有下列无障碍视线。

① 飞行区指标Ⅱ为A的跑道，在高于跑道15m的任何一点，能够通视至少半条跑道长度内的高于跑道15m的任何其他点。

② 飞行区指标Ⅱ为B的跑道，在高于跑道20m的任何一点，能够通视至少半条跑道长度内的高于跑道20m的任何其他点。

③ 飞行区指标Ⅱ为C、D、E、F的跑道，在高于跑道30m的任何一点，能够通视至少半条跑道长度内的高于跑道30m的任何其他点。

当不设置全长度的平行滑行道时，在单跑道全长宜提供无障碍视线，当存在跑道交叉时，在交叉地区宜提高视距标准。

（3）跑道应避免频繁变坡或存在剧烈的纵向变坡，纵向变坡点间的距离应不小于下列数值中的较大者。

① 两个相邻变坡的绝对值之和乘以表4-8中的数值。

② 45m。

表4-8 变坡间距的计算参数

飞行区指标Ⅰ	1或2	3	4
变坡间距的计算参数/m	5000	15 000	30 000

（4）跑道横坡宜采用双面坡，跑道中线两侧的横坡宜对称，跑道各部分的横坡宜一致，跑道横坡应符合表4-9中的规定值，条件许可时宜采用表4-9中规定的最大横坡。在与跑道或滑行道相交处可根据需要采用较平缓的坡度。

表4-9 跑道横坡

飞行区指标Ⅱ	F	E	D	C	B	A
最大横坡/%	1.5	1.5	1.5	1.5	2.0	2.0
最小横坡/%	1.0	1.0	1.0	1.0	1.0	1.0

如同时采用所允许的跑道坡度和变坡的极限值，应进行研究，以保证所形成的跑道表面不影响飞机的运行。

（二）跑道附属区域

对称于跑道中线延长线、与升降带端相接的一块特定地区，用来减少飞机在跑道外过早接地或冲出跑道时的损坏。

1. 道肩

飞行区指标Ⅱ为C、D、E、F的跑道，应设置道肩。跑道道肩是指在跑道纵向侧边和相接的土地之间的一段隔离地段。它可以保护飞机因测风偏离跑道中心线时，不致引起损害。大型飞机很多采用翼吊布局的发动机，外侧的发动机在飞机运动时有可能伸出跑道，这时发动机的喷气会吹起地面的泥土或砂石，使发动机受损，有了道肩会减少这类事故。有的机场在道肩之外还要放置水泥制的防灼块，防止发动机的喷气流冲击土壤。

道肩的设置要求具体如下。

（1）道肩应在跑道两侧对称布置。每侧道肩铺筑面的宽度宜不小于 1.5m，并且跑道道面加道肩的总宽度应不小于表 4-10 中的规定值。

表 4-10　跑道道面加道肩的总宽度

单位：m

飞行区指标Ⅱ	拟用机型的发动机数量/个	
	2 或 3	4 或更多
D	60[a]	60[a]
E	60	60
F	60	75[b]

注：a. 要求仅限于拟用机型主起落架外轮外侧边距 9～15m（不含）的跑道。

　　b. 其中，道肩铺筑面的宽度宜使用跑道道面加道肩铺筑面的总宽度不小于 60m。非铺筑面的道肩，其材质的抗吹蚀性能应经过验证。

（2）跑道道肩与跑道相接处的表面宜齐平，道肩横坡宜不大于 25%。

（3）有铺筑面的跑道道肩能确保飞机偶然偏出跑道时不致造成飞机结构损坏，并能承受可能通行的车辆荷载，跑道道肩表面宜能承受飞机气流吹蚀并防止地面物质损坏飞机发动机。

2. 升降带

一块包括跑道和停止道（如果设置停止道）的划定场地。其用途为：一方面是预防飞机提早接地，或起降冲出跑道时减少遭受损失的危险；另一方面是保证飞机在起降过程中可从其上空安全飞过。

（1）升降带尺寸要求。升降带长度应在跑道入口前，自跑道或停止道端向外延伸下列距离。

①飞行区指标Ⅰ为 1 的非仪表跑道：30m。

②飞行区指标Ⅰ为 1 的仪表跑道：60m。

③飞行区指标Ⅰ为 2、3 或 4 的跑道：60m。

升降带宽度为在其全长上，自跑道中线（或延长线）每侧横向扩展到一定距离，如表 4-11 所示。升降带对称于跑道中线，但其长度和宽度与跑道本身的长度及类型有关。升降带要经过平整，以保证有足够强度，在飞机冲出跑道时作为安全地区使用。

表 4-11　升降带宽度（自跑道中线及其延长线向每侧延伸）

单位：m

跑道运行类型	飞行区指标Ⅰ			
	1	2	3	4
精密进近跑道	70	70	140	140
非精密进近跑道	70	70	140	140
非仪表跑道	30	40	75	75

（2）升降带内物体要求。升降带内的物体应符合下列要求。

①位于升降带上可能对飞机构成危险的物体，应被视为障碍物并尽可能移除。

②精密进近跑道的无障碍物区内,为保证飞行安全所必需的目视助航设备或出于航空器安全目的需要安放在此的设备设施应符合易折性要求。上述区域内不应有其他固定物体。当飞机在跑道上起飞或着陆时,上述区域内不应有可移动的物体。

③排水明沟的设计宜避免招引野生动物,特别是鸟类。如果有必要,可采用网将其盖住。

3. 跑道掉头坪

跑道掉头坪是机场内紧邻跑道的划定区域,供飞机在跑道上完成180°的转弯。

跑道掉头坪有时也称为回转坪,在交通流量较小的机场大量使用。航空器由联络道进入跑道,滑行至跑道头后在回转坪180°掉头,对正跑道后起飞,落地航空器落地后若错过脱离联络道,则前滑至回转坪掉头,再经由联络道脱离跑道。掉头坪设置在跑道两端,同时可根据情况设置在跑道任何位置。若航空器性能(转弯半径)和跑道宽度允许,经空管塔台同意,也可以在跑道上直接180°掉头,称作跑道上"180"。B737、A320的转弯半径都允许在45m宽度的跑道上直接掉头,但是由于限制原因,例如跑道湿滑或出于其他安全问题考虑,空管塔台可能不允许航空器直接在跑道上掉头,仍需在回转坪掉头。

4. 跑道端安全区

跑道端安全区是对称于跑道中线延长线、与升降带端相接的特定区域,主要目的是提供足够的长度以减少飞机提前接地或冲出跑道时遭受损坏的危险。

在精密进近跑道上,跑道端安全区外的第一个直立障碍物一般是仪表着陆系统的航向台,在其他情况和非精密进近跑道或非仪表跑道上,第一个直立的障碍物可能是道路、铁路或其他人为的或自然的物体。

跑道端安全区设置应符合以下要求。

(1)飞行区指标Ⅰ为3或4的跑道,或飞行区指标Ⅰ为1或2的仪表跑道,应在升降带两端设置跑道端安全区。飞行区指标Ⅰ为1或2的非仪表跑道,宜在升降带两端设置跑道端安全区。

(2)飞行区指标Ⅰ为3或4的跑道,或飞行区指标Ⅰ为1或2的仪表跑道,跑道端安全区应自升降带端向外延伸至少90m。飞行区指标Ⅰ为3或4的跑道,跑道端安全区宜自升降带端向外延伸至少240m。飞行区指标Ⅰ为1或2的仪表跑道,跑道端安全区宜自升降带端向外延伸至少120m。飞行区指标Ⅰ为1或2的非仪表跑道,跑道端安全区宜自升降带端向外延伸至少30m。

(3)跑道端安全区的宽度应不小于与其相邻的跑道宽度的2倍,条件允许时宜不小于与其相邻的升降带平整范围的宽度。

(4)当安装了拦阻系统且其性能至少等同于跑道端安全区所能提供的保护水平时,可适当缩小跑道端安全区的长度,拦阻系统设计时考虑的飞机参数应包括允许的起落架载荷、起落架构型、轮胎接触压力、飞机重心和飞机速度等。拦阻系统应按对其要求最严格的飞机机型进行设计,并确保不会对过早接地的飞机造成危险。拦阻系统的设计应在事故发生时,允许救援和消防车辆安全进出并在其上通行。

(5)跑道端安全区内为保证飞行安全所必需的或出于飞机安全目的需要安放在此的设备设施应符合易折性要求,除此之外可能对飞机构成危险的物体应被视为障碍物,并尽可能移除。在跑道端安全区范围内，应采取措施消除结构直立面。

（6）跑道端安全区应进行平整，其强度宜能减少飞机过早接地或冲出跑道时的危害，增加飞机的减速率，能承受救援和消防车辆在其上通行。

（7）跑道端安全区的坡度宜使其任何部分不突出进近面或起飞爬升面，应符合下列要求。

① 跑道端安全区的纵坡降坡宜不大于 5%。

② 跑道端安全区的横坡、升坡或降坡宜不大于 5%。

③ 不同坡度之间的过渡宜平缓，避免急剧的变坡。

④ 跑道端安全区的坡度应满足通信导航、目视助航设施和无线电高度表操作场地的要求。

二、机场滑行道系统

为使航空器运行安全、高效，应根据需要设置各种滑行道。机场滑行道是指在机场设置供飞机滑行并将机场的一部分与其他部分之间连接的规定通道，是机场场面运行过程中非常重要的资源。

（一）滑行道系统构成

机场滑行道通常包括平行滑行道、联络滑行道、快速出口滑行道、绕行滑行道、机位滑行通道、机坪滑行道等。

（1）平行滑行道是指与跑道平行的滑行道，与快速出口滑行道与端联络滑行道相衔接，根据机场高峰小时飞机起降架次及年飞机起降架次，设置不同的数量。平行滑行道用于飞机起飞、降落时，衔接跑道与站坪，同时平行滑行道还承担飞机起飞排队的功能。

（2）进出（进口或出口）滑行道又称联络滑行道（俗称联络道），是沿跑道的若干处设计的滑行道，旨在使着陆飞机尽快脱离跑道，出口滑行道大多与跑道正交。

（3）快速出口滑行道以锐角与跑道连接，供着陆飞机较快脱离跑道使用的滑行道。快速出口滑行道与跑道的夹角介于 25°与 45°之间，最好取 30°。飞机可以较高速度由快速出口滑行道离开跑道，不必减到最低速度。快速出口滑行道的布置如图 4-12 所示，并应符合下列要求。

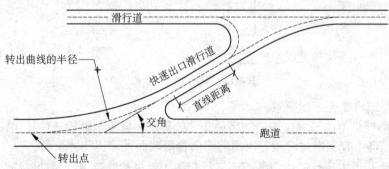

图 4-12 典型的快速出口滑行道

① 快速出口滑行道转出点的位置，宜根据飞机的接地速度、转出点速度以及跑道入口至接地点的距离等因素计算确定，并使飞机在湿道面条件下的转出点速度不大于表 4-12 中的规定值。

表 4-12　快速出口滑行道参考设计参数

飞行区指标 I	转出点速度（km/h）	转出曲线的半径/m
1 或 2	65	275
3 或 4	93	550

② 快速出口滑行道与跑道的交角应不大于 45°且不小于 25°，宜为 30°，一条跑道上有多条快速出口滑行道时，交角宜相同。

③ 在转出曲线后，快速出口滑行道应设置一段直线，其长度应能使航空器在转入其他滑行道前完全停住。

④ 新建快速出口滑行道表面的平均纹理深度宜不小于 10mm。

⑤ 快速出口滑行道不宜使飞行员在脱离跑道后面临 3 个以上的转向选择，以避免误滑及标记牌设置过于复杂。

（4）绕行滑行道是在跑道端以外设置的供飞机绕行的滑行道，可以避免或减少飞机穿越跑道。绕行滑行道可以使航空器无须穿越正在使用的跑道，滑行进出停机坪的通道，从而增加机场的吞吐量和安全性。同时，绕行滑行道的使用，由于航空器不必在跑道联络道上等待穿越，可以直接匀速地使用绕行滑行道进行滑行，从而避免了减速停止等待再加速滑行穿越跑道的过程。

结合绕行滑行道修建位置的差异，主要分为近端绕行滑行道与远端绕行滑行道两种。前者主要是飞机从跑道近端绕行至机坪，不允许飞机垂直尾翼高于近地面。后者飞机从跑道起飞之后，绕行至停机坪，飞机垂直尾翼要高于起飞爬升面。

对于近距平行的两条跑道，靠近航站楼一侧的主要用于起飞，另一条主要用于着陆。绕行滑行道就是在原有的跑滑结构的基础上，围绕起飞跑道末端，增加一条"U"型滑行道，将起飞跑道两侧的主滑行道连接起来，使着陆的航空器可以沿着绕行滑行道滑行，无须穿越起飞的跑道，如图 4-13 所示。

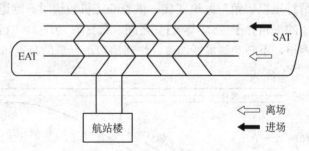

图 4-13　绕行滑行道示意

绕行滑行道应符合下列要求。

① 绕行滑行道不应影响仪表着陆系统和其他导航、目视助航设施的使用，绕行滑行道上运行的航空器不宜突出此时运行所需的障碍物限制面及障碍物评价面。

② 绕行滑行道上运行的航空器不应干扰起飞飞行员和降落飞行员的判断，可根据运行需要设置目视遮蔽物。

③ 确定绕行滑行道位置时，应考虑跑道上起飞航空器产生的发动机吹袭对绕行滑行道上运行航空器的影响。

机位滑行通道是机坪的一部分，是仅供飞机进出机位滑行用的通道。

机坪滑行道是滑行道系统的一部分但位于机坪上，供飞机穿越或通过机坪使用。

（二）滑行道的宽度

滑行道的宽度应符合下列要求。

（1）滑行道道面宽度应使滑行飞机的驾驶舱位于滑行道中线标志上，飞机的主起落架外侧主轮与滑行道道面边缘之间的净距不小于表4-13中的规定值。

表4-13　飞机主起落架外侧主轮与滑行道道面边缘之间的最小距离

单位：m

主起落架外轮外边距	净　　距
<4.5	1.50
4.5～6.0（不含）	2.25
6.0～9.0（不含）	3.00（直线段）
	3.00（弯道段，飞机纵向轮距小于18m时）
	4.00（弯道段，飞机纵向轮距大于或等于18m时）
9.0～15.0（不含）	4.00

（2）滑行道直线部分的道面宽度宜不小于表4-14中的规定值。

表4-14　滑行道直线部分道面最小宽度

单位：m

主起落架外轮外边距	滑行道道面的最小宽度	主起落架外轮外边距	滑行道道面的最小宽度
<4.5	7.5	6.0～9.0（不含）	15.0
4.5～6.0（不含）	10.5	9.0～15.0（不含）	23.0

（3）滑行道弯道转弯半径应满足飞机转弯性能的要求。

（4）滑行道与跑道、机坪、其他滑行道的连接、交叉处以及滑行道转弯处，宜设增补面。

（三）滑行道的坡度

滑行道的纵、横坡度及纵向变坡宜符合表4-15中的规定值，并且滑行道的坡度应能防止表面积水。

表4-15　滑行道纵、横坡度及纵向变坡

飞行区指标Ⅱ		A	B	C	D	E	F
纵坡	不大于/%	3.0	3.0	1.5	1.5	1.5	1.5
	变坡曲线最小曲率半径/m	2500	2500	3000	3000	3000	3000
	变坡曲线的曲面变率	每25m 不大于 1%	每25m 不大于 1%	每30m 不大于 1%	每30m 不大于 1%	每30m 不大于 1%	每30m 不大于 1%
横坡	不大于/%	2.0	2.0	1.5	1.5	1.5	1.5

（四）滑行道的命名

合理的滑行道编号系统可以帮助飞行员迅速准确地判断其所在位置，有利于塔台管制员准确地给出滑行和脱离跑道的指令，最大限度地避免因指令错发、机组错听而错滑所造

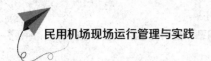

成的事故隐患。

目前，世界上主要机场使用的滑行道编号方式有三大类。

第一类是以字母和数字后缀的形式编号。这类编号方式的机场很普遍，遍及欧洲、美洲和亚洲等主要城市和地区，如北京首都国际机场、上海虹桥国际机场、釜山金浦国际机场、慕尼黑机场、巴黎戴高乐机场、雅典机场、奥斯陆机场、都柏林机场等。

第二类是只使用字母及字母组合的形式编号，如罗马机场、法兰克福机场、上海浦东国际机场、洛杉矶机场等。

第三类是综合使用字母组合及字母数字组合的编号方式，如新加坡樟宜机场。此外，还有使用全数字对机场滑行道进行编号的机场，如莫斯科机场。使用不同滑行道编号方式的目的是为实际运行提供一套清晰合理且易于掌握和使用、不容易混淆的机场地面运行图，以方便航管人员、飞行人员和机场管理部门使用。

按照国际民航组织相关文件及中国关于机场运行的相关标准，使用机场滑行道编号方式的主要原则如下。

（1）滑行道的命名应简单易行，命名数量应尽量少，从而减少航空器在机场内运行的复杂性，降低管制员和飞行员的工作负荷，提高航空器机场运行效率，减少机场内标志牌的数量，降低机场运行维护成本。

（2）I、O、X 等类似于数字的字母不能使用，其他以字母作为滑行道代号的，按照平行主滑行道靠近主跑道的远近，由近到远使用 A、B、C、D 等字母命名，全长平行滑行道连接跑道两端的部分仍使用该滑行道的代号，不另指定。

（3）跑道与主滑行道之间及主滑行道与主滑行道之间的脱离道和联络道的编号由该主滑行道的代号后缀一个数字组成，如 A1、A2、A3 等。在同一方向上，数字后缀要按序无跳隔地命名，数字字母自南向北，自东向西依次递增。

（4）滑行道改变方向但无交叉或在交叉后方向没有改变（不大于 45°角）时，不应改变滑行道代号。

（5）不同的滑行道不使用相同的字母作为代号，自成一段的短滑行道单独编号。

（五）滑行道道肩

飞行区指标 II 为 C、D、E、F 的滑行道应设置道肩，滑行道直线段道面加两侧道肩的总宽度应不小于表 4-16 中的规定值。在滑行道弯道或交叉处等设有增补面的位置，其道肩宽度应不小于与其相连接的滑行道直线段的道肩宽度。

表 4-16　滑行道直线段道面加道肩的最小总宽度

单位：m

飞行区指标 II	滑行道直线段道面加道肩的最小总宽度	飞行区指标 II	滑行道直线段道面加道肩的最小总宽度
C	25	E	38
D	34	F	44

滑行道道肩应能承受飞机气流吹蚀并防止地面物质损坏飞机发动机。

（六）滑行带

滑行道中线两侧特定的场地，用以保护滑行道上运行的航空器，并在航空器偶然滑出滑行道时降低损坏的危险。

滑行带中心部分应进行平整，除滑行道桥外，平整范围宜自滑行道中线向每侧延伸不小于表 4-17 中的规定值。

表 4-17　滑行带平整范围的最小宽度（自滑行道中线向每侧延伸）

单位：m

飞行区指标 Ⅱ	滑行带平整范围的最小宽度	飞行区指标 Ⅱ	滑行带平整范围的最小宽度
A	11.0	D	24.0
B	12.5	E	29.5
C	18.0	F	32.0

第二节　民用机场道面系统的清扫保洁

民用机场道面系统日常维护与管理的各项技术要求纳入机场场务管理的规章制度，应结合机场实际情况合理安排并定期开展飞行区场地的日常维护工作。

民用机场道面系统日常维护包括道面清扫保洁、污染物清除、土质地带维护、不停航施工等内容。

一、道面系统的清扫保洁

为确保飞行安全，防止道面上的石子和其他杂物被飞机喷气发动机吸入体内打坏压缩机叶片或打坏螺旋桨飞机的桨叶，同时防止石子或其他硬质杂物被螺旋桨或喷气发动机吹袭损伤其他飞机机体和车辆人员，飞机活动区需要经常不断地检查和定期清扫，及时清除飞行区道面（含道肩）及升降带、滑行带内的各类杂物。

常见杂物包括生活垃圾、道面松散物、道面修复遗落材料或工具、杂草、掉落的零配件等。

任何一件杂物若不及时清除，都有可能在发动机启动后，被强大吸力吸入高速运转的发动机，导致发动机在滑行、起飞过程中或起飞后受到损伤；或者对航空器的轮胎、机体等部分造成损伤，给航空器地面运行安全带来不稳定的因素。例如，2000 年的法航协和客机空难，导致机上 109 人、地面 4 人，共 113 人遇难。调查表明，法航协和客机空难的肇事者是上一架航班飞机掉在跑道上的金属片，它扎破了随后起飞的协和飞机轮胎，轮胎爆破产生的碎片击中了一个或多个油箱，飞机左机翼起火并很快坠毁，整个过程不到 1 分钟30 秒，事故如图 4-14 所示。

图 4-14　法航协和客机空难事故

由此可见，看似不起眼的一个小小的零部件，就有可能损坏航空器发动机、轮胎等多个部件，甚至导致机毁人亡。

根据《民用机场飞行区场地维护技术指南》（AC-140-CA-2010-3）的相关规定，对跑道、滑行道、机坪应当定期清扫。

（一）清扫的频率

对跑道、滑行道的清扫每月不应少于一次。应当建立机坪每日动态巡查制度，及时清除外来物，对机坪每周至少全面清扫一次。

每日应当至少对滑行道、机坪、升降带、跑道端安全地区、飞行区围界、巡场路巡视检查一次。

以下情况应该立即清扫道面。

（1）装卸的货物大面积散落。

（2）遇强风、暴雨或沙尘暴等天气，在道面上发现外来物。

（3）发生坠机、航空器碰撞、航空器迫降、火灾等事故。

（4）执行特殊保障任务前。

（二）清扫方式

跑道和滑行道宜采用大型机械设备定期清扫；停机坪可采用机械与人工相结合的方式清扫；停机坪停放航空器时不得使用大型清扫设备。

大型道面清扫车按照工作原理可分为吸式、吹式和混合式三种类型，一般配有水箱和高压水龙头，高级清扫车还配有磁吸装置，可吸附道面上的铁屑、螺钉。

1. 吸式清扫车

通过车下旋转刷将杂物清扫至车辆底部安放的吸收口附近，再吸入车内容器中，一次作业宽度一般为2～3.5m。

2. 吹式清扫车

通过喷出高速风将杂物吹走，一次作业宽度可达10～15m，主要适用于跑道、滑行道等区域的道面清扫作业。

3. 混合式清扫车

集成了吸式和吹式两种清扫装置。

二、外来物基本概念与分类

航空器对外来杂物来说相当脆弱：一小块塑料布被吸入发动机可能引起空停；一个小螺钉或金属片甚至尖锐石子能够扎伤轮胎引起爆胎，爆胎后的碎片可能会打伤飞机的重要部件，给航空器造成损害。外来物扎破轮胎、损伤航空器事件时有发生，不仅给航空公司造成较大经济损失，而且给飞行安全带来较大风险。

民航各级管理部门和有关企事业单位对于机场外来物防范工作高度重视。2008年，民航局组织相关单位开展了外来物防范的专题调研，并分别于2009年4月23日、2010年5

月 17 日和 2011 年 2 月 11 日下发了《关于开展防止外来物损伤航空器轮胎专项整治的通知》（局发明电〔2009〕1213 号）、《关于进一步巩固外来物防范整治成果的通知》（局发明电〔2010〕1662 号）和《关于机场外来物防范和航空器轮胎损伤事件报告等有关事宜的通知》（局发明电〔2011〕369 号），在行业内开展了外来物防范和管理工作的系列专项活动。为提高机场外来物防范水平，指导各机场有效开展外来物防范工作，2022 年 5 月 16 日，中国民用航空局下发了《运输机场外来物防范管理办法》。

（一）外来物的定义

外来物是指飞行区内可能会损伤航空器、设备或威胁机场工作人员和乘客生命安全的外来物体，以下简称"FOD"（Foreign Object Debris）。

外来物损伤指任何由外来物引起的可能会威胁航空器或其他地面设备的安全或降低其性能的损伤，包括物理上的损伤和经济上的损失。

（二）外来物的分类

机场外来物的种类或可能成为外来物的事物是多种多样的，可以按照不同的方法对其类别进行划分。

1. 按照作业类型分类

机场外来物按照作业类型进行划分，主要分为机坪运行作业产生外来物、航空器勤务产生外来物、航空器起降产生外来物、机坪道面维护产生外来物、空侧垃圾产生外来物和不停航施工产生外来物。

（1）机坪运行作业产生外来物。机坪运行作业产生外来物是指机坪运行作业活动过程中产生的外来物，如旅客登机过程中丢弃或遗失个人物品；航班在装卸货物、行李时动作粗猛，导致货物包装损坏、行李箱部件脱落；包装木箱上脱落铁钉、行李箱锁等尖锐物品；货舱内的杂物随行李装卸散落等。

（2）航空器勤务产生外来物。航空器勤务产生外来物是指由于航空器受损修理过程中产生的工具遗失、碎片未清理等情况以及地面其他保障设备，如机务人员修理受损的航空器产生锁线废料、螺栓、工具、容器、部件包装和其他零碎东西等。

（3）航空器起降产生外来物。航空器起降产生外来物是航空器起降期间由于机械松动等产生的小型零部件脱落，包括螺钉、外壳保护器等。

（4）机坪道面维护产生外来物。机坪道面维护产生外来物是指道面破损和维修过程中产生碎石、泥浆或者维修过程中遗失维修工具等。

（5）空侧垃圾产生外来物。空侧垃圾产生外来物是指本来不在机场飞行区的垃圾在外界力量的作用下进入机场飞行区而产生的外来物。

（6）不停航施工产生外来物。不停航施工产生外来物是指机场在不停航施工的过程中，没有采取有效防范措施，致使部分施工材料、废弃物带到了跑道和滑行道区域等而产生的外来物。

2. 按照外来物危险等级分类

机场外来物按照其对航空器的危害程度可以分为高危外来物、中危外来物和低危外来物。

（1）高危外来物，指金属零件和重量较重的外来物。对航空器极度危险，容易引起发动机和轮胎严重损伤，如防水塑料布、金属零件、重量 1kg 以上的外来物等。

（2）中危外来物，指对航空器地面安全有一定危害的外来物，如打包带、报纸、包装箱、碎石块等对航空器地面运行安全有一定危害。

（3）低危外来物，指对航空器地面安全存在较小危害的外来物，如纸屑、树叶、非金属零碎垃圾等。

三、外来物管理

FOD 可能损伤航空器及设备，威胁机场工作人员和乘客生命安全，如损伤航空器轮胎、航空器发动机或其他部位，卡在机械装置中影响航空器的正常运行，被航空器发动机尾流高速吹移导致人员伤亡。FOD 如果出现在机场飞行区，将会严重威胁机场的飞行安全。FOD 可能在起飞、降落等关键阶段损伤航空器，甚至可能导致机毁人亡的重大事故。通过有效的 FOD 管理，可以大大降低 FOD 带来的风险。

外来物管理工作应包括 FOD 的预防、FOD 的巡查和发现、FOD 的移除、FOD 的信息管理和 FOD 防范评估与持续改进五个方面，如图 4-15 所示。

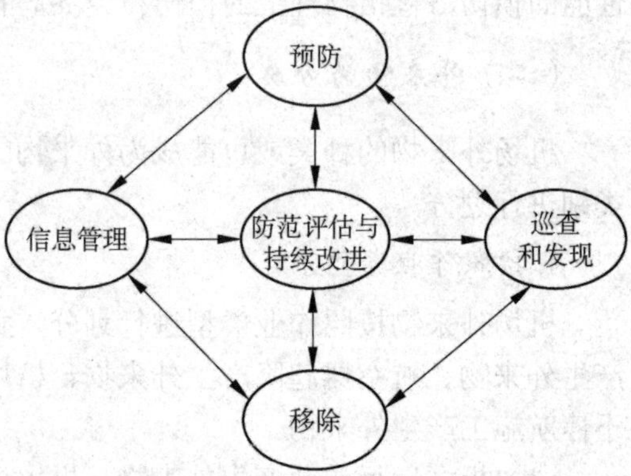

图 4-15　FOD 管理工作

（一）机场各类保障作业 FOD 的预防

机场管理机构及各相关单位应当系统识别本单位各保障环节可能产生外来物的危险源，并按照预防控制要求制定具体的风险防控措施，从源头将外来物风险降低并控制在可接受水平。保障环节应当至少包括飞行区维护作业、机坪环境卫生管理、航空器保障作业、航空器维修、不停航施工、航空货运保障、其他可能产生外来物的保障环节。

1. 机坪环境卫生管理的 FOD 预防

道面污染导致道面或者道面标志破损（如燃油、润滑油等液态残留物泄漏在道面上，未及时清理可能导致道面被腐蚀），清洁道面时可能导致道面或者道面标志材料脱落，运输、临时存放或者分拣时掉落垃圾或者废弃物等可能产生外来物。预防 FOD 的措施如下。

（1）各类油料、污水、有毒有害物及其他废弃物不得直接排放在道面上。

（2）保持道面清洁，道面上出现泥浆、砂子、松散粒、垃圾、燃油、润滑油及其他污物时，应当采取合适方式立即清除。

（3）用化学物清洁道面时，应当符合国家环境保护的有关规定，不得采用损伤道面或者道面标志的方法清洁道面。

（4）运输或者临时存放垃圾或者废弃物时，应当加以遮盖，不得泄漏或者溢出。

（5）机坪内禁止垃圾分拣。

2.航空器作业保障的 FOD 预防

（1）接机人员应当至少在航空器入位前 5 分钟，对机位适用性进行检查，检查内容应当包括机位的清洁情况。

（2）各相关保障单位应当在航油加注、餐食配送、客舱清洁和行李货物装卸等保障作业时，采取措施防止掉落物品，并在保障作业后及时对保障区域及周边区域进行检查，防止产生外来物。

（3）各类保障车辆撤离后、航空器滑出或者推出前，送机人员应当在撤轮挡、反光锥形标志物的同时，再次检查机位清洁情况。

（4）负有外来物监督检查职责的单位，应当加大对航空器保障作业过程中外来物预防措施执行情况的监督力度。

3.航空器维修的 FOD 预防

航空器维修过程中所使用的各种工具和物品以及产生的垃圾或者废弃物，如铆钉、螺栓等遗落产生外来物。预防 FOD 措施如下。

（1）在机场管理机构指定的位置和范围内进行维修。作业结束后，对维修作业区域进行检查和清扫。

（2）做好零部件及维修工具、设备的管理，作业过程使用的工具、设备和零部件应当尽可能设置识别标志，妥善放置，作业结束后以清单的方式进行清点核实，并将所有工具和零件放入密闭的手提袋或者工具箱内。

（3）当发现工具、设备或者零部件有遗失时，有关部门及人员应当第一时间通知其所属单位或者机构，相关单位或者机构应当尽快将有关情况通报机场管理机构和外来物防范管理办公室。

4.航空货运的 FOD 预防

货运区域产生的外来物，可能跟随车辆进入机坪等区域。清洁状况较差的航空器货舱内存在大量垃圾、碎片，在装卸货物时可能掉落到机坪形成 FOD。预防 FOD 措施如下。

（1）货运区域应当保持清洁。

（2）建立对货运车辆的检查机制，避免货运车辆夹带外来物。

（3）航空运输企业或者其代理人应当加强对货舱地板的保洁和清扫工作。

5.不停航施工的 FOD 预防

不停航施工过程可能产生外来物，如：施工人员遗落作业工具和个人物品；施工车辆可能将施工材料掉落到跑道、滑行道、机坪等区域；施工材料可能受风或者航空器尾流影响，散落产生外来物等。预防 FOD 措施如下。

（1）机场管理机构应当将外来物防范工作纳入不停航施工组织管理方案中，确保每个施工项目均制定和实施具体的外来物防范程序，包括减少外来物的产生、定期开展场地清扫工作、及时移除发现的外来物等。

（2）机场管理机构应当将外来物防范有关要求和罚则纳入和施工单位的合同中，施工单位应当掌握机场对外来物防范的要求并严格落实。

（3）机场管理机构应当评估不停航施工车辆、人员在飞行区内的行驶或者行进路线，避免或者减少穿越航空器运行的重要区域。

如果确需穿越以上区域，应当提高外来物巡查频次，加大外来物巡查力度，并在穿越前对车辆进行自查。在恶劣天气条件下，持续强化外来物的巡查频次及力度。

（4）机场管理机构应当加强活动区内施工作业中废弃物、零备件的管理，施工完成后应当彻底清理施工现场及施工路线，并对涉及区域进行检查。

（5）施工区域与活动区应当有明确而清晰的分隔，易飘浮的物体、堆放的施工材料应当加以遮盖，防止被风或者航空器尾流吹散。

6. 飞行区维护保障的 FOD 预防

跑道、滑行道和机坪等道面、道面标志破损；道肩周边土面区可能存在松散砂石，被风或者航空器尾流吹进跑道、滑行道；日常维护作业产生的草堆或者土壤碎块等有可能产生 FOD。预防 FOD 措施如下。

（1）加强对跑道、滑行道和机坪等道面的巡视检查和维护保养工作，防止道面、道面标志破损或者处置不及时产生外来物。

（2）定期稳固压实道肩周边的土面区。

（3）加大对临近跑道、滑行道土面区的巡视检查力度，及时清理松散砂石等。

（4）及时移除日常维护作业产生的草堆或者土壤碎块等。

7. 其他 FOD 源的预防措施

（1）将动物尸体纳入外来物防范管理，加强驱鸟设施管理，及时回收弹壳，实现鸟击防范管理与机场外来物防范管理工作有机结合。

（2）及时处理草地和沟渠聚集的外来物。

（3）及时清理防护网上的外来物，特别是在风力增加或者风向改变前，以免脱落后进入活动区。

机场管理机构统一负责飞行区道面定期清扫、日常保洁和卫生监督工作。航空运输企业或者相关驻场单位自行使用的机坪，由机场管理机构和航空运输企业或者相关驻场单位在运行安全协议中，明确日常保洁和卫生监督等责任，并严格落实。

各相关单位应当定期全面清扫跑道、滑行道和机坪，保持道面清洁。其中，对跑道、滑行道每月不少于一次全面清扫；对机坪每日进行动态清扫，每周不少于一次全面清扫。

道面上出现泥浆、砂子、松散颗粒、垃圾、燃油、润滑油及其他污物时，应当立即清除。用化学物清洁道面时，应当符合国家环境保护的有关规定，不得采用损伤道面或者道面标志的方法清洁道面。

（二）FOD 的巡查和发现

1. FOD 巡查区域

机场管理机构应当组织各相关单位划定外来物控制区域，并明确各外来物控制区域的外来物巡查职责、程序、方法和要求。外来物控制区域应当至少包括以下几个方面。

（1）跑道、滑行道区域。

（2）机坪区域。

（3）行李和货物装卸区域。

（4）施工区域。

（5）航空器维修区域。

（6）其他日常防范工作中易被忽视的潜在外来物区域。

跑道、滑行道区域应当重点关注跑道的起飞和着陆区域，穿越跑道的滑行道，穿越滑行道的服务车道，临近机坪的滑行道，跑道、滑行道的施工区域，老旧或者废弃的道面，道肩，道面接缝，土面区和垃圾防护网或者防护栏等。

2. FOD 巡查与发现的方法

FOD 巡查与发现需要群策群力，各航空运输企业和其他驻场单位应积极配合机场管理机构组织的各类 FOD 管理活动，鼓励员工参与 FOD 徒步检查等防范等活动。FOD 发现的方法主要包括人工巡查与设备探测两种方法。

（1）人工巡查。

① 人工巡查的要求。机场管理机构应在白天对航空器活动区域进行动态巡视检查，此外，还应进行例行的夜间检查，夜间检查宜安排在航班间隙或机场跑道开放前检查。机场管理机构应适时评估、增设或改装巡场车辆的照明设施，提高夜间道面巡查的质量。由于照明的原因，夜间机场道面巡查人员很难发现道面上的 FOD。因此，机场管理机构应适时评估、增设或改装巡场车辆的照明设施，以提高夜间道面巡查的质量。

② 人工巡查的频率。机场管理机构应当将外来物作为跑道、滑行道和机坪铺筑面每日全面巡视检查中道面清洁情况的内容之一，按照飞行区场地巡视检查的相关规定要求（包括巡视检查内容、频次、程序和规则等），每日开展外来物人工巡查。

应当每季度至少对跑道、滑行道和机坪铺筑面进行一次全面步行检查，且最大间隔不得超过 3 个月。当道面破损处较多或者破损加剧时，应当适当增加步行检查的次数。

应当定期或者适时邀请参与机坪运行的各有关单位和部门，分时段、分区域的采用步行拉网方式开展外来物联合检查活动。

当出现以下情形时，机场管理机构应当对无法自动监测的跑道或者部分跑道实施人工巡视检查。

- 当配备的外来物自动探测设备不具备全跑道持续监测功能的；
- 设备故障或者其他情形导致出现道面探测盲区的；
- 探测性能受天气影响的；
- 设备制造商规定的其他情况。

（2）设备探测。鼓励机场管理机构配备外来物自动探测设备，提高外来物监测能力。外来物自动探测设备不应对机场设施设备和在飞行区内的作业人员人身健康等产生影响。含有无线电发射功能的跑道外来物自动探测设备应当符合无线电管理相关规定，并仅限应用于跑道外来物的探测，机场管理机构应当根据相关规定制定相应的管控措施。

配备能对跑道道面状况进行持续监测的外来物自动探测设备（应当为通过试验验证或者相关目录、公告中的设备）的机场，在探测设备持续有效运行 1 年（含）以上，经评估后，在探测设备正常运行期间，被监测区域的中间动态巡视检查次数可以适当减少，减少的次数由机场管理机构根据探测设备功能、性能稳定性和人机协同能力等因素研究确定。

若探测设备不具备监测跑道道面隆起、拱起和错台等道面损坏类型功能的，应当在每日12时至15时，根据跑道道面状况、气温条件等因素至少适时开展一次中间动态巡视检查。

若探测设备不具备夜间探测功能的，按照有关规定和机场夜间运行量确需进行夜间巡视检查的，不应减少相应的中间动态巡视检查次数。

机场管理机构应当对外来物自动探测设备进行定期校准，并做好维护保养和检测工作，确保外来物自动探测设备在运行时处于适用状态。

（3）自动检测设备类型。机场管理机构宜采用固定探测设备、移动探测设备或其两种方式的组合，提高机场 FOD 管理工作水平。固定式探测设备是固定安装的能够探测指定区域是否存在 FOD 并测定其位置的设备。移动式探测设备是安装于车辆上并能够在车辆运动中探测指定区域是否存在 FOD 并测定其位置的设备。

法航协和客机空难发生后，各国纷纷开始 FOD 探测系统的研究与开发。目前，世界上较为典型的四种系统，分别是英国开发的 Tarsier Radar 系统、以色列开发的 FODetect 系统、新加坡开发的 iFerret 系统和美国开发的 FOD Finder 系统。

① 英国 Tarsier Radar 系统。Tarsier1100（T1100）外来异物探测系统是由英国 Qinetiq 公司研究并主导开发的，主要通过发射和接收无线电信号来发现 FOD 并测定其位置的设备，如图 4-16 所示。其雷达工作频率为 94.5GHz，具有雷达波束窄、探测距离长和分辨率高等优点。其雷达体制为连续波调频（FMCW），FMCW 技术具有峰值功率低、探测灵敏度高和成本低等特点。同时，此系统和实时数字信号处理技术相结合，可以对探测目标进行实时的探测和自动识别。官方说明中的具体数据为：能可靠地探测到最大雷达散射截面（RCS）为 $0.01m^2$ 的跑道 FOD 并快速及时地予以定位。目前，该系统有迪拜、希思罗、温哥华、普罗旺斯、多哈等机场使用。

图 4-16　英国 Tarsier 1100（T1100）

② 以色列 FODetect 系统。FODetect 系统由多个道面检测单元组成，这些单元安装于跑道边灯上，每个 SDU 都对跑道中线附近的区域进行扫描，发现 FOD 后，可以立即向机场管理人员发出报警信息，告知他们 FOD 的准确位置以及发现时间，如图 4-17 所示。然后设备会拉近镜头，提供 FOD 的视频图像，发现物体之后，传感器会锁定 FOD 的位置，协助将碎片取出，在夜间还可使用激光指示器协助将碎片取出。此系统可在 30 秒内完成对整条跑道的扫描，采用视频识别系统可以在毫米波雷达探测到 FOD 后，对探测结果进行视频确认，从而使虚警率大大降低。相较于 Tarsier 系统，FODetect 系统在一定程度上减少了投资。

图 4-17　以色列 FODetect 系统

③ 新加坡 iFerret 系统。iFerret 智能视频探测系统是由新加坡 Stratechsystems 公司研制开发的，通过光电传感器发现 FOD 并测定其位置的设备，主要探测设备是摄像机。iFerret 系统通过在跑道上每隔一定间距装置先进的高分辨率功能的摄像机，自动探测和辨认跑道上的障碍物，如图 4-18 所示。发现 FOD 后，系统能够放大物体的图像，给用户提供碎片的实时图像，并提供精确的位置、报警的时间。该系统的精度能够达到：探测大小为 1cm 的物体。在发现 FOD 后，还可以进行视频追踪和持续报警记录。该系统在能见度低的情况下具有很多局限性，性能受到黑夜和阴雨天气环境的影响和制约。

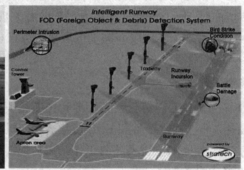

图 4-18　新加坡 iFerret 系统

④ 美国 FOD Finder 系统。FOD Finder 移动监控系统是由美国 Trex Enterprises 公司主导开发研制的，此系统可以安装到车顶上面，如图 4-19 所示。其探测系统由 78～81GHz 毫米波雷达、摄像机和高精度 GPS 定位设备共同组成。雷达扫描速度为 30 次/min，探测半径为 200m，装在车顶的一个雷达罩中。GPS 定位设备用于完成探测区域的锁定和 FOD 地理坐标的标识，此外，定位装置还可借助差分技术来帮助场内其余定位设备校准。车顶的摄像机主要用于跟踪发现的 FOD 目标。这套系统的独特之处在于其是可移动的，探测时车辆的最大行驶

图 4-19　美国 FOD Finder 系统

速度可达到 64.4km/h，其不仅可以侦测跑道上的 FOD，而且可以侦测滑行道、停机坪等区域的 FOD。主要工作流程是：当车辆向前方移动时，探测系统会对前部区域进行持续扫描，同时将雷达和视频信号转发给机场控制人员。当发现 FOD 后，由触摸式计算机、条码机、照相机等组成的车载软件处理系统会标出 FOD 方位，从而指示机场控制人员进行拾取清理

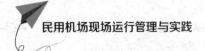

工作。FOD异物被取出后，还会由机场控制人员贴上记录条形码，同时由车内摄像装置进行照相和备案，以上的记录信息会随即存储在互联网系统的数据库之中。

（三）FOD的移除

FOD移除是FOD管理中的一个重要环节，它是指将机场飞行区内检测到的FOD排除的过程，主要包括员工随手清洁、人工清扫、移除设备的使用、设备运行要求和FOD收集处理要求等内容。

1. FOD移除的基本要求

（1）机场管理机构应根据实际情况配备足够数量的FOD移除设备，按照《民用机场运行安全管理规定》（CCAR-140）的要求对跑道、滑行道、机坪应当定期清扫，移除FOD，以确保飞行区内的FOD始终处于可控状态和可接受的范围之内。

（2）所有在飞行区内的作业人员应主动移除飞行区内出现或潜在源头的FOD。移除FOD最有效的方法是使用FOD移除设备，特别是在FOD容易出现的区域，如在施工现场附近。但对于日常巡视、徒步检查中发现的单个FOD物体，应当采取手工移除的方法。

（3）对于在道面上遗洒的油料等液态残留物，机场管理机构应当先回收再清洗，用化学物清洁道面时，应当符合国家环境保护的有关规定，并不得对道面造成损害。各类油料、污水、有毒有害物及其他废弃物不得直接排放在机坪上。易燃液体应当用专用容器盛装，并不得倒入飞行区排水系统内。

2. 移除设备配备

FOD移除设备应当符合国家标准和民航相关的规章标准的要求。FOD移除设备主要分机械式设备、非机械式设备和FOD收集容器。机场应根据实际情况选择下列不同类型的多种设备有效移除FOD，设备移除工作结束后应再次检查道面以确保FOD的完全清除。

FOD移除设备如下。

（1）机械式设备。机械式设备主要包括清扫车、油污清洗车、吹雪车等，其中清扫车分为纯扫式扫路车（见图4-20）、纯吸式扫路车（见图4-21）、吸扫式扫路车（见图4-22）。

图4-20　纯扫式扫路车　　　　　　　　图4-21　纯吸式扫路车

机械式设备作业人员应严格按照操作规程、确定的行驶路线和飞行区车辆运行限速要求，合理控制行驶速度。在跑道、滑行道和停机位区域进行作业时，应当配备有效的通信工具，与指挥人员保持不间断联络，确保FOD移除效率和运行安全。

（2）非机械式设备。非机械式设备主要有保洁毯和磁吸条，如图4-23所示。FOD保洁毯挂在车辆后方，通过车辆拖带吸附道面上的FOD。磁吸条安装在车辆后方的车架上，使用时磁吸条作业面朝下并接近地面，吸附道面上的金属 FOD。磁吸条不能吸附的铝合金、不锈钢、塑料等物体，应避免遗留在道面上。应及时清理吸附在磁吸条、保洁毯上的 FOD，避免在作业过程中掉落产生新的 FOD。

图 4-22　吸扫式扫路车

图 4-23　非机械式设备

（3）FOD 收集容器。FOD 收集容器主要包括便携式垃圾桶和有盖的垃圾桶等，如图 4-24 所示。机场 FOD 管理部门应当在飞行区的合适位置，如机位、运转区、机库、航空器维修区域、行李区域、服务车道、相关运行车辆内，放置足够数量的有盖垃圾桶，设置清晰的标识，并应有专人负责定期检查、清理和垃圾分捡统计。

（a）便携式垃圾桶

（b）有盖的垃圾桶

图 4-24　FOD 收集容器

（四）FOD 的信息管理

机场 FOD 管理部门应当将 FOD 移除设备和 FOD 收集容器所收集的 FOD 在指定地点进行分拣，对 FOD 的数量、特征、类型、来源等进行统计分析，并将统计分析的结果纳入FOD 数据库。翔实、一致、可靠的数据为发现危险源提供数据保障。统计发现，建立在良好数据统计、分析基础上的 FOD 防范项目可为航空器制造商每年节约 100 万美元。

1. FOD 信息的收集

（1）信息收集的原则。

① 准确性原则。信息收集要做到真实、可靠。这也是信息收集工作的最基本要求。

② 全面性原则。信息收集要做到广泛、全面、完整。只有广泛、全面地收集信息，才能完整地反映管理活动和决策对象发展的全貌，为决策的科学性提供保障。

（2）收集 FOD 信息的内容。

① 发现 FOD 的方式（如巡查发现、设备探测、外部信息通报等）。

② 发现 FOD 的时间。

③ FOD 的物理状态描述（材质、尺寸、颜色、形状）。

④ 发现 FOD 的准确位置。

⑤ 发现 FOD 时的机场气象条件。

⑥ 产生 FOD 可能的来源。

⑦ 发现 FOD 的人员基本信息。

数据库的信息记录应至少保存两年。

2. FOD 信息的分析及发布

FOD 管理办公室应定期对收集到的 FOD 信息进行统计和分析，并根据统计和分析结果，结合机场运行情况，提出有针对性的措施或整改要求，及时将统计和分析结果及相关整改要求反馈给各相关单位。

各单位应根据 FOD 管理办公室提出的整改要求和机场 FOD 统计和分析结果，制定整改措施，不断完善本单位 FOD 防范程序，并将整改落实情况报 FOD 管理办公室。

FOD 管理办公室应对相关单位的整改措施进行监督检查。FOD 管理办公室应定期向各单位发布 FOD 信息、FOD 评估结果及管理检查情况等。

3. FOD 损伤航空器事件的信息报告和调查

FOD 损伤航空器事件是指由于 FOD 导致航空器需要修复或修理的系统安全性或物理完整性缺陷，不包括腐蚀、风蚀、磨损等渐变式损伤。

（1）FOD 损伤航空器事件的确认。航空公司在发现航空器受 FOD 损伤超标时，应立即向当地机场管理机构进行通报。

以下情形原则上不确认为 FOD 损伤航空器事件。

① 机头及雷达罩、机身上半部分、机翼上表面、垂直尾翼、货舱门及附近区域、发动机吊架等部位不符合外来物损伤特征的损伤。

② 划痕类形态损伤（不含发动机叶片划痕）。

③ 机翼前缘满足以下任一条件的损伤：损伤长度 mm×损伤宽度 mm>1600mm^2 或损伤长度 mm×损伤宽度 mm÷损伤深度 mm>800mm。

④ 水平安定面前缘满足以下条件的损伤。

单层结构满足以下任一条件的损伤：损伤长度 mm×损伤宽度 mm>2000mm^2 或损伤长度 mm×损伤宽度 mm÷损伤深度 mm>600mm。

多层结构满足以下任一条件的损伤：损伤长度 mm×损伤宽度 mm>400mm^2 或损伤长度 mm×损伤宽度 mm÷损伤深度 mm>800mm。

⑤ 货物装卸、航空器维修等人为原因造成的损伤。

⑥ 未发现遗留 FOD 的轮胎损伤。

⑦ 发现有动物击伤痕迹的航空器损伤。

⑧ 客舱、货舱、驾驶舱内部的损伤。

除上述情形外，航空器外表面非人为原因造成的损伤，原则上应当确认为 FOD 损伤航空器事件。

（2）FOD 损伤航空器事件信息报告。航空器维修单位人员检查发现航空器受 FOD 损伤后，应当立即通报机场运行指挥部门，机场运行指挥部门通知机场 FOD 管理部门人员到达现场确认，在未完成现场确认工作之前，航空器维修单位人员应当做好现场保护工作。

FOD 管理部门接到航空器损伤超标的信息后，应立即赴现场进行调查取证，在不影响航班正常运行的前提下，现场确认人员在航空器停放现场按协议规定时间收集相关物证材料，任何人员不得拖延、影响现场确认工作，现场确认人员应当填写机场外来物损伤航空器信息确认表（以下简称确认表），如表 4-18 所示。现场确认人员应当拍摄损伤部位的全景和特写照片，必要时提取残留物并封存后，交机场管理机构保存。

表 4-18　机场外来物损伤航空器信息确认表

基本信息					
事发机场			通报时间		
机场人员	□ 在协议时间内到达　□ 迟到（到达时间：　　　　　）　□ 未到场				
航空器信息					
机型/机号			航空器使用单位		
事发阶段			航班号		
起飞机场			计划落地机场		
事件后果					
携外来物	□ 是　　　　　□ 否		损伤类型	□ 凹坑　□ 贯穿伤　□ 划痕　□ 其他	
损伤描述					
损伤 1 尺寸	长：　　　　　mm		宽：　　　　　mm		深：　　　　　mm
损伤 2 尺寸	长：　　　　　mm		宽：　　　　　mm		深：　　　　　mm
损伤 3 尺寸	长：　　　　　mm		宽：　　　　　mm		深：　　　　　mm
损伤 4 尺寸	长：　　　　　mm		宽：　　　　　mm		深：　　　　　mm
受损位置	机身上半部：	□ 机头		□ 雷达罩	
	机身下半部：	轮胎（□　爆胎脱层　□ 其他）			
	机身内部（客舱　□ 货舱　□ 驾驶舱　□　其他）		□ 起落架　□ 起落架舱		
	发动机（1 号　2 号　3 号　4 号）		□ 发动机吊架		
	水平尾翼（□ 水平安定面前缘　□ 其他）		□ 垂直尾翼		
	机翼（□ 前缘　□ 上表面　□ 下表面　□ 其他）				
	□ 灯	□ 天线		□ 其他	
确认结果	双方意见一致的	非外来物损伤航空器事件			
		外来物损伤航空器事件			
	双方意见不一致的	航空运输企业或航空器维修单位现场确认部门意见		非外来物损伤航空器事件	
				外来物损伤航空器事件	
		机场管理机构现场确认部门意见		非外来物损伤航空器事件	
				外来物损伤航空器事件	
机场管理机构现场确认部门： 　　　　确认人员签字：		航空运输企业或航空器维修单位现场确认部门： 　　　　确认人员签字：			
备注：					

机场管理机构、航空运输企业和维修单位应当依据确认表内容按规定的时限要求分别向中国民用航空安全信息系统报送事件信息，包含现场照片、鉴定报告等资料，并由机场管理机构上传签字的确认表。有关航空器轮胎损伤超标的事件，应参照航空器轮胎损伤事件信息报告表（见表4-19）的格式报送相关信息。

表4-19　航空器轮胎损伤事件信息报告表

报告单位					
发现时间					
航班号		机型		注册号	
起飞机场		降落机场			
受损轮胎位置	1. 前轮（　　　），位置编号：				
	2. 左主轮（　　　），位置编号：				
	3. 右主轮（　　　），位置编号：				
	4. 中主轮（　　　），位置编号：				
受损部位形状		受损部位尺寸		已拍照（　　　）	
是否携带外来物	1. 无外来物（　　　）；				
	2. 携带有（石子/铁钉/螺帽），其他：				
损伤原因初步判断	（　　　）1. 外来物损伤				
	（　　　）2. 无法判定				
	（　　　）3. 其他原因：				
填 表 人		联系电话			

机场管理机构、有关航空运输企业或航空器维修单位和人员应当按照规定如实报告事件信息，不得隐瞒不报、谎报、迟报。

（3）FOD损伤航空器事件调查。所开展的FOD事件调查工作应当包括以下几项。

① 从不同适宜的不同角度进行现场拍照。

② FOD来源分析。

③ FOD造成的损失分析。

④ FOD产生的原因分析。

⑤ 周边环境因素分析。

⑥ 建议措施。

FOD管理办公室应将调查报告分发至FOD管理委员会相关成员单位，并报所在地的民航安全监督管理局备案。

（五）FOD防范评估与持续改进

1. FOD防范评估

FOD管理办公室应当每季度对FOD管理工作进行一次总结，至少每年对FOD管理工作进行一次综合性评估，当发生FOD损伤航空器事故征候或当FOD风险显著增加时，应立即对FOD管理工作进行评估，评估内容应至少包括以下几项。

（1）FOD管理工作措施的有效性，包括整改措施效果、培训质量、反馈意见的采纳等情况。

（2）机场可接受的 FOD 风险水平。

（3）相关人员防范意识调查结果。

（4）机场管理机构、各航空运输企业、其他驻场单位间的沟通与协作，对全面提升机场安全运行的改善情况。

各相关单位应积极配合机场 FOD 管理的评估工作。FOD 管理办公室应将评估结果向 FOD 管理委员会各成员单位进行通报，并报所在地的民航安全监督管理局备案。

2. 机场 FOD 管理工作的持续改进

（1）根据评估结果，FOD 管理办公室应当适时修订 FOD 管理工作目标、政策、管理程序、现场作业程序和培训内容等，不断改进和完善 FOD 管理措施，确保 FOD 管理工作的有效性。

（2）FOD 管理办公室应定期对各单位进行走访，与各单位交流 FOD 管理经验，共同提升 FOD 管理水平。

（3）各单位应致力于管理品质的不断提升，积极引入先进的科技生产方式，减少 FOD 的产生。

 思政阅读

安全飞行拒绝外来物——哈密机场开展 FOD 拾捡活动

第三节　民用机场道面系统污染物的清除

道面污染物可能会降低道面抗滑性，侵蚀道面，或形成明火隐患。道面污染物主要包括以下几种。

（1）橡胶胶痕：在飞机起降过程中，轮胎与跑道路面摩擦会脱落橡胶颗粒，从而在机场跑道路面上附着橡胶胶痕。日积月累的跑道橡胶胶痕会严重降低路面抗滑性，影响民航客机的起降安全。

（2）冰雪等降水：包括雪、干雪、湿雪、雪浆、霜、冰和积水等。

（3）工业污水：包括清洗飞机的酸碱液、各类除冰融雪材料、跑道除胶或标志线清除所用的化学溶剂等。

（4）危险废品：指可燃、易反应、有腐蚀性或有毒的废气，如航空器泄漏的航空煤油等。

（5）非危险废品：指油脂类有机物，如航空器或服务车辆渗漏的润滑油等。

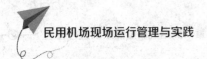

一、道面除胶

机场跑道路面上附着的橡胶胶痕是飞机轮胎与跑道路面摩擦而脱落的橡胶颗粒。民航局对跑道上橡胶胶痕的积累量有着严格的限制，并要求机场每年必须对跑道摩阻性能进行一次测试。若跑道表面摩擦系数低于规定的维护规划值，应当及时清除道面的橡胶，或采取其他改善措施。

（一）跑道橡胶胶痕的影响

机场跑道橡胶胶痕的积累会对跑道的部分技术指标产生破坏性影响。

1. 跑道橡胶胶痕对摩擦系数的影响

为了保证跑道道面的摩擦系数符合民航机场运行的安全标准，混凝土材质的机场跑道上通常有规则排列的刻槽。这些刻槽会被定期打磨，以保证跑道上没有积水，同时保证飞机跑道在阴雨天的摩擦系数同样符合安全标准。然而，飞机起降过程中，飞机轮胎上的橡胶颗粒会附着在机场跑道的刻槽里。经过飞机多次起降以后，跑道刻槽就会被橡胶颗粒逐渐填满。一条刻槽被橡胶颗粒堵塞后的飞机跑道剖视图如图 4-25 所示。刻槽被堵塞后飞机跑道的摩擦系数变小。同样的着陆速度下，飞机在跑道摩擦系数越小的跑道上需要的刹车距离越长。因此，橡胶胶痕会降低跑道的摩擦系数，最终直接威胁飞机的正常起降。

2. 跑道橡胶胶痕对跑道平整度的影响

机场跑道路面的平整度是机场安全性能中的一个重要指标。随着飞机多次起降，机场跑道道面上会积累越来越多的橡胶胶痕。同一个位置也可能会多次累积，从而导致跑道道面上的橡胶层产生厚薄不均的现象。久而久之，路面上就会形成不同程度的凸起和凹坑。因橡胶胶痕附着而高低起伏的混凝土路面横切面如图 4-26 所示。

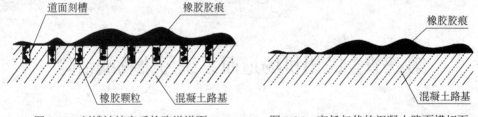

图 4-25　刻槽被堵塞后的跑道道面　　图 4-26　高低起伏的混凝土路面横切面

由于有黑色的橡胶颗粒附着，原本平整的混凝土路基上出现了高低不同的橡胶胶痕积累。橡胶胶痕改变了跑道道面的平整度。平整度较低的机场跑道会导致飞机机身的剧烈抖动，降低乘客的乘坐体验。当胶痕积累量达到一定程度时，机身的抖动会更加激烈，从而使飞机在竖直方向上存在一个不断变化的加速度，这个加速度会使飞行驾驶仪上的指针的摆动加大，飞机起落架、机身结构等部件的使用寿命缩减，同时机场跑道的道面结构会因该加速度而受到冲击，直接扩大跑道道面的裂纹尺寸。

3. 跑道橡胶胶痕对跑道裂纹评估的影响

混凝土结构的裂纹是混凝土路面存在的普遍现象。大型机场跑道由于大面积采用混凝土浇筑，也必然会因为温度、湿度、地面沉降等原因出现裂纹。由于道面裂纹广泛存在，若机场不对这些裂纹加以维护，跑道裂纹只会逐渐扩大，最终直接威胁飞机的安全着陆。

如果及早发现跑道道面裂纹，就能尽早对这些裂纹加以维护和修补。跑道道面上的裂纹还会加大跑道路面上的刻槽，从而间接改变跑道路面上的摩擦系数。当飞机轮胎高速触地时，因为高速摩擦而残落的轮胎橡胶颗粒就散落在这些刻槽和裂纹中。跑道道面上部分裂纹被橡胶胶痕覆盖后的示意图如图 4-27 所示。

覆盖在道面上的跑道橡胶颗粒遮挡了道面裂纹，使原本难以被发现的跑道裂纹隐藏起来。附着在跑道路面上的橡胶胶痕加大了跑道道面裂纹的查找难度，阻碍了机场跑

图 4-27　开槽后的跑道路面

道维护人员对道面裂纹的及时发现和维护。因此，跑道橡胶胶痕既间接增加了跑道裂纹的维护费用，也增加了路面裂纹无形扩大的概率。

（二）跑道橡胶胶痕检测方法

橡胶胶痕检测是判断跑道安全性能是否符合标准的重要手段。目前，普遍采用的橡胶胶痕检测手段主要分为两类，即目视直接检测方式和摩擦系数间接检测方式。

采用跑道摩擦系数测试设备检测橡胶胶痕状况，应当按照以下要求进行。

（1）测试应当在跑道中心线两侧 3～5m 范围内进行。

（2）跑道表面摩擦系数测试结果应当包括跑道每三分之一段的数值。

我国各大机场在进行机场跑道维护时基本上采用目视检查的人工方法，跑道表面橡胶胶痕目视评估方法如表 4-20 所示。该方法根据机场维护规程及工作经验，在机场跑道上借助手电筒、车灯等设备用眼睛逐段检查机场跑道胶痕的分布和积累状态。一旦发现胶痕残留比较严重，应利用相应的除胶设备进行除胶。当接地带跑道中线两侧被橡胶覆盖 80%左右，并且橡胶呈现光泽时，机场管理机构应当按照民航局的有关规范标准及时进行除胶。

表 4-20　跑道表面橡胶胶痕目视评估方法

橡胶沉积等级	橡胶覆盖百分比/%	跑道接地带橡胶沉积情况	接地带 150m 区段表面摩擦系数估计范围
非常轻微	<5	间断的积胶层，无积胶区域占 95%及以上	≥0.65
轻微	6～20	个别区域积胶层连片出现，无积胶区域占 80%～94%	0.55～0.64
轻微至中等	21～40	中心线两侧 6m 范围内积胶覆盖，无积胶区域占 60%～79%	0.50～0.54
中等	41～60	中心线两侧 12m 范围内积胶覆盖，无积胶区域占 40%～59%	0.40～0.49
中等至密集	61～80	中心线两侧 15m 范围内积胶覆盖，30%～69%区域道面表面橡胶硫化且黏结在道面上，无积胶区域占 20%～39%	0.30～0.39

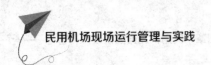

续表

橡胶沉积等级	橡胶覆盖百分比/%	跑道接地带橡胶沉积情况	接地带150m区段表面摩擦系数估计范围
密集	81～95	70%～95%区域道面表面橡胶硫化且黏结在道面上，难于清除，橡胶呈光泽，无积胶区域占5%～19%	0.20～0.29
非常密	96～100	接地带道面表面橡胶完全硫化且黏结在道面上，很难清除，橡胶呈光泽，无积胶区占0～4%	<0.19

（三）除胶范围

除胶重点区域为跑道接地带范围内跑道中线两侧15 m范围。应沿跑道纵向方向除胶，从中线向两侧进行作业。除胶的流程应考虑除胶区域的宽度、除胶设备的单次胶泥除净率和一次作业宽度等因素。

（四）除胶方法

存在以下情形的，应当及时清除道面的橡胶，或采取其他措施改善跑道的表面摩阻特性。

（1）跑道摩擦系数（以连续100m长道面的摩擦系数为评价指标）低于维护目标值，或者当接地带跑道中线两侧被橡胶覆盖80%左右，并且橡胶呈现光泽时，或者跑道表面摩阻特性显著变差时。

（2）测试曲线显示跑道多处存在跑道摩擦系数（累计长度大于100m）低于最小的摩阻值时。

目前，机场跑道除胶常用的方法有机械打磨法、化学除胶法和高压/超高压水冲法及抛丸冲击法，各种除胶方法的优缺点等如表4-21所示。

表4-21　跑道常用除胶方法

除胶方法	优点	缺点	适用条件
高压/超高压水冲法	无污染，速度快，除胶作业后可立即开放跑道	水压力过大易损伤道面；水泥混凝土道面刻槽内的胶泥不易清除；用水量较大；设备较昂贵	气温低于5℃时不宜使用
抛丸冲击法	无污染，速度快，不受温度影响；丸料可循环使用；除胶作业后可立即开放跑道	实际应用较少，现场经验不足；丸料回收率在实际操作中有时不高；控制不当易损伤道面；设备较昂贵	潮湿情况下不宜使用
化学除胶法	对道面无物理损伤，操作工艺简单，无须专业设备	一般对环境有污染；短期内可能影响跑道摩擦系数；需与其他方法结合使用；速度较慢	气温低于5℃或者潮湿情况下不宜使用
机械打磨法	设备简单，成本低	对道面损伤大，速度慢，除净率低，较多依赖操作人员实际经验	适用于小型机

采用不同的除胶方法，需要使用专业的设备来进行除胶。机场采用的除胶设备主要有高压清洗机、地面铣刨机、移动式抛丸机等。

除了上述成本较低的除胶设备，国内外几家大型机场已经投入使用专用跑道除胶车，除胶车具有以下优势。

（1）除胶车整车具有完善的控制、监测和保护系统，自动监控系统可以保证设备的安全运行。

（2）加装变速箱，可以满足不同行走速度要求，机动性更强。

（3）大部分除胶车采用旋转雾化射流技术，使除胶作业不会对跑道造成损伤。

（4）真空回收系统将作业污水同步回收，更环保高效。

（5）除胶车顶部安装照明设备，更适合夜间工作特性。

二、机场的除冰雪

机场所在地的雨雪天气会导致道面系统潮湿或被冰、霜、雪等污染物覆盖，数据显示，飞机在有积水或雪的跑道上冲出跑道的风险是干跑道的 8 倍。

据统计，跑道条件本身或结合不利的侧风是 75% 的着陆时偏出或冲出跑道的间接因素。有积水、雪浆、雪或冰的污染跑道是 18% 的所有着陆事故的直接因素。湿跑道和污染跑道会显著增大滑跑、起飞、着陆和加速停止的距离，FAA 和 EASA（欧洲航空安全局）制定发布了一系列的咨询通告、运营人安全通告、飞行操作技术通告等，以不断完善在湿跑道和污染跑道上运行的规则和措施。民航局飞行标准司也于 2009 年下发了《航空承运人湿跑道和污染跑道运行管理规定》的咨询通告，以进一步加强对飞机在湿跑道和污染跑道上的安全运行管理，并与我国民用运输机场 2021 年 11 月 4 日起实施的《运输机场跑道表面状况评估和通报规则》相适应。2021 年 11 月 17 日，民航局综合司重新印发了《航空承运人湿跑道和污染跑道运行管理规定》（AC-121-FS-33R1），明确了相关的定义，为航空承运人（航空公司）在湿跑道和污染跑道上的运行及实施安全管理提供指导，其中提及签派部门和飞行机组在相关运行时对飞机性能和跑道可用距离的评估及对放行标准的把握上应负的责任，也供局方对航空公司在湿跑道和污染跑道上的运行进行审定和监察时使用。

（一）基本定义

依据《运输机场跑道表面状况评估和通报规则》，跑道表面状况分为干跑道、湿跑道和污染跑道。

（1）干跑道：指跑道正在或计划使用的长度和宽度范围内的表面区域内，其表面无可见湿气且未被压实的雪、干雪、湿雪、雪浆、霜、冰和积水等污染物污染。

（2）湿跑道：指跑道正在或计划使用的长度和宽度范围内的表面区域内，覆盖有任何明显的湿气或不超过 3mm 深的水。

（3）污染跑道：指跑道正在或计划使用的长度和宽度范围内的表面区域，有很大一部分（不管是否为孤立区域）都覆盖有压实的雪、干雪、湿雪、雪浆、霜、冰和积水等一种或多种污染物。

跑道表面状况描述词如下。

（1）压实的雪（COMPACTED SNOW）：已被压成固态状的雪，使得航空器轮胎碾压后不会进一步大幅压实表面或在表面形成凹痕。

（2）干雪（DRY SNOW）：不容易形成雪球的雪。

（3）霜（FROST）：霜是由温度低于冰点的表面上的空中潮气所形成的冰晶构成。霜与冰的不同点在于，霜晶单独增长，因此粒状构造特征更为明显。

（4）冰（ICE）：已结成冰的水或在寒冷且干燥条件下已转变成冰的压实的雪。

（5）雪浆（SLUSH）：水分饱和度非常高，使得用手捧起时，水浆从中流出，或者用力踩踏时会溅开的雪。

（6）积水（STANDING WATER）：从飞机性能角度考虑，位于使用之中的所需长度和宽度范围内的跑道表面区域（不管是否为孤立区域）的 25%以上覆盖有超出 3mm 深的水。

（7）湿冰（WET ICE）：表面有水的冰或者正在融化的冰。

（8）湿雪（WET SNOW）：所含水分足以滚出一个压得很实的实心雪球但却挤不出水分的雪。

（9）润湿（DAMP）：表面由于湿气导致颜色有所改变。

（10）潮湿（WET）：表面已湿透但并无积水。

（11）跑道状况代码（RWYCC）：描述跑道表面状况的从 6 到 0 的一组整数，可以直接表示道面状况对航空器着陆和起飞滑跑性能的影响。跑道状况代码如表 4-22 所示。

表 4-22　跑道状况代码

跑道状况代码	跑道制动效果
6	干跑道
5	轮胎上施加的制动力所达到的减速效果正常，并且能正常控制方向
4	制动减速或方向控制能力在好与中之间
3	轮胎上施加的制动力所达到的减速效果明显降低或方向控制能力明显降低
2	制动减速或方向控制能力在中与差之间
1	轮胎上施加的制动力所达到的减速效果大幅降低或方向控制困难
0	轮胎上施加的制动力所达到的减速效果几乎为零或无法控制方向

（12）跑道状况评估矩阵（RCAM）：根据跑道表面状况及飞行机组提供的制动报告，按相关程序能对跑道状况代码进行评估的矩阵。

（13）跑道表面状况（RCS）：跑道状况报告中关于跑道表面的状况的一种描述，可作为确定跑道状况代码、计算飞行性能的依据。

（14）跑道状况报告（RCR）：RCR 是一套与跑道表面状况及其对航空器着陆和起飞性能所产生影响相关的综合标准化报告。

在跑道状况报告（RCR）中引入了 RWYCC，确定 RWYCC 的评估过程非常明确。在跑道状况评估矩阵（RCAM）中，根据对各种污染物的识别来确定必须报告的初始 RWYCC，再按照《空中航行服务程序—机场》（PANS—机场，9981 号文件）的相关要求，结合所有其他可用信息，对这个初始 RWYCC 进行降级或者升级。

RCR 报告系统使用的全球报告格式（GRF）有五个基本要素，包括跑道状况报告、跑道状况评估矩阵、跑道状况代码、跑道表面状况以及跑道表面状况描述词；考虑了四种跑道表面状况，包括干跑道、湿跑道、湿滑跑道、污染跑道（虽然湿滑跑道属于湿跑道范畴，但由于跑道表面摩阻特性已经降级且影响较大，所以需要单列）；将道面污染物分为八种类型，包括压实的雪、干雪、霜、冰、雪浆、积水、湿冰、湿雪（跑道表面状况描述词对应十种要素，其中的润湿和潮湿不是污染物）。

飞行机组使用修订后的跑道状况评估矩阵（RCAM）中的好、中好、中、中差、差和极差来描述飞机在着陆滑跑期间所感知的刹车效应和横向控制。

（二）湿跑道和污染跑道运行的危害

在湿跑道或有积水、雪浆、雪或冰的污染跑道上着陆，对着陆性能的主要影响在于：刹车效应会明显变差，出现滑水的可能性较大，飞机的方向控制能力会减弱。

1. 刹车作用

跑道上的液体污染物（如积水、雪浆或干雪）或硬质污染物（如压实的雪或冰）的出现，通过以下因素降低了刹车性能（减速力）。

（1）减小轮胎和跑道表面的摩擦力。

（2）在跑道表面和轮胎之间形成一道液体层，因而减少了接触面积，从而形成了滑水的风险（也就是完全失去轮胎和跑道表面之间的接触和摩擦）。

2. 滑水

当轮胎胎面与跑道表面上的液体污染物相互挤压时，产生的流体动力将机轮部分或完全抬离道面，使机轮转速下降甚至停转，这种现象叫滑水。滑水导致轮胎和跑道之间的摩擦系数减小或丧失。主轮和前轮均受滑水的影响，因而刹车性能和前轮转弯的效率都会降低。当飞机在液体污染的跑道上着陆接地时，如果出现了滑水，就会阻止机轮起旋并影响减速设备工作。实接地可防止在接地时滑水和确保主起落架机轮旋转。

3. 方向控制

在污染跑道上，应使用方向舵脚蹬保持方向控制（在飞机减速到滑行速度前不要使用前轮转弯手轮）。在湿跑道或污染跑道上，在大于滑行速度时使用前轮转弯可能会导致前轮滑水，因而失去前轮转弯力，从而失去方向控制。若有必要实施不对称刹车，应在需要的一侧实施脚蹬刹车并且在对面的一侧完全释放刹车以重新获得方向控制。

（三）湿跑道和污染跑道表面状况的评估

机场管理机构应当及时开展跑道表面状况的评估和通报，以及污染物清除工作。机场管理机构应当配备足够数量的合格人员开展跑道表面状况评估工作，每次评估应当至少由两名人员共同实施。当全部或部分跑道表面有湿气、压实的雪、干雪、湿雪、雪浆、霜、冰或积水时，机场管理机构应当立即对跑道表面受污染情况进行评估。机场管理机构应当持续监测、评估和通报跑道表面状况，直至跑道表面不再受污染（每三分之一段污染物覆盖率小于 10%）为止。

1. 评估流程

机场管理机构应当按照规定流程，根据污染物的种类、深度、覆盖范围和温度等因素对跑道表面状况进行评估，确定跑道状况代码。湿跑道和污染跑道表面状况评估和通报流程如图 4-28 所示，跑道污染物覆盖范围如表 4-23 所示，跑道状况评估矩阵（RCAM）如表 4-24 所示。

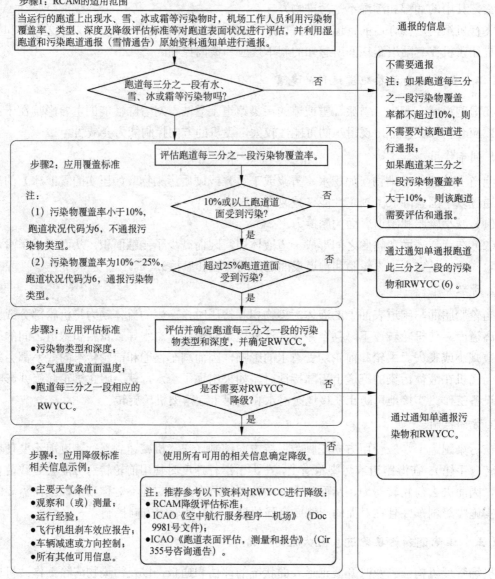

图4-28　湿跑道和污染跑道表面状况评估和通报流程

表4-23　跑道污染物覆盖范围

单位：%

评估的百分比	通报的百分比	评估的百分比	通报的百分比
<10	无	51～75	75
10～25	25	76～100	100
26～50	50		

注：① 当跑道每三分之一段的跑道状况为干（跑道状况代码为6）时，不需要通报。如果跑道某三分之一段道面干燥或覆盖的污染物少于 10%，该段跑道状况代码为 6，则不通报污染物，相应地，跑道三分之一段污染物种类用"无"来表示。

② 污染物覆盖范围不足，但涉及遮挡跑道标志、助航灯光，或处于飞机运行关键区域时，需根据实际决定是否通报。

③ 如果污染物的分布不平均，需要在附件8的情景意识部分的"T)明语说明"栏中说明跑道被污染物覆盖的区域位置。

表 4-24　跑道状况评估矩阵（RCAM）

评估标准		降级标准	
跑道状况代码	跑道表面状况说明	对航空器减速或方向控制的观察	飞行机组报告的跑道刹车效应
6	干	—	—
5	霜 湿[跑道表面覆盖有任何明显的湿气或深度不超过 3mm（含）的水] 雪浆[深度不超过 3mm（含）] 干雪[深度不超过 3mm（含）] 湿雪[深度不超过 3mm（含）]	轮胎上施加的制动力所达到的减速效果正常，并且能正常控制方向	好
4	压实的雪（外界气温-15℃及以下）	制动减速或方向控制能力在好与中之间	中好
3	湿（"湿滑"跑道） 压实的雪面上有干雪（任何深度） 压实的雪面上湿雪（任何深度） 干雪（深度超过 3mm） 湿雪（深度超过 3mm） 压实的雪（外界气温高于-15℃）	轮胎上施加的制动力所达到的减速效果明显降低或方向控制能力明显降低	中
2	积水（深度超过 3mm） 雪浆（深度超过 3mm）	制动减速或方向控制能力在中与差之间	中差
1	冰	轮胎上施加的制动力所达到的减速效果大幅降低或方向控制困难	差
0	湿冰 压实的雪面上有水 冰面上有干雪 冰面上有湿雪	轮胎上施加的制动力所达到的减速效果几乎为零或无法控制方向	极差

注：① 如果三分之一段跑道不超过 25%的道面潮湿或被污染物覆盖，应通报跑道状况代码 6，依实际情况通报污染物类型和深度。小于 10%，不通报污染物和深度。

② 如有可能，应当采用跑道表面温度。

③ 在空气温度 3℃及以下，且露点温度差也在 3℃以内时，跑道表面状况将可能比本表对应的状况更加湿滑。

④ 确定跑道或其一部分是否湿滑应当单独或结合各种方法进行判定，包括跑道摩擦系数值（使用连续摩阻力测量装置）、机场场务人员观测、飞行机组的报告以及航空公司根据飞行机组的多次报告所做的跑道刹车效应报告等。当跑道摩阻特性没有及时改善，多处存在跑道摩擦系数（累计长度大于 100m）低于最小的摩阻值（使用连续摩阻力测量装置），且跑道表面覆盖有任何明显的湿气或深度不超过 3mm（含）的水时，该跑道应当被视为"湿滑"跑道。

"湿滑"跑道每三分之一段的跑道状况代码均应当为 3。

2. 评估的具体方法

评估应当采取目视等方式进行，污染物的深度可通过直尺测量等方式予以确认。

目视检查、直尺测量跑道每三分之一段污染物的覆盖范围、种类和深度等情况，是确定 RWYCC 的核心方法。同时，在此基础上进行全面评估。不断监控情况发展和主要的天气状况，对确保飞行安全至关重要。其他可能影响评估结果的信息包括外界大气温度（OAT）、道面温度、露点、风速和风向、实施检查的车辆的控制和减速、飞行员报告的跑道刹车效应、摩擦读数（连续记录摩擦测量设备或减速计读数）以及天气预报等。由于这些因素之间的相互作用，目前不可能定义一种精确的测定方法来确定它们如何影响要报告的RWYCC。实际操作中，机场人员应利用其最佳的判断和经验，确定最能够反映当前情况的RWYCC。同时，RCAM 采用一套建立在专用飞行测试和运行经验基础上的最佳行业知识确定的、可以量化的标准，根据跑道表面状况对飞机刹车性能的影响，来对其进行分类。在RCAM 中所采用的标准改变道面条件分类的商定阈值是合理的并且是适度保守的。机场工作人员在接近临界值的情况下，应进行密切监控并准确报告情况。

当跑道的覆盖范围至少有一个三分之一跑道表面超过 25%时，认为此跑道受到了污染。但只要所有三分之一跑道的污染物覆盖率被评估为低于 25%的临界值，机组人员就可认定其为干跑道。

不同的污染物以不同的方式影响轮胎和跑道表面之间产生摩擦力的接触区域。任何深度的水膜都会导致轮胎与道面的部分分离（黏胎滑水）或完全分离（动态滑水）。轮胎与道面接触的面积越小，附着力越小，可用的制动力就越小。因此，最大的制动力在较高的速度下会减小，但这也取决于污染物的深度。其他液体污染物也有类似的效果。坚硬的污染物，例如冰或压实的雪，完全阻止轮胎与跑道表面的接触，并且在任何速度都有效地为轮胎提供了新的滚动表面。目前条件下，只能对 RCAM 中列出的污染物进行减速性能的确定性分类。对于其他可报告的污染物（油、泥、灰等），它们对飞机性能的影响存在很大的差异，或者没有足够的数据来支持确定性分类。不过，橡胶污染物是一个例外，数据表明，其对 RWYCC 3 的假设达到了通常的性能裕度。

液体污染物的深度对飞机性能影响的阈值为 3mm。在该阈值以下，任何类型的液体污染物都可以通过强制排放或压缩到道面的纹理深度内，从轮胎/跑道的接触区清除，从而允许轮胎和道面之间的黏附，尽管黏附面积小于整个覆盖的表面积。因此，污染深度高达 3mm 的跑道依然能够提供与湿跑道相似的减速性能。导致摩擦力减小的物理效应，从很小的薄膜厚度就开始起作用，所以潮湿的跑道不会比湿跑道提供更好的刹车效应。机场人员必须意识到，在湿的条件下（或含薄层液体污染物）产生摩擦的能力在很大程度上取决于跑道表面的固有品质（摩阻特性），在排水不良、抛光的或被橡胶污染的表面上可能低于正常的预期。在 3mm 的阈值以上，对摩擦力的影响更为显著，导致所对应的 RWYCC 数值更小。在这个深度以上，由于液体的位移或压缩以及对飞机机身的撞击，附加的阻力效应开始起作用。该阻力效应取决于液体的深度，会影响飞机的地面加速能力。因此，以要求的精度报告深度是非常重要的。

在接近冰点的地方，道面条件会很快发生显著变化。道面温度对相关物理效应的影响更为显著，而道面温度和空气温度可能因潜在因素和辐射而显著不同。然而，如果不易获得道面温度，使用大气温度作为污染物分类的标准也是可以接受的。在 RWYCC 4（OAT 小于或等于−15℃）或 RWYCC 3（OAT 大于−15℃）中，压实的雪的分类阈值可能非常保守。如果有基于特定的理论基础、特定的程序和证实的飞机数据，并经过适当的经局方审查和批准的其他评估方法，也可相应修改 RCAM。

RCAM 使机场人员能够根据对跑道表面污染物的目视观察，特别是污染物的类型、深度和覆盖范围以及 OAT 进行初步评估，然后进行适当的降级和升级，从而编制现行跑道表面状况的相关报告。当训练有素的机场人员基于所有其他观察、经验和当地情况，认为初步评估得到的 RWYCC 没有准确反映当前的情况时，就可以对 RWYCC 进行降级或升级。在评估跑道的溜滑性，以便决定是否需要降级时，需要考虑的方面包括盛行的气象条件、人员观察、测量、经验和飞行员刹车效应报告等。如果不能完全清除污染物，并且最初指定的 RWYCC 不能反映真实的跑道表面状况（如经过处理的覆冰跑道或被压实的雪覆盖的跑道），机场人员可以进行升级程序。只有当初始 RWYCC 为 0 或 1 时，而且满足了各项标准设置，并得到所有其他方面的支持，升级才适用，并且不允许超过 RWYCC 3。

（四）跑道表面状况通报

机场管理机构应当评估和通报以下重大变化，并向管制单位通报，同时向航空情报单位提供相关原始资料。

（1）污染物的种类发生变化。

（2）污染物的覆盖范围超过阈值，如表 4-25 所示。

表 4-25　松散污染物深度通报最低值及重大变化阈值

单位：mm

污　染　物	通报的最低数值	重大变化阈值
积水	4	3
雪浆	3	3
湿雪	3	5
干雪	3	20

注：① 就积水而言，4mm 是要通报深度的最低数值。（跑道某三分之一积水 3mm 及以下，该段跑道被视为湿。）

　　② 就雪浆、湿雪和干雪而言，3mm 是要通报深度的最低数值。

　　③ 如果积水超过 4mm、雪浆、湿雪和干雪超过 3mm，则要通报评估数值。随后污染物的深度变化在干雪每大于 20mm、湿雪每大于 5mm、雪浆或水每大于 3mm 时，重新进行通报。

（3）跑道状况代码发生改变。

（4）污染物的深度变化超过阈值：干雪大于 20mm，湿雪大于 5mm，雪浆或水大于 3mm。

跑道或其一部分出现湿滑时，机场管理机构应当向管制单位通报跑道表面状况，并向航空情报单位提供相关原始资料，湿跑道和污染跑道通报（雪情通告）原始资料通知单样例如表 4-26 所示。

当跑道表面状况出现与积水、雪、雪浆、冰或霜无关的潮湿时，机场管理机构应当向管制单位通报跑道表面状况，但无须向航空情报单位提供相关原始资料。

跑道刹车效应为"差"或"极差"时，飞行机组应当及时报告管制单位。有飞行机组报告的跑道刹车效应为"差"或"极差"时，管制单位应当立即暂停航空器起降，并通知机场管理机构。机场管理机构应当关闭跑道，并立即向航空情报单位提供相关原始资料。机场管理机构应当立即对跑道表面状况进行评估，必要时进行清除，清除后应当重新评估，评估后立即向管制单位通报跑道表面状况，并同时向航空情报单位提供相关原始资料，重新开放跑道。

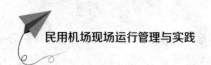

表 4-26　湿跑道和污染跑道通报（雪情通告）原始资料通知单样例

1. 湿跑道和污染跑道通报原始资料提供人	
提供人	联系电话
提供单位	提供日期和时间（北京时间）：
2. 雪情通告签发人（注：机场管理机构无须填写）	
签发人：	联系电话：
签发单位：	联系传真：
签发时间：	雪情通告系列编号：
3. 提供内容	
填写说明 ● 单位为 m（F 项除外） ● 每份通知单填写一条跑道相关内容，多跑道机场可填报多份通知单 ● D）-G）项填写顺序：跑道代号较小/中段/跑道代号较大	
性能计算部分：A）-G）为必填项，无内容请填"无"	
A）机场地名代码（四字地名代码）	
B）评估日期和时间（评估结束时间，BJT）	
C）跑道代号（较小）	
D）跑道每三分之一段的状况代码（0，1，2，3，4，5 或 6）	2/5/3
E）跑道每三分之一段的污染物覆盖百分比（25，50，75，100 或无）	50/50/75
F）跑道每三分之一段的松散污染物深度（mm）	04/03/04
G）跑道每三分之一段的状况说明	雪浆/干雪/湿雪
H）跑道状况所指跑道的宽度	40
情景意识部分：选填	
I）跑道长度变短	01L 变短至 3600
J）跑道上有吹积的雪堆	01L 有吹积雪堆
K）跑道上有散沙	01L 有散沙
L）跑道上的化学处理	01L 有化学处理
M）跑道上有雪堤	□左侧　　□右侧　　□两侧 30m 跑道中线
N）滑行道上有雪堤	G 上有雪堤（说明：G 为滑行道编号）
O）跑道附近有雪堤	01L 附近有雪堤
P）滑行道状况	H 差
R）机坪状况	P3 差（说明：P3 为机坪编号）
S）测定的摩擦系数	（说明：机场管理机构无须填写）
T）明语说明	01L 跑道入口至 350m 处被 4mm 的雪浆覆盖

注：如果跑道某三分之一段道面干燥（无任何污染物），G）项相应的跑道三分之一段填入"干"；如果跑道某三分之一段覆盖的污染物少于 10%，G）项相应的跑道三分之一段填入"无"，"无"只表示不通报污染物，不表示无污染物。

出现以下情况之一的，机场管理机构应当立即通知管制单位禁止航空器起降，关闭跑道，同时向航空情报单位提供相关原始资料。

（1）跑道表面有超过 13mm（含）的积水或其当量厚度的雪浆，各种污染物的水当量如表 4-27 所示。

表 4-27　各种污染物水当量

污染物种类	污染物的水当量
水	1.0mm
干雪	0.35mm 以下，但不含 0.35mm
湿雪	0.35mm～0.5mm，但不含 0.5mm
雪浆	0.5mm～0.8mm
压实的雪	0.5mm 及以上

注：污染物的水当量厚度=以水表示的厚度值/污染物的水当量。

（2）必要的跑道标志或助航灯光被冰雪覆盖，除冰雪后仍不能提供飞行机组所需的目视参考。

（3）跑道状况代码为 1 及以下。

（4）发生航空器偏出、冲出跑道事件后，未证实跑道表面状况符合要求前。

例如：跑道道面雪浆水当量深度达到 13mm 时应当关闭跑道。雪浆水当量范围为 0.5～0.8mm，所以雪浆深度在 16.25mm 和 26mm 区间的某一个值时应当关闭跑道。如果机场管理机构通过测量/评估能够获取跑道道面雪浆的实际水当量值，在雪浆深度达到 13mm/雪浆水当量时，机场管理机构应当关闭跑道。如不能确定雪浆的水当量值，那么机场管理机构应当采取较为保守的选择，在雪浆深度达到 16mm 时就应当关闭跑道。

当空中交通管制单位通过 ATIS（D-ATIS）向航空器驾驶员通报跑道表面状况信息时，应当提供完整的跑道表面状况信息，主要内容按顺序包括使用跑道号、跑道表面状况代码、污染物种类、深度、覆盖范围、可用的宽度、跑道长度减少（如有）等。

（五）湿跑道和污染跑道运行要求

湿跑道和污染跑道运行期间，机场管理机构应当采取措施，以确保必要的跑道标志（见表 4-28）和助航灯光（见表 4-29）清晰可见。

表 4-28　湿跑道和污染跑道运行时需保持清晰的跑道标志

标 志 类 型	保 障 要 求
跑道入口标志	必须
跑道号码标志	起飞着陆端必须保持清晰；起飞着陆末端宜保持清晰
跑道中线标志	必须
跑道边线标志	宜
瞄准点标志	必须
接地带标志	精密进近跑道必须保持清晰；其他跑道宜保持清晰

表 4-29 湿跑道和污染跑道运行时需保持清晰的助航灯光

灯 光 类 型	保 障 要 求
进近灯	设置时
坡度灯	设置时
跑道入口灯	夜间使用的跑道或精密进近跑道
跑道入口翼排灯	设置时
跑道边灯	夜间使用的跑道或精密进近跑道
跑道末端灯	夜间使用的跑道或精密进近跑道
跑道中线灯	精密进近跑道或起飞跑道
跑道接地带灯	跑道实施Ⅱ类及Ⅲ类运行时

湿跑道和污染跑道运行期间，相关单位应当按照有关规定和标准开启跑道助航灯光。助航灯具宜自身具备发热或加热功能，能够融化其表面上的冰雪。

（六）机场除冰雪工作

在机场运行期间，机场管理机构应当加强除冰雪工作，最大限度地减少跑道道面结冰、积雪等影响跑道适航的情形发生。出现以下情形之一的，机场管理机构应当立即开展除冰雪工作：跑道表面有超过 13mm（含）水当量厚度的雪浆；必要的跑道标志或助航灯光被冰雪覆盖，不能为飞行机组提供所需的目视参考。

1. 机场除冰雪工作一般要求

（1）机场管理机构应当成立机场除冰除雪委员会，机场除冰除雪委员会主任（或第一负责人）由机场管理机构的分管领导担任，其成员有机场管理机构、航空公司、空中交通管制部门等主要驻场单位。主要工作职责如下。

① 组织制定机场除冰除雪工作预案。

② 指导和协调机场除冰除雪预案的实施。

③ 因冰雪不能保证飞机安全起降时，就临时关闭机场做出决定。

（2）在可能出现结冰情况的机场，应设置飞机除冰防冰设施。除冰防冰设施应设置在飞机位上或设置在沿滑行道通向供起飞用的跑道的特定位置处。

（3）除冰雪作业的基本目标是保证跑道、滑行道、机坪、车辆服务通道能够同步开放使用，不发生因局部原因而影响机场的开放使用。

（4）停机坪的除冰除雪应从机坪滑行道和机位滑行道开始，除雪效果要达到滑行道标志明显和中线灯清洁。

（5）机场管理机构应当在入冬前做好除冰雪的准备工作。准备工作主要包括以下几点。

① 召开除冰雪协调会议，为冬季运行做准备。

② 对除冰雪人员进行培训。

③ 对除冰雪车辆及设备进行全面维护保养。

④ 按照机场除冰雪预案，对车辆设备、编队作业、协调指挥、通信程序进行模拟演练。演练应当于航班结束后在跑道、滑行道、机坪上实地进行，一般情况下每年入冬前演练次数不少于 3 次。

⑤ 对除冰液等物资的有效性和储备情况进行全面检查。

⑥ 确定堆雪场地。

位于经常降雪或降雪量较大的地区的机场，机场管理机构应当事先确定冰雪堆放场地。在机坪上堆放冰雪，不得影响航空器、服务车辆的运行，并不得被航空器气流吹起。雪停后，应当及时将机坪上的冰雪全部清除。

2. 机场除冰雪设备配备要求

机场管理机构应当根据机场所在地气候条件并参照过去 5 年的冰雪情况配备除冰雪设备。

（1）年旅客吞吐量 500 万人次以上的机场，除冰雪设备配备应当能够达到编队除雪，并且一次编队至少能够清除跑道上 40m 宽范围的积雪，具备边下雪边清除跑道积雪的能力，保证机场持续开放运行。

（2）年旅客吞吐量在 200 万人次至 500 万人次的机场，除冰雪设备配备应当能保证雪停后 1h 内机场可开放运行。

（3）年旅客吞吐量在 200 万人次以下的机场，除冰雪设备配备应当能保证雪停后 2h 内机场可开放运行。

（4）日航班量少于 2 班的机场，除冰雪设备配备应当能保证雪停后 4h 内机场可开放运行。

年旅客吞吐量 200 万人次以上、偶尔有降雪的机场应当配备除冰液撒布车。位于经常降雪或降雪量较大的地区、年旅客吞吐量 200 万人次以上的机场，应当设置航空器集中除冰坪。

机场管理机构承担航空器除冰作业的，机场管理机构应当会同航空运输企业、空中交通管理部门，结合机场的实际情况制定航空器除冰预案，配备必要的除冰车辆、设备和物资，并认真组织演练，最大限度地消除天气对航空器正常运行的影响。

3. 机场除冰雪设备配置类型

为保证机场持续开放运行，机场冬季除冰雪按照作业的分工，通常应配置以下设备。

（1）推雪车（snow pusher）：利用推雪板对机场道面除雪的专用设备。

（2）扫雪车（snow sweeper）：在对机场道面进行推雪作业后，为清除剩余积雪进行清扫的专用设备。

（3）吹雪车（snow blower）：利用吹雪装置产生的热/冷风，将道面积雪吹除的专用设备。

（4）抛雪车（snow booster）：当机场道面积雪较厚时，将积雪抛至道面外较远处的一种除雪专用设备。

（5）除冰液撒布车（de-icing fluid spreader）：用于冬季道面防冰、除冰而撒布专用除冰材料的专用设备。

（6）多功能除雪车（multi-functional snow remover）：具备两种或两种以上（推雪、扫雪、吹雪、抛雪或撒布除冰液）功能的除雪设备，包括二合一除雪车和三合一除雪车等。

（7）跑道摩擦系数测试车（runway frictional coefficient tester）：使用车辆上的专用测试设备，对跑道的摩擦系数进行测试的专用设备。

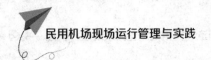

4. 机场除冰雪设备配置数量

机场除冰雪设备配置的主要影响因素包括机场的气候条件、飞行区构型、除冰雪设备的性能（作业宽度、作业速度、适合作业区域、适用雪型等）、除冰雪作业方式、民航局对除冰雪的相关规定等。

依据《民用机场运行安全管理规定》，将机场按照年旅客吞吐量分为">500 万人次""200 万～500 万人次""<200 万人次""日航班量≤2"四级；依据机场近 10 年气象观测资料或机场附近气象台站的气象资料，将机场分为常年降雪（近 10 年每年雪季都有降雪）、偶尔降雪（近 10 年至少有 1 次降雪）和永久无雪（近 10 年无降雪）三类。

依据《民用运输机场航班保障专用设备配置指南（试行）》（AC-139-CA-2015-01），除雪设备的配备如下。

（1）常年降雪、年旅客吞吐量大于 500 万人次的机场。

① 跑道除雪车：除雪车配置数量应满足一次编队至少清除 40m 宽的跑道要求。

② 滑行道除雪车。

$$滑行道除雪车配置数量 = S_t / (W_{v除} \times V \times T_\varepsilon) \tag{4-2}$$

S_t：需要除雪的滑行道总面积（m^2）。

$W_{v除}$：除雪设备的有效作业宽度（m）。

V：除雪设备的作业速度（m/min）。

T_ε：作业时间，指根据机场能够保证持续开放运行时间的要求，要求滑行道除雪的作业时间（min）。

▶**注意**：对于单条跑道的机场，一般可以在扫完跑道后，清除滑行道的积雪，可不考虑另行配置滑行道除雪车；对于多条跑道的机场，建议机场根据降雪量和机场的复杂情况另行配置滑行道除雪车。

③ 站坪机位除雪车。

$$站坪机位除雪车配置数量 = S_a / (W_{v除} \times V \times T_\varepsilon) \tag{4-3}$$

S_a：需要除雪的站坪机位总面积，一般取高峰小时进港飞机占用的机位面积之和（m^2）。

W_v：除雪设备的有效作业宽度（m）。

V：除雪设备的作业速度（m/min）。

T_ε：作业时间，指根据机场能够保证持续开放时间运行的要求，要求站坪机位除雪的作业时间（min）。

▶**注意**：一般用小型除雪车清扫机坪上的积雪，建议机场根据除雪车的有效作业宽度、速度、单位小时除雪面积及机场需清扫的机坪面积和作业时间综合考虑除雪车的配置。

④ 抛雪车：建议跑道配备（大型）抛雪车 2 辆，编队两侧各配 1 辆；结合飞行区布局，建议滑行道配备（中型）抛雪车 1～2 辆。

⑤ 除冰液撒布车：建议配备除冰液撒布车 2～4 辆。

（2）常年降雪、年旅客吞吐量小于或等于 500 万人次的机场。

$$除雪车配置数量 = S / (W_{v除} \times V \times T_{\varepsilon t}) \tag{4-4}$$

S：需要除雪的面积（m^2）。

$W_{v除}$：除雪设备的有效作业宽度（m）。

V：除雪设备的作业速度（m/min）。

T_{et}：除雪的总作业时间（min）（根据机场开放时间的要求确定）。

除雪总作业时间 T_{et} 确定方法应依据民航局相关规定：年旅客吞吐量在 200 万～500 万人次的机场，除冰雪设备配备应当保证雪停后 1h 内机场开放运行，$T_{et}=1h$；年旅客吞吐量在 200 万人次以下的机场，除冰雪设备配备应当保证雪停后 2h 内开放运行，$T_{et}=2h$；日航班量小于 2 班的机场，除冰雪设备配备应当能保证雪停后 4h 内机场可开放运行，$T_{et}=4h$。

▶注意：常年降雪、年旅客吞吐量小于或等于 500 万人次的机场，除冰雪设备数量建议参考表 4-30 配备。

（3）偶尔降雪的机场。偶尔降雪的机场除冰雪设备建议参考表 4-30 配备，不建议此类机场配置大型除雪车和抛雪车。

如果机场配备有多功能除雪车，可适量减少吹雪车的配置数量。常年降雪机场的除冰雪设备建议参考表 4-30 配备。

单跑道机场参考表 4-30 配备，多跑道机场可在推荐数量基础上根据实际需求增配。

例：××机场除冰雪设备测算样例。

××机场属于常年降雪机场，2014 年实现旅客吞吐量 1300 多万人次、货邮吞吐量 4 万吨、飞机起降 13 万架次。

测算结果：××机场属于常年降雪机场，年旅客吞吐量大于 500 万人次，参考表 4-30 推荐的配置数量，建议机场配备的场道除冰雪设备为三合一大型除雪车 5 辆、中型除雪车 3 辆、小型除雪车 3 辆、大型抛雪车 2 辆、中型抛雪车 1 辆、除冰液撒布车 3 辆、跑道摩擦系数测试车 2 辆。

5. 机场除冰雪方法

机场除冰雪的主要方法有机械除雪、化学制剂、人工除雪等。

（1）机械除雪。机械除雪设备分为冷吹式除雪车和热吹式除雪车。

①冷吹式除雪车：一般用于清除跑道、滑行道等开阔地区的中、大雪和干雪，并适用于在下雪过程中"边下边扫"。除雪时，如无强侧风，可从道面中心或边线开始，呈人字形或梯形编队；如遇有强侧风，应从上风口开始，呈梯形编队。

②热吹式除雪车：一般用于清除开阔地区的各类雪，尤其适用于清除湿雪、雪浆及道面化冰，但用于下雪过程中"边下边扫"时易造成道面结冰。当出现道面结冰现象时，应当及时撒布除冰液；当清扫沥青道面的积雪时，应注意行车速度，防止因除雪车的高温气流对道面造成破坏。此外，可使用多台除雪车呈梯形或人字形编队，车辆之间应保持较小间距，防止前车吹过的地区因后车未能跟上而造成二次结冰。同时，应避免单车作业，以提高作业效率。

表4-30 场道除冰雪设备推荐配置数量

设备名称	功能/作业宽度	最大作业速度/km·h⁻¹	作业区域	常年降雪机场 >500万人次	常年降雪机场 200万~500万人次	常年降雪机场 <200万人次	常年降雪机场 日航班量≤2	偶尔降雪机场 >500万人次	偶尔降雪机场 200万~500万人次	偶尔降雪机场 <200万人次	偶尔降雪机场 日航班量≤2
				区域及吞吐量 配备数量/辆							
除雪车	三合一大型除雪车（5m<作业宽度<8m）	40	跑道	5~8	2~4	1~2	—	—	—	—	—
	三合一大型除雪车（5m<作业宽度<7m）	40	跑道	—	1~2	—	—	1-2	—	—	—
	中型除雪车（3m<作业宽度<5m）	30	滑行道	2~4	1~2	1~2	1	1~2	1~2	1	1
	中型除雪车（1m<作业宽度<3m）	20	站坪	2~4	1~2	1~2	1	1~2	1~2	1	—
抛雪车	大型（>5000t/h）		跑道	2	—	—	—	—	—	—	—
	中型（>3000t/h）		滑行道	1~2	1	1	—	—	—	—	—
	小型（>1000t/h）			—	—	1	—	—	—	1	1
吹雪车			跑道	6	2~4	2	1	6	2~4	2	1
除冰液撒布车	作业宽度>25m	40	跑道	2~4	—	—	—	2~3	—	—	—
	24m>作业宽度>20m	40	跑道	—	1~2	—	—	—	1~2	—	—
	18m>作业宽度>15m	30	滑行道	—	—	1~2	—	—	—	1	—
	12m>作业宽度>8m	20	站坪	—	—	—	0~1	—	—	—	0~1
跑道摩擦系数测试车			跑道	2	1	1	1	1	1	1	1

（2）化学制剂。化学制剂一般用于防止道面结冰或化冰，尤其适用于机坪、勤务车辆通道等，不适用于机械除雪的地区。使用时，在临近结冰的情况下，可提前撒布一些除冰剂以防止结冰，如道面已经结冰，可直接在其上撒布除冰剂。当遇强侧风时，应注意控制撒布的范围。但化学制剂除冰可能会造成对各种铺筑面及环境的污染。

（3）人工除雪。人工除冰除雪一般用于机械、化学制剂除冰除雪方法的补充，特别适合于边角地区及机械作业受到较大限制的地区，因此，机场管理机构对机械除雪难以达到的地区实行人工除雪时，责任分区是非常重要的。

当道面结冰时，可以使用机械加热除冰、化学制剂和撒砂等方法处理。防止道面结冰应先于除冰，因此在道面结冰前就应当撒布除冰液。特别是小的湿雪，气温在零摄氏度左右时，提前撒布除冰液对防止道面结冰是非常必要的。

6. 除冰雪工作的注意事项

（1）在除冰雪作业过程中，应当注意保护跑道、滑行道边灯及其他助航设备。雪和冰的临时堆放高度与航空器发动机底端或螺旋桨桨叶的垂直距离不得小于 40cm，与机翼的垂直距离不得小于 1m。

（2）在航空器周边 5m 范围内，不得使用大型除雪设备。

（3）为保证机场尽快开放使用，在滑行道、机坪积雪厚度小于 5cm 时，可先仅清除标志上的积雪，以使航空器运行，但应当尽快清除全部积雪。

（4）目视助航设施上的积雪以及所有影响导航设备电磁信号的冰雪，应当予以清除。

（5）积雪堆放必须远离活动区，严禁在跑道、滑行道边灯外侧 2m 以内地区堆放雪和冰，跑道两侧道肩外堆雪高度一般不超过 30cm。

（6）在除冰除雪作业过程中，除雪人员应与除雪指挥员保持密切联系，服从指令，防止因通信联络问题造成除雪车辆设备、人员误入已开放使用的地区。

（7）当机场某一区域除冰除雪完毕后，除冰除雪委员会应及时就是否开放使用该区域做出决定，并向空中交通管制部门通报。任何人员在进入、退出跑道等飞行敏感区域时必须征得空中交通管制部门的同意。

（8）当发生下列情况时，机场除冰除雪委员会主任应及时就是否临时关闭机场做出决定。

① 跑道积雪厚度直接影响飞机的安全起降。

② 当跑道上有积雪或者局部结冰时，如跑道摩擦系数低于 0.30，应当关闭跑道。

三、其他污染物的清除

机场道面表面可能会受到燃油、润滑油、液压油、标志油漆或其他化工物品的污染，污染物可能造成道面滑溜、遮盖地面标志或对道面造成侵蚀，同时影响场地美观，特别是对道面有侵蚀和易燃的油类和其他化工物品应随时清除，以减少对道面的损伤和防止火灾。其他污染物清除的方法如下。

（1）工业污水可用高压水冲洗、稀释。

（2）危险废品（航空煤油除外）可在喷洒去污剂、溶解剂后，用高压水冲洗。

（3）航空煤油、润滑油等污染物可用黄砂、麻布等吸油性材料吸附，清扫干净后再用

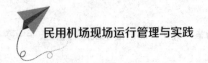

清水冲洗。

（4）难以去除的污染物可用钢丝刷、钢丝轮打磨，再用清水冲洗。

思政阅读

喀什机场开展跑道除胶工作

第四节　民用机场土质地带维护

2010 年 8 月 25 日，某架飞机在机场 05 号跑道着陆过程中偏出跑道左侧。现场勘查发现，起落架胎印逐渐向道肩延伸，撞坏跑道边灯后进入草地。在草地上留下的沟槽约 400m 长、20cm 深。由于机场未按照要求对土质区进行维护，后对飞机检查发现左起落架轮舱中分布大量的泥土和杂草，飞机结构无较大损伤。由此可以判断，航空器在偏/冲出跑道后主起落架直接作用的地方是飞行区内的土质区。

民航机场飞行区设计中，为保障飞机偶尔滑出跑道或迫降时的安全，常在道面两侧设置种植草本植物的长方形地带，称为升降带。升降带既具有保护跑道及其下部基层免受雨水冲刷的功能，又能在飞机意外冲出跑道时为飞机提供具有足够强度的滑停缓冲区以避免起落架折断，因此升降带是机场飞行区内重要的功能区域。升降带不但要具备足够强度为飞机迫降提供可靠支撑，还要为飞机滑停提供弹性缓冲，因此升降带表面通常是能种植草本植物且满足一定压实要求的回填土，故也称作土质区或草面区。机场飞行区内的土质区是一个十分重要的部分，因此有必要对机场土质区进行专门的维护。

根据《民用机场飞行区场地维护技术指南》的相关要求，飞行区土质地带应定期维护，包括场地平整、碾压、除草、密实度测试等。

一、飞行区土质地带平整度维护

跑道、滑行道、机坪道肩道面与土面交界处，土面不得高于道面，以保持道面排水通畅，雨后道肩上不得积水，多余土可调整土横坡，必要时多余土应运走。应及时填平被飞机发动机和雨水冲成的沟坑。

1. 飞行区土质地带平整度一般要求

（1）升降带、跑道端安全区内的坡度应满足以下要求。

① 跑道端安全区的纵坡降坡宜不大于 5%。

② 跑道端安全区的横坡，其升坡或降坡宜不大于 5%。

③ 不同坡度之间的过渡宜平缓，避免急剧的变坡。

④ 跑道端安全区的坡度应满足通信导航、目视助航设施和无线电高度表操作场地的要求。

（2）升降带平整区内，用 3m 直尺测量，高差不得大于 5cm，并不应有反坡。

（3）升降带平整区、跑道端安全区内 3m 直尺最大间隙不得大于 5cm。

（4）升降带以外土质地带不得存在积水现象。

（5）道面交界处的土质地带不得高出道面，且不得低于道面 3cm 以上。

跑道端安全区应进行平整，其强度宜能减少飞机过早接地或冲出跑道时的危害，增加飞机的减速率，并能承受救援和消防车辆在其上通行。

2. 飞行区土质地带平整作业

土质地带平整度不满足要求时应进行平整作业。平整作业主要包括以下工序。

（1）测量放样：首先根据施工设计要求，确定平整后的土质地带的标高与最近飞行区围界 3m 场地平均标高一致，误差不大于 3cm。高程控制测量完成后，根据施工现场的实际情况进行放样。

（2）沟浜处理：若土质地带有积水，首先应抽干积水，用挖机清除沟底淤泥直到原状土，将两侧边坡控成台阶，然后分层回填土，底部采用内燃机打夯机夯实，回填至与边缘平齐时，用压路机碾压。

（3）施工临时排水：土方平整施工期间为防止土基及有关设施被积水浸泡，要充分利用现场已有的排水体系进行排水。如果洼塘太深就采用水泵抽水，一定做到施工范围内无积水，便于土基施工。

（4）地表清理：地表清理包括清理、清除残渣、除草（去除表土）、去除和处理规定范围内的所有草木和所有石砾。

（5）填土：填土前首先对原有地面进行清理，采用推土机粗平，碾压 1～2 遍后，再采用人工作业配合平地机精平 2～3 遍。

填土时，填料不得含有垃圾、树根和石块，回填土必须过筛，不得夹有大块砖石，粒径大于 10cm 时易破碎。填料应控制在最佳含水量。含水量要适应压实度要求，如果含水量偏大要采取翻晒措施。

（6）土方平整：施工区域内土方平整，首先清除原地面杂草、垃圾、腐殖土等，并对原地面做适当的平整和压实。然后根据设计断面标高进行分层填筑压实，每层松铺厚度不超过 30cm。对压实成形的场地做中线及边线的恢复，测场地顶面标高，采用人工整修，直至符合规定的横坡、平整度、标高为止，最后进行密实检测。

3. 土质地带平整的常用机具

土质地带平整的常用机具包括推土机、平地机和自卸车等，如图 4-29 所示。

（a）推土机　　　　　（b）小型自卸车　　　　（c）平地机

图 4-29　土质地带平整的常用机具

二、碾压

根据《运输机场运行安全管理规定》第五十二条和《民用机场飞行区场地维护技术指南》的规定，机场土质区每年都需要进行碾压和密实度测试，维护的次数至少两次。碾压时间宜选在土体接近最佳含水量的季节（多为雨量适中、温度适宜的春秋雨季）。

土质地带碾压宜按照从道面边缘向土质地带、从高到低的顺序进行碾压；两次碾压区域应重叠 20～30cm；应注意保护碾压区域内的目视助航设施、导航设施、驱鸟设施和各类管线。碾压机具宜选择静压式钢轮压路机，如图 4-30 所示，主要技术性能如表 4-31 所示。

图 4-30　静压式钢轮压路机

表 4-31　静压式钢轮压路机主要技术性能

主要技术参数	数　　值
工作质量/t	18～25
碾压宽度/mm	1650～2450
功率/kW	73.5～90

为提高土质地带的密实度可多次碾压，如果静压后密实度不能满足要求，可选用振动式压力机，但不应出现"弹簧土"。土质地带碾压速度可参考表 4-32。

表 4-32　土质地带碾压建议速度

单位：km·h⁻¹

碾　压　机　具	填　方　区	挖　方　区
静压式钢轮压路机	1.5～2.0	2.0～4.0
振动式压路机	3.0～4.0	3.0～6.0

三、密实度测定

机场飞行区内，土质是否密实关系到飞行场地的运用实效，关乎总体的安全。测查土质地带的密实性，是常规检测范围内的要点。《运输机场运行安全管理规定》第五十二条规定，升降带平整区和跑道端安全地区的土质密实度不得低于87%（重型击实法），每年密实度测试的次数不得少于两次。

在测定密实度过程中先要划分不同的飞行区域，针对飞行跑道的双侧及端头予以取样，选取适当方式用来测查，探寻更合适的测查技术及方式，改进土质密实度。

四、土质地带的除草作业

土质地带应尽可能全面植草，固定土面。草种应不易吸引鸟类和其他野生动物入侵，气候不适宜草种生长的地区可铺设人工草坪，或采取其他有效措施减少水土流失和扬尘。

土质地带的草高应控制在5～30cm，草高超过30cm时应组织除草。道肩、标记牌、助航灯具、导航设施和驱鸟设施等周边5m范围内宜采用人工割草，其他位置宜采用机械割草。清除的草料应及时外运，如需在飞行区内临时堆放，放置位置应距离道肩15m以上。除草机具分为人工割草机和机械割草机，如图4-31所示。

（a）背负式割草机　　　　（b）侧挂式割草机　　　　（c）机械割草机

图4-31　常用割草机具

第五节　不停航施工管理

随着我国民航事业的飞速发展，特别是在四型机场的建设浪潮下，民用机场的新建、改扩建工程项目也随之增多，对机场管理机构的不停航施工安全管理工作提出了更高的要求。为加强运输机场不停航施工管理，确保机场运行安全，提升运行效率，根据《运输机场运行安全管理规定》等规章，2023年6月28日，机场司发布了《运输机场不停航施工管理办法》，于2023年8月1日正式实施。中国民用航空局（以下简称民航局）负责组织指导全国运输机场不停航施工的监督管理。中国民用航空地区管理局（以下简称管理局）负责本辖区运输机场不停航施工的审批和监督管理。机场管理机构负责不停航施工期间的机场运行安全，各参建单位应当服从机场管理机构的统一协调和管理，落实不停航施工管理的有关要求。未经管理局批准，不得进行不停航施工。对不停航施工进行安全管理，最大限度地减少不停航施工对机场正常运行造成的影响是机场管理机构对于不停航施工安全管理的首要目标。

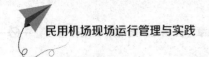

一、不停航施工概述

（一）不停航施工的概念

不停航施工是指在运输机场不关闭或者部分区域、部分时段关闭，并按照航班计划接收和放行航空器的情况下，在飞行区内实施工程施工。不停航施工不包括在飞行区内进行的日常维护工作。

（二）不停航施工的范围

（1）飞行区土质地带大面积沉陷的处理工程、飞行区排水设施的整修维护工程等。

（2）跑道、滑行道、机坪的整修维护工程及道面"盖被工程"。

（3）跑道、滑行道、机坪的改扩建工程。

（4）扩建和更新改造助航灯光及其电缆的工程。

（5）影响民用航空器活动的其他工程。

（三）机场不停航施工工作特点

机场建设的本身是一项复杂的系统工程，而不停航条件下的机场施工更是在苛刻条件下完成的复杂项目，因此与其他工程项目相比，机场不停航施工具有其自身的特点。

（1）安全要求高。由于不停航施工是在机场特殊区域内作业，一旦发生事故可能会给机场造成重大损失，因此必须以机场安全运行为首，最大限度地减少不停航施工对机场正常运营的影响，必要的话，暂时停止施工以确保机场安全运行。在通信、导航台站附近进行施工的，应当在施工前评估施工活动对导航台站运行是否有影响。此外，进入飞行区从事施工作业的所有人员，应经过背景调查，通过机场安全培训并申办通行证，且应穿着有明显区别的反光背心。人员和车辆进入飞行区时，应当接受安全检查，在机场相关人员带领下，持证（身份证、通行证等证件）进入或离开，应严格按照施工组织设计中规定的时间和路线进出施工区域，禁止擅自穿行运行区域。围界、材料堆放、施工机具停放、临时目视助航设施等都必须符合《民用机场飞行区技术标准》中的相关要求。

（2）有效作业时间短。在机场不停航施工条件下，特别是在跑道端之外 300m 以内、跑道中心线两侧 75m 以内的区域，该工程需在当天航班全部结束后进行施工。不同机场航班运行时刻不同，有效的施工作业时间也不尽相同，通常是 0:00 AM 或 1:00 AM 以后，并在航空器起飞、着陆前 0.5h 完成清理施工现场的工作。作业时间仅有 6～7h，时间紧促。因此要求在做好充分准备的前提下，进入作业区内立即组织人员突击作业，确保在有效时间内完成预期工作内容。

（3）施工协调任务量大。民用机场工程的施工牵涉诸如机场建设指挥部、飞行区管理部、机场运行指挥中心、地区空中管理局等众多管理部门之间的协调。在不停航的条件下对机场进行改扩建施工，由于机场仍在运行并未完全关闭，因此为保证机场运行与施工都能够顺利进行，各部门之间沟通与协调的任务量会进一步加大。任何沟通不畅，都有可能导致飞行区出现严重的事故，也会导致施工任务无法顺利进行。

（4）施工条件苛刻。相较于传统的工程项目，不停航施工需要避开机场的作业繁忙期，而目前我国机场的作业繁忙期一般在白天，因此不停航施工的时间主要集中在夜间，施工时间一般为 3～6h 不等。夜间施工对人员精力有一定影响，受灯光照明等条件限制，施工迅速开展也会受到约束。

机场内，地下管线种类众多、纵横交错、密密层层，是机场正常运行的"血管"和命脉，且随着机场建设步伐不断加快，地下管线敷设越来越多，管线的微小损坏都会造成难以估计的后果，给机场带来无法挽回的损失。因此，在不停航施工中应采取严格措施保护管线，挖土中发现管道、电缆及其他埋设物应及时报告，不得擅自处理。此外，装卸运输除符合道路交通安全法规外，还应防止建筑材料、垃圾等飞扬和撒落，确保行驶途中不污染机场道路和场区环境。施工单位为保证次日恢复交通，使机场能够顺利开航，需要投入大量的人员、机械等资源，如此一来，对管理者的管理水平必然提出了严峻的考验。

（5）交叉作业多，工序复杂。不停航条件下对机场进行改扩建，就是在指定的施工区域内按照规定的时间完成场道工程、助航灯光工程、附属工程等诸多子项目，其中某一个子项目没有在规定的时间内完成，都无法满足机场的开航条件，这无疑会对机场等造成一系列的损失。而有效作业时间短是机场不停航施工的一大特点，这就需要多个子项目之间相互交叉作业。这就要求施工企业的现场管理人员有着较高的现场管理水平和协调能力。

（四）不停航施工组织管理方案

机场管理机构应当会同建设单位、施工单位（或者工程总承包单位）、空中交通管理机构（包括管制单位、航空情报服务机构）及其他相关单位和部门共同编制不停航施工组织管理方案。

施工组织管理方案应当包括以下内容。

（1）工程内容、分阶段和分区域的实施方案、建设工期。

（2）施工平面图和分区详图，包括施工区域、施工区与航空器活动区的分隔位置、围栏设置、临时目视助航设施设置、堆料场位置、大型机具停放位置、施工车辆及人员通行路线和进出道口等。

（3）影响航空器起降、滑行和停放的情况和采取的措施。

（4）影响跑道和滑行道标志和灯光的情况和采取的措施。

（5）需要跑道入口内移的，对道面标志、助航灯光的调整说明和调整。

（6）对跑道端安全区、无障碍物区和其他净空限制面的保护措施，包括对施工设备高度的限制要求。

（7）影响导航设施正常工作的情况和所采取的措施。

（8）对施工人员和车辆进出飞行区出入口的控制措施和对车辆灯光和标识的要求。

（9）防止无关人员和动物进入飞行区的措施。

（10）防止污染道面的措施。

（11）对沟渠和坑洞的覆盖要求。

（12）对施工中的飘浮物、灰尘、施工噪声和其他污染的控制措施。

（13）对无线电通信的要求。

（14）需要停用供水管线或消防栓，或消防救援通道发生改变或被堵塞时，通知航空器

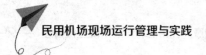

救援和消防人员的程序和补救措施。

（15）开挖施工时对电缆、输油管道、给排水管线和其他地下设施位置的确定和保护措施。

（16）施工安全协调会议制度，所有施工安全相关方的代表姓名和联系电话。

（17）对施工人员和车辆驾驶员的培训要求。

（18）航行通告的发布程序、内容和要求。

（19）各相关部门职责的检查要求。

（五）机场管理机构对机场不停航施工的管理内容

机场管理机构对机场不停航施工的管理内容如下。

（1）制定机场不停航施工管理制度，对不停航施工进行监督管理，避免危及机场运行安全，并最大限度地减少对机场正常运行的影响。

（2）在设计阶段提出关于不停航施工管理的意见。

（3）在编制施工招标文件时，提出关于不停航施工安全措施的意见。

（4）与工程建设单位和施工单位（或者工程总承包单位）签订安全责任书。

（5）建立协调工作机制，由各相关单位和部门代表组成协调工作小组，专职负责不停航施工安全协调和管理工作。

（6）负责组织对参建单位人员培训情况和不停航施工安全检查员开展现场安全教育情况进行监督检查。

（7）对参建单位遵守跑道侵入防范、外来物防范和净空保护等要求的情况进行监督检查。

二、不停航施工审批与批准

不停航施工由机场管理机构负责统一向机场所在地管理局申请。因不停航施工需要调整航空器起降架次、航班运行时刻、机场飞行程序和运行最低标准的，机场管理机构应当按照有关规定执行。

（一）申请提交资料

机场管理机构向民航地区管理局申请机场不停航施工时，应当提交下列资料。

（1）不停航施工申请书。

（2）初步设计批复或者行业审查意见。

（3）机场管理机构与工程建设单位和施工单位（或者工程总承包单位）签订的安全责任书。

（4）不停航施工组织管理方案。

（5）不停航施工期间的各类相关应急预案（如通信中断，电缆、光缆等线缆损坏，油气管道泄漏，航空器突发事件，火灾，特殊天气运行，车辆故障等）。

（6）调整航空器起降架次、航班运行时刻、机场飞行程序和运行最低标准的有关批准或者决定文件。

（二）审批与批准

民航地区管理局应当自收到不停航施工申请材料之日起 15 日内做出同意与否的决定。符合条件的，应当予以批准；不符合条件的，应当书面通知机场管理机构并说明理由。

机场不停航施工经批准后，机场管理机构应当按照有关规定及时向驻场空中交通管理部门提供相关基础资料，并由空中交通管理部门根据有关规定发布航行通告。

涉及机场飞行程序、起飞着陆最低标准等更改的，资料生效后，方可开始施工；不涉及机场飞行程序、起飞着陆最低标准等更改的，通告发布七天后方可开始施工。

三、不停航施工的一般要求

（1）在跑道有飞行活动期间，禁止在跑道端之外 300m 以内、跑道中心线两侧 75m 以内的区域进行任何施工作业。

（2）在跑道端之外 300m 以内、跑道中心线两侧 75m 以内的区域进行的任何施工作业，在航空器起飞、着陆前半小时，施工单位应当完成清理施工现场的工作，包括填平、夯实沟坑及其他等效措施，将人员、机具、车辆全部撤离施工区域。

（3）在通信、导航、监视、气象等设施附近进行施工的，应当事先评估施工活动的影响。施工期间，应当保护好导航设施保护区的场地。在跑道有飞行活动期间，任何人员、车辆及设备不得进入保护区。不得使用可能对通信导航监视设施或者航空器通信产生电磁干扰的电气设备。

（4）跑道有飞行活动期间，在跑道端 300m 以外区域进行施工的，施工机具、车辆的高度以及起重机悬臂作业高度不得穿透障碍物限制面。在跑道两侧升降带内进行施工的，施工机具、车辆、堆放物高度以及起重机悬臂作业高度不得穿透内过渡面和复飞面，并尽可能缩小施工区域。

（5）在滑行道、机坪道面边以外进行施工的，当有航空器通过时，滑行道中线或者机位滑行道中线至物体的最小安全距离范围内，不得存在影响航空器滑行安全的设备、人员或其他堆放物，并不得存在可能吸入发动机的松散物和其他可能危及航空器安全的物体。

（6）因不停航施工需要临时关闭跑道、滑行道、机坪的，以及内移跑道入口的，应当按照《民用机场飞行区技术标准》的有关要求，对有关标志（物）或者灯光进行设置、调整。

（7）施工区域与其他区域应当有明确而清晰的分隔，如设立施工临时围栏或者其他醒目隔离设施。隔离设施应当能够承受航空器吹袭，并设置不易脱落的警示标志，夜间应当予以照明或者以设置红色警示灯等方式予以警示，必要时设置不适用地区灯（红色恒光灯，光强不小于 10cd）。

（8）对于施工区域内的地下电缆和各种管线，应当设置醒目标志。施工作业不得对电缆和管线造成损坏。

（9）在施工期间，应当定期实施检查，保持各种临时标志、标志物清晰有效，临时灯光工作正常。航空器活动区附近的临时标志物、标记牌和灯具应当易折，并尽可能接近地面。

（10）邻近跑道端安全区、升降带平整区的开挖明沟和施工材料堆放处，必须用红色或橘黄色小旗标识以示警告。在低能见度天气和夜间，还应当加设红色恒定灯光。

（11）对于易飘浮的物体、堆放的材料，应当加以遮盖，防止被风或者航空器尾流吹散。

（12）在航班间隙或航班结束后进行施工的，在提供航空器使用之前必须对该施工区域进行全面清洁。施工车辆和人员的进出路线穿越航空器开放使用区域的，应当对穿越区域进行不间断检查。发现道面污染时，应当及时清洁。

（13）因施工使原有排水系统不能正常运行的，应当采取临时排水措施，防止因排水不畅造成飞行区被淹没。

（14）因施工影响机场消防、应急救援通道和集结点正常使用的，应当采取临时措施。

（15）参建单位进场人员，应当经过安全培训。人员和车辆进出飞行区出入口时，应当接受检查；飞行区施工临时设置的大门，应当符合安全保卫的有关规定。

（16）车辆和人员应当严格按照施工组织管理方案中规定的时间和路线进出施工区域。因临时进出施工区域，驾驶员没有经过培训的车辆，应当由持有场内车驾驶证的机场管理机构人员全程引领。

（17）进场到达指定施工区域后，不停航施工安全检查员应当组织所有施工作业人员进行现场安全教育，明确当日施工作业安全要求及其他注意事项等。

（18）进入飞行区的车辆在顶端应当安装符合标准的灯光标示，并在工作期间始终开启。

（19）施工车辆、机具的停放区域和堆料场的设置不得阻挡管制员对机动区和机坪的观察视线，也不得遮挡任何使用中的助航灯光、标记牌，并不得超过障碍物限制面。

（20）建设单位、施工单位（或者工程总承包单位）与机场管理机构建立可靠的通信联系；施工期间派不停航施工安全检查员现场值守和检查，并负责守听。安全检查员必须经过无线电通信培训，熟悉通信程序。

第六节　民用机场道面评价与技术管理

机场道面在长期使用过程中，频繁承受着飞机起降的冲击和碾压，同时还有温差变形作用，加之混凝土道面设计和施工过程中诸如土基加固、配合比中水泥用量、混合料含水量等误差影响，机场道面会局部逐渐出现破损，道面性能也会逐步衰减，并且随着使用年限的增加，道面性能衰减速度会越来越快。这将严重影响飞机的安全运行，因此，有必要对机场道面进行全面的检测，并对结构性能、承载能力、功能性能进行评价，对剩余寿命进行预估，为后续道面修补或改建提供依据。

按照中国民用航空总局令第 191 号《民用机场运行安全管理规定》（CCAR-140），机场管理机构应当至少每 5 年对跑道、滑行道和机坪道面状况进行一次综合评价。参考《民用机场道面评价管理技术规范》（MH/T 5024—2019）可以看出，民用机场道面评价内容主要包括道面损坏状况评价、道面结构性能评价、道面功能性能评价，并对道面剩余寿命进行预估。

一、民用机场道面综合评价流程

根据《民用机场道面评价管理技术规范》要求，机场道面综合评价流程如图 4-32 所示。

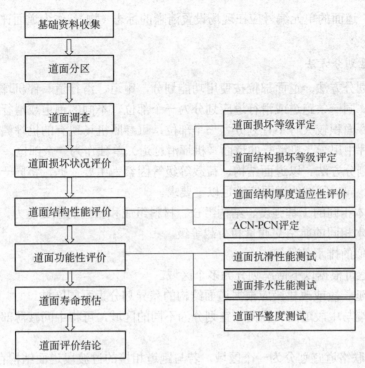

图 4-32　机场道面综合评价流程

二、基础资料收集

道面技术资料包括机场建设的基础资料、道面分区、调查评价、维护与改扩建资料等，以及机场航空交通量等其他资料。道面技术资料应准确、连续，对于调查评价、维护与改扩建、航空交通量等时效性强的资料应及时更新。应对道基、道面结构资料，道面分区资料，航空交通量数据以及道面病害、道面维护和改扩建历史资料等进行收集。

（一）机场建设的基础资料

场道地基、道面结构及材料的各项指标和参数等基础资料应以最新数据为准，并宜保留历史数据。道面结构资料以"区域"为单位，宜以标准卡片形式存档。机场的气候、气象和水文条件，场道地基的工程地质与水文地质条件等宜作为基础资料，妥善管理。

（二）道面分区

道面评价管理工作必须以道面分区作为位置参照系统。道面分区应与机场飞行区既有平面参照系统建立对应关系，分区确定后不得随意变动。

道面分区工作包括室内分区与现场标识两部分。室内分区必须在机场飞行区现状平面电子地图上进行，电子地图比例尺不得小于 1∶1 000，水泥混凝土道面应精确到板块，沥青混凝土道面应做到边界完整、清楚。现场标识必须与室内分区成果一致。

1.道面分区层次

道面室内分区按照部位→区域→单元三个层次进行。对每个部位、区域和单元应分别进行统一编号。道面的单元编号应在现场设置清晰的标志（物），作为道面评价管理工作的位置参照。

2.道面分区划分方法

（1）部位划分方法。道面部位按使用功能划分，跑道、滑行道、停机坪等功能区应划分为不同部位。同一条跑道或滑行道应划分为一个部位，不同的跑道或滑行道应划分为不同部位。停机坪面积较大时不宜划分为一个部位，可参照机场现有的机坪编号进行部位划分。宜将停机坪中用于飞机滑行的道面（机坪滑行道）单独作为一个部位。

（2）区域划分方法。以道面结构、荷载等级等因素为主要依据，将同一部位的道面划分为若干区域。同一区域的道面应满足以下要求。

① 具有基本相同的土基强度、结构组合、材料组成和相近的承载能力。

② 承受基本相同的航空交通量和荷载等级。

③ 具有相似的排水条件等。

同一条跑道可根据以下情况划分为多个区域。

① 跑道的延长段或改建段应根据道面结构的差异划分为不同区域。

② 跑道两端与中段道面（纵向）宜划分为不同的区域，可将中间减薄部分单独作为一个区域。

③ 同一条联络道宜划分为一个区域，若与跑道相接的过渡段道面结构存在较大差异，应将该过渡段单独作为一个区域。

④ 停机坪一个部位面积较大时，宜将机位区与非机位区划分为不同的区域。

（3）单元划分方法。道面单元以面积大小作为划分的主要依据。

① 水泥混凝土道面或上面层为水泥混凝土的复合道面，一个单元面积以 500m^2 左右为宜，同一单元的板块数以 20 左右为宜。

② 沥青混凝土道面或上面层为沥青混凝土的复合道面，一个单元面积以 450m^2 左右为宜。

跑道、滑行道等规则条带状道面，单元应划分为矩形。先横向均匀划分，宽度以 10～25m 为宜，纵向长度按照单元面积要求确定。

联络道、跑道及平行滑行道之间相接的不规则区域宜先将主要区域按矩形划分，剩余的不规则区域作为特殊单元进行划分，但应满足单元面积要求。

（三）调查评价资料

道面调查评价资料包括道面日常巡视检查记录、道面徒步检查记录、道面紧急检查报告、道面使用性能综合评价报告、道面专项调查测试报告等。各种道面调查评价资料均应以书面形式整理存档。

应定期统计机场运行安全信息报告中与道面评价管理有关的各项数据。

（四）道面维护与改扩建资料

道面维护与改扩建资料包括道面日常维修记录、道面大中修工程验收资料、道面扩建改建项目竣工资料等。道面日常维修资料应以记录台账的形式填写存档。道面大中修与改扩建资料应在竣工验收资料的基础上，填写相应的工程信息表。当道面改扩建工程改变道面结构时，应及时更新道面结构卡片的相关信息。

（五）航空交通量

航空交通量包括机场年起降架次和机型组合的历年统计数据，以及未来航空交通量的预测数据。年飞机起降架次和机型组合等资料应以机场空中交通管理部门提供的数据为准，宜按照起飞与降落分别统计。多跑道系统的机场应分别统计、预测各跑道的航空交通量。

三、道面调查

道面调查包括日常巡查、紧急检查、详细调查、专项调查四种形式。机场管理机构应建立明确的道面调查制度。

机场管理机构应在道面调查的基础上进行道面损坏状况的季度统计与分析，统计报表应反映以下内容。

（1）损坏的分布区域和位置，各种损坏的类型、程度和数量。

（2）道面损坏对机场运行的影响。

机场管理机构应在道面调查的基础上进行道面状况的年度分析；并根据道面详细调查的结果，对道面各项使用性能进行每5年一次综合评价。

道面调查工作应由机场管理机构负责，必要时应委托或者联合其他专业机构开展具体调查工作。

（一）道面日常巡查

1. 日常巡查的形式

道面日常巡查包括每日的道面巡视检查和每季度的道面徒步检查两种形式。巡查对象包括跑道、滑行道和停机坪的所有道面（含道肩）。

2. 日常巡查的频率

道面每日巡视检查的频率不得低于《民用机场运行安全管理规定》的要求，可参照表4-33执行。巡视检查根据需要可采用乘坐巡查车辆、骑自行车或徒步等方式进行，填写检查记录。

表4-33　道面每日巡视检查的频率与要求

日到达架次	道面区域	巡查频率/次·日⁻¹	巡查要求
>15	跑道	≥4	每日跑道开放使用前，应对跑道全宽度范围内进行1次巡查，其他各次巡查的范围应包括跑道边灯以内区域
	滑行道和停机坪	≥1	视情况在早航班开始前或者晚航班结束后安排
≤15	跑道	≥1	每日跑道开放使用前，应对跑道全宽度范围内进行1次巡查
	滑行道和停机坪	≥1	视情况在早航班开始前或者晚航班结束后安排

注：当实施不停航施工时，每日施工结束后应增加1次与施工相关区域的道面巡查；当跑道道面损坏加剧或者雨后遇连续高温天气时，应适当增加道面巡查的次数；当出现大风及其他不利气候条件时，应增加道面巡查的次数。

道面每季度徒步检查的频率应不少于1次/季度，可根据实际情况增加检查的次数，徒

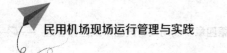

步检查范围应覆盖飞行区全部道面。

3. 日常巡查关注重点

（1）水泥混凝土道面是否出现沉陷、拱起、板块断裂等损坏，接缝及裂缝处有无松动的碎块或碎粒，是否存在明显的错台（≥5mm）等。

（2）沥青混凝土道面是否出现沉陷、隆起、松散等损坏，裂缝处及边缘有无松动的块体或碎粒等。

（3）道面上是否存在可能影响机场正常运行的外来物，包括各类遗落物、动植物等。

（4）降雨后道面是否存在大面积积水，排水设施是否通畅。

（5）道面是否存在大面积的油污或者其他形式的污染。

（6）道面是否存在积胶情况。

（7）道面是否存在其他可能影响机场运行安全的异常情况。

（二）道面紧急检查

道面紧急检查主要针对道面的突发性非常规事件，用于快速判断现状与原因，必要时提出处置对策或建议。

1. 需道面紧急检查的异常情况

（1）飞行员或现场人员发现道面出现不明异常情况。

（2）道面日常巡查中发现可能严重影响运行安全的道面损坏，但尚无法准确判定或及时修复的情况。

（3）道面上出现坠机、航空器碰撞、紧急迫降、火灾等重大安全事故，机场重新开放前。

（4）强风暴雨导致道面可能出现较大面积的积水，或者外来物可能被吹上道面等情况。

（5）冰雪条件下，道面可能出现结冰、积雪等情况。

（6）地震等自然灾害发生以后。

（7）机场管理机构对道面使用性能产生较大疑虑，需要立即采取对策、措施的情况。

2. 道面紧急检查报告

道面紧急检查应形成《道面紧急检查报告》，主要内容如下。

（1）紧急检查的原因。

（2）紧急检查的人员和时间。

（3）紧急检查的区域、内容、方法和设备等。

（4）紧急检查的各项数据和主要结论，包括出现异常情况的原因、道面现状及其对机场运行安全的影响，以及对该非常规事件的处置对策或具体措施等。

（三）道面详细调查

道面详细调查用于全面、准确掌握道面的各项使用性能，为道面维护管理的重要决策提供技术依据。

道面详细调查包括道面损坏状况调查、结构性能测试、功能性能测试三个方面内容。

1. 形成道面详细调查评价报告的情况

以下情况应实施道面详细调查并形成调查评价报告。

（1）跑道、滑行道和停机坪道面至少每5年进行一次道面详细调查。

（2）对拟实施加铺等重大改建工程的道面，需要确定既有道面（包括土基）的相关技术参数。

（3）道面使用性能在短时间内快速衰减，或衰减速度明显加快。

2. 道面详细调查评价报告内容

《道面详细调查评价报告》应包括以下主要内容。

（1）道面详细调查的背景和目的。

（2）道面调查评价的实施方案。

（3）道面各项使用性能的调查与分析结果。

（4）调查评价的基本结论和主要建议。

（5）现场调查测试的各项原始数据（可作为附件）。

（四）道面专项调查

以下情况可实施相应的道面专项调查。

（1）水泥混凝土道面接缝嵌缝料损坏普遍或者计划大面积更换时，应实施嵌缝料专项调查。

（2）水泥混凝土道面出现唧泥、错台等现象且程度比较严重或分布范围较大时，应对相关区域实施板底脱空状况专项测试与评定。

（3）机场航空交通量的机型组合中大型飞机的数量或比例显著增加时，应对关键区域进行道面结构承载能力的专项测试与评定。

（4）道面雨后积水现象普遍时，应对积水区域及其周边进行高程的全面测量，并调查排水设施的排水能力。

（5）沥青混凝土道面出现较大范围的松散、泛油、老化、唧泥、集料磨光等损坏时，应对损坏区域进行沥青混凝土材料性能的专项测试。

道面专项调查应针对具体内容，制定相应的调查测试方案，应尽量采取全面调查的形式实施，并形成专项调查评价报告。

四、民用机场道面损坏状况调查与评价

道面损坏状况调查与评价应结合道面详细调查或每季度的道面徒步检查定期进行。

道面损坏状况调查与评价必须在道面分区的基础上实施，以单元为基本单位进行统计分析，进而分析和评价区域及部位的损坏状况。

机场管理机构应根据历次道面损坏状况调查与评价的结果，分析道面损坏状况的变化规律，并在道面分区图上标示道面损坏状况评价结果。

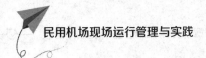

（一）道面损坏类型

根据《民用机场飞行区场地维护技术指南》，水泥混凝土刚性道面破损类型共 14 种，按照损坏形式分为面层断裂类、竖向变形类、接缝类、表层类和修补类五个大类，具体如表 4-34 所示。

表 4-34　刚性道面破损类型

损 坏 形 式	损 坏 类 型	定　　义
面层断裂类	纵向、横向和斜向裂缝	由于荷载、翘曲应力和收缩应力等的综合作用产生的裂缝。该裂缝一般将混凝土板分成 2 块
	角隅断裂	在角隅处产生的裂缝，从板角到裂缝两端的距离小于边长的一半（否则为斜向裂缝）。一般裂缝边存在剥落现象
	破碎板或交叉裂缝	产生的裂缝将道面分割成 4 块以上
竖向变形类	沉陷或错台	由于基础鼓起或固结，接缝或裂缝位置道板形成的高差
接缝类	胀裂	由于温度升高，接缝宽度不够，导致混凝土板局部翘曲或者板边挤裂的现象
	填封料损坏	填封料在环境和荷载因素的作用下，失去封堵的作用，杂物进入填封料损坏入接缝会阻止板块自由伸胀，引起翘曲、断裂或剥落；雨水渗入道面结构会降低基础的承载能力
	接缝破碎	由于接缝处应力集中作用或者接缝内进入硬砾等原因，在接缝周边（一般小于 50m）产生的板块碎裂现象，裂缝面与板边呈一定的角度，裂缝没有贯通板厚
	脱空、板块活动和唧泥	由于接缝或裂缝位置的基层材料在荷载作用下被带到道面表面，使得道面板与基础部分形成脱空。外观表现为接缝或裂缝附近沉积基层材料，或者飞机荷载经过时板块有明显的活动
表层类	耐久性裂缝	耐久性裂缝由于自然因素的作用，在接缝与裂缝附近产生的平行的或者"D"形的发丝状细小裂缝，裂缝周边一般呈现暗色
	收缩裂缝	裂缝的走向、间距不规律，长度在 10cm 内，一般裂缝不会延伸至全板，深度不会贯穿板厚
	坑洞	由于水泥混凝土材料的小片脱落形成，一般直径为 2～10cm，深度为 1～5cm
	起皮、龟裂细和微裂纹	道面表层产生的网状、浅而细的发丝状裂纹，裂纹深度一般为 0.5～1.0cm
修补类	小补丁（修补面积小于 0.5m²）	道面用水泥混凝土或者沥青混凝土进行局部的修补
	大补丁（修补面积大于 0.5m²）和开挖补块	大补丁指道面用水泥混凝土或者沥青混凝土进行较大面积的局部修补。开挖补块指因设置地下设施开挖道面后形成的补块

柔性道面损坏类型共 16 种，按照损坏形式分为裂缝类、表面损坏类、变形类和其他四大损坏类型，具体如表 4-35 所示。

表 4-35　柔性道面损坏类型

损 坏 形 式	损 坏 类 型	定　义
裂缝类	龟裂	在重复荷载的作用下，沥青混凝土道面产生的疲劳裂缝，呈网状或龟纹状
	不规则裂缝	由于温缩应力的作用，在道面上形成的交错裂缝，将道面分割成 0.1～10m² 的碎块
	纵向、横向裂缝	由于材料和施工变异性等原因，在平行或垂直于飞机飞行方向上形成的裂缝
	刚性道面加铺层的反射裂缝	在刚性道面上加铺柔性道面，在原有刚性道面接缝处产生的反射裂缝
表面损坏类	松散	由于沥青混凝土中结合料的黏性下降，导致集料散失，道面表面出现微坑等现象
	泛油	由于沥青混合料中沥青含量过高或者空隙率过小，导致沥青在热天溢出道面，形成发亮的反光表面
	集料磨光	沥青混凝土表面集料在轮载的反复作用下。集料棱角被磨光的现象
变形类	沉陷或隆起	道面局部区域的高程低于周边其他区域，由于该区域容易出现积水残留污迹
	车辙	在荷载反复作用下，由于基层和面层的累计塑性变形。轮迹线上产生的沉降现象。表现为轮迹位置道面下沉，两侧隆起
	搓扳	由于轮载的推挤作用，道面上垂直于行驶方向形成的有规则的波浪形起伏
	推挤	在柔性道面与刚性道面的结合处，由于刚性道面在温度升高时对柔性道面的推挤作用，导致其鼓起或开裂的现象
其他	喷气烧蚀	沥青道面在飞机发动机喷出的热气的影响下被烧焦或炭化，形成表面损坏
	油料腐蚀	道面被燃料、润滑油或者其他溶剂侵蚀
	补丁	对道面进行局部的修补

（二）道面损坏状况调查

1. 道面损坏状况调查方法

道面损坏状况调查可通过目视判别的方法确定损坏类型，借助简单的仪器和工具判定损坏程度，量测损坏量（损坏的长度或面积等）。在满足调查要求的前提下，可运用图像识别等先进技术。

2. 道面损坏状况调查形式

道面损坏状况调查可采用全面调查或者抽样调查的形式。

（1）以掌握道面总体损坏状况为目的时可采取全面调查的形式，也可采取抽样调查的形式；以指导加铺层设计和既有道面处治为目的，或者进行道面损坏状况专项调查时，应选择全面调查的形式。

（2）对于规模不大的飞行区，道面损坏状况调查宜采用全面调查的形式。

（3）抽样调查可采取随机抽样的方法选择道面单元，抽样率一般为 15%～45%；道面

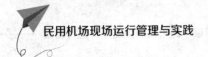

损坏状况轻微时取低值，严重时取高值。

3. 道面损坏状况的记录

道面损坏状况调查前必须对参与现场调查的人员进行集中培训，以确保调查的准确性和可靠性。道面损坏状况调查应记录以下信息：调查日期、调查人员、单元编号、板块数量（水泥混凝土道面）、损坏类型、损坏程度、损坏量等。

（三）道面损坏等级评定

由于道面损坏发生具有随机性、多样性和程度差异性等特点，因此道面破损状况的评价是道面使用性能评价中最为复杂的内容之一。当前，道面损坏等级评价指标广泛采用 FAA 推荐的"道面状况指数"作为评价指标，道面状况指数（pavement condition index，PCI）是表征道面表观损坏程度的指标，指数范围为 0～100，对应的道面损坏等级为五级，按照表4-36 的评价标准评定损坏等级。

表 4-36　机场道面损坏等级评定标准

道面损坏等级	优	良	中	次	差
PCI 范围	PCI≥85	70≤PCI<85	55≤PCI<70	40≤PCI<55	PCI<40

结构状况指数（structural condition index，SCI）是表征道面结构性损坏程度的指标。

（1）机场道面结构性损坏类型。道面单元的 SCI 与道面结构性损坏类型有关。道面结构性损坏类型如表 4-37 所示。

表 4-37　机场道面结构性损坏类型

道面结构	水泥混凝土道面或上面层为水泥混凝土的复合道面	沥青混凝土道面或上面层为沥青混凝土的复合道面
结构性损坏类型	①纵向、横向和斜向裂缝；②角隅断裂；③破碎板或交叉裂缝；④沉陷或错台；⑤胀裂；⑥唧泥和板底脱空	①龟裂；②不规则裂缝；③纵向、横向裂缝；④轮辙

（2）道面结构损坏等级划分。道面的结构损坏状况可采用结构状况指数（SCI）进行评定。结构损坏等级划分标准如下。

① SCI≥80：道面结构能够满足机场运行飞机的荷载要求。

② SCI<80：道面的结构性损坏严重，道面结构难以满足机场运行飞机的荷载要求。

五、民用机场道面结构性能测试与评价

道面结构性能评价是判定道面是否需要实施加铺或重建等重大项目的重要决策依据。对下述情况必须进行道面结构性能测试与评价。

（1）道面损坏等级处于"中"或"中"以下，或者 SCI<80。

（2）道面实际承受的荷载等级较设计荷载发生了显著变化。

（3）计划实施道面结构补强，需要掌握既有道面的补强设计参数。

（4）需要进行机场规划、改扩建以及制定运行策略等宏观决策。

道面结构性能评价应重点分析道面结构对于航空交通量的适应程度，包括道面结构评价参数确定和道面结构承载能力分析两个方面。道面结构性能评价应针对水泥混凝土和沥青混凝土两种道面结构类型，采用不同的分析评价方法，复合道面可简化为水泥混凝土道面结构，或沥青混凝土道面结构。

（一）道面结构性能测试

道面结构性能测试应选择跑道、滑行道和停机坪道面中承受飞机轮载最大的区域，采用落锤式弯沉仪（falling weight deflectometer，FWD）等无损检测方法进行测试。

对于水泥混凝土道面或上面层为水泥混凝土的复合道面，FWD测试位置包括板中、板边中点和板角三种位置。对于沥青混凝土道面或上面层为沥青混凝土的复合道面，可按照不小于1点/单元的抽样频率确定FWD弯沉测试点的数量。

对跑道、滑行道进行FWD测试时，测点应沿机场主要使用机型的两条轮迹线交替布置，测点纵向间距不大于50m，对于特殊位置可酌情增加测点；对停机坪进行FWD测试时，测点宜按网格状布置，测点间距一般为50~100m，特殊位置可酌情增加测点。

通过FWD弯沉测试和已有资料分析仍无法确定必需的技术参数时，应进行道面有损检测。有损检测可根据实际需要选择以下方法。

（1）钻取道面各结构层的芯样，量取其厚度，并通过室内试验测定其强度和（或）　　模量。

（2）选择适宜的位置开挖道面，形成试验坑，量取各结构层厚度，并进行现场承载板试验和（或）CBR试验等。

有损检测宜选择有代表性的区域，并尽量避开飞机轮迹带等交通密集区域。

（二）道面结构性能评价

道面结构性能评价应以区域作为基本单位，评价结果宜在道面分区图上进行标示。道面结构性能评价可采用ACN-PCN评价法和（或）道面结构厚度适应性评价法。对于水泥混凝土道面，还应对板底脱空状况和道面接缝传荷能力做出评价。

1.道面结构厚度适应性评价法

（1）道面结构评价参数。道面结构评价参数包括以下几项。

① 道面结构有效厚度 h_e。

② 水泥混凝土道面板的弹性模量 E_r、弯拉强度 f_{cm} 与基层顶面的反应模量 K。

③ 水泥混凝土道面接缝的弯沉比传递系数 LTE_δ。

④ 沥青混凝土道面中土基的加载承载比 CBR。

⑤ 评价期内评价机型的累计当量作用次数 N_e。

（2）道面结构有效厚度 h_e。

水泥混凝土道面结构的有效厚度 h_e 为水泥混凝土面层的实际厚度×道面厚度损坏折减系数 C_R。

水泥混凝土道面厚度损坏折减系数 C_R 可根据道面损坏等级，结合技术人员的工程经验参考表4-38确定。

表 4-38　水泥混凝土道面厚度损坏折减系数 CR 取值范围

道面损坏等级	优	良	中	次或差
C_R 取值范围	1.00	0.75～1.00	0.50～0.75	0.35～0.50

沥青混凝土道面结构的有效厚度 h_e 为面层实际厚度经过损坏折减后，与基层、垫层实际厚度分别乘以材料当量系数（α 或 α_i），折算成的碎石层材料总厚度。

$$h_e = \alpha C_F h + \sum \alpha_i h_i \qquad (4\text{-}5)$$

式中，h_e 为沥青混凝土道面结构的有效厚度（cm）；α 为沥青混凝土面层当量换算系数；C_F 为沥青混凝土面层厚度损坏折减系数；h 为沥青混凝土面层的实际厚度（cm）；α_i 为基层和垫层的当量换算系数；h_i 为道面基层或垫层实际厚度（cm）。

2. ACN-PCN 评价法

道面结构承载能力是道面结构对机场实际运行机型的适应性，评价应采用 ACN-PCN 评价法。

ACN 按《民用机场飞行区技术标准》确定，也可通过飞机手册查取。PCN 可采用经验评定法或技术评定法进行计算。评价标准按《民用机场飞行区技术标准》的有关规定执行。飞行区各部位的道面 PCN 应列为道面评价管理的基础资料。部位的 PCN 取其所辖各区域 PCN 中的最小值。

六、民用机场道面功能性能测试与评价

道面功能性能是指影响道面使用功能的表面性状，包括抗滑性能、排水性能和平整度等。机场管理机构应根据道面功能性能评价结果判断道面是否需采取功能性维护或其他维护管理对策与措施。

（一）道面抗滑性能测试与评价

道面抗滑性能评价应采用摩擦系数作为指标；如不具备测试条件，可采用道面构造深度进行评价。道面抗滑性能测试与评价一般针对跑道，测试时应沿飞机轮迹带布设多条测线。必要时可包括快速出口滑行道。

1. 摩擦系数

（1）跑道摩擦系数的测试频率。跑道摩擦系数的测试频率应满足表 4-39 的要求。

表 4-39　跑道摩擦系数的测试频率

日到达架次	测 试 频 率
≤15	每年
16～30	每半年
31～90	每季度
91～150	每月
151～210	每两周
>210	每周

（2）评价标准。道面摩擦系数测试应在潮湿状态下进行，实测摩擦系数应按 100m 分段平均，取分段平均的最低值进行道面抗滑性能的评价。评价标准如表 4-40 所示。

表 4-40　道面摩擦系数评价标准

测试仪器	测试轮胎		测试速度 /km·h⁻¹	抗滑性能等级		
	类型	压力/kPa		好	中	差
Mu 仪拖车	A	70	65	≥0.52	0.42～0.52	≤0.42
	A	70	95	≥0.38	0.26～0.38	≤0.26
滑溜仪拖车	B	210	65	≥0.60	0.50～0.60	≤0.50
	B	210	95	≥0.47	0.34～0.47	≤0.34
表面摩阻测试车	B	210	65	≥0.60	0.50～0.60	≤0.50
	B	210	95	≥0.47	0.34～0.47	≤0.34
跑道摩阻测试车	B	210	65	≥0.60	0.50～0.60	≤0.50
	B	210	95	≥0.54	0.41～0.54	≤0.41
TATRA 摩阻测试车	B	210	65	≥0.57	0.48～0.57	≤0.48
	B	210	95	≥0.52	0.42～0.52	≤0.42
抗滑测试仪拖车	C	140	65	≥0.53	0.43～0.53	≤0.43
	C	140	95	≥0.36	0.24～0.36	≤0.24

新建成的沥青道面、进行过沥青加铺的道面及进行过封层养护的沥青道面，其摩擦系数的值应以道面投入使用至少半年后的测试结果为准。

2. 道面构造深度

道面构造深度宜采用铺砂法，按《民用机场飞行区水泥混凝土道面面层施工技术规范》中的有关规定测定。道面构造深度以测试区域内的算术平均值表示，必要时提供标准差和变异系数。评价标准如表 4-41 所示。

表 4-41　道面构造深度等级评价标准

抗滑性能等级	好	中	差
构造深度/mm	≥0.8	0.4～0.8	≤0.4

（二）道面排水性能测试与评价

机场道面排水性能的评价内容包括道面横坡坡度、积水点数量与面积，以及道面排水设施的排水能力三个方面。

道面横坡可通过高程测量测定，应根据表 4-42 的评价标准判断横坡是否满足要求，并分析是否存在排水反坡。

表 4-42　跑道与滑行道横坡坡度评价标准

飞行区等级指标Ⅱ	A	B	C	D	E	F
横坡坡度	≤0.020	≤0.020	≤0.015	≤0.015	≤0.015	≤0.015
横坡坡度	≥0.010	≥0.010	≥0.010	≥0.010	≥0.010	≥0.010

积水点调查可采用高程法或目测法。

（1）高程法是通过高程测量，绘制道面等高线图，确定积水点的坐标，计算积水面积和最大积水深度。

（2）目测法是在雨后通过目测，确定积水点的位置，量测积水面积和深度。

（3）积水点调查的评价结果应以调查区域内积水点个数、积水深度和面积表示。

道面排水设施的排水能力一般可通过雨天日常巡查进行判定。必要时可对盖板明沟、三角沟等设施进行水力分析与评价。

（三）道面平整度测试与评价

随着使用时间的增加，道面会产生不同程度的破损和变形，使跑道平整度降低。这不仅降低飞机起飞和着陆过程中乘客及飞行员的舒适度，还影响飞行员对仪表的准确判读和对飞机的控制，加速飞机起落架和机身的疲劳破坏。所以通过对机场道面平整度的评价，可以确定是否对道面采取修复措施，以便为机场道面工程技术人员提供决策依据。

道面平整度评价一般采用国际平整度指数（IRI）作为指标；不具备测试条件时，可采用 3m 直尺法进行评价。道面平整度测试与评价的范围包括跑道、平行滑行道或快速出口滑行道的轮迹带区域。

1. 国际平整度指数（IRI）测定

使用平整度测量设备如激光平整度仪测量跑道的 IRI 值，以一定间隔标准给出 IRI 值（一般每 100m 一个 IRI 值），根据平整度调查区域（一般可划分为跑道两端 1/4 部分和跑道中部三个区域），计算 IRI 测试值的平均值，以调查区域内 IRI 的算术平均值进行分段评价。可将道面平整状况（以 IRI 为指标）划分成三个等级，评价标准如表 4-43 所示。

表 4-43　道面平整度等级评价标准（IRI 指标）

评价等级	好	中	差
IRI 平均值/m·km⁻¹	<2.0	2.0~4.0	>4.0

2. 3m 直尺法

直尺法评价平整度是将 3m 尺置于道面上，测量直尺与道面之间的最大空隙。这种方法对测量人员的技术水平和测试设备要求较低，因而被许多机场采纳，但该方法测量结果的精确度不高。

3m 直尺法以 3m 直尺下最大间隙（R）的平均值和最大间隙大于 5 mm 所占百分比作为评价指标；对于水泥混凝土道面还应包括邻板差的平均值和邻板差大于 5 mm 所占百分比。3m 直尺法评价道面平整度的标准如表 4-44 所示。

表 4-44　道面平整度状况等级评价标准（3m 直尺法）

评价等级	3m 直尺下最大间隙（R）		水泥混凝土道面邻板差	
	平均值/mm	大于 5mm/%	平均值/mm	大于 5mm/%
好	<3.0	<10	<20	<5
中	3.0~4.5	10~20	2.0~3.5	5~20
差	>4.5	>20	>3.5	>20

注："好"和"中"等级中必须所有指标全部合格，否则应判属下一等级。

第七节　民用机场飞行区巡视检查

机场管理机构应当对飞行区场地进行巡视检查，及时发现安全缺陷和潜在风险并采取措施。

一、飞行区场地巡视检查方案内容

飞行区场地巡视检查方案的内容应当至少包括以下几项。

（1）巡视检查的频次、时间、标准、方式和方法。

（2）跑道、滑行道巡视检查的通报程序。

（3）巡视检查人员与塔台管制员联系的标准用语。

（4）巡视检查跑道过程中发生紧急情况的应急处置程序。

二、跑道、滑行道和机坪铺筑面的巡查

跑道、滑行道和机坪铺筑面的巡视检查包括每日全面巡视检查和定期全面步行检查。每日全面巡视检查分为首次巡视检查和中间动态巡视检查。

1. 巡查的次数和时间要求

跑道、滑行道和机坪铺筑面的每日全面巡视检查次数和时间应满足以下要求。

（1）跑道首次巡视检查应当对跑道全宽度表面状况进行详细检查。对于全天开放的机场，应当在早高峰时段前完成；对于按航班时间、飞行需求或者申请开放的机场应当至少在首个航班计划时刻前 30 分钟完成。

（2）跑道中间动态巡视检查应当至少包括跑道边灯以内的区域。当每条跑道日着陆架次大于 15（含）时，不少于 3 次；当跑道日着陆架次低于 15 时，不少于 1 次。机场配备的外来物和道面损坏探测设备能对跑道道面状况进行持续监测的，在探测设备持续有效运行1 年（含）以上，被监测区域的中间检查次数可以适当减少。

（3）滑行道（含机坪滑行道和机位滑行通道）的每日首次巡视检查时间与跑道首次巡视检查时间要求一致，中间动态巡视检查不少于 1 次。机坪其余区域的每日巡视检查可以根据机坪规模和运行实际分时段开展，一般不少于 2 次。当跑道、滑行道、机坪道面损坏加剧或者雨后遇连续高温天气时，应当适当增加中间动态巡视检查的次数。

（4）跑道、滑行道和机坪铺筑面的定期全面巡视检查次数和时间应每季度至少开展 1次，最大间隔不得超过 3 个月。当道面破损处较多或者破损加剧时，应当适当增加步行检查的次数。

（5）当出现大风及其他不利气候条件时，应当增加对飞行区场地的巡视检查次数，发现问题应当及时处理。影响运行安全时，应当及时通报空中交通管制单位并向航空情报服务机构提供航空情报原始资料，同时向其他相关单位通报有关情况。

（6）飞行区内不停航施工和维护作业以及其他可能影响机动区道面适用性的活动结束

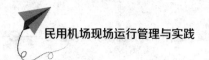

后，应当对相关区域进行检查。

（7）飞行区出现以下情形时，应当立即对飞行区或者涉及区域进行应急检查。

① 机组、管制员等通报事件或者异常情况后。

② 机场突发事件应急救援紧急出动响应结束后，或者残损航空器搬移结束后。

③ 地震等地质灾害发生后。

应急检查时巡视检查人员应当就近进入相关区域。

2. 巡查的内容

跑道、滑行道和机坪铺筑面的每日全面巡视检查内容，应当至少包括以下几项。

（1）道面清洁情况。重点检查可能被航空器发动机吸入的物体，如损坏道面的碎片、嵌缝料老化碎片、石子、金属或塑料物体、鸟类或其他动物尸体、其他外来物等。

（2）道面损坏情况，包括破损的板块、掉边、掉角、拱起、错台等。

（3）雨后道面与相邻土面区的高差。

（4）灯具的损坏情况。

（5）道面标志的清晰程度。

（6）井盖完好情况和密合程度等。

跑道、滑行道和机坪铺筑面的定期全面步行检查内容应当至少包括以下几项。

（1）嵌缝料的失效情况。

（2）道面损坏位置、数量、类型的调查统计（含潜在的疲劳损坏裂缝、龟裂、细微的裂缝或断裂，并最好在雨后检查）。

（3）道面与相邻土面区的高差。

（4）道面标志的清晰程度。

（5）跑道接地带橡胶沉积情况。

巡视检查人员在对铺筑面的每日全面巡视检查过程中，发现灯具损坏、道面标志不清晰等情况时，应当立即通报目视助航设施维护部门，当影响飞行安全时还应当立即通报空中交通管制单位。

三、飞行区土质地带的巡查

每日应当至少对升降带、跑道端安全地区和滑行带内的土面区（含防吹坪）巡视检查一次。土质地带的每日检查应当包括以下内容。

（1）草高情况。

（2）标记牌和标志物的完好情况。

（3）是否有危及飞行安全的物体、杂物、障碍物等。

（4）土面区内各种灯、井基座与土面区的高差，土面区沉陷、冲沟、积水等情况。

（5）航空器气流侵蚀情况。

（6）允许存在的障碍物的障碍灯和标志是否有效。

（7）跑道端是否有接地过早的痕迹。

（8）跑道特性材料拦阻系统（EMAS）的完好情况（如有）。

四、飞行区围界的巡查

飞行区围界宜分段编号，每天应至少进行一次巡视，内容如下。

（1）围界面是否破损或网孔变大、变形。

（2）围界相关配件（如螺栓等）是否锈蚀、损坏。

（3）围界地梁是否损坏。

（4）无地梁围界网面与地表间距是否过大。

（5）围界刺圈是否脱落或间距明显扩大、变形。

（6）水中或排水沟中的围界设施是否完好。

（7）内外围界间杂草、土堆是否过高或有藤蔓植物遮挡。

（8）围界外侧 5m 范围内是否存在有助于攀爬的土堆或石块等物体。

发现围界破损或失效时，应及时通报相关部门，并立即修复。无法及时修复时应采取有效的临时性防护措施。金属围界应定期涂刷防锈漆，局部生锈时应及时补刷防锈漆。

五、服务车道和巡场道路的巡查

每日应当至少对服务车道和巡场道路巡视检查一次。确保服务车道和巡场道路能保证地面服务车辆、飞行区运行保障车辆快速、安全通行，路面应完好、平坦、无积水，出现机油污染等情况时应及时处理。

服务车道和巡场道路的养护可参照《公路水泥混凝土路面养护技术规范》和《公路沥青路面预防养护技术规范》等执行。

六、飞行区排水系统的巡查

飞行区内排水系统应当保持完好、畅通。积水、淤塞、漏水、破损时，应当及时疏通和修缮。飞行区排水构筑物主要包括钢筋混凝土墙体及盖板明沟、浆砌片石墙体及钢筋混凝土盖板明沟、钢筋混凝土箱涵、预制钢筋混凝土暗沟、片石或混凝土预制块护砌明沟和土明沟等。强制式排水设施应当保持适用状态；渗水系统应当保持完好、通畅；位于冰冻地区的机场，冰冻期的排水沟内不得有大量积水。

（1）飞行区巡查时应检查地表排水构筑物的破损状况，发现损坏时宜及时采用与原构筑物相同的材料维修。

（2）应每年对强制排水设备进行润滑、清洁等保养工作，以保证其正常运行。

（3）排水系统应采取经常性巡查、专项检查和定期疏通相结合的维护方式。

① 在暴雨或汛期来临前应进行专项检查，修整道肩外侧高出道面的土体和植被，疏通道肩排水设施，清除主要集水口和明沟内的砖块、泥沙、垃圾等杂物。

② 雨天应随时检查道面积水状况，出现积水应及时疏导，发现堵塞应立即疏通。

③ 以 5 年一遇为标准，日最大降雨量大于 50mm 的机场应每两年实施一次排水系统全面疏通，其他机场应视实际情况定期全面疏通排水系统。

（4）排水沟出口宜编号，应采取有效措施防止人员或动物入侵。

（5）冰冻地区机场在冰冻期间排水沟内不得积留大量积水。

（6）由于施工导致原有排水系统不能正常运行时，应设置临时排水措施，防止道面积水。

（7）疏通、完善现有排水系统后仍不能满足机场雨季排水要求，或现有排水系统局部失效且无法修复时，应委托设计单位重新设计排水系统，设计方案应尽量利用现有排水系统。

七、检查程序及规则

从事飞行区维护、巡视检查的人员，应当熟知维护、巡视检查的程序和规则，并严格执行。

（1）检查人员在进入跑道、滑行道之前，应当得到塔台管制员的许可。进入该区域时，应当直接报告塔台管制员。检查人员及车辆应当在塔台管制员限定的时间内退出跑道。退出后，应当直接报告塔台管制员。

（2）每次跑道、滑行道道面巡视检查工作应当至少由两人共同实施，并且至少包含一名机场场务员。巡视检查期间，检查人员应当穿反光背心或者外套，应当配备有效的无线电对讲机，并在相应的无线电波道上时刻保持守听。巡视检查的车辆应当安装黄色旋转灯标，并在检查期间始终开启。未经塔台管制员许可，任何人员、车辆不得进入运行中的跑道、滑行道。

塔台管制员发现通信联系中断时，应当立即按照紧急情况的处置程序执行；检查人员发现通信联系中断时，应当立即撤离跑道。

（3）在实施机场低能见度程序运行时，不得对跑道、滑行道进行常规巡视检查。

（4）对跑道实施检查时，检查方向应当与航空器起飞或着陆的方向相反。采用驾车方式检查时，除驾驶员外车辆上应当至少有一名专业检查人员，并且车速不得大于 45km/h。

下车检查时，检查人员离开车辆的距离不得超过 100m（随身携带对讲机），检查车辆应当处于运行状态。当塔台管制员要求检查人员撤离时，检查人员及车辆应当立即撤离至管制员指定的位置，并不得进入升降带平整区、跑道端安全地区、导航设备的敏感区和临界区。撤离后，要及时通知塔台。

再次进入跑道之前，应当再次申请并获得塔台管制员的许可。

（5）跑道巡查时，要确保水泥混凝土道面必须完整、平坦，3m 范围内的高差不得大于10mm；板块接缝错台不得大于 5mm；道面接缝封灌完好。沥青混凝土道面必须完整、平坦，3m 范围内的高差不得大于15mm。

在升降带、跑道端安全区平整区内，用 3m 直尺测量，高差不得大于 5cm，并不应有积水和反坡。与道面边缘相接的土面，不得高于道面边缘，并且不得低于道面边缘 3cm。

（6）在巡视检查中，发现航空器零件、轮胎碎片、灯具碎片和动物尸体等时，检查人员应当立即通知塔台管制员和机场运行管理部门，做好记录，并将该物体交有关部门。

（7）在巡视检查过程中发现下列情况时，检查人员应当立即通知塔台管制员停止该跑道的使用，并立即报告机场值班领导或相关部门，由相关人员按程序关闭跑道（或部分关闭跑道）和发布航行通告。

① 跑道道面断裂，包括整块板或局部，并出现错台或局部松动的。

② 水泥混凝土跑道道面未断裂，但出现大于 5mm（含）错台的。

③ 跑道出现直径（长边）大于 12cm 的掉块的。

④ 跑道出现直径（长边）小于 12cm 的掉块，但深度大于 7cm，或坡度大于 45°破损的。

⑤ 跑道出现塌陷或者导致平整度不符合要求的突发性沉降。

（8）在巡视检查过程中发现下列需要处理但暂时不影响航空器运行安全的情况时，检查人员应当报塔台管制员、机场值班领导或者相关部门，并适当增加该区域的检查频次，视情及时修补。

① 跑道道面断裂，包括整块板及局部，但不出现错台，板块不松动的。

② 跑道出现直径（长边）小于 12cm 的掉块，但深度小于 7cm 且坡度不大于 45°破损的。

③ 水泥混凝土跑道道面未断裂，但出现小于 5mm 错台的。

道面出现轻微损坏的，一般应当在发现后 24h 内予以修补或者处理。

（9）巡视检查完成后，检查人员应当向塔台管制员报告飞行区场地情况，并将检查开始时间、结束时间、检查人员姓名、飞行区场地情况记录在检查日志中。

思政阅读

道面维保员：做北京首都国际机场场道的"急救先锋"

实践训练

一、对施工单位在航空器起飞或者着陆前 1h 恢复的施工现场进行检查

（一）实践目的

（1）熟悉不停航施工安全管理的要求。

（2）不停航施工方案的内容。

（3）不停航施工航行通告的拍发。

（4）不停航施工的现场管理。

（二）实践内容

1. 准备要求

施工现场视频、记录本、签字笔等。

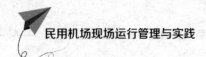

2. 具体内容

通过视频了解机场飞行区概况、不停航施工范围、施工作业等。结合视频内容，模拟机场管理机构相关人员进行不停航施工申请、航行通告的拍发、组织方案审定及现场检查。

3. 配分与评分标准（见表4-45）

表4-45　不停航施工的配分与评分标准

序号	考核内容	考核要点	配分	评分标准	扣分	得分
1	施工申请是否合理	对不停航施工申请流程及提交资料进行考核	10分	不能正确申请、资料准备不全的，扣10分		
2	编写不停航施工航行通告是否准确	航行通告编写是否规范、用词是否准确清楚	10分	航行通告编写不够规范准确的逐项进行扣分，每项扣2分，最高扣10分		
3	施工组织方案	施工组织方案内容	15分	施工组织方案内容逐项进行检查和扣分，最高扣15分		
4	施工现场检查	（1）施工围界、标志、标识；（2）检查施工人员证件佩戴、反光服穿着；（3）检查施工现场安全员；（4）检查施工人员车辆；（5）检查施工车辆、机具、材料堆放	10分	未检查施工围界、标志、标识健全的，扣2分；未检查施工围界、标志、标识符合标准的，扣2分；未检查施工人员证件佩戴、反光服穿着是否合规的，扣2分；未检查施工现场安全员是否在施工现场的，扣2分；未检查施工人员车辆有无超区域活动的，扣2分；未检查施工车辆、机具、材料堆放是否超限的，扣2分		
	施工路线检查	人员车辆的要求	2分	未检查施工车辆、人员行驶路线FOD防范情况的，扣1分		
	检查单填写	检查单按规定填写	3分	检查完毕后未填写《不停航施工检查单》，未要求安全员签字的，扣2分		
	合计		50分			

二、FOD巡查方案

（一）实践目的

（1）熟悉FOD种类及来源。

（2）掌握FOD管理控制区的划分。

（3）掌握FOD管理控制区巡查重点部位。

（二）实践内容

1. 准备要求

准备一张某机场飞行区平面布置图、记录本、签字笔等。

2. 具体内容

结合某机场飞行区的组成，划分FOD管理控制区，并熟悉管理控制区内的重点检查部位，制定合理的巡查方案。

3. 配分与评分标准（见表 4-46）

表 4-46　FOD 巡查的配分与评分标准

序号	考核内容	考核要点	配分	评分标准	扣分	得分
1	FOD 管理控制区划分	FOD 管理控制区划分是否合理	5分	不能正确划分的，扣 10 分		
2	管理控制区重点检查位置	跑道、滑行道、停机坪、货运装卸区等区域巡查重点位置	10分	每个 FOD 管理控制区逐项进行扣分，每项 2 分，最高扣 10 分		
3	巡查方案	巡查内容、巡查频率及方式等	5分	巡查频率及巡查方式错误的，扣 5分		
4	FOD 的种类	列举巡查区域有可能存在的 FOD 种类	10分	不熟悉 FOD 种类的，扣 10 分		
	合计		30 分			

本章复习题

1. 跑道参数有哪些？

2. 影响跑道长度的主要因素有哪些？

3. 简述 FOD 管理工作内容。

4. FOD 管理控制区域包括哪些？

5. 简述全球报告格式（GRF）的基本要素。

6. 跑道表面状况描述词主要有哪些？

7. 请列举《民用机场运行安全管理规定》中机场管理机构向民航地区管理局申请机场不停航施工时应当提交的材料。

8. 简述机场除冰雪设备配备要求。

9. 简述机场道面损坏等级评定标准。

10. 简述机械设备、化学制剂、人工除雪三种除冰除雪方法的使用特点。

11. 简述机场道面评价的流程。

12. 简述机场道面功能性能测定的内容。

本章测试题

第五章　民用机场目视助航灯光维护

【本章学习目标】

- 掌握进近灯光系统的构型及分类；
- 掌握精密进近航道指示器的指示原理；
- 掌握跑道灯光系统的组成及灯光颜色；
- 熟悉跑道、滑行道灯具每日、月、年检查维护的内容。

为规范运输机场目视助航设施的运行管理工作，保障目视助航设施正常运行，确保机场运行安全依据《运输机场运行安全管理规定》，参考国际民航组织《空中航行服务程序—机场》，中国民用航空局于 2023 年 3 月 1 日，对外发布了《运输机场目视助航设施管理办法》（以下简称《管理办法》）。《管理办法》指出，目视助航设施包括风向标、活动区道面标志、标志物、标记牌、助航灯光、机坪助航设备（含机坪泛光照明、目视停靠引导系统）、助航灯光配电系统（10kV 以下受电变配电系统和自备应急电源系统）、助航灯光监视及控制系统等。

第一节　民用机场灯光系统组成

机场灯光与机场地面标志一样，同属机场的目视助航设备，其目的是更好地引导飞机安全进场着陆，尤其是在夜间和低云、低能见度条件下的飞行，机场灯光系统更是发挥着不可替代的作用。

一、进近灯光系统

进近灯光系统（approach lighting system，ALS）是辅助航行灯光的一种，当飞机于夜间或是能见度低的情况下降落时，提供跑道入口位置和方向的醒目的目视参考。进近灯光系统安装在跑道的进近端，是从跑道向外延伸的一系列横排灯、闪光灯（或者两者组合）。进近灯光通常在有仪器进近程序的跑道上使用，使飞行员能够目视分辨跑道环境，帮助飞行员在飞机进近到达预定点的时候对齐跑道。

（一）简易进近灯光系统

拟在夜间使用的飞行区指标Ⅰ为 3 或 4 的非仪表跑道，应设 A 型简易进近灯光系统。拟在夜间使用的非精密进近跑道，应设 B 型简易进近灯光系统；在实际可行的情况下，宜设置Ⅰ类精密进近灯光系统。

简易进近灯光系统应由一行位于跑道中线延长线上，并尽可能延伸到距跑道入口不小于 420m 处的灯具，和一排在距跑道入口 300m 处一个长 30m 或 18m 的横排灯组成，如图 5-1 所示。简易进近灯光系统的灯具应是恒定发光灯。每一中线灯应为：①A 型为一个单灯；②B 型为至少 3m 长的短排灯，如果预计该系统将升级为精密进近灯光系统，宜采用 4m 长的短排灯。在短排灯由近似点光源构成的情况下，灯具应等距设置，间距不大于 1.5m。

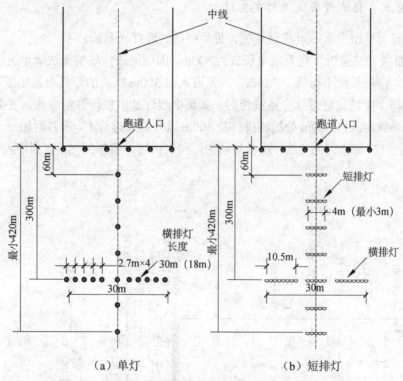

（a）单灯　　　　　　　（b）短排灯

图 5-1　简易进近灯光系统（中线灯间距为 60m 的情况）

（二）Ⅰ类进近灯光系统

Ⅰ类精密进近跑道应设Ⅰ类精密进近灯光系统（见图 5-2）。灯光系统的全长应延伸到距跑道入口 900m，因场地条件限制无法满足上述要求时可以适当缩短，但总长度应不低于720m。长度不足 900m 的进近灯光系统可能会使跑道的使用受到运行限制。

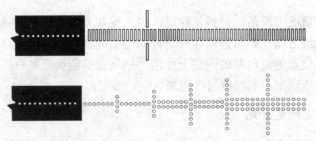

图 5-2　Ⅰ类精密进近灯光系统

　　Ⅰ类精密进近灯光系统应由一行位于跑道中线延长线上并尽可能延伸到距跑道入口 900m 处的中线灯和一排在距跑道入口 300m 处构成一个长 30m 的横排灯组成。Ⅰ类精密进近灯光系统的中线灯和横排灯应为发可变白光的恒定发光灯。每一中线灯应为：① A 型，在中线的最里面 300m 部分为单灯光源，在中线的中间 300m 部分为双灯光源，在中线的外端 300m 部分为三灯光源，用以提供距离信息；② B 型，一个短排灯。

　　Ⅰ类精密进近灯光系统的构型宜采用 B 型。

（三）Ⅱ类、Ⅲ类精密进近灯光系统

　　Ⅱ类或Ⅲ类精密进近跑道应设Ⅱ类、Ⅲ类精密进近灯光系统。

　　Ⅱ类、Ⅲ类精密进近灯光系统全长宜为 900m，因场地条件限制无法满足上述要求时可以适当缩短，但总长度不得低于 720m，距跑道入口 300m 以内的灯具布置如图 5-3 所示，其余部分应与Ⅰ类精密进近灯光系统相同。如果中线灯是由短排灯组成的，Ⅱ类、Ⅲ类精密进近灯光系统距入口 300m 处的横排灯及 300m 以外的短排灯上，应各附加一个顺序闪光灯。顺序闪光灯应每秒闪光 2 次，从最外端的灯向入口逐个顺序闪光，直到距入口 300m 处的横排灯。

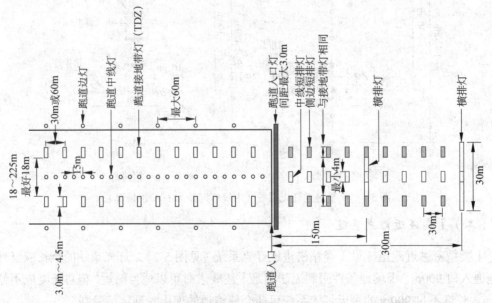

图 5-3　Ⅱ类和Ⅲ类精密进近跑道的内端 300m 的进近灯光和跑道灯光

二、精密进近坡度指示系统

精密进近坡度指示系统（PAPI）是为准备着陆的飞行员提供目视精密进近航道指示的助航灯光装置，是机场专用灯光设备，用以引导飞机按正确的进近航道安全进场着陆。有进近引导要求的航空器使用的跑道，无论跑道是否设有其他目视助航设备或非目视助航设备，应设置精密进近坡度指示系统。

有以下几种情况的时候，需要设置精密进近坡度指示系统。

（1）供涡轮喷气飞机或有类似进近引导要求的飞机使用的跑道。

（2）任何类型飞机的驾驶员由于下述情况可能在进近中感到难以判断：

① 进近时目视引导不充分，如昼间飞在水面上或没有特征的陆地上空，或夜间飞在进近地区内没有足够的外界灯光等情况。

② 容易引起误解的信息，如由于迷惑人的地形或跑道坡度所产生的信息。

（3）在进近地区内存在物体，如果飞机低于正常进近航道下降可能引起严重的危险，特别是在没有非目视或其他目视助航设施能发出有这些物体存在的警告时。

（4）跑道任何一端的具体情况在发生飞机过早接地或冲出跑道的情况下会导致严重的危险。

（5）地形或经常的气象条件使飞机在进近中可能经受到异常的湍流。

（一）精密进近坡度指示系统分类

精密进近坡度指示系统分为简易精密进近坡度指示系统（APAPI）和精密进近坡度指示系统两种，安装示意图如图 5-4 所示。

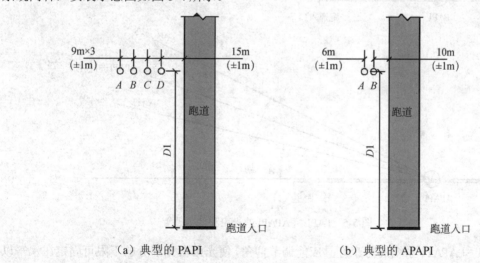

（a）典型的 PAPI　　　　　　　（b）典型的 APAPI

图 5-4　各种精密进近坡度指示系统安装示意

当飞行区指标 I 为 1 或 2 时，应设置 PAPI 或 APAPI。当飞行区指标 I 为 3 或 4 时，应设置 PAPI。精密进近坡度指示系统应适合于昼间和夜间运行。PAPI 系统应由 4 个灯具组成，APAPI 系统应由两个灯具组成，如图 5-4 所示。

PAPI 或 APAPI 系统应设在跑道的左侧（对进近中的飞行员而言），但在实际不可行时可设在跑道的右侧。在使用跑道的航空器需要但未能由其他外部方式提供的目视侧滚引导时，可在跑道的另一侧设置另一组灯具。各灯具的光轴在水平面上的投影应平行于跑道中线，朝向进近中的航空器。全部灯具应易折，并应尽可能地安装在同一水平面上。系统中各个灯具的仰角调置应使图 5-5 所确定的进近坡满足下列要求。

（1）适合向系统所在跑道端进近的飞机使用。

（2）尽可能与 ILS（如设有）的下滑航道一致，或与 MLS（如设有）的最小下滑航道一致。

（3）在进近中的飞行员看见 PAPI 系统的 3 个红灯和 1 个白灯信号，或看见 APAPI 系统的最低的"在坡度上"（一红一白）信号时，能对进近区内所有物体保持一个安全净距。

（4）在为提供侧滚引导而在跑道两侧设置 PAPI 或 APAPI 的场合，将相应灯具的仰角设置得相同，使两组灯的信号同时对称变化。

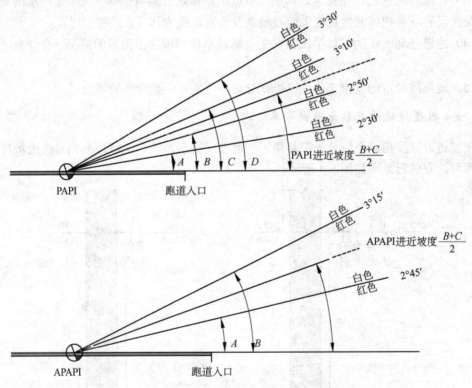

图 5-5　PAPI 和 APAPI 的光束和仰角调置

PAPI 和 APAPI 系统的每个灯具应能调节仰角，使光束白光部分的下限可固定在水平以上 1°30′～4°30′ 任何要求的角度上。PAPI 和 APAPI 系统应设置合适的光强调节设备，以便调节光强适应当时的情况并避免使飞行员在进近和着陆中感觉眩目。

（二）PAPI 系统所表达的信号

（1）正在或接近进近坡度时，看到离跑道最近的两个灯具为红色，离跑道较远的两个灯具为白色。

（2）高于进近坡度时，看到离跑道最近的灯具为红色，离跑道最远的 3 个灯具为白色；在高于进近坡度更多时，看到全部灯具均为白色。

（3）低于进近坡度时，看到离跑道最近的 3 个灯具为红色，离跑道最远的灯具为白色；在低于进近坡度更多时，看到全部灯具均为红色。

（三）APAPI 系统所表达的信号

（1）正在或接近进近坡度时，看到离跑道较近的灯具为红色、离跑道较远的灯具为白色。

（2）高于进近坡度时，看到两个灯具均为白色。

（3）低于进近坡度时，看到两个灯具均为红色。

三、跑道灯光系统

（一）跑道边灯

夜间使用的跑道或昼夜使用的精密进近跑道应设跑道边灯。

拟供在昼间跑道视程低于 800m 左右的最低运行标准条件下起飞的跑道应设置跑道边灯。

跑道边灯应是发可变白光的恒定发光灯，但在跑道入口内移的情况下，从跑道端至内移跑道入口之间的灯应对进近方向显示红色；跑道末端 600m 范围内的跑道边灯朝向跑道中部的灯光应为黄色。若跑道长度不足 1800m，则发黄色光的跑道边灯所占长度应为跑道长度的 1/3。

（二）跑道入口灯

设有跑道边灯的跑道应设置跑道入口灯，只有跑道入口内移并设有跑道入口翼排灯的非仪表跑道和非精密进近跑道可不设置跑道入口灯。

跑道入口灯设置的数量和位置如下。

（1）非仪表跑道或非精密进近跑道，在跑道边灯线之间至少设置 6 个灯具。

（2）Ⅰ类精密进近跑道，跑道入口灯的数量至少为在跑道边灯线之间以 3m 间距等距设置时所需的灯数。

（3）Ⅱ类、Ⅲ类精密进近跑道，跑道入口灯应在跑道边灯线之间以不大于 3m 的间距等距设置。

（4）（1）和（2）规定的入口灯既可均匀布置，也可分为两组均匀布置。两组均匀布置时中间应留一缺口，缺口对称于跑道中线，其宽度应等于接地带标志的间距。若跑道上未设置接地带标志，则两组灯之间的缺口宽度应为 18m 或不大于两行跑道边灯之间距离的 1/2。

跑道入口灯应为朝向跑道进近方向发绿色光的单向恒定发光灯。

（三）跑道入口翼排灯

当需要加强显示精密进近跑道的入口时，或者当非仪表跑道和非精密进近跑道因入口

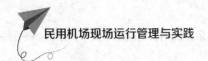

内移未设置入口灯时，应设置跑道入口翼排灯。

跑道入口翼排灯应设置在跑道入口的两侧，每侧至少由 5 个灯具组成，垂直于跑道边线并向外延伸至少 10m，最里面的灯与跑道边灯线对齐。跑道入口翼排灯的布置如图 5-6 所示。跑道入口翼排灯应为朝向跑道进近方向发绿色光的单向恒定发光灯。

（四）跑道末端灯

设有跑道边灯的跑道应设置跑道末端灯。跑道末端灯至少应由 6 个灯具组成，可在两行跑道边灯线之间均匀分布，也可对称于跑道中线分为两组，每组灯具应等距布置，在两组之间留一个不大于两行跑道边灯距离一半的缺口。

跑道末端灯应为向跑道方向发红色光的单向恒定发光灯。非精密进近跑道和精密进近跑道的跑道末端灯应为轻型易折的立式灯或嵌入式灯具。

（五）跑道中线灯

精密进近跑道及起飞跑道应设置跑道中线灯。

跑道中线灯应采用嵌入式灯具，灯光自入口至距离跑道末端 900m 范围内应为白色；从距离跑道末端 900m 处开始至距离跑道末端 300m 范围内应为红色与白色相间；从距离跑道末端 300m 开始至跑道末端应为红色。若跑道长度不足 1800m，则应改为自跑道中点起至距离跑道末端 300m 处范围内为红色与白色相间。

跑道入口内移的进近灯光和跑道灯光布置如图 5-6 所示。

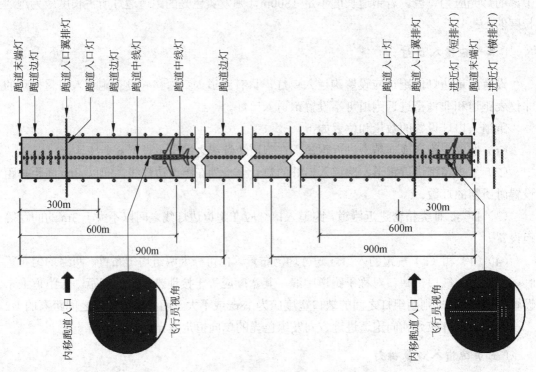

图 5-6　跑道入口内移的进近灯光和跑道灯光布置

（六）跑道接地带灯

Ⅱ类或Ⅲ类精密进近跑道的接地带上应设置跑道接地带灯。

跑道接地带灯应由嵌入式单向恒定发白色光的短排灯组成，朝向进近方向发光。短排灯应成对地从跑道入口开始以 30m 或 60m 设置到距跑道入口 900m 处。成对的短排灯应对称地位于跑道中线的两侧，横向间距应与接地带标志相同。接地带灯短排灯应至少由 3 个灯具组成，各灯具的间距应不大于 1.5m。

（七）跑道入口识别灯

在下列情况下应设置跑道入口识别灯。

（1）在需要使非精密进近跑道的入口更加明显或不可能设置其他进近灯光时。

（2）在跑道入口从跑道端永久位移或从正常位置临时位移并需要使入口更加明显时。

跑道入口识别灯应对称地设置在跑道中线两侧，与跑道入口在同一条直线上，在跑道两侧边灯线以外约 10m 处。

跑道入口识别灯应朝向进近着陆的航空器单向发光，每分钟闪白色光 60～120 次。

（八）跑道警戒灯

跑道警戒灯分为 A 型跑道警戒灯和 B 型跑道警戒灯，如图 5-7 所示。

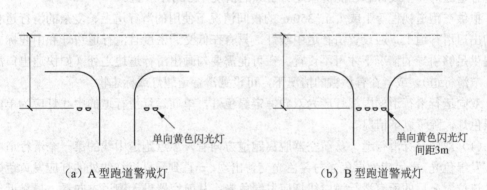

（a）A 型跑道警戒灯　　　　　　　　　（b）B 型跑道警戒灯

图 5-7　跑道警戒灯

在下列情况下使用的跑道的每个跑道与滑行道（除单向运行出口滑行道外）相交处，应设置 A 型跑道警戒灯。

（1）跑道视程小于 550m 且未安装停止排灯。

（2）跑道视程为 550～1200m 且交通密度大。

在每个跑道与滑行道（除单向运行出口滑行道外）相交处，宜设置 A 型或 B 型跑道警戒灯。

B 型跑道警戒灯不应与停止排灯并列。A 型跑道警戒灯应设置在滑行道两侧，B 型跑道警戒灯应横贯滑行道设置。

A 型跑道警戒灯应包括两对背离跑道方向交替发黄色光的立式灯，设置在滑行道两侧的立式停止排灯（如设有）的外侧或距离滑行道边约 3m 处（如未设立式停止排灯）。B 型跑道警戒灯应为背离跑道方向发黄色闪光的嵌入式灯，横跨滑行道全宽设置，间距为 3m。

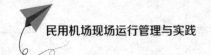

每对 A 型跑道警戒灯中的两个灯应以每分钟 30～60 次的频率交替闪光；B 型跑道警戒灯中相邻的灯应以每分钟 30～60 次的频率交替闪光。

四、滑行道灯光系统

（一）滑行道边灯

准备在夜间使用的未设滑行道中线灯的滑行道和出口滑行道均应设置滑行道边灯。准备在夜间使用的机坪、等待坪、除冰坪和跑道掉头坪的边缘任何部分，都应设置滑行道边灯。只有在考虑了运行的性质，确认地面照明或其他方法已能提供足够的引导时才不必设置滑行道边灯。跑道上作为标准滑行路线的一部分拟供在夜间滑行而没有滑行道中线灯时，应设置滑行道边灯。

滑行道边灯应采用全向发蓝色光的轻型易折的立式灯具或嵌入式灯具。

（二）滑行道中线灯

拟供在跑道视程小于 350m 的情况下使用的出口滑行道、滑行道、除冰防冰设施和机坪、作为标准滑行路线的一部分的跑道上应设置滑行道中线灯，设置方式应确保能从跑道中线开始至停机坪上航空器开始其停放操作的地点为止提供连续的引导，只有在低交通密度且滑行道边灯和中线标志已能提供足够引导的情况下才可不设置。

拟供在跑道视程等于或大于 350m 的夜间情况下使用的滑行道上、复杂的滑行道相交处和出口滑行道上，应设置滑行道中线灯，只有在低交通密度且滑行道边灯和中线标志已能提供足够引导的情况下才可不设置。在可能需要勾画出滑行道边之处（如快速出口滑行道、窄滑行道），或者在有积雪的情况下，可设置滑行道边灯或标志物。

双向运行滑行道的中线灯应为双向恒定绿色灯，单向运行滑行道的中线灯应为单向恒定绿色灯，除了以下情况。

（1）双向运行滑行道，从航空器脱离跑道方向看，靠近跑道中线的第一个滑行道中线灯应发绿色光，之后应为绿色光与黄色光交替出现，一直到最靠近红线处的灯应发黄色光，过了该位置之后的所有滑行道中线灯应发绿色光；从航空器进入跑道方向看，最靠近红线处的灯光应发黄色光，之后应为绿色光与黄色光交替出现，最远的灯应发绿色光。

（2）单向运行滑行道，从航空器脱离跑道方向看，靠近跑道中线的第一个滑行道中线灯应发绿色光，之后应为绿色光与黄色光交替出现，一直到最靠近红线处的灯应发黄色光，过了该位置之后的所有滑行道中线灯应发绿色光；从航空器进入跑道方向看，最靠近红线处的灯光应发黄色光，之后应为绿色光与黄色光交替出现，最远的灯应发绿色光。

滑行道中线灯应设置在滑行道中线标志上，只有在不可能设置在标志上时才可将灯具偏离不大于 0.6m 的距离。滑行道、出口滑行道和弯道上的滑行道中线灯布置如图 5-8 所示。

（三）停止排灯

对于在每个通向拟在跑道视程小于 550m 情况下使用的跑道，在跑道等待位置及拟实行停止或放行控制的中间等待位置处，应设置停止排灯，但在下列情况下可不设置。

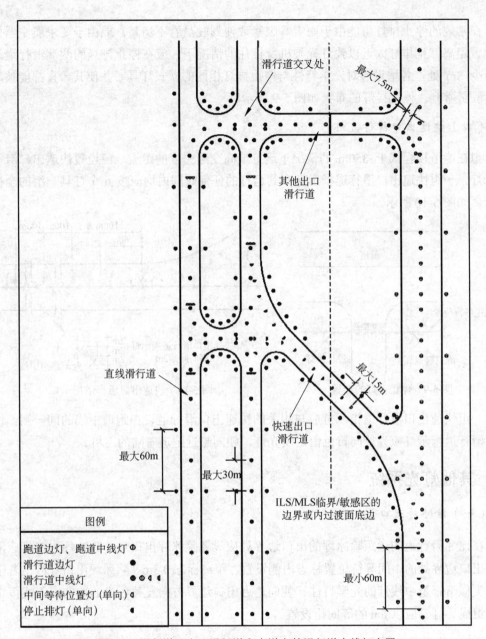

图 5-8　滑行道、出口滑行道和弯道上的滑行道中线灯布置

（1）具备防止航空器和车辆偶然侵入跑道的适当助航设施和程序。

（2）在跑道视程低于 550m 的情况下，具备限制同一时间内在运转区只有一架航空器和必不可少的最少车辆的运行程序。

对于夜间和跑道视程大于 550m 情况下使用的跑道，在跑道等待位置宜设置停止排灯。当要求用灯光来补充标志并用目视方法实施交通管制时，应在中间等待位置处设置停止排灯。

停止排灯应设置在滑行道上要求航空器停住等待放行之处，由若干个朝向趋近停止排灯的航空器发红色光的嵌入式灯具组成。

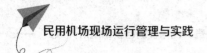

在常规的停止排灯可能由于雨雪等因素致使驾驶员看不清楚，或由于要求航空器停住的位置距离停止排灯太近以致灯光被机身挡住的情况下，应在停止排灯的两端滑行道边以外至少 3m 处，各增设一对光学特性与停止排灯相同的立式灯具，并使其一直都能被趋近的驾驶员看到。停止排灯的布置如图 5-9 所示。

（四）快速出口滑行道灯

拟在跑道视程低于 350m 的情况下运行或高交通密度的跑道，应设置快速出口滑行道指示灯。一组快速出口滑行道指示灯在其运行的任何时间内均应按 6 个灯具一组的全构型展示，如图 5-10 所示。

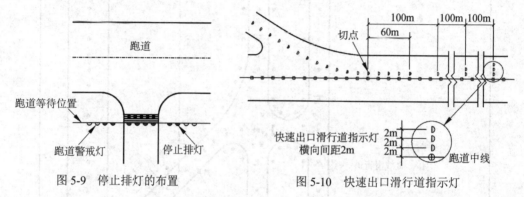

图 5-9　停止排灯的布置　　　　　图 5-10　快速出口滑行道指示灯

一组快速出口滑行道指示灯应与相关的快速出口滑行道设在跑道中线的同一侧。快速出口滑行道指示灯应为单向黄色恒定发光灯，朝向趋近跑道着陆的飞机。

五、其他灯光系统

（一）除冰坪出口灯

在比邻滑行道的远距除冰坪的出口边界处应设置除冰坪出口灯。除冰坪出口灯应沿除冰坪出口边界处的中间等待位置标志内侧设置，距离标志 0.3m。除冰坪出口灯应由若干个具有类似滑行道中线灯的光学特性、朝向趋近出口边界方向发黄色光的单向嵌入式恒定发光灯组成。灯具应以 6m 的等间距设置。

（二）跑道掉头坪灯

在跑道视程低于 350m 的情况下使用的跑道掉头坪应设置跑道掉头坪灯。在夜间使用的跑道掉头坪宜设置跑道掉头坪灯。

跑道掉头坪灯应设置在跑道掉头坪标志上，只有在实际不可行时才可偏离标志不超过 0.3m。直线段上的跑道掉头坪灯的纵向间距应不大于 15m，曲线段上的跑道掉头坪灯的间距应不大于 7.5m。

跑道掉头坪灯应为单向绿色恒定发光灯，其光束范围应只有从位于或趋近跑道掉头坪的飞机上才能看见。

（三）机位操作引导灯

在已有其他方式无法提供足够的引导时，拟供在低能见度条件下使用的有铺筑面的机坪或除冰坪上设置机位操作引导灯，以便利航空器正确地停放在机位上。

机位操作引导灯打开表示机位可供使用，关闭表示机位不可使用。

机位操作引导灯应与机位标志设在一起，用以标出引入线、转弯线和引出线的灯具在曲线上的间距应不大于 7.5m，在直线段上的间距应不大于 15m。

除标示停住位置的灯应为恒定发红色光的单向灯外，其他机位操作引导灯应为恒定发黄色光的全向灯，发出的光应在准备由其提供引导的整个区段内都能看到，灯具的光强应满足使用机位的需要，一般不宜低于 60cd。

（四）盘旋引导灯

在跑道准备用于盘旋进近的情况下，若现有的进近和跑道灯光系统不能保证盘旋飞行的驾驶员识别跑道和（或）进近区，则应设置盘旋引导灯。

盘旋引导灯应为闪光灯或恒定发光灯，其光强和光束扩散角在预期进行目视盘旋进近的能见度和周围灯光条件下应能满足使用要求。闪光灯应发白光，恒定发光灯应发白光或为气体放电灯。

盘旋引导灯的灯具设计和安装应确保正在进近着陆、起飞或滑行的驾驶员不会产生眩目或误解。

（五）跑道引入灯光系统

为避开障碍物、危险地形或减少噪声等，需要沿某一特定的进近航道提供目视引导的机场，应设置跑道引入灯光系统。

跑道引入灯光系统应由多组至少包括 3 个闪光灯的闪光灯组组成，从跑道端外常规进近航道终点上空容易发现的一点开始，以不大于 1600m 的间距沿要求的特定进近航道设置，直到可见进近灯光系统、跑道或跑道灯光系统处为止。每组灯的位置和朝向应便于从前一组灯的上空发现，使引导连续不断。跑道引入灯光系统的典型布局如图 5-11 所示。在每个闪光灯组中可加设若干个恒定发光灯，每组的几个闪光灯应同时以每秒 1 次的频率闪亮，各组宜由远端开始顺序向近端逐组闪光，每秒一个循环。每个闪光灯组的电源应能由机场遥控。

（六）跑道状态灯

跑道状态灯是一种跑道侵入自主警告系统。跑道状态灯的两个基本目视组成部分是跑道进入灯和起飞等待灯，两者都可以单独安装，但两者被设计成彼此互为补充。

拟安装的跑道进入灯应由一行沿航空器朝跑道进近的方向发红色光的嵌入式恒定发光灯组成，在每个滑行道与跑道的交叉处安装的跑道进入灯具组在该系统确定需要发出警告后 2 秒内开亮。

所安装的起飞等待灯应由两排朝起飞航空器方向发红色光的嵌入式恒定发光灯组成，跑道上的起飞等待灯具组在该系统确定需要发出警告后 2 秒内开亮。

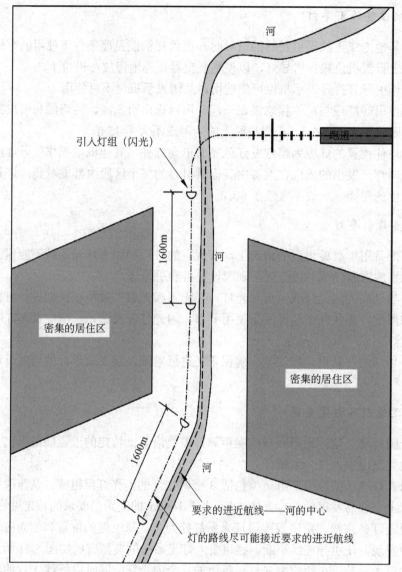

图 5-11　跑道引入灯光系统的典型布局

（七）道路等待位置灯

当在跑道视程小于 550m 和（或）高交通密度的情况下使用跑道时，应在服务于跑道的所有道路等待位置上设置道路等待位置灯。

道路等待位置灯应邻近道路等待位置标志，距离路边 1.5±0.5m，宜设置在道路右侧。道路等待位置灯的高度应满足障碍物的限制要求。

道路等待位置灯应采用下列两种形式之一。

（1）一套由机场 AIC 部门控制的红绿交通灯。

（2）一个每分钟闪光 30～60 次的红色闪光灯。灯具的光束应是单向的，朝向趋近等待位置的车辆。灯具的光强应能满足在当时的能见度和周围灯光条件下使用该等待位置的需要，且不应使驾驶员感到眩目。

第二节　助航灯光系统预防性检查维护

一、立式进近灯具

立式进近灯具包括进近灯、进近侧边灯、顺序闪光灯和环视灯。

1. 每日检查维护内容

（1）检查灯具的发光情况。目视检查灯具发光的均匀性、颜色、覆盖范围是否正常，顺序闪光灯闪光是否正常，包括：更换失效的灯泡；更换破损的玻璃罩及滤色片；清理灯具的遮挡物及玻璃罩上的污垢。

（2）目视检查灯具的安装角度，对有显著偏差的灯具应重新调整。

2. 每月检查维护内容

清洗灯具玻璃罩。

3. 每半年检查维护内容

（1）仪器检查灯具安装的直线性和安装角度，检查每个灯具的仰角，对仰角出现偏差的灯具应重新调整。

（2）检查进近灯光系统中灯具的外部结构，如灯具易折件、连接件等，对已损坏的灯具外部结构件进行维修或更换。

4. 每年检查维护内容

检查顺序闪光灯的户外控制箱。

（1）检查顺序闪光灯户外控制箱的密封情况。

（2）检查或更换避雷器及其他失效组件。

（3）紧固接线端子，清洁户外控制箱的内部设备。

（4）校验顺序闪光灯的反馈信号及闪光频率是否正确。

5. 不定期检查维护

（1）在以下情况下应进行不定期检查维护。

① 机场新建成或灯具更新一个月内。

② 天气温度骤变或大风、暴雨（雪）等恶劣天气以后。

③ 灯具达到一定使用年限或发生异常灯具损坏等。

（2）目视检查进近灯具的密封性能机械结构及光学部件，灯具的密封性能、反光器、玻璃罩及滤色片。

① 检查灯具内部有无渗水或损坏，更换灯具的失效组件及密封圈。

② 检查维护灯具的防腐层。

③ 检查灯具内外紧固件的有效性。

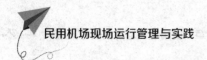

二、目视进近坡度指示系统

1. 每日检查维护内容

检查灯具的发光情况。

（1）检查所有灯泡工作情况，更换失效的灯泡。

（2）目视检查灯具红色滤色片有无破裂、移位现象，更换失效的滤色片或将滤色片卡到位。

2. 每月检查维护内容

（1）检查每台 PAPI 灯具的仰角和水平安装角度，应符合相关规定。

（2）检查每台 PAPI 灯具内、外部光学部件有无破损和位移，并清除污垢。

（3）检查每台 PAPI 灯具的机械结构和部件安装情况，对松动或损坏的部件进行紧固和更换。

（4）检查每台 PAPI 灯具及户外配套电气设备的密封情况，更换失效的密封件。

3. 每年检查维护内容

检查每台 PAPI 灯具基础是否出现位移或沉降。

4. 不定期检查维护

（1）在以下情况下应进行不定期检查维护。

① 机场新建成一年内或任意一组灯具总成更新。

② 天气温度骤变或大风、暴雨（雪）等恶劣天气以后。

③ 发现灯具基础有明显冻涨或沉降。

④ 外界扰动造成灯具仰角发生了变化。

（2）不定期检查维护的内容如下。

① 检查并清除可能遮挡住灯具光束的遮挡物或障碍物。

② 检查 PAPI 灯具的仰角和安装情况。

③ PAPI 校验。

● 按照 PAPI 灯具空中校验安排与仪表着陆系统同时进行空中校验。

● 在定期校验周期中，PAPI 灯具调整后应当重新进行空中校验或地面校验。

三、跑道和滑行道灯具

跑道和滑行道灯具分为嵌入式灯具和立式灯具，包括跑道入口灯、跑道入口翼排灯、跑道入口识别灯、跑道末端灯、跑道边灯、跑道中线灯、接地带灯、滑行道中线灯、滑行道边灯、快速出口滑行道指示灯、跑道掉头坪灯、停止排灯、中间等待位置灯、道路等待位置灯、除/防冰坪出口灯、飞机机位操作引导灯、不适用地区灯、跑道警戒灯和嵌入式进近灯等。

1. 每日检查维护内容

（1）检查灯具的发光情况。目视检查灯具发光的均匀性、颜色、覆盖范围是否正常；

更换失效的发光组件，更换破损的嵌入式灯具上盖，更换破损的立式灯具的玻璃灯罩。

（2）目视检查立式灯具纵向和横向的直线性，重新调整显著偏差的灯具，维修倒伏灯具。

2. 每周检查维护内容

检查并记录跑道警戒灯的两灯交替变化频率，应符合相关规定。

3. 每月检查维护内容

（1）逐个检查各类嵌入式灯具上盖有无变形、破裂或紧固件脱落。如果有应查明原因，立即更换。

（2）检查跑道上嵌入式灯具上盖的固定螺栓的扭矩（跑道等待位置以内），按照该灯具产品说明书规定的扭矩紧固螺栓。

（3）检查并清洗嵌入式灯具投光窗口的污垢。

（4）清洗立式灯具的玻璃罩。

4. 每半年检查维护内容

检查除跑道以外的其他嵌入式灯具上盖的固定螺栓的扭矩。

5. 不定期检查维护

（1）在以下情况下应进行不定期检查维护。

① 机场新建成投入使用一年内或灯具更新一个月内。

② 天气温度骤变或大风、暴雨（雪）等恶劣气象条件时。

③ 在实施除冰雪作业后和道面土建维护工程（道面盖被等）后。

④ 灯具达到一定使用年限，或发生异常灯具损坏（飞机牵引车的抱轮机构刮坏滑行道中线灯具上盖）等。

（2）不定期检查维护内容。

① 灯具的安装角度。

② 检查并清除可能遮挡住灯具光束的橡胶层、杂草、积雪等遮挡物和障碍物。

③ 灯具的完好情况。

四、机场灯标

1. 每日检查维护内容

目视检查灯具发光是否正常，颜色是否正确，旋转频率是否正常，更换失效的灯泡、玻璃罩及滤色片。

2. 每半年检查维护内容

（1）检查灯具的旋转机构，校验机场灯标的旋转频率。

（2）检查灯具的电气配套设备，更换故障的电气部件。

3. 每年检查维护内容

（1）检查灯具的光学部件，机场灯标的反光器、玻璃灯罩及滤色片。

（2）检查维护灯具防腐层、密封件及紧固件的有效性。

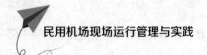

4. 不定期检查维护

（1）在以下情况下应进行不定期检查维护。

① 机场新建成投入使用一年内。

② 天气温度骤变或大风、暴雨（雪）等恶劣天气以后。

③ 发生异常情况时。

（2）不定期检查维护内容。目视检查机场灯标的旋转性能、机械结构及光学部件，灯具的密封性能、反光器、玻璃罩及滤色片。

① 检查灯具内部有无渗水或损坏，更换灯具的失效组件及密封圈。

② 检查维护灯具的防腐层。

③ 检查灯具内外紧固件的有效性。

五、障碍灯

障碍灯仅指机场飞行区范围内的恒定发光障碍灯和闪光障碍灯。

1. 每日检查维护内容

检查灯具的发光情况：检查障碍灯是否正常发光，颜色是否正确，闪光障碍灯的闪光频率是否正常。

（1）更换失效的光源。

（2）更换破损的灯具玻璃罩。

（3）目视检查障碍灯的闪光频率。

2. 不定期检查维护

在天气温度骤变或大风、暴雨（雪）等恶劣天气以后应进行不定期检查维护。

不定期检查维护内容：检查灯具的发光情况，并维修失效的灯具。

六、风向标

风向标包括有照明的风向标和无照明的风向标。

1. 每日检查维护内容

（1）检查风向标的工作情况：检查风向标的照明情况，更换失效的光源；检查风向标的锥形风斗有无破损和褪色，更换破损和褪色的锥形风斗。

（2）检查风向标安装支架的紧固件是否齐全、适用。

2. 每年检查维护内容

（1）检查风向标的照明和供电装置，检查灯具的电气连接。

（2）检查风向标的防腐层，对防腐层已脱落的部位应进行处理。

（3）检查风向标的旋转部件，维修失效的机械部件。

3. 不定期检查维护

（1）在以下情况下应进行不定期检查维护。

① 机场新建成投入使用一年内。

② 天气温度骤变或大风、暴雨（雪）等恶劣天气以后。

③ 发生异常情况时。

（2）不定期检查维护内容。

① 风向标的安装基础及支架情况。

② 风斗的旋转机构。

③ 风向标的供电照明情况。

七、备用发电机组和 UPS 电源

1. 每日检查维护内容

对备用发电机组及机房的日常检查应包括以下内容。

（1）检查发电机组状态并清理发电机组和机房。

（2）检查蓄电池电压。

（3）检查发电机组的机油油位。

（4）检查油箱的油位。

（5）检查发电机组冷却剂。

（6）检查浸入式加热器。

（7）检查油阀门、油路、水路和附件。

2. 每周（月）检查维护内容

对备用发电机组进行每周不少于 15 分钟的加载试验一次、每月内不少于 30 分钟的加载试验一次，并做好记录。

（1）加载 15 分钟内检查发电机组：检查发电机组输出电压、频率是否正确；发电机组排出气体的颜色，判断是否完全燃烧；检查排气管、燃油、润滑油和冷却剂是否有渗漏；发电机组是否有异常发热现象。

（2）检查发电机组房的通风设备。

（3）擦洗发电机组和相关设备。

3. 每年检查维护内容

（1）检查和更换三滤器及润滑油。

（2）检查转换开关，包括开关动作、接触状态和延迟时间。

（3）检查发电机组的安装基础。

4. 不定期检查维护

在以下情况下进行不定期检查维护。

（1）用蓄电池高效放电器测量蓄电池容量，进入黄区或红区，带假负荷放电时，电容量低于电池标准容量的 60% 时。

（2）由于蓄电池原因造成启动困难时。

（3）蓄电池已超过 2 年。

不间断电源（UPS）的预防性检查维护应符合表 5-1 的规定。

表 5-1　不间断电源（UPS）预防性检查维护

维 护 内 容	每　日	每 半 年	每　　年	不 定 期
（1）检查 UPS 的运行情况	★			
（2）检查 UPS 蓄电池性能		★		
（3）模拟市电故障，测试不间断供电功能			★	
（4）对 UPS 进行内外部清洁			★	
（5）检查满负载条件下 UPS 后备时间			★	
（6）检查 UPS 内部元器件及电气连接			★	
（7）检查 UPS 正常模式与旁路模式的切换性能			★	
（8）按 UPS 厂家要求进行不定期检查维护				★

八、机场助航灯光监视和控制系统

1. 每日检查维护内容

（1）系统设备有无异常噪声、异常发热和异常气味等现象。

（2）系统设备操作是否顺畅，控制指令响应是否及时可靠。

（3）查询系统监控对象的运行状态和参数，显示是否及时准确。

（4）检查系统报警信息，发现异常应立即处理。

2. 每半年检查维护内容

（1）根据系统监控对象运行参数的实际范围和相关行业标准，复核校验系统显示值，调整报警门限。

（2）对机箱、机柜等散热部件进行检查和清理，确保散热系统正常。

（3）必要时应对包括服务器、工作站、网络设备在内的整套系统重新启动一次。

（4）检查系统的避雷器、浪涌吸收元件是否失效。

（5）检查设备的连接件和接线端子紧固件是否牢固，控制柜内的电磁元件是否良好（继电器或交流接触器触点有无灼伤、过热、熔焊和粘连）。

（6）检查系统接地是否牢固，接地电阻是否在系统容许的范围内。

（7）将系统历史记录数据库备份至外部存储器中存档。

（8）在模拟系统故障环境下，主设备和冗余设备及主通信线路与冗余通信线路的切换情况，系统维修中心的报警功能。

（9）在模拟系统故障环境下，系统的控制权限应自动实现由高级向低级转移。

（10）在模拟系统监控对象故障环境下，检查系统检测故障及报警的准确性。

3. 不定期检查维护

应在系统监控对象出现大规模改造更新、增加或减少时进行不定期检查。

不定期检查维护内容如下。

（1）对监控系统的各项功能进行验证，检查现场设备状态与系统内监控数据是否一致，状态更新是否及时。

（2）检查控制指令发送与现场执行设备是否一致，系统反馈信号显示是否正确、及时。

（3）检查系统报警功能是否完整，报警信息是否正确、实时。

思政阅读

鄂尔多斯国际机场助航灯光室：夯实"三基"建设基础　铸就平凡岗位精彩

实践训练

一、实践目的

（1）熟悉助航灯光系统的组成。

（2）熟悉助航灯光系统的标准。

二、实践内容

由教师向考生提问助航灯光系统的组成，学生进行概述，并描述助航灯光系统中精密进近坡度指示系统的组成标准。

1. 准备要求

根据教师提问（2遍），概述助航灯光系统的组成，描述精密进近坡度指示系统的组成标准。

2. 配分与评分标准（见表5-2）

表5-2　助航灯光系统的配分与评分标准

序号	考核内容	考核要点	配分	评分标准	扣分	得分
1	助航灯光系统的组成	准确记录助航灯光系统中各系统的名称	10分	（1）遗漏相关系统的，扣2分； （2）全部记录错误的，扣10分		
2	精密进近坡度指示系统的要求	熟悉精密进近坡度指示系统的要求	5分	（1）遗漏相关要求的，扣2分； （2）全部记录错误的，扣5分		
3	PAPI系统的构造和布置的标准	掌握PAPI系统的显示情况对应的航空器高度	5分	（1）遗漏相关标准的，扣2分； （2）全部记录错误的，扣5分		
	合计		20分			

本章复习题

1. 简述跑道和滑行道灯具预防性检查维护的主要内容。
2. 简述机场灯标的检查维护内容。
3. 简述助航灯具常见的故障原因和排除方法。
4. 简述更换嵌入式灯具的操作规定。

本章测试题

第六章　民用机场飞行区标志、标记牌维护

【本章学习目标】

- 掌握跑道道面标志、滑行道道面标志、机坪道面标志及其他标志等机场道面标志的含义；
- 掌握机场道面标志维护的基本要求；
- 掌握飞行区标记牌的种类及含义；
- 掌握飞行区标记牌维护的基本要求。

第一节　机场道面标志

一、机场道面标志分类

机场道面标志主要包括跑道道面标志、滑行道道面标志、机坪道面标志及其他标志等。

（1）跑道道面标志包括跑道号码标志、跑道中线标志、跑道入口标志、瞄准点标志、接地地带标志和跑道边线标志等。

（2）滑行道道面标志包括滑行道中线标志、跑道等待位置标志、滑行道交叉标志及其他滑行道辅助标志等。

（3）机坪道面标志包括飞机机位标志、机坪安全线、道路等待位置标志和信息标志等。

（4）除以上道面标志外，机场内还设有 VOR 机场校准点标志、跑道和滑行道关闭标志、跑道入口前限制使用标志等。

标志应符合下列基本要求。

（1）在两条跑道相交处，应显示较重要的那条跑道的标志，另一条跑道的所有标志应中断。跑道重要性由高到低的顺序为精密进近跑道、非精密进近跑道、非仪表跑道。

（2）在跑道与滑行道相交处，应显示跑道的各种标志（跑道边线除外），滑行道的各种标志应中断。

（3）跑道标志应为白色。跑道标志可由无空隙的色块组成，也可由能够提供相同效果的一系列纵向线条组成。跑道标志宜采用适当品种的油漆，以尽可能减少标志处不均匀摩阻特性引起的危险。

（4）滑行道标志、跑道掉头坪标志应为黄色。

（5）机坪安全线的颜色应鲜明，并与飞机机位标志的颜色反差良好。

（6）需在夜间运行的机场可采用反光材料涂刷铺筑面上的标志，以增强其可见性。

（7）浅色道面上的标志需增强对比度时，宜增加边框，边框颜色应为黑色。

（8）标志系统设置的适当性应以为飞行员和（或）车辆驾驶员提供准确清晰的引导为准则。

（一）跑道标志

1. 跑道号码标志

有铺筑面的跑道入口处必须设置跑道号码标志。只要实际可行，在无铺筑面的跑道入口处应设置跑道号码标志。跑道号码标志由两位数字组成,在平行跑道上再增加一个字母，如图 6-1 所示。

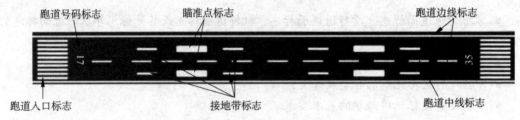

图 6-1　跑道道面标志总图

2. 跑道中线标志

有铺筑面的跑道必须设置跑道中线标志。跑道中线标志必须设置在两端跑道号码标志之间的跑道中线上，如图 6-1 所示。跑道中线标志由均匀隔开的线段和间隙组成。

3. 跑道入口标志

有铺筑面的仪表跑道的入口处和有铺筑面的基准代码为 3 或 4 并准备供国际运输使用的非仪表跑道的入口处，必须设置跑道入口标志。跑道入口标志线从距离跑道入口 6m 处开始，由一组尺寸相同、位置对称于跑道中线的纵向线段组成，如图 6-1 所示。

4. 瞄准点标志

基准代码为 2、3 或 4 的有铺筑面的仪表跑道的每个进近端必须设置瞄准点标志。瞄准点标志由两条明显的条块组成。

5. 跑道边线标志

有铺筑面的跑道应在跑道两侧设置跑道边线标志。边线标志由一对设置于跑道两侧边缘的线条组成，每条线条的外边大致在跑道的边缘上。边线标志与其他跑道或滑行道交叉处应予以中断。

6.跑道掉头坪标志

当设有跑道掉头坪时，必须设置跑道掉头坪标志用以连续引导飞机完成 180° 转弯并对准跑道中线。跑道掉头坪标志从跑道中线开始并平行于跑道中线标志延伸一段距离，再从跑道中线的切点弯出进入掉头坪，如图 6-2 所示。

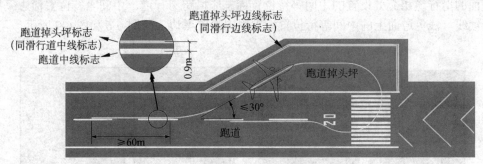

图 6-2　跑道掉头坪标志

（二）滑行道标志

1.滑行道中线标志

滑行道和机坪滑行通道设置滑行道中线标志。滑行道中线标志为不小于 0.15m 宽的连续黄色实线，浅色道面上的滑行道中线标志两侧设置不小于 0.05m 宽的黑边，如图 6-3 所示。

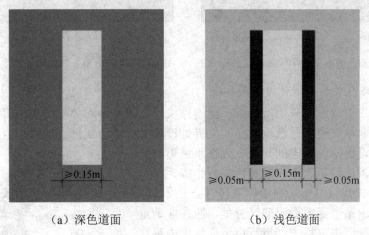

（a）深色道面　　　　　　　　（b）浅色道面

图 6-3　不同类型道面滑行道中线标志

2.跑道等待位置标志

在跑道等待位置处应设置跑道等待位置标志。跑道等待位置标志分为 A 型和 B 型（见图 6-4 和图 6-5），沿滑行道全宽设置，并垂直于滑行道中线。在滑行道与非仪表跑道、非精密进近跑道或起飞跑道相交处，跑道等待位置标志为 A 型。在滑行道与精密进近跑道相交处，如仅设有一个跑道等待位置，则为 A 型，如设有多个跑道等待位置，则最靠近跑道的用 A 型，其余的用 B 型。

图 6-4　A 型跑道等待位置标志　　　　图 6-5　B 型跑道等待位置标志

3. 中间等待位置标志

在中间等待位置和比邻滑行道的除冰坪出口边界上设置中间等待位置标志。在两条有铺筑面的滑行道相交处设置的中间等待位置标志应横跨滑行道。中间等待位置标志采用单条断续线，浅色道面上的中间等待位置标志周围设置黑边，如图 6-6 和图 6-7 所示。

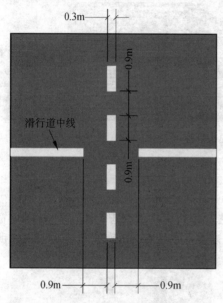

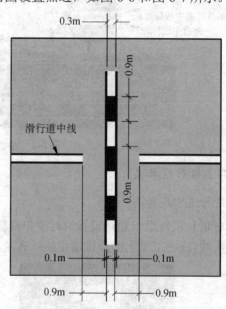

图 6-6　深色道面上的中间等待位置标志　　　图 6-7　浅色道面上的中间等待位置标志

4. 滑行道边线标志及滑行道道肩标志

凡不易与承重道面区分的滑行道、跑道掉头坪、等待坪和停机坪的道肩以及其他非承重道面，应在非承重表面与承重表面的交界处设置滑行道边线标志。滑行道边线标志沿承重道面的边缘设置，使标志的外缘大致在承重道面的边缘上。滑行道边线标志由一对黄色实线组成，每一线条宽 0.15m，间距 0.15m。在滑行道转弯处，或其他承重道面与非承重道面需要明确区分处，应在非承重道面上设置滑行道道肩标志。滑行道道肩标志由垂直于滑行道边线或滑行道边线的切线的线条组成，线条颜色为黄色，如图 6-8 所示。

（三）机坪道面标志

图 6-8　滑行道边线及滑行道道肩标志

1. 飞机机位标志

在有铺筑面的机坪和除冰坪上应设置飞机机位标志。飞机机位标志分为飞机直置式和飞机斜置式机位标志。飞机机位标志一般应包括机位编号、引入线、转弯开始线、转弯线、对准线、停止线和引出线等，如图6-9所示。

2.机坪安全线

在有铺筑面的机坪上应根据飞机停放的布局与地面设施和（或）车辆的需要设置机坪安全线，包括机位安全线、翼尖净距线、廊桥活动区标志线、服务车道边界线、行人步道线、设备和车辆停放区边界线以及各类栓井标志等。机位安全线、廊桥活动区标志线和各类栓井标志为红色，翼尖净距线等其他机坪安全线（包括标注的文字符号）为白色。机坪安全线的位置应能保证飞机在滑行、进出机位过程中与停放的地面设施、车辆和行人有符合规定的安全净距，如图6-10所示。

图6-9 飞机机位标志

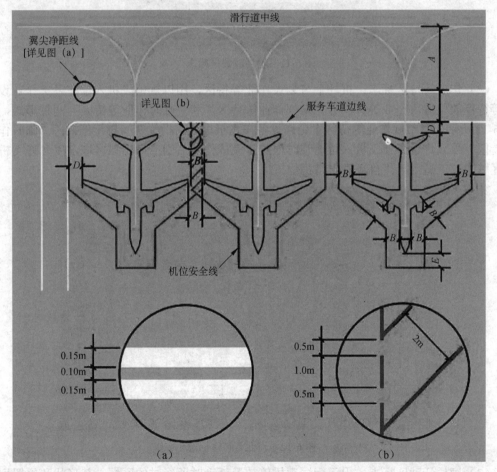

图6-10 自滑进、顶推出机位安全线（有服务车道）

注：A为滑行道或机位滑行通道中线到翼尖净距线的距离；B为飞机与相邻飞机及物体的净距；C为服务车道宽度；D为服务车道边线距停放飞机的净距；E为机头的安全净距。

3.机坪设备停放区标志

设备区内标注的文字符号颜色采用白色，字体为黑体。

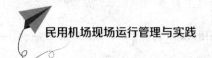

（1）轮挡放置区标志：在准许放置轮挡的机位设置轮挡放置区，用于标注轮挡静态摆放区域，该区域标志样式为正方形，内有"轮挡"字样。轮挡放置区标志文字方向与飞机停放方向反向，如图6-11所示。

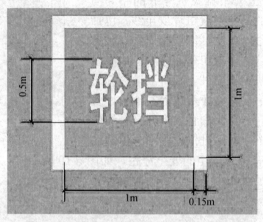

图6-11　轮挡放置区标志

（2）作业等待区标志：机坪上可划设作业等待区，用以规范飞机入位前各类作业设备的等待停放位置。作业等待区分"常规作业等待区"和"临时作业等待区"两种形式，如图6-12所示。"常规作业等待区"允许设备在飞机进、出机位期间持续停放；"临时作业等待区"只允许设备在飞机入位前临时停放，完成作业后则应撤出该区域，以允许飞机从该区域通过，适用于"自滑进出"机位。

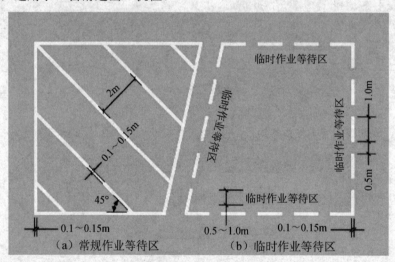

（a）常规作业等待区　　　　（b）临时作业等待区

图6-12　作业等待区标志

（3）廊桥活动区标志：用于标注廊桥停放及活动时所经过的区域，其形状和位置根据运行需要确定，标志由廊桥驱动轮回位点和活动区两部分组成，其中驱动轮回位点可使用空心圆。廊桥活动区标志如图6-13所示。

（4）机位设备摆放区标志：用于标注摆放高度为1.5m（含）以下的小型设备（包括氮气瓶、千斤顶、六级以下小型工作梯、放水设备、非动力电源车等）的区域。该区域标志位采用白色矩形框，框内标注"设备区"字样，如图6-14所示。

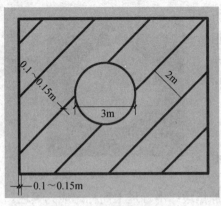

图 6-13　廊桥活动区标志

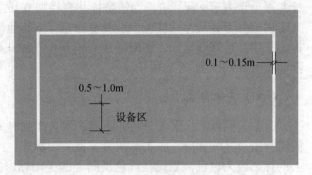

图 6-14　机位设备摆放区标志

（5）特种车辆停车位标志：为白色矩形，矩形大小根据摆放车辆确定，矩形内标注"×
×车"字样。若对车辆停车方向有特殊要求，增设停车方向指引标志，如图 6-15 所示。

（6）集装箱、托盘摆放区标志：用于标注供托盘及集装箱长期停放的区域。该区域标
志为矩形，内部有平行于一对边的等距线段，如图 6-16 所示。

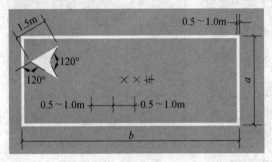

图 6-15　特种车辆停车位标志

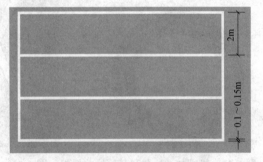

图 6-16　集装箱、托盘摆放区标志

（7）车辆中转区标志：供保障车辆临时停放的区域，划设车辆中转区标志，该区域可
为矩形，内部标注"车辆中转区"字样，如图 6-17 所示。

（8）行人步道线标志：服务车道上的行人步道线标志的位置和宽度根据行人横穿道路
的实际需要确定。视距受限制的路段及急弯陡坡等危险路段和车行道宽度渐变路段不应设
置行人步道线标志。行人步道线标志为白色平行粗实线（斑马线），如图 6-18 所示。

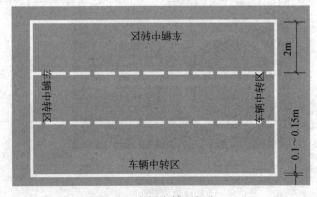

图 6-17　车辆中转区标志

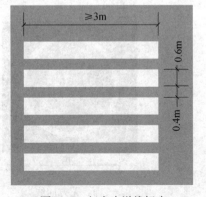

图 6-18　行人步道线标志

（9）栓井标志：机坪上各类栓井要予以标示。消防栓井采用正方形标示，边长为消防栓井直径加 0.4m，正方形内除井盖外均涂成红色，如图 6-19 所示。其他栓井标志采用红色圆圈标示，圆圈外径为栓井直径加 0.4m，圆圈宽为 0.2m，如图 6-20 所示。

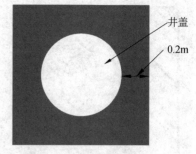

图 6-19　机坪消防栓井标志

（四）其他标志

（1）关闭标志：永久关闭的跑道、永久或临时关闭的滑行道及其一部分，应在其两端设置关闭标志。跑道上的标志应为白色，划设在浅色道面上的关闭标志宜加黑边；滑行道上的标志应为黑色。当跑道和滑行道或其一部分为永久关闭时，应涂抹掉所有正常使用的跑道和滑行道标志。跑道关闭标志和滑行道关闭标志分别如图 6-21 和图 6-22 所示。

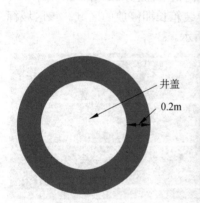

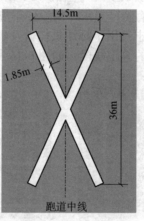

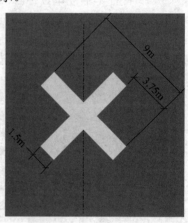

图 6-20　机坪加油栓井和其他栓井标志　图 6-21　跑道关闭标志　图 6-22　滑行道关闭标志

（2）VOR 机场校准点标志：当设有 VOR 机场校准点时，应设置 VOR 机场校准点标志。VOR 机场校准点标志为一个直径 6m 的圆，圆周线条宽 0.15m。若要求飞机对准某一特定方向进行校准，还应通过圆心增加一条指向该方向的直径，并伸出圆周 6m 以一个箭头终结，如图 6-23 所示。标志的位置以飞机停稳后能接收正确的 VOR 信号的地点为圆心。标志颜色为白色，浅色道面上的标志加黑边。

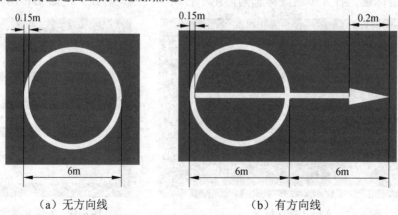

（a）无方向线　　　　　　　　（b）有方向线

图 6-23　VOR 机场校准点标志

二、机场道面标志维护

飞行区地面标志线因胶泥污染、交通磨损、油料腐蚀或涂料老化等原因而出现模糊、褪色、脱落等现象时，应及时进行维护。

（一）地面标志线涂刷频率

（1）日航空器着陆架次大于 210 架次的机场，跑道地面标志线涂刷频率建议值如表 6-1 所示。

表 6-1 繁忙机场跑道地面标志线涂刷频率建议值

地面标志线类型	涂 刷 频 率	地面标志线类型	涂 刷 频 率
飞机着陆区域中心线标志	1 次/15 天	中心圆标志	1 次/季度
瞄准点标志	1 次/季度	其他位置的中心线标志	1 次/季度
接地带标志	1 次/季度	边线标志	2 次/年

（2）日航空器着陆架次小于 210 架次的机场，应根据接地带的胶泥情况合理确定跑道地面标志线的涂刷频率；跑道上其他地面标志线的涂刷频率可视交通磨损情况合理确定，一般情况下不宜小于 2 次/年。

（3）飞行区其他区域地面标志线的涂刷频率应根据涂料老化、油料腐蚀等因素合理确定。

（二）地面标志线涂刷

飞行区地面标志涂料可分为水性漆、溶剂型、双组分和热熔型四类。各项指标应满足相关技术要求，可委托专业检测单位进行涂料的性能检测。

水性漆和溶剂型涂料一般采用高压无气喷涂方法，主要施工技术要求如下。

（1）高压无气喷涂设备包括手推式、自行式和车载式三类。大面积涂刷时宜采用车载式设备，涂刷面积小时宜采用手推式设备。

（2）不得在雨天、雪天、雾天或潮湿、冰冻情况下施工；涂刷时道面必须干燥、洁净，环境温度应大于 10℃，相对湿度应低于 80%。如果涂刷结束后 2 小时内可能降雨，则不宜施工。

（3）不得使用过期的涂料，且涂料保存温度不宜低于 0℃。

（4）如在既有道面标志线上涂刷，可不必现场放样，否则涂刷前应按相关要求进行现场放线。

（5）施工时用高压泵增压，通过特殊喷嘴将涂料雾化喷射到道面上形成涂层，喷涂过程不得随意中断。

（6）施工现场应远离明火，保持空气通畅，涂料喷涂时应准备充足的水、扫帚和吸水布等物资，以防标志线划错后能够及时清洗。

双组分涂料一般采用刮涂或高压无气喷涂方法，主要施工技术要求如下。

（1）施工环境温度宜介于−5～35℃之间，为控制不同环境温度下涂料的固化时间，可调整双组分涂料中催化剂的掺加量。

（2）在既有道面标志线上刮涂或喷涂，可不必现场放样，否则应按照相关要求进行现场放线。

（3）刮涂或喷涂标志线前应保证道面干净，新建水泥混凝土道面应清除其表面的碱性浮灰后才能进行刮涂或喷涂。

（4）涂料的两种组分在刮涂或喷涂前不可混合，施工过程中两套喷涂系统不可混用，刮涂或喷涂时不得存在虚边或起泡现象，双组分涂料的刮涂或喷涂厚度一般介于 0.4～3.0mm 之间。

热熔型涂料一般采用涂敷方法，主要施工技术要求如下。

（1）施工环境温度不宜低于 10℃（气温 20℃以上最佳）；潮湿道面不宜进行涂敷；冬季低温施工前应采取措施预热道面。

（2）在既有道面标志线上涂敷，可不必现场放样，否则应按照相关要求进行现场放线。

（3）涂敷标志线前应保证道面洁净、干燥，涂敷前应先涂刷底漆，根据道面类型选择合适的底漆，新建道面不宜涂敷热熔型涂料。

（4）涂料应在热熔釜中加热，加热温度根据涂料产品说明书确定，一般在 180～230℃，加热过程中应充分搅拌，一般在涂料全部融化后搅拌 5～10 分钟，搅拌均匀后即可涂敷。

（5）不同颜色和品牌的涂料不得混用，更换不同颜色或品牌的涂料前应清洗热熔釜。

（6）常用热熔型标志线涂敷设备分为手扶式和车载式两种，涂敷时熔融斗和划线斗应保持恒温，不得存在虚边或起泡现象，可通过控制涂布速度和涂料温度确定涂层厚度，涂层厚度宜控制在 1.2～2.0mm。

（7）应待热熔型涂料冷却固化后开放交通。宜采用自然冷却，必须速冷时，可在初步冷却后洒水。

（三）废弃或超高地面标志线的清除

废弃或超高地面标志线的清除可采用超高压水冲洗、机械打磨和抛丸机打磨三种方法。现场作业应注意控制作业参数，避免损伤道面。

（1）超高压水清除废弃或超高地面标志线的方法与除胶的作业方法类似，水压力一般控制在 140～180MPa。

（2）机械打磨清除废弃或超高地面标志线的方法作业效率较慢，容易损伤道面，施工时应注意控制打磨深度。

（3）在不损伤道面的前提下，可采用抛丸机打磨清除废弃或超高地面标志线。

第二节　飞行区标记牌

一、标记牌分类

（一）机场标记牌一般规定

为保障机场活动区内航空器和车辆的运行安全和效率，应设置标记牌系统，供飞行员和车辆驾驶员使用。

根据《民用机场飞行区技术标准》（MH5001—2021），标记牌包括滑行引导标记牌、机位号码标记牌、道路等待位置标记牌、机场识别标记牌及VOR机场校准点标记牌，其中滑行引导标记牌包括：跑道号码标记牌；Ⅰ类、Ⅱ类或Ⅲ类等待位置标记牌；跑道等待位置标记牌；禁止进入标记牌；强制等待点标记牌；位置标记牌；方向标记牌；目的地标记牌；滑行道终止标记牌；跑道出口标记牌；跑道脱离标记牌；交叉点起飞标记牌；滑行位置识别标记牌。

标记牌按功能划分为以下两种。

（1）强制性标记牌，包括以下几种。

① 跑道号码标记牌。

② Ⅰ类、Ⅱ类或Ⅲ类等待位置标记牌。

③ 跑道等待位置标记牌。

④ 道路等待位置标记牌。

⑤ 禁止进入标记牌。

⑥ 强制等待点标记牌。

（2）信息标记牌，包括以下几种。

① 位置标记牌。

② 方向标记牌。

③ 目的地标记牌。

④ 滑行道终止标记牌。

⑤ 跑道出口标记牌。

⑥ 跑道脱离标记牌。

⑦ 交叉点起飞标记牌。

⑧ 滑行位置识别点标记牌。

⑨ 机位号码标记牌。

⑩ 机场识别标记牌。

⑪ VOR机场校准点标记牌。

除位置标记牌外，其余信息标记牌不能与强制性指令标记牌合设。

标记牌按内容划分为不变内容标记牌和可变内容标记牌两种。可变内容标记牌在不使用或出现故障时，应显示一片空白。在可变内容标记牌上，从一个通知改变到另一个通知的时间应尽可能短，不超过5s。

（二）滑行引导标记牌

滑行引导标记牌应坚固耐用，能经受60m/s的风力荷载，在标记牌可能暴露于喷气气流的地方，应能经受90m/s的风力荷载，但其支柱根部应易折。

滑行引导标记牌牌面为长方形，可单面显示或双面显示。自标记牌至滑行道或跑道承重道面边缘的距离应保证与螺旋桨和喷气航空器发动机吊舱的净距。标记牌的牌面宜垂直于临近道面的中线或滑行道中线标志。

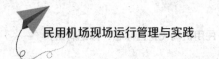

（三）强制性指令标记牌

在需要指示行进中的航空器或车辆未经机场管制许可不得越过之处，应设强制性指令标记牌。

强制性指令标记牌为红底白字。由于环境或其他因素，强制性指令标记牌文字符号需要突出其鲜明性时，白色文字符号的外缘宜加黑色边框，如图6-24所示。

跑道号码标记牌上的文字符号应包括相交跑道两端的跑道识别号码，并按观看标记牌的方向安排号码顺序。只有靠近跑道一端的跑道号码标记牌，可仅展示该跑道端的识别号码，如图6-25所示。

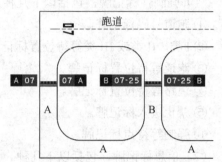

图6-24　白色字增加了黑色边框的标记牌　　　　图6-25　跑道号码标记牌

如果滑行道的位置或方向使滑行的航空器或车辆侵犯障碍物限制面或干扰无线电导航设备的运行，则应在滑行道上设置跑道等待位置标记牌。该标记牌设置在障碍物限制面或ILS/MLS临界/敏感区边界处的跑道等待位置上，朝向趋近的航空器，并在跑道等待位置的两侧各设一块。牌面文字应包括滑行道识别代码和一个数字，如图6-26所示。

在Ⅰ类、Ⅱ类、Ⅲ类或Ⅱ类、Ⅲ类合用的跑道等待位置，其标记牌上的文字符号应为相应的跑道号码后加"CAT Ⅰ""CAT Ⅱ""CAT Ⅲ"或"CAT Ⅱ/Ⅲ"，视情况而定，如图6-27所示。

图6-26　跑道等待位置　　　　图6-27　跑道号码/Ⅱ类等待位置

当需要禁止进入一个地区时，应设置禁止进入标记牌，如图6-28所示。禁止进入标记牌应设置在禁止进入地区起始处的滑行道两侧，标记牌面向飞行员。在所有道路进入跑道的入口处必须设置道路等待位置标记牌。道路等待位置标记牌必须设置在等待位置距道边1.5cm处，如图6-29所示。

在机场运行时若要求航空器滑行至某处应停住，按空管要求转换频率，此时应在该位置设置强制性指令标记牌"HP×"（其中×为阿拉伯数字），如图6-30所示，同时应将此类信息公布在航行资料中。

图6-28　禁止进入标记牌　　图6-29　道路等待位置标记牌　　图6-30　强制等待点标记牌

（四）信息标记牌

信息标记牌上应用下列文字表示各种地区地段。

（1）跑道端用跑道号码表示。

（2）滑行道用滑行道编号表示。

（3）客机坪或客货共用机坪用 APRON 表示。

（4）货机坪用 CARGO 表示。

（5）试车坪用 RUNUP 表示。

（6）国际航班专用机坪用 INTL 表示。

（7）军民合用机场的军用部分用 MIL 表示。

（8）军民合用机场的民用部分用 CIVIL 表示。

（9）除冰坪用 DEICING 表示。

各种信息标记牌的牌面文字符号示例如图 6-31 所示。

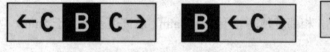

（a）方向/位置/方向　　　（b）位置/方向　　　（c）方向/位置/方向/方向

（d）方向/方向/方向/位置/方向/方向

（e）位置/脱离跑道　　　（f）脱离跑道/位置　　　（g）位置

（h）跑道出口

（i）交叉点起飞

←APRON

停机坪

32→

跑道

←04　22→

航空器去往 04 号和 22 号跑道
分别向左、右转

04·22→

航空器去往 04 号和 22 号跑道
在此右转

DEICING→

除冰坪

（j）目的地

HP3

（k）滑行位置识别点

图 6-31　信息标记牌

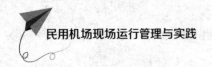

二、标记牌维护

（一）标记牌安装要求

标记牌在安装过程中及完成后，必须确保以下内容。

（1）牌面内容、朝向、发光颜色及支柱易折性符合要求。

（2）牌面照明亮度均匀，目视无明显明暗偏差。

（3）电气接线牢固可靠。

（4）标记牌密封圈的沟槽保持清洁，密封圈位置正确。

（5）牌面垂直于临近道面中线或滑行道中线标志。

（6）紧固件齐全、安装牢固，进出线保护管口封堵严密。

（7）标记牌至边线的距离允许偏差为±50mm，牌面与边线角度允许偏差为±2°，纵向距离允许偏差为±300mm。

（8）多牌面标记牌顶部要同高，相邻牌顶高差不大于2mm，总高度差不大于5mm，牌面平整度不大于1mm。

（二）标记牌日常检查维护

滑行引导系统标志牌维护多为反光涂料材料制作，要求字迹清晰反光效果良好，要经常清除灰尘污染，使用年限过久字迹和反光效果模糊的应重新刷写或更新。日常检查维护内容如下。

1. 每日检查维护内容

检查所有滑行引导标记牌的发光情况，更换失效的光源，检查滑行引导标记牌面板有无破损、起泡和脱落、显示字样是否清晰，更换损坏的牌面。

2. 每半年检查维护内容

检查滑行引导标记牌内部有无腐蚀和损坏情况，清除内部的污垢和积水，更换失效的密封件。

3. 每年检查维护内容

（1）检查滑行引导标记牌的安装架、易折件、锚链、紧固件，如有异常及时处理。

（2）检查滑行引导标记牌的密封情况，更换失效的密封件。

4. 不定期检查维护

（1）在以下情况下应进行不定期检查维护。

① 机场新建成或滑行引导标记牌更新半年内。

② 天气温度骤变或大风、暴雨（雪）等恶劣天气以后。

③ 滑行引导标记牌达到一定使用年限或发生滑行引导标记牌损坏等。

（2）不定期检查维护内容。

① 清除滑行引导标记牌周围的植物、障碍物及清洁面板。

② 检查滑行引导标记牌内部有无渗水或损坏。

③ 检查滑行引导标记牌内外紧固件的有效性。

思政阅读

<h2 style="text-align:center">伊宁机场开展道面标志标线刷新工作</h2>

实践训练

一、实践目的

（1）掌握飞行区标记牌的分类。

（2）能够识别飞行区标记牌的信息。

二、实践内容

飞行区标记牌和跑道标志的识别。根据视频或图片所示，识别其中飞行区标记牌、跑道标志并简述其主要功能。

1. 准备要求

准备一份机场 CCTV 监控系统视频或图片、记录本及签字笔等。

2. 配分与评分标准（见表 6-2）

表 6-2　飞行区标记牌的配分与评分标准

序号	考核内容	考核要点	配分	考核标准	扣分	得分
1	飞行区标记牌的分类	口述飞行区标记牌的分类	5分	不能说明飞行区标记牌的分类的，扣5分		
2	识别飞行区强制性标记牌，并简述主要功能	识别是否准确	10分	识别错误或未简述主要功能的，扣10分		
3	识别跑道标志（跑道中线、跑道边线等）	识别是否准确	5分	识别错误的，扣5分		
合计			20分			

本章复习题

1. 机场道面标志主要有哪些？

2. 机场道面标志需要符合哪些基本要求？

3. 跑道标志主要有哪些？

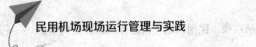

4. 滑行道标志主要包括哪些？

5. 机坪道面标志主要有哪些？

6. 机场道面标志的维护有哪些要求？

7. 简述机场标记牌的一般规定。

8. 机场标记牌主要有哪些？

9. 强制性标记牌主要包括哪些？

10. 信息标记牌主要包括哪些？

11. 简述滑行引导标记牌的基本要求。

12. 简述强制性指令标记牌的基本要求及含义。

13. 简述信息标记牌的基本要求及含义。

14. 简述标记牌安装的要求。

本章测试题

第七章　民用机场停机坪运行管理

【本章学习目标】

- 掌握停机坪组成；
- 掌握航空器机坪运行管理模式及规定；
- 掌握机坪车辆及设施设备管理规定；
- 掌握机坪环境管理规定；
- 掌握机坪作业人员管理规定。

第一节　停机坪概述

一、停机坪的组成

停机坪是飞机停放、客货上下飞机、飞机维修、清洁等其他地面服务的场所。机坪上设有供飞机停放而划定的停机位，机位的数量取决于高峰小时飞机起降架次、飞机占用机位的时间等。机位的尺寸取决于飞机的几何尺寸（机长和翼展等）、转动半径以及与建筑物之间的距离。靠近候机楼的能直接通过廊桥登机的机位为桥位，也称近机位。远离航站楼，需利用摆渡车实现与航站楼往返的机位为远机位。

停机坪包括客机坪、货机坪、维修机坪、等待机坪等。

（1）客机坪是供旅客上下飞机用的停机位置。客机坪的构型及大小主要取决于飞机数量、旅客登机方式及旅客航站楼的构型。客机坪一般位于滑行道与候机楼之间以及国际、国内走廊的周围区域，包括站坪、行车道及行车道内侧地坪等。

（2）在货运量大和有货运航班的机场，需要有专门处理空运货物陆空转换的货站及相应的货机坪。货机坪一般位于滑行道及联络道延长线区域。航空货物运输量增长很快，货

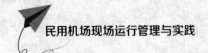

机坪的设置要充分考虑未来货运量的增长。

（3）维修机坪是为飞机停放及各种维修活动提供的场所。维修机坪的布置，除应考虑维修设备的不同要求外，还要考虑飞机试车时气流的吹袭影响，它可能对停放和滑行的飞机、地面设备及人员造成威胁。

（4）等待机坪一般设置在跑道两端，为预备起飞的飞机等待放行提供场所。

二、停机坪提供的服务

在停机坪，可以提供客货上下机、航空器日常维护、油料供应、地面动力供应、冷热气供应、除冰和冲洗等保障服务。航空器过站作业，从开机门到关机门，涉及众多保障服务类型、保障人员和保障设备，而停机坪有活动面积相对较小、机坪内活动车辆人员较多、机坪作业时间限制强、工作环境比较恶劣、机坪工作人员素质参差不齐、工作单位多、管理难度大等特点，因此对机坪内航空器、车辆、人员的运行以及各项生产保障作业，要制定相关的规范并监督实施，以确保机坪运行和管理更加安全、科学、高效。

三、停机坪标志

机坪道面标志包括飞机机位标志、机坪安全线、道路等待位置标志和信息标志等，具体见第六章，此处不再赘述。

第二节　航空器机坪运行管理

机坪运行管理是以在机坪上活动的飞机、车辆、旅客、货邮和工作人员为管理对象，通过规范管理，实现安全、有序、整洁的机坪环境，提高运行效率。

根据管理的责任单位不同，机坪运行管理模式主要有两种。

（1）跑道、滑行道和机坪的航空器运行由空管塔台统一管理。在实施机坪管制移交工作之前，我国大多数机场均采取此种方式。

（2）跑道和滑行道的航空器由空管塔台统一管理，机坪上的航空器运行管理由机坪管制单位负责。

近年来，随着民航运输的快速发展，航班量不断增长，机场地面交通流量也越来越大，机坪运行环境日趋复杂，地面管制冲突也随之更加突出，空管塔台对航空器实行机坪运行管理的问题和矛盾日益突出。2013年，民航局下发《关于推进航空器机坪运行管理移交机场管理机构工作的通知》，将航空器机坪运行指挥权由空管移交给机场机坪运行管理机构，既有利于优化航空器地面滑行路径，灵活分配机坪资源，也有助于进一步优化航空器拖曳管理，从而带动停机位利用率提高、航班时刻增加、航班起降架次增加、客流量增加等。2015年5月13日，随着机坪管制正式投入运行，机坪运行管理职能由空管全部转移到机场，杭州萧山国际机场成为全国第一家完全实现机坪运行管理责任移交的机场，也成为机坪管制国内实践的先行者和开拓者。移交后，空管主要负责航空器起飞、着陆、脱离跑道和放行许可；机场机坪管制负责航空器推出、开车、滑行、拖曳工作。机坪运行管理移交极好地解决了不可视机坪运行存在的诸多问题和隐患，既保证了航空器在机场机动区和停机坪的运行安全和效率，又有利于机场资源合理配置，发挥机场管理机构的主体作用，促进机场、空管、航空公司协同运行水平提升，为机场容量、安全裕度、运行效率预留了提升空间。

一、航空器地面运行基本规定

通常，航空器地面运行管理是指对航空器在机坪上的泊位引导、滑行、停放、牵引和维修等作业进行的管理。机坪是航空器的重要活动场所，在该场所内，航空器要完成上下旅客、装卸货邮、加放油、检修等保障作业。除应急救援情况下或经机场管理机构许可外，航空器不得在机坪机位以外区域上下旅客、装卸行李货物及加油放油作业。

为保证机坪运行安全，必须对机坪内航空器地面运行过程进行全面监督管理。航空器地面运行基本规定如下。

（1）航空器的地面运行必须严格遵守国家和民航局颁发的相关条令和运行标准。

（2）凡在民用机场运行的航空器，必须具有有效的航空器适航证、国籍登记证和电台执照。

（3）航空器的任何燃油排泄物和排气排出物要符合有关航空器燃油排泄和排气排出物的有关规定。

（4）航空器的地面运行应符合机场噪声限制和相容性的有关规定。

（5）航空器的经营者在机场新辟航线、增加航班或改变使用机型时，除经空中交通管制部门允许外，还应通过通告的形式，通告给机场管理机构。

（6）航空器使用机场的场地、设施设备或接受服务后，必须按照国际有关规定的收费标准或与机场管理机构签订的协议要求，缴纳有关费用。

（7）由于机场天气原因或其他特殊原因，不能为航空器提供安全起降，机场管理部门将发布公告，机场或所在的区域实施关闭。在此期间，航空器不得在机场或区域内运行。

（8）航空器运行必须遵守以下优先原则。

① 专机或重要客人乘坐的航空器优先于一般航空器。

② 急救飞行优先于普通飞行。

③ 定期航班优先于不定期航班。

④ 国际航班优先于国内航班。

⑤ 从空管运行程序上，进港航班优先于离港航班。

⑥ 从使用资源上考虑，大型航空器优先于小型航空器。

⑦ 发生紧急情况的航空器优先于一般航空器。

二、航空器泊位引导的管理

按照《国际民用航空公约》附件 14 和《民用机场飞行区技术标准》，在固定停机位上一般都设置了相应的停止线。由于机场规模和管理模式的不同，各个机场对于航空器的泊位引导方式也有所不同。目前主要有以下三种泊位引导方式。

（1）航空器自滑至机位滑行线，由机务引导员运用《飞机地面勤务》（AC-121-FS-057R1，民航规〔2022〕45号）附录C中规定的与机组联络手势信号规范手势引导飞机泊位。

（2）由引导车辆（FOLLOW ME）将航空器由滑行道引导至机位滑行线，由机务引导员运用规范手势引导飞机泊位。

（3）航空器自滑至机位滑行线，然后机组按照目视泊位引导系统（VDGS）的指示信号将航空器停靠泊位。

航空器滑入机位停泊前，接机人员应当至少在航空器入位前5分钟对机位的适用性进行检查，主要检查项目如下。

（1）机位是否清洁。

（2）人员、车辆及设备是否处于机位安全线区域外或机位作业等待区内。

（3）廊桥是否处于廊桥回位点。

（4）是否有其他影响航空器停靠的障碍物。

如果在航空器入机位前发现问题，应当及时组织相关部门进行处理，需要紧急停用机位时，应立即向塔台或者机场运行管理部门说明情况，由机场运行管理部门决定是否停止使用该机位，并通知空管部门。

航空器由人工指挥滑入停机位时，航空运营人应授权具有相应上岗资格的人员承担指挥协调工作。机务人员指挥协调飞机时，在白天能见度好时应使用指挥牌，夜晚使用能够发光的指挥棒来发出信号，并按照规范手势指挥。

如果航空器进入停机位后停靠位置不当，出现航空器停泊位置超出机位安全区，不能正常使用地面各种服务设施（如地面加油设施等），或廊桥不能与航空器正常对接等紧急情况，机务指挥协调人员应当立即通知飞机牵引车驾驶员将航空器牵引调整到正确的位置，并向机坪运行管理部门报告。

目前，我国有部分机场对进港航空器采用引导车辆引导航空器泊位的方法。当机场提供引导车辆引导航空器服务时，机坪运行管理部门与空中交通管理部门应建立必要的协调程序，确定航空器需要引导时的等待点和脱离位置。引导车辆驾驶员在引导航空器的过程中，应当注意观察，并确保无线通信与塔台实时联络的畅通。

目前，国内外许多大中型机场在航空器停靠近机位时，除用机务人员通过手势指挥飞机的停靠外，为使其停靠得快速准确，还会普遍采用各种自动停靠系统，使不同机型的航空器被准确引导到不同停止线上。目前，我国有北京、上海、广州、宁波、桂林、郑州、乌鲁木齐等机场已经部分安装和启用了目视自动泊位引导系统。飞机泊位引导系统是一种能自动引导飞机滑行至指定机位，并准确停泊的一套智慧系统。该系统通过激光监测接近泊位的飞机位置、速度等参数，引导飞机到规定的停止线上。同时，它与机场数据集成平台互联，可实时提供入位飞机的方位角、滑行速度、机位信号等信息，大大提升了机场的装备水平和硬件能力。

近几年，随着智能化进程的进一步加速，大型机场还安装了飞机泊位警示系统。由于飞机泊位引导系统的泊位信号只在泊位系统与飞行员之间传递，且航站楼设施设备会遮挡车辆驾驶员视线，故存在服务车道车辆在进位飞机前方穿行的安全风险。为有效消减此风险，对现有飞机自动泊位系统进行改进创新，将交通信号灯和飞机自动泊位系统相结合，开发出飞机泊位警示系统。该系统搭载 AI 视频智能分析算法，可预测判断飞机进位节点，通过系统自动控制飞机泊位引导、信息自动化处理和信号灯指挥三个流程，为机位前方服务车道是否可通行提供信号提示。当机位有飞机正在进入时，机位前服务车道亮起红灯禁止车辆通行，相邻机位前方服务车道亮起黄灯提醒车辆慢行，飞机进位完成后亮起绿灯恢复正常通行。同时，AI 视频智能分析算法拥有自主学习功能，运行时间越长，判断准确度就越高。该系统是打造"平安机场""智慧机场"，解决车辆与飞机运行冲突问题的重要尝试，在保证安全秩序的前提下尽可能提高服务车道的运行效率。

三、航空器在机坪内滑行的管理

航空器在机坪内的滑行路线应当遵循固定、单向、顺向、循环的原则。机坪管制单位要制定详细明确的机坪滑行和停放的限制要求。

航空器在机坪上滑行时，必须经过机坪管制部门的允许，并通过无线电通信设备与机坪管制部门保持联系，以及按照机坪管制部门的指挥，严格遵守地面标志、灯光或引导车引导的滑行路线滑行。

航空器在推出或安全自滑至预定地点的过程中，必须有机务人员进行监护。在航空器准备滑出或被推出停机位前，机务监护人员应确认其他设备及人员均已撤离至不影响航空器移动的区域外，廊桥已完全撤至收缩状态，方可通过标准手势通知飞行员或牵引车驾驶员开始推出或滑出。

航空器在机坪区域内的滑行速度不得超过 50km/h；在障碍物附近滑行时，其速度不得超过 15km/h；当翼尖距离障碍物小于 10m 时，必须有专人观察或引导/停止航空器的滑行。

航空器在滑行过程中，不得使用任何助推器突然改变速度，不得使用大速度转弯或一个（一组）机轮制动转弯，以避免航空器转弯发生倾斜。

航空器在跟进滑行时，后机不得超越前机；后机与前机之间的距离，应符合相应机型的机动要求和尾流间隔规定。

航空器在夜间滑行时，必须打开航行灯和防撞灯，或间断使用滑行道慢速滑行。

四、航空器机坪内停放的管理

通常情况下，大多数机场尤其是作为航空公司基地的机场，均要求在规定的机位停放航空器。有些航空公司的航空器由于技术原因需要临时停放在机场的机坪，甚至需要过夜或进行更长时间的停留。无论何种缘故，航空器的运营人（承运人或其代理人）都要依据民航局《民用机场使用许可规定（156 号令）》（CCAR-139CA-R1）等要求，在熟悉并遵守相关规定的情况下，与机场管理机构签订协议，方可将航空器在机场停放和过夜。

航空器停放必须严格按照所停放机场的机位使用分配原则、停放规定，安全、规范停放。

当机场发生航班大面积延误、航班长时间延误、恶劣气象条件、专机保障及航空器故障等情况时，机场管理机构有权指令航空器运输企业或其代理人将航空器移至指定的位置。

当有特殊需求（超长或超宽）的航空器需要在机场停放时，通常可采取合并机位、相邻机位限制停放以及划定临时停放区域等处理方法以满足其停放要求。

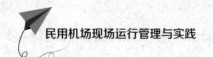

  航空器在滑行、停放时，与障碍物之间、机坪道面边缘之间的净距必须符合表7-1中的规定值。由于天气原因，在机场会遇到大风、雨雪等恶劣天气，在此气候条件下停放航空器时，其所有起落架的前后轮都必须按照规定使用轮挡固定，必要时必须使用地面系留设施加以固定，而轻型航空器必须使用系留设施加以固定或提前转场。

  在航空器处于安全靠泊状态后（发动机关闭、防撞灯关闭、轮挡按规范放置、航空器刹车松开），机务人员需按照规定向廊桥操作人员或客梯人员给出手势，以便后者操作廊桥或客梯车对接航空器。

表7-1　航空器停放的最小安全净距

单位：m

飞行指标Ⅱ	F	E	D	C	B	A
机坪上停放的飞机与主滑行道上滑行的飞机之间的净距	17.5	15	14.5	10.5	9.5	8.75
机坪滑行道上滑行的飞机与停放的飞机、建筑物之间的净距	10.5	10	10	6.5	4.5	4.5
机坪上停放的飞机与飞机以及邻近建筑物之间的净距	7.5	7.5	7.5	4.5	3	3
停放的飞机主起落架外轮与机坪道面边缘的净距	4.5	4.5	4.5	4	2.25	1.5
机坪服务车道边线距停放飞机的净距	3	3	3	3	3	3

五、航空器机坪内牵引移动的管理

  由于航空器起飞前或机务保障作业的需要，在机坪内应使用飞机牵引车实施对航空器的牵引。采用此方法既可以保障地面人员和航空器在机坪上运行的安全，也可以减少航空器在地面的排放污染。

  航空器在机坪内牵引移动前，必须征得机坪管制部门的同意。牵引航空器的工作人员要服从机坪管制部门的指挥，在机务人员的监护下，使用核准的且与所牵引的航空器相适应的牵引车和牵引杆，沿指定的移动路线顶出或牵引航空器。

  当航空器在机坪内牵引移动时，操作人员应严格遵守航空器与航空器、航空器与建筑物之间的安全净距要求，且应由机务人员分别在航空器的前后左右观察，确保航空器与其他航空器的安全净距且无任何障碍。

  在机坪滑行道牵引航空器的直线行驶速度一般不应超过10km/h。在机位滑行道牵引航空器的直线行驶速度不应超过3km/h。夜间或特殊天气情况下，牵引航空器穿过机坪滑行道的直线行驶速度不应超过5km/h。在牵引航空器通过障碍物、复杂区域、有坡度地带的直线行驶速度不应超过1.5km/h。在机坪滑行道推航空器，速度不应超过5km/h。

  牵引航空器的转弯角度按该型航空器维修手册中的有关规定执行。转弯速度不应超过3km/h。

  牵引过程中，如发生通信中断，应停止牵引航空器，并在第一时间通知机坪管制部门，报告当前航空器所在的位置。

  夜间牵引航空器时，应打开航行灯。如航行灯发生故障，航空器两侧应有专人监护航空器。

  特殊天气条件下，如大雾、大雪、沙尘暴、大雪等，航空器的牵引应在确保从牵引车驾驶室至所牵引航空器的机翼间、尾翼间的视线清晰的情况下进行牵引；牵引航空器时，要加强地面指挥和引导，注意对机头、翼尖、机位等部位的观察监护。

六、航空器在机坪上的维护与维修管理

通常航空器飞行一定架次或时间后，按照适航要求需要进行不同等级的机务维护与维修。因此，航空器要在机坪或专用机位及专用机库进行维护与维修作业。除因特殊情况经机场管理机构特别许可外，航空器不得在跑道、滑行道内实施维修作业。

航空器维修单位要在机场指定的机坪机位上进行航空器的维护与维修作业。在航空器维护排故、添加润滑油和液压油及其他保障工作时，不得影响机位的正常调配及对机坪内其他运行保障工作构成影响，并应当采取有效措施防止对机坪造成污染和腐蚀。航空器的清洗、试车、维修等工作，一般情况下不得占用客（货）机坪上的停机位，如遇特殊情况，必须得到机场管理机构的批准。

在不影响机坪正常运行使用的前提下，原则上航空器的航前、短停、航后、每日工卡工作时间不超过两小时的航线维护工作，可在原停机位上进行。

航空器的周检、小 A 检、更换 APU、更换风挡玻璃、工程指令（EO）、周期性工卡、非例行工作等时间较长的维护维修工作，必须在维修机坪或经机场管理机构指定的位置进行。而航空器的大 A 检及以上级别（C 检、D 检）定检工作，则必须在机库、维修机坪进行。在特殊情况下，可在机场管理机构指定的位置进行。

航空器在进行雷达测试等可能对人体或其他物体造成损伤的维修工作时，必须严格遵守操作规程，且必须在机场管理机构指定位置及方向进行。

在航空器的维护、检修工作中需使用高空作业车等特种设备时，不得突出障碍物限制面，不得影响导航设施的工作，不得影响机坪的运行使用。所有在机坪上进行航空器维护与维修作业的单位和人员在作业结束后，必须及时将现场清理干净。

在对航空器的发动机进行维修后需要航空器发动机的试车测试。因此，发动机大功率试车应在试车坪或机场管理机构指定的位置和时间段内进行试车。对于任何类型的试车，必须有专人负责试车作业现场的安全监控，并且应根据试车种类设置足够醒目的"试车危险区"警示标志（或指派人员监控），以防止无关人员和车辆进入试车危险区。

机场在条件允许的情况下应当设立试车坪，试车坪应当设有航空器噪声消减设施，应当具备安全防护措施。

当航空器推出后或在机坪上启动时，航空器启动产生的尾气流或螺旋桨尾流，不得对机坪上的人员、车辆、设备、建筑物及其他航空器造成威胁与伤害。

第三节　机坪车辆及设施设备管理

机坪内有为航班提供各种保障及维护的特种车辆，主要包括航空器地面服务设备、旅客运输服务设备、行李货物运输服务设备、场道除冰雪设备、航空器除冰设备五大类。

航空器地面服务设备包括飞机牵引车（aircraft tow tractor）、飞机清水车（aircraft potable water vehicle）、飞机污水车（aircraft sewage disposal vehicle）、飞机垃圾车（aircraft garbage vehicle）、飞机引导车（aircraft taxing guided vehicle）、管线加油车（hydrant dispenser）、罐式加油车（tank refueller）、飞机食品车（aircraft catering vehicle）、飞机地面电源设备（aircraft ground power equipment）、飞机地面空调设备（aircraft ground air-condition equipment）、飞机气源车（aircraft air start unit）、飞机充氧车（aircraft oxygen filling vehicle）、高空作业车（aerial work truck）等。

旅客运输服务设备包括旅客摆渡车（passenger ferry bus）、客梯车（passenger loading steps）、无障碍登机车（barrier-free boarding vehicle）等。

行李货物运输服务设备包括升降平台车（lifting platform vehicle）、行李传送车（self-propelled conveyer-belt loader）、行李牵引车（baggage towing tractor）等。

场道除冰雪设备包括推雪车（snow pusher）、扫雪车（snow sweeper）、吹雪车（snow blower）、抛雪车（snow booster）、除冰液撒布车（de-icing fluid spreader）、多功能除雪车（multi-functional snow remover）、跑道摩擦系数测试车（runway frictional coefficient tester）等。

航空器除冰设备包括飞机除冰车（aircraft deicing vehicle）等。

这些专用车辆设备按照各自作业顺序，在一定时间同时或先后为飞机提供保障服务，在繁忙作业期间，相互之间非常拥挤，很容易造成地面事故，因此所有保障作业必须严格按照标准进行，不得随意更改。

一、机坪车辆

飞机进入停机位放置轮挡后，各保障单位会相继展开服务保障工作。机坪过站保障车辆的管理是机坪运行管理的重要工作之一。常见的机坪车辆类型介绍如下。

1. 牵引车

牵引车是一种在机场地面牵引飞机的保障设备，分为有杆式牵引车和无杆式牵引车两种。有杆式牵引车是一种使用和飞机相匹配的专用牵引杆与飞机相连、实施对飞机牵引作业的特种车辆，如图 7-1 所示。无杆式牵引车取消了与飞机相接的牵引杆，直接抱夹飞机前轮并托起飞机前起落架，如图 7-2 所示。

2. 电源车

电源车主要用于飞机在地面保障过程中为飞机供电，如图 7-3 所示。

图 7-1　有杆式牵引车　　　　图 7-2　无杆式牵引车　　　　图 7-3　电源车

3. 空调车

飞机空调车给飞机提供空调服务，主要用于飞机在地面保障过程中为飞机机舱提供适宜温度的新鲜空气，如图 7-4 所示。

4. 加油车

飞机加油车一般有两种类型：移动罐式加油车和管线加油车。移动罐式加油车装有燃油，通过加油臂给飞机加油，如图 7-5 所示；管线加油车通过连接机坪上的供油栓与飞机的加油孔加油，如图 7-6 所示。

图 7-4　空调车　　　　　图 7-5　移动罐式加油车　　　　图 7-6　管线加油车

5. 航空食品车

航空食品车负责给航班加航空食品和饮料。通常具有升降设备，可为不同机型的航班服务。一般有两种不同类型的食品车：① 低空升降食品车，用于舱门门槛高在 3.5m 以下的窄体飞机；② 高空升降食品车，用于宽机身的喷气式飞机。食品车如图 7-7 所示。

6. 客梯车

客梯车也称为旅客舷梯，当飞机停靠于远机位时，供旅客上下飞机使用，如图 7-8 所示。

7. 旅客摆渡车

旅客摆渡车使用于机坪内，是向旅客提供往返于飞机和登机口之间的交通运输车辆。当飞机停靠在远机位时，提供旅客在远机位和航站楼之间的运输服务。摆渡车的容量一般为 70 人/车，可根据航班旅客数量调整摆渡车数量。旅客摆渡车如图 7-9 所示。

图 7-7　食品车　　　　　　图 7-8　客梯车　　　　　图 7-9　旅客摆渡车

8. 行李拖车

行李拖车负责旅客行李往返于飞机和行李分拣中心的运输服务，如图 7-10 所示。

9. 升降平台车

升降平台车是大型飞机货邮行李装卸设备。一些大型飞机如 B747、A330 等的货物通常装在集装箱内或集装板上，因此升降平台车一般用于集装箱或集装板的装卸。升降平台车的作业平台上装有滚动滑轮和控制装置，可实现集装箱 4 个方向的自动移动，节省了大

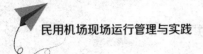
量的人力，如图 7-11 所示。

10. 传送带车

航空器装载和卸下行李及货物时，可利用除平台车以外的传送带来加快装载速度，节约人力资源。如图 7-12 所示，传送带车与飞机对接时有严格的操作流程。传送带车在距离飞机 20m 处停车一次，然后重新启动，以 2km/h 的速度对靠飞机。在对靠飞机货舱门时，使用二次靠机法，缓慢与飞机舱门对接。作业完成后，传送带车以 2km/h 的速度撤离飞机停放区。

图 7-10　行李拖车　　　　图 7-11　升降平台车　　　　图 7-12　传送带车

11. 廊桥

廊桥提供旅客从出机舱到航站楼的通道，在旅客下机和上机时使用。工作人员会根据不同的机型，调整廊桥所在高度使其能够对准飞机舱门，如图 7-13 所示。

廊桥每次与飞机对接或撤离，都需要与航空器直接接触，这直接影响飞机的安全，是机场运行管理中唯一的 A 级设备。因此，机场对廊桥的操作都有严格的规定。

（1）严格按规定停靠的机型使用廊桥。各廊桥所规定的机型停靠线为该机、桥位允许停靠的机型。如增加新机型，需使用廊桥的航空公司应提前向机场运行指挥中心提出申请，并提供飞机的集合参数，经核准后方可使用。

（2）飞机在停靠机位时按泊位引导系统的指示修正方向并停机。地面机位人员严密监视飞机动向，一旦发现泊位引导系统发生故障，使引导出现较大误差，应使用紧急 STOP 按钮或人工指挥停机，以防止飞机冲线造成不安全因素。

（3）廊桥管理部门应在航班到达之前 10 分钟完成对登机桥运转状况的检查。非专业人员不得擅自启动廊桥。

12. 清水车

清水车为飞机供应清水，一般带有升降设备，可以携带数吨清水，如图 7-14 所示。

13. 气源车

飞机气源车可通过低压大流量压缩空气启动飞机发动机，也可以给飞机进行辅助供气，用于飞机检查等项目，如图 7-15 所示。

图 7-13　廊桥　　　　　　图 7-14　清水车　　　　　　图 7-15　气源车

飞机所需的保障服务随机型的不同而有所变化，因此飞机过站服务所需的设施设备也是不同的。机坪地面作业设备种类繁多，不同机型对同一设备的要求也是不同的。例如，对货邮装卸设备而言，小型飞机只需人工即可完成搬运任务，而中型飞机如 B737 等，需要利用传送带车，大型飞机则需要使用升降平台车。

二、机坪车辆及设施设备管理规定

（一）机坪交通安全管理机构

依据《民用机场航空器活动区道路交通安全管理规则》（CCAR-331SB-R1），民航局对全国民用机场航空器活动区道路交通安全实行统一监督管理，民航地区管理局对本辖区内民用机场航空器活动区道路交通安全实行监督管理。而机场管理机构则具体负责本机场航空器活动区道路交通安全管理。

（二）机坪机动车辆的牌照管理

机坪运行的各种车辆是为航空器提供保障服务的，具有特殊的结构和功能，与陆侧的车辆有很大的区别。因此，这类特种车辆必须按照民航规章及所在机场相关规定办理相关证件和年检手续，才能进入空侧隔离区。

当在航空器活动区为航空器运行提供保障服务的车辆需要申领航空器活动区车辆牌照时，应当具备下列条件。

（1）用于在航空器活动区为航空器运行提供保障服务。

（2）符合机动车国家安全技术标准并符合机场管理机构规定的车辆行驶安全标准。

（3）车身喷涂单位名称和标识，并在顶端安装黄色警示灯。

（4）喷涂统一的安全标志。

（5）配备有效的灭火器材。

（6）提供机动车保险有效凭证。

（7）提供机动车合法来源凭证。

（三）机坪车辆的交通管理

航空器活动区内的所有车辆在该区域作业或行驶时，必须遵守机场航空器活动区车辆交通管理规定。驾驶航空器活动区机动车辆时，必须携带民用机场航空器活动区机动车驾驶证；按指定的通行道口进入航空器活动区，自觉接受监管和检查人员的查验、指挥。

航空器活动区内的车辆应当按照交通标志、标线行驶，昼夜开启车辆黄色警示灯；夜间行驶还应开启近光灯、示宽灯和尾灯，雾天开启防雾灯，禁止使用远光灯。

车辆行驶时应符合机场航空器活动区内各个区域规定的行驶速度。车辆沿规定的路线行驶至客机坪、停机坪、滑行道交叉路口时，必须停车观察航空器动态，在确认安全后，方可通行。遇有航空器滑行或被拖行时，在航空器一侧安全距离外避让，不得在滑行的航空器前 200m 内穿行或 50m 内尾随。车辆接近航空器时，速度不得超过 5km/h。

特殊情况下，机动车辆在非划定的行车道上穿行滑行道、联络道时，应当事先征得机坪管制部门或航空器活动区内机动车管理部门的同意，按指定的时间、区域、路线穿行或作业。驶入机坪的机动车辆应当配备能与机坪管制部门保持不间断通信联络的有效的双向通信设备，作业人员应按规定穿戴机场机坪作业人员的可视性反光服进行作业。

在航空器活动区行驶的车辆，遇有执行任务的应急救援指挥车、消防车、救护车、工程抢险车、警车以及护卫车队时，应当主动避让，不得争道抢行、穿插或紧随尾追。而执行紧急任务的上述车辆，在确保安全的前提下，可不受行驶路线与速度限制。

车辆在机坪行驶时，必须遵守以下避让原则。

（1）一切车辆、人员必须避让航空器及其引导车。

（2）发生紧急情况时，所有车辆避让应急救援车辆。

（3）一般车辆、机场特种车辆避让警卫车队。

（4）一般车辆避让摆渡车辆。

（5）一般车辆避让特种车辆。

（6）特种车辆按作业流程避让。

（7）临时进入航空器活动区的车辆避让航班服务车辆。

（四）机坪内车辆和设备的停放管理

机坪保障作业车辆应按规定进入相应位置开展作业。在航班保障过程中，车辆与车辆、车辆与设备之间是非常拥挤的，航空器机坪内的车辆作业应严格遵守其作业的程序和顺序。

1. 车辆进入停机位作业的管理

航空器地面保障设备应摆放在指定的区域内。车辆、设备停放区的设置不得影响道路的畅通和安全。在保证作业期间，除为航空器提供地面保障作业的车辆、设备或持有机坪运作区通行证的车辆外，其他车辆、设备不得进入机位安全区；当航空器正在进入或推出机位时，除了正在推出航空器的牵引车，其他车辆不得进入机位安全区。

根据作业顺序要求，除了地面电源车、牵引车等是必须在发动机未关闭之前进入机位安全区的车辆，其他服务车辆必须停在保障作业等待区外等待，直到机务人员挡上轮挡且驾驶员关闭发动机，防撞灯关闭或机务给予可以保证作业的手势为止，方可让其他作业车辆靠近航空器实施作业。

车辆接近、对接航空器作业时，应当有专人指挥，靠近航空器的速度不应超过 5km/h。在航空器旁停放车辆时，必须驻车制动和设置轮挡，并确保车辆与航空器及附近设备保持足够的安全距离，符合航空器地面保障的相关操作规程。按照作业流程依次进入工作位置，且车辆对接航空器前，必须在距航空器 15m 的距离处先试刹车，确认刹车良好方可对接。

车辆不得驶进或停放在廊桥活动区、航空器燃油栓及消防井禁区。当航空器加油时，在停机位内的车辆不得阻碍加油车前方的紧急通道；当航空器正在开动或防撞灯亮起时，车辆不得在航空器后方通过。

2. 机坪内车辆及设备停放区域的划定

为使机坪有序运行，机场机位附近划定各类车辆及设备停放区。各区域的标志在划定时要用既定的规格来体现不同的用途。根据 ICAO 和 IATA 的标准，机场管理机构可采取如表 7-2 所示的划定方法进行区域划设。

表 7-2 机位各区域功能规格

序 号	名 称	功 能	规 格
1	机位安全线	保证航空器与其他车辆及设备保持足够的安全距离	宽度为 15cm 的红色连续实线
2	车辆行驶道线	用于机坪上机动车辆行驶的引导和限制	宽度为 10cm 的白色连续实线
3	保障车辆作业等待区标志	为保障航空器的车辆提供临时停放区域	宽度为 10cm 的白色网格线
4	车辆及设备固定停放区标志	用以规定在机坪上停放车辆及设备的安全界线	宽度为 10cm 的白色连续封闭实线
5	登机桥活动区域标志	仅供登机桥使用，同时禁止任何机动车辆停放、穿越此区域	线宽为 10cm 的红色网格线
6	禁止停放区域标志	禁止任何车辆及设备停放	线宽为 10cm 的黄色网格线

机位附近的设备停放区必须围绕机位安全线进行划设，要充分利用机位的空间合理规划，搭设各类设备有位可停、车辆运行与设备停放互不干扰的良好环境。

3. 机坪内车辆及设备停放的管理

因保障作业需要放置于机坪内的车辆和集装箱/托盘等特种设备，应当停泊或放置于机场管理机构指定的区域内，不得超出规定的范围。

在保证工作结束后，各保障部门应当及时将所用设备放回原区域，并摆放整齐。车辆及设备在停放时，必须使用驻车制动或有效的制动方法，使其不发生失控滑动现象。

不得在标有禁停标志的区域内停放任何车辆及设备。任何车辆及设备不得停放或堵塞通往消防站、消防水池或消防栓的道路，不得堵塞救援车辆。在廊桥活动端移动范围内应采用红色或黄色线条网格设置禁区，禁止任何车辆和设备进入。

第四节 机坪环境管理

一、机坪卫生管理

通常航空器活动区管理部门应按照相关规定，对机坪外来物进行管理，监督并实施对跑道、滑行道和机坪等道面的定期检查与清扫，及时发现并处理道面上的杂物。

各驻场单位负责对本单位全体员工进行机坪环境卫生管理的培训，理解机坪外来物的危害，明确在机坪作业环境卫生方面的责任。机坪上所有人员均有责任及时清除机坪上的外来物。对于无法清除的外来物，应及时通报机场机坪管理部门。

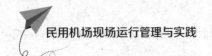
对航空器进行清洗前，必须通报机坪管理部门进行监控，得到批准后方可按照批准的时间和机位进行清洗作业。航空器清洗作业完毕后，航空器运营人或其代理人负责将机位上的清洁剂和其他溢出物清洗干净，使机位恢复到正常使用状态。

配餐服务和航空器维护部门必须严格管理为临时遮盖货物和保护航空器部件时在机坪上使用的聚乙烯袋和膜，避免其形成机坪外来物，对航空器发动机造成损伤。

清洁航空器货舱时，不允许直接将货舱杂物清扫在机坪上。对于装卸过程中散落在机坪上的各种物品、包装材料、货舱杂物，由当事人负责清理干净。

机上杂物装袋后必须及时装车，航空公司或其地面代理公司负责将航空器上的垃圾清理出航空器活动区，禁止丢入机坪垃圾桶或在机坪、廊桥上长期堆放。垃圾包装应严密，流质垃圾如处理不善造成污染机坪、廊桥的，必须及时清理干净。临时放置的垃圾应有专人看守。

机坪清理出的杂物、垃圾禁止露天堆放或藏匿于机坪上，禁止在机坪内对杂物、垃圾进行填埋或焚烧处理；应及时有效地清除机坪上用于清除泄漏燃油或机油的砂子；应及时清除冬季机坪上的残留冰块。

机坪施工所需物资、设备须于核准的地点堆放，并定期清理施工产生的废弃物、渣土及剩余物料等。机坪作业人员在完成保障作业后，应及时对机坪现场进行清理，严防抛撒、丢失杂物，影响航空器安全。

二、放水及漏油的管理

机坪油污易对环境造成污染，并且污染、腐蚀机坪标志标线，同时易引起火灾。驻场各单位应主动清除机坪油污污染。负责航空器加油操作的人员作业时必须严格遵守民航局有关行业标准和操作规范，一旦燃油泄漏应当立即停止操作。

严禁机务人员将燃油、滑油遗洒在机坪及其附属设施内（如加油井、排水沟等）；所有在飞行区行驶的机动车，驾驶员应确保机动车完好，防止车辆在机坪内漏油事件的发生。

在机坪上的作业人员一旦造成漏油事件，应当立即通知机场航空器活动区管理部门。漏油的清理由责任单位负责。

机坪内发生漏油及漏水事件后，应立即通知消防部门或者相关保障部门进行处理。

三、机坪上其他物体的管理

机坪上的井盖数量较多，有加油井盖、消防井盖、电缆井盖、供水井盖等，为了给地面运行的车辆人员予以警示，各类井盖应该划设警示标志。一般的做法是，在井盖四周涂刷边框线，边框线宽度不小于20cm，颜色宜为黄色或者红色。

车辆设备的行驶及停放都应当尽可能避开井盖。当井盖开启时，应当在井盖旁设置醒目的反光警示标志物。机场内易被行驶车辆刮碰的建筑物、固定设施等，均应当设置黄黑相间的防撞警示标志，限高标志，重要的建筑物构件、设施设备应当设有防撞保护装置。

当机场管理机构获知在航空器活动区发现有疑似航空器零件的异物时，应当尽快通知机务部门进行判断，若初步判断为航空器零件，则应尽快将信息告知空管部门和各机务部门。

第五节　机坪作业人员管理

所有在机场空侧控制区从事勤务保障的人员，均应当接受场内道路交通管理、岗位作业流程等方面的培训，并经考试合格后，方可在机场空侧从事与其职责相关的活动。持有进入机场空侧控制区证件的行政管理等其他人员，应当接受空侧控制区管理的相关培训。

人员培训和考核的内容由机场管理机构确定，培训和考核的方式由机场管理机构与驻场单位协商确定，并以协议的方式予以明确。机场管理机构应当建立所有在空侧从事相关活动人员的培训、考核档案记录，其他单位也应当建立本单位人员的培训、考核档案记录。

所有在机坪从事勤务保障的人员，均需按规范佩戴工作证件，并穿着本单位的工作服。工作服没有反光标识的，应当单独穿着反光背心或者外套。

参与勤务保障的作业人员应当具备相应的安全操作技能和资格，各类车辆和设备应当处于良好的技术状态。

机坪内各保障作业部门，应当按有关规定为员工配备足够和有效的防护用品。

旅客需要通过机坪区域上下航空器时，航空器营运人及其代理人应当安排专人引导和保护，使旅客在规定的区域内通行，不得安排旅客步行穿越航空器滑行路线，任何车辆不得在旅客队伍间穿行。远机位旅客上下航空器必须使用摆渡车。各保障部门应确保远机位出港旅客所使用的远机位登机口或廊桥侧梯、机坪环境及秩序正常，航空公司及其地面代理机构应做好旅客引导，保障旅客在机坪停留期间的人身安全，禁止发生旅客步行横穿机坪和滑行道事件。上、下旅客时禁止航空器运转发动机。

航空公司或地面服务公司（部门）必须对旅客自摆渡车至客梯车或廊桥侧梯上下航空器进行引导。

地面代理机构人员应密切关注旅客的流向，严防旅客靠近航空器发动机前后、航空器机翼下，接触现场保障设备，避免航空器尾流或运转设备对旅客造成伤害。

遇有雨、雪、大风、大雾等特殊天气时，飞行区管理部应做好场地安全保障工作，避免地面积水、积冰。航空公司及其地面代理应启动相应预案，做好设备保障和旅客服务，避免旅客受到伤害。

未经机场管理机构批准，任何人不得在航空器活动区内引燃明火、释放烟雾和粉尘。任何人员不得在机坪内吸烟。任何人员不得损坏、擅自挪动机坪消防设施设备。任何人员发现机坪内出现火情或发生大量燃油溢漏等重大火险隐患时，均应当迅速向消防部门或者机场管理机构报告，并有义务采取灭火行动。

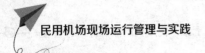

思政阅读

提升靠桥率——广州白云国际机场为旅客架起高效便捷归家"桥"

实践训练

一、机位适用性检查实训

1. 实践目的

（1）掌握机位安全适用性要求。

（2）掌握机位安全检查项目。

2. 实践内容

航空器即将进入停机位，接机人员至少应当提前 5 分钟对机位适用性进行检查，请按照相关要求进行相关检查。

3. 配分与评分标准（见表 7-3）

表 7-3　机位适用性检查的配分与评分标准

测 试 内 容	评 价 标 准	分　　值	得　　分
机位适用性检查	正确实施检查，未漏项	10 分	
	能发现相关问题，并及时协调解决	5 分	
	能按时完成，未超时	5 分	
合计		20 分	

二、机场内安全车辆驾驶规定

1. 实践目的

（1）熟悉停机坪内各种车辆。

（2）掌握停机坪车辆行驶安全管理要求。

2. 实践内容

根据视频录像，识别该驾驶员在停机坪驾驶过程中有哪些违规行为，并分别进行记录。

3. 配分与评分标准（见表 7-4）

表 7-4　机场内安全车辆驾驶的配分与评分标准

序号	考核内容	考核要点	配分	考核标准	扣分	得分
1	违规行为一：驾驶车辆超车未打转向灯	违规行为录入是否准确	5 分	不会录入或者录入行为错误的，扣 5 分		

续表

序号	考核内容	考核要点	配分	考核标准	扣分	得分
2	违规行为二：航空器正进入机位时，未停止车辆等待	违规行为录入是否准确	5分	不会录入或者录入行为错误的，扣5分		
3	违规行为三：在机坪行驶过程中，遇行人正在人行横道穿过道路时未避让行人	违规行为录入是否准确	5分	不会录入或者录入行为错误的，扣5分		
4	违规行为四：在航空器活动区，车辆未按规定停放在设备区或停车位	违规行为录入是否准确	5分	不会录入或者录入行为错误的，扣5分		
合计			20分			

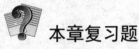

本章复习题

1. 简述停机坪服务的主要内容。
2. 简述航空器地面运行基本规定。
3. 简述航空器运行必须遵守的优先原则。
4. 目前主要的航空器泊位引导方式有哪些？
5. 航空器滑入机位停泊前，接机人员对机位的适用性检查项目包括哪些？
6. 简述航空器在机坪内滑行的基本规定。
7. 简述航空器在机坪内停放的基本规定。
8. 简述航空器在机坪内牵引移动的基本规定。
9. 简述航空器在机坪上维护与维修的基本规定。
10. 简述机坪车辆的种类。
11. 简述在航空器活动区内为航空器运行提供保障服务的车辆需要申领航空器活动区车辆牌照应当具备的条件。
12. 简述机坪车辆交通管理规定。
13. 车辆在机坪行驶时，应当遵守哪些避让原则？
14. 简述机坪内车辆进入停机位作业的基本规定。
15. 简述机坪内车辆及设备停放管理规定。
16. 什么是外来物？什么是外来物损伤航空器事件？简述如何做好外来物管理。
17. 简述机坪作业人员管理规定。
18. 简述航空器的安全靠泊状态。

本章测试题

第八章　航班地面保障

【本章学习目标】

- 掌握始发航班和过站航班地面保障作业节点；
- 掌握停机位设置及分配规则；
- 掌握航班保障的一般流程；
- 了解航班保障标准；
- 熟悉机场运行指挥系统的操作。

第一节　航班地面保障概述

机场航班地面运行保障是机场现场运行中最为核心的业务。能否保障航空公司的航空器在机场顺利运行，体现了机场基础核心的管理能力。比较理想的航班地面保障效果是让航空公司的航空器可以平安顺利地从机场出发、平安顺利地到达机场、高效便捷地在机场完成过站，或者安全平稳地在机场停放等，而且这些保障工作尽可能地在最短的时间内高效完成，机场也可依据不同的服务策略尽可能提升服务体验。

一、航班地面保障基本概念

航班地面保障指的是始发或过站航空器离港前在机坪上所进行的一系列航油添加、机务检查、货舱服务、客舱服务等多项保障服务，并要求航班在规定的作业时间内完成保障服务，各项作业保障时间宜早不宜晚，争取缩短总的保障时间。航空器在执行每趟航班飞行任务前都要在停机坪执行地面保障流程，因此该保障服务的时长是决定航班正常性的关键一环。

二、航班地面保障的类别

（一）直飞航班与经停航班

在航空界，直飞航班是指某个航空公司使用同一班号执行两地之间全段航程的航班。直飞航班的保障涉及始发出港（originating）和抵达进港（destination）两段运行保障流程。

经停航班是指从 A 地起飞，目的地为 B 地，但中途会在 C 地停留一段时间，部分乘客可以在 C 地登机。这种航班始终由一架飞机执飞，在 A 地登机的乘客，只需要下机再重新登机就可以，不需要离开候机楼然后重新过安检。飞机经停一般分为技术经停和航班经停。

（1）技术经停：一般是加油、技术检查等经停。比如某一航线超过了那架飞机的安全飞行距离，就会选择途经的某个机场经停。

经停地通常起飞之前就已经选好了，比如亚洲飞南美，一般都要 16 个小时以上，就需要停下来加油，飞行员和乘客可以得到休息，飞机也可以趁此装卸货物。

（2）航班经停：因为航程远、两地客源不充足等，停第三地，可以再次上下旅客，增加上客率。很多航班在某个小地方经停，就是因为当地需要开通航线又没有足够的流量。

如果经停需要下客清舱做卫生，那么乘客一般会回到候机厅，不会出安检区。相比直飞航班而言，经停航班多了经停保障流程。

（二）国际航班（含港澳台地区航班）与国内航班

有些机场保障的航班是飞往国外城市机场或者港澳台地区机场的，这类航班一般被称为国际航班（international flight）或港澳台地区航班（Hong Kong/Macao/Taiwan flight）；而有些机场保障的航班仅在境内飞行，不飞越国境及港澳台地区，这类航班一般被称为国内航班（domestic flight）。相比国内航班而言，国际航班或港澳台地区航班的保障流程会涉及海关、检疫和边检流程。

（三）不同机型的航班

由于航空器体积的不同，所能容纳的旅客和货物、行李数量（或体积）也有所不同。航空器体积越小，一般情况下，航班地面保障所需的时间自然就越少；航空器体积越大，航班地面保障所需的时间就越多。民航局制定的《航班安全运行保障标准》（民航发〔2020〕4 号）将机型类型根据座位数量分为以下五类。

第一类为 60 座以下的飞机，如 EMB145、CRJ200 等。

第二类为 61～150 座的飞机，如 EMB190、ARJ21、A319、B737（700 型以下）、CRJ900 等。

第三类为 151～250 座的飞机，如 B737（700 型以上）、B757、A310、A320、A321 等。

第四类为 251～500 座的飞机，如 B747、B777、B787、A300、A330、A340、A350 等。

第五类为 500 座以上的飞机，如 A380。

以上这些不同机型的航班，可能也会因为机场设施设备原因，出现保障流程的些许差异。比如，登机桥能否对接上不同机型航空器的客舱门问题，这是在航站楼建筑规划阶段就设计好的。对于一些与登机桥不兼容的飞机类型，可能无法靠桥保障旅客上下飞机，而需要在远机位通过客梯车保障旅客上下飞机。

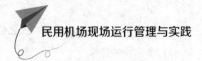

（四）保障业务类型

根据业务类型，机场航班地面保障主要分为两大业务：一是涉及关于运输旅客（包括其托运行李）所开展的航班地面保障；二是涉及关于运输货物所开展的航班地面保障。其中，关于运输货物的航班地面保障还包括全货机运输和客货混合运输等不同形式。

（五）根据航班正常性分类

一般情况下，航空公司的航班都是根据已经被提前安排好的时刻表进行常态化运行的，就如同已经编排好的火车时刻表或者公交车时刻表一样。然而在某些情况下，也会遇到很多意想不到的事情打破常态化的航班运行，如天气原因（雷雨、大风、冰雪、雷电、低能见度等大雾天气）引发的航班延误、航班取消，飞行故障导致的航班备降、航班返航等。所以航班保障类型还可以分为正常航班保障和非正常航班保障。

（六）始发航班与过站航班

根据民航局文件《航班安全运行保障标准》中的相关规定，航班地面保障服务分为始发航班保障和过站航班保障两大类。始发航班指的是同一注册号航空器的计划关舱门时间在当日06:00（含）以后，是机场实际执行的第一段离港航班。过站航班指的是前段航班到达本站，并经过中转、下客、相关保障服务后从本站起飞的航班。

三、航班地面保障的特点

机场航班地面保障作业项目较多且各作业间的联系复杂，是一个串联作业与并联作业同时进行的保障服务流程，因此涉及多方保障部门之间的相互协作。机场航班地面保障过程总是在同一时刻涉及多架航班的同时保障服务，需要保障人员、保障设备在同一时刻进行合理的分配和协作。

（一）保障资源受限

机场总是面对多架航空器同时进行保障服务的状况，尤其对于平均每天航班量超过上千架次的大型枢纽机场，在机场的高峰小时时刻，同时过站保障的航空器有时达到十几架。在此情况下，对保障资源有很大的需求，从而在繁忙时刻和大面积航班延误的时刻保障设备、保障人员等资源受限。

（二）保障时间受限

根据民航局文件《航班安全运行保障标准》中的相关规定，每项保障作业具有标准的作业时间限制。因为其中某一项作业时间的延长都会使后面一项作业的开始时间延后，从而增加后续作业延误的风险，也增加了执行不同航班的同一架航空器在各个目的地机场的延误风险。因此，航班地面运行保障服务有严格的时间限制。

（三）保障作业具有时序性

航班地面保障服务的每项作业之间联系紧密，环环相扣，有一定的先后关系。比如客舱清洁作业必须在上客作业之后进行、廊桥撤离作业必须在关客舱门作业之后进行等，我们将这样的严格按照时间线上的流程进行的保障作业称作串联作业。串联作业的时序性保证了航班保障服务的高效开展。

第二节 航班地面保障的一般流程

在航班地面保障中，机场最关心的就是航班地面保障的效率问题。因为一个机场越能高效保障航班，就越能给旅客带来便捷体验。如今，随着高铁的不断提速，准点率的不断提升，再加上简便的乘车手续，越来越多的中短途旅程旅客更倾向乘坐高铁出行。相比之下，航空出行要受天气、空域等多种因素限制，且机场离城市距离较远、安检程序复杂、等待行李时间较长，高铁无疑给航空业带来了巨大的竞争压力。所以，机场如何提升其航班地面保障效率成为关键问题，它是机场在市场竞争中提升其生产效率的一个问题。关于航班地面保障效率提升问题，除了要靠技术赋能提高，厘清航班地面保障流程并对流程不断进行优化也至关重要。

在航班地面保障的安全性要求和高效性需求越来越高的背景下，航班地面保障流程也越来越规范化、程序化、标准化。每个机场依据自身设施设备先进性和资源差异性不同以及运营管理模式的不同，都形成了一套比较常规的航班地面保障流程。由于航班类型的差异性的存在，航班地面保障流程也存在着一些差异（如直飞航班与过站航班的运行保障流程差异、国际航班与国内航班的运行保障流程差异、不同机型航班的运行保障流程差异等）。

一、航班地面保障一般流程的特点

虽然不同航班会因类型不同而在保障流程上存在差异，但综合来看，航班地面保障流程也有一些共同特点，就是航班的整个运行保障流程是非常系统性和高度协同性的。

（一）流程的系统性

流程的系统性就是航班地面保障是一个非常系统化的过程，涉及很多组织、人员、设备、信息的共同参与，这些都可以作为各种不同的子系统且各系统彼此之间互相影响。

机场航班地面保障流程既是一个串联流程，又涉及并联关系的平行作业。其中，"串联"是指航班地面保障有些作业必须服从一定的保障次序，存在较强的时间次序和逻辑关系，如果保障过程前端流程出现了问题，后续流程也将受到影响。有些作业之间是可以同时进行保障的，如燃油加注时间比较长，进行燃油加注的同时可以进行清水/污水作业、航空配餐等。

（二）流程的协同性

航班地面保障的流程协同性体现在各个组织、单位、系统、人员、设备等高度配合和协调联动上。保障一个航班的正常运行涉及多家单位的工作人员。航班保障流程链条上的每个参与者，都需要相互高度配合才能高效完成一个航班的顺利保障。秩序化的信息传递、

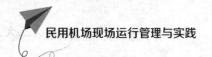

合理的信息共享、高效的信息决策，才能让每个参与其中的工作人员在自己职责范围内开展好保障作业，保障一个航班安全、顺利、平稳地在机场运行。

二、航班地面保障的一般流程

根据民航局文件《航班安全运行保障标准》中的相关规定，航班地面保障服务分为始发航班保障和过站航班保障两大类。从保障流程来看，过站航空器的服务环节包含了始发航空器保障的大部分环节，且流程更加烦琐，下面分别对两类情况进行介绍。

（一）始发航班保障流程

始发航班保障流程指的是前一执行日停靠本场、当日执行第一班出港航班或者进港与出港航班时间相隔超过 4 个小时以上的出港航班航空器保障流程，分为始发拖曳、地面保障和放行推出 3 个阶段，为 2 + 16 + 4 共计 22 个标准作业节点。

其中，始发拖曳阶段是指通过牵引车等设备将始发航空器拖曳至出港保障的停机位，以便于对航班进行下一阶段的地面保障工作。该阶段包括机务检查和航空器入位 2 个标准作业节点。

地面保障阶段指的是航空器被拖曳至出港机位后进行的一系列加航油、清洁、上客等保障服务。整体的保障时间与机型、保障车辆调度时间与路径等外部因素密切相关。该保障阶段主要包括廊桥/客梯车对接，航空器监护，电源、空调和气源设备提供，客舱门开启，摆渡车到位（若需要），货舱门开启，客舱清洁，清水操作，餐食及机供品配供，航油加注，机组及乘务组保障，货邮及行李装载，客舱门关闭，货舱门（含散舱 BULK 舱门）关闭，廊桥撤离，客梯车撤离共 16 个标准作业节点。

放行推出包括牵引车、机务、拖把到位，牵引车对接，轮挡、反光锥形标志物撤离，航空器推出 4 个标准作业节点。

始发航班保障流程如图 8-1 所示。

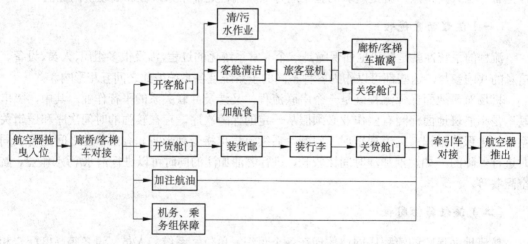

图 8-1　单个始发航班保障流程

始发航班保障流程节点运行要求如下。

（1）机务检查及始发拖曳。机场管理机构的运行管理部门将首先发布信息告知该航班的停机位。信息发布后，若该航班就在所发布的停机位上，机务人员将到达该航班的停机位开展航前维护工作。确保该航班没有问题后，即可开始后续一系列的航班保障操作。

若该航班没在所发布的停机位上，则需要在机务人员检查航空器没有问题后，利用航空器牵引车将航空器拖曳至该停机位上。

（2）廊桥/客梯车对接。廊桥对接前应提前进行检查，确保廊桥安全适用。航空器拖曳至其他停机位出港时，按规范挡好轮挡后，机务应立即给出明确对接指令，10分钟之内完成廊桥对接。

（3）航空器监护。航空器监护人员应在廊桥、客梯车对接前到位，已实现区域监护的除外。监护人员在航空器周围摆上一圈用于防护警示的安全锥桶，以提示后续保障的各种车辆设备与航空器要保持一定的安全距离，同时安保人员也会在航空器周边监视各个保障流程的状况，防止航空器周边出现冲进的车辆和无关人员等影响航空器航前各项保障工作。

（4）电源、空调和气源设备提供。根据机组需要，应及时提供地面电源、空调和气源设备。

（5）客舱门开启。客舱门应在廊桥或客梯车对接完成后开启。

（6）货舱门开启。货舱门（含散舱 BULK 舱门）应在开始装舱时开启。

（7）客舱清洁。客舱清洁程度应符合航空公司的相关标准和要求。客舱清洁操作应在开始登机前完成。

（8）清水作业。飞行过程中旅客所需饮用水，是通过清水车的机坪特种车运送上飞机的。操作员将清水车上的导水管直接接入位于清水机机腹或机尾处的加注面板上的注水口，饮用水就这样被"运送"上飞机。在廊桥或客梯车对接完毕后可以开始清水操作。

（9）餐食及机供品配供。餐食及机供品配供在航空器处于安全靠泊状态且按规范放置好反光锥形标志物后进行。餐食及机供品配供应在开始登机前完成。

（10）航油加注。航油加注应在廊桥或客梯车对接完毕，由航空公司代表确认后进行。航空公司代表或机组应提前确认并允许加油。一般情况下，航油加注操作应在开始登机前5分钟完成。

（11）机组及乘务组保障。按照机型，机组、乘务组应在规定的时间点前到达航空器或机位，如果因航油加注、餐食及机供品配供等保障环节需要机组提前到达，则应根据双方协议执行。

（12）客舱门关闭。客舱门关闭操作在旅客登机完毕、单据交接完毕、边防手续交接（适用于国际航线）确认完毕和地面保障人员全部下机后进行。

（13）货舱门（含散舱 BULK 舱门）关闭。货舱门（含散舱 BULK 舱门）关闭操作在货物、邮件、行李装卸完毕，且无须翻找和加减行李后执行。

（14）廊桥/客梯车撤离。撤离廊桥应在航班关闭客舱门后开始。如果使用桥载设备，应在桥载设备撤离后开始撤离廊桥。三桥应先撤 B 桥，之后撤离 A 桥和 C 桥。客梯车撤离应在航班关闭客舱门后进行。

（15）放行推出。牵引车、机务、拖把到位后，机务人员将位于航空器前轮放置的前轮挡和前端摆放的锥桶撤掉，以便航空器牵引车对接航空器前轮。在确保航空器前轮被航空器牵引车抱死且不会出现意外滑动后，可以继续撤掉后轮轮挡及其他锥桶。

机组应在客、货舱门关闭和牵引车、机务、拖把到位后，向塔台或机坪管制申请航空器推出。在机组收到准予推出的指令后进行航空器推出操作。航空器牵引车就可以将航空器推出到相应的滑行道上，再交由驾驶员驾驶航空器自主滑行。

（二）过站航班保障流程

过站航班保障流程指的是航空器在本场内进港与出港时间相隔不超过 4 个小时，并在本场进行相关的一系列保障服务流程。

过站航班保障流程与始发航班保障流程类似，但缺少了始发拖曳阶段，只分为地面保障和放行推出两个阶段，为 21+5 共计 26 个标准作业节点，具体作业如下。

地面保障阶段包含了始发航班该阶段的全部作业节点，同时由于过站航班需要在本场经停、下客、卸货邮等，使得过站航班该阶段的保障作业更加复杂。该保障阶段包括到港航班引导，航空器入位，轮挡与反光锥形标志物放置，电源、空调和气源设备提供，廊桥/客梯车对接，航空器监护，摆渡车到位（若需要），客舱门开启，货舱门开启，客舱清洁，污水操作，清水作业，餐食及机供品配供，航油加注，机组及乘务组保障，货邮及行李装载，出港摆渡车，客舱门关闭，货舱门（含散舱 BULK 舱门）关闭，廊桥撤离，客梯车撤离共 21 个标准作业节点。

放行推出包括牵引车、机务、拖把到位，牵引车对接，轮挡、反光锥形标志物撤离，航空器推出，出港航班引导 5 个标准作业节点。

过站航班保障流程如图 8-2 所示。

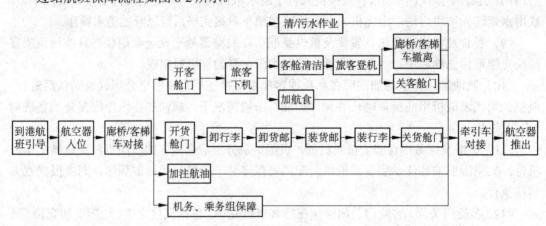

图 8-2　过站航班保障流程

不同于始发航班，过站航班保障流程节点运行要求如下。

1. 到港航班引导

因特殊情况航空器需要引导时，塔台管制员应在航班落地前 10 分钟向航空器引导车通报引导信息。航空器引导车应在航班落地前到达指定引导位置。

2. 航空器入位

接机人员应提前 5 分钟到达机位，对机位进行适用性检查。航空器在进入停机位后，为了防止大风天气风力太大吹动航空器而发生滑动，或者为了防止在存在坡度的停机位上停靠（因为停机坪排水需要而设置的坡度，该坡度一般是看不出来的）而发生滑动，工作人员首先会给航空器轮子周围放置轮挡，这样也有助于保障后续作业，使保障操作处于安全状态。

在放置好所有轮挡，确保航空器停放稳定后，航空器监护就开始了。安保人员会在航空器周边摆放一圈安全锥桶，警示周围人员/车辆与航空器保持一定距离。

3. 电源、空调和气源设备提供

为了确保航空器关闭发动机后，客舱内的供电供气正常，地面工作人员会第一时间为航空器提供地面电源设备供电，以及地面空调设备供气。对于停靠近机位的航空器，地面电源和空调就是通过航站楼楼体连接而为航空器提供资源的。这些供电供气设备要么挂在登机桥之下，一般称其为"桥载设备"，要么置于停机位下的地井之中，在需要时打开地井并取出设备连接航空器即可。而对于停放在远机位的航空器，有些机场会设置远机位地面电源设备或者远机位空调设备，但是对于没有这种条件的机场，则需要电源车、空调车来对接航空器为其提供相应的电源和气源。

4. 污水作业

飞机上的污水清洁工作是在廊桥或客梯车对接完毕后开始的，即将前段航程中产生的污水进行收集、排放操作。污水的收集是在排污口与污水车接口对接后，通过管道将机上的污水统一回收到污水车厢内，由污水车运送到统一地点进行排放。

5. 放行推出

牵引车、机务、拖把到位后，牵引车对接，轮挡、反光锥形标志物撤离，机组申请推出，航空器推出后引导车及时到位并完成出港航班引导。

三、航班地面保障中所涉及的常见专用设备及相应的岗位人员

机场航班地面保障常见的专用设备包括五种，分别为航空器地面服务设备（主要是负责各项地面服务工作的设备，如牵引航空器、清污水操作、配餐、加油、引导、供电供气等）、旅客运输服务设备（如摆渡车、客梯车）、行李货物运输服务设备（如升降平台车、行李传送车、行李牵引车）、场道除冰雪设备、航空器除冰设备（如除冰车）。相应的设备操作岗位也与设备种类一一对应，具体如表 8-1 所示。

表 8-1 机场航班地面保障常见的专用设备

序号	设备名称	定义
（一）航空器地面服务设备		
1	飞机牵引车（aircraft tow tractor）	用于将飞机牵引至指定位置的地面专用设备
2	飞机清水车（aircraft potable water vehicle）	用于为飞机添加旅客饮用水的地面专用设备
3	飞机污水车（aircraft sewage disposal vehicle）	用于接收并储存从飞机厕所排下的污物、向飞机盥洗间添加清水的地面专用设备
4	飞机垃圾车（aircraft garbage vehicle）	用于装运飞机上垃圾的机场地面专用设备

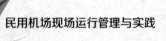

续表

序号	设备名称	定义
5	飞机引导车（aircraft taxing guided vehicle）	用于引导飞机沿滑行线路滑行到指定位置的专用设备
6	管线加油车（hydrant dispenser）	装备有过滤分离器、压力控制装置、流量计、加油胶管及接头等部件，通过机坪管网能独立完成为航空器加油，并具有调压、净化等功能的专用设备
7	罐式加油车（tank refueller）	装备有油罐、油泵、过滤分离器、压力控制装置（适用于压力加油）、流量计、加油胶管及接头（油枪）等部件，能独立完成为航空器加（抽）油并具有泵油、调压、净化等功能的专用设备
8	飞机食品车（aircraft catering vehicle）	用于为飞机上旅客配送航空食品（机供品）的机场地面专用设备
9	飞机地面电源设备（aircraft ground power equipment）	用于向飞机提供地面电源的专用设备，包括交流和直流两种
10	飞机地面空调设备（aircraft ground air-condition equipment）	用于对飞机机舱内空气进行调节的机场地面专用设备
11	飞机气源车（aircraft air start unit）	用于为飞机提供低压大流量压缩空气，起动飞机发动机及对飞机进行辅助供气、飞机检查的专用设备
12	飞机充氧车(aircraft oxygen filling vehicle)	用于为飞机上氧气瓶增压、充灌氧气的地面专用设备
13	高空作业车（aerial work truck）	用于载人进行航空器高空维修作业的专用设备
（二）旅客运输服务设备		
14	旅客摆渡车（passenger ferry bus）	用于航站楼登机口与客机坪停机位之间接送旅客的机场地面专用设备
15	客梯车（passenger loading steps）	用于供机场旅客上、下飞机的专用设备，包括手推和机动两种
16	无障碍登机车（barrier-free boarding vehicle）	用于为机场行动不便的旅客上、下飞机使用的地面专用设备
（三）行李货物运输服务设备		
17	升降平台车（lifting platform vehicle）	用于为飞机装卸集装箱和集装板的专用设备
18	行李传送车（self-propelled conveyer-belt loader）	用于装卸行李、邮件及包裹等散件货物的机动传送设备
19	行李牵引车（baggage towing tractor）	用于牵引机场内行李、货物（邮件）以及各类设备的专用设备，包括内燃牵引车、蓄电池牵引车、混合动力牵引车
（四）场道除冰雪设备		
20	推雪车（snow pusher）	利用推雪板对机场道面除雪的专用设备

续表

序号	设备名称	定义
21	扫雪车（snow sweeper）	在对机场道面进行推雪作业后，为清除剩余积雪进行清扫的专用设备
22	吹雪车（snow blower）	利用吹雪装置产生的热/冷风，将道面积雪吹除的专用设备
23	抛雪车（snow booster）	当机场道面积雪较厚时，将积雪抛至道面外较远处的一种除雪专用设备
24	除冰液撒布车（de-icing fluid spreader）	用于冬季道面防冰、除冰而撒布专用除冰材料的专用设备
25	多功能除雪车（multi-functional snow remover）	具备两种或两种以上（推雪、扫雪、吹雪、抛雪或撒布除冰液）功能的除雪设备，包括二合一除雪车和三合一除雪车等
26	跑道摩擦系数测试车（runway frictional coefficient tester）	使用车辆上的专用测试设备，对跑道的摩擦系数进行测试的专用设备
（五）航空器除冰设备		
27	飞机除冰车（aircraft deicing vehicle）	在机坪或集中除冰坪，用于为航空器表面实施除冰/防冰作业的专用设备

四、机场航班地面保障标准

机场航班地面保障的高效性是机场一线生产保障中最为重要的一部分。如果一架航班不能快速地完成保障作业，那么这架航班就会给旅客带来不好的体验；同时该航班长时间占用机场保障设施设备等资源，若遇到机场保障设施设备等资源大量不足时，还会影响为其他航班开展保障工作，最终影响到机场一线的生产效率，造成航班积压和机场拥堵。

然而，在追求航班地面保障高效性的同时，机场航班地面保障也需要兼顾质量。如果一味追求高效，那么保障时间就会太过紧张。这一方面无法保证开展维修、配餐、清污、装卸货仓、加油等操作作业的充足时间；另一方面，不到位的保障作业会给航班运行带来安全隐患。所以航班地面保障需要在效率、安全、服务三个方向上找到平衡点，并且达到效率合理、安全第一、服务适宜的状态。

所以制定科学的航班地面保障标准，可以合理地评估机场航班地面保障是否处于一个正常合理的水平。机场航班地面保障标准也是最低保障要求，一般由行业管理方制定。机场管理机构可以根据机场各自资源禀赋的不同而设定自身的航班地面保障标准，但是其所制定的标准一定要比行业标准更加严格。

（一）保障标准的分类

航班地面保障标准一般包括两种类型：一种是基于结果控制的标准，另一种是基于过程控制的标准。其中，基于结果控制的标准只评价结果是否达标，而不关心如何达成结果的过程内容。例如，如某机场要求旅客到达行李提取厅后等待领取行李的时间不超过 10 分钟。其中关于"10 分钟"的限制就是一种"基于结果控制"的标准。标准并不管行李如何

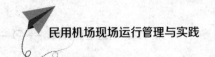

运输至行李提取厅中、有哪些过程，只关注"10 分钟"的结果，如果操作没有到达这个结果，就会被评价为"超标"状态。

"基于过程控制"的标准将控制航空运行保障的关键环节或者每一个过程环节，只要每个控制的过程环节没有达标，那么结果也一定不会达标。这种标准更细化于过程细节的把控，是更精细化的管理标准，如标准化的操作程序（standard operation procedure，SOP）就是一种"基于过程控制"的标准。因为在航班地面保障中，涉及的流程环节较多，行业在制定标准中对各个过程进行了把控和管理。

（二）标准指标的划定

标准指标的制定通常也分为两种：一种是定性指标，另一种是定量指标。例如，行业在管理登机桥对接客舱门这一环节中设定：①"应提前进行检查，确保廊桥安全适用"；②"航空器拖曳至其他停机位出港时，航空器按规范挡好轮挡后，机务应立即给出明确对接指令，10 分钟之内完成廊桥对接"。其中，①中的"安全适用"就是一种定性指标，没有具体数据描述标准要达成的结果；而②中提及的"10 分钟之内完成廊桥对接"就是一种定量指标，其有具体数据来控制要达成的保障结果。

（三）行业制定的机场航班地面保障标准

2020 年，民航局新制定了《航班安全运行保障标准》（民航发〔2020〕4 号）。该标准既有"基于结果控制"的标准，也有"基于过程控制"的标准，是综合两者制定出来的标准体系。以始发航班出港保障流程为例，该标准对保障航班的以下四个过程进行了把控：①航班信息发布共享；②始发航班的拖曳；③航班的地面保障；④放行推出，且有些"过程"环节还制定了"结果"控制指标。该标准指标中也包括定性指标和定量指标两种。

在"航班信息发布共享"的过程中，要求：机场运行管理部门负责发布航班停机位分配信息，且至少在航班到达前 30 分钟确定停机位。这条标准就是基于过程和结果控制的，其中提及的"至少在航班到达前 30 分钟确定停机位"就是一种定量的标准指标。

此外，民航局作为行业监管部门，也基于五类机型，并对不同类型保障的航班制定了运行保障标准要求。

始发航班的运行保障标准对航班信息发布共享、始发航班的拖曳、航班的地面保障、放行推出四个环节过程进行了要求限定，详见《航班安全运行保障标准》（民航发〔2020〕4 号）。

过站航班的运行保障标准对航班信息发布共享、航班的地面保障、放行推出三个环节过程进行了要求限定，详见《航班安全运行保障标准》（民航发〔2020〕4 号）。

第三节　特殊航班保障流程

特殊航班的保障作业节点与正常航班一样，但在保障过程中、信息传递及保障准备上有所不同。

一、要客包机保障流程

机场运行指挥中心在接到要客包机保障信息后，应与相关部门紧密接洽，详细咨询包机的保障需求。国际包机还要召集机场海关、机场出入境检验检疫科、机场边检站和各保障单位召开协调会议，明确通关手续、安全检查、停机位安排、信息通报流程、迎宾车队行驶路线、要客及随行行李运输方式、特种车辆保障等环节的保障标准，确定保障方案后，进入航班保障准备阶段。要客包机保障流程具体如下。

（1）运行协调席汇总要客信息。

（2）确定停机位要求。

（3）通知资源管控席。

（4）按要求分配机位。

分配机位过程中，应优先分配相应要客机位，并锁定机位。如同一时间段要客航班较多，无法停到要客机位的航班或包机，则停放位置可请示值班经理。

（5）反馈进程管控席。

包机保障期间，各保障部门按照预定方案提前开展航班相关保障事宜，运行指挥中心实时关注代表团和各保障单位动态，确保航班正常。

二、专机保障流程

专机保障流程具体如下。

（1）AOC 接收空管局通知的专机计划，做好记录，包括航空公司、航班号、航线、时间、飞机号、机型等。

（2）收到专机计划后，及时将计划内容上报航司安全主管和机场安全主管，如果专机任务涉及出入境手续，还需通知省口岸办。

（3）联系政府及其他单位掌握保障要求，编制专机保障方案，召开保障布置会，对保障方案的可行性负责，必要时在保障任务完成后召开讲评会。

（4）及时发布航班信息，进行现场保障工作的监督、检查、安排停机位，提供航空器地面引导服务。

（5）专机保障过程中，各单位严格按照专机保障方案进行保障作业。

三、通用航空保障流程

通用航空的保障不同于正常航班，所以需要制定通用航空的服务保障流程，《关于加强运输机场保障通用航空飞行活动有关工作的通知》（民航规〔2019〕41号）指出鼓励通用航空企业优先使用非繁忙运输机场开展通用航空活动，鼓励有条件的和新建运输机场分设通用航空专用通道。各运输机场要充分发挥公共基础设施的功能，为通用航空飞行活动提供合理、全面的地面服务保障和必要的气象服务，不得随意以天气、机位、流控等理由拒绝通用航空器起降；在确保安全的情况下，允许通用航空器密集停放，地锚设置可与通用航空企业评估认可后协商确定。各机场特别是非繁忙运输机场和通用机场应根据区域通用航

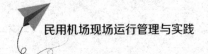

空发展需求，建设通用航空站坪、航空煤油或汽油保障等配套设施，按规定完成建设项目研究论证和报批工作；建设通用航空保障设施设备的，可按民航相关投资政策申请民航发展基金补助。

各机场要严格落实《关于民用机场收费有关问题的通知》（民航发〔2019〕33 号）及有关政策要求，严格执行明码标价规定，严禁擅自增加收费项目、价外加价、捆绑销售、指定经营、强制服务等行为；通用航空活动使用运输机场的收费标准按照不超过运输航空的机场收费标准执行，具体收费标准应及时通过门户网站公布或报民航局价格主管部门汇总后定期发布，以供通用航空活动主体查询。

各航空油料公司要为通用航空活动提供油料保障。通用航空活动使用运输机场的航空煤油销售价格按照不超过运输航空的航空煤油销售价格执行，严禁在进销差价以外收取出车费等第三方费用。

四、备降航班保障流程

备降航班保障流程具体如下。

（1）运行协调席接收空管或航司通知备降信息与要求。

（2）资源管理席接运行协调席位或航空公司有临时备降航班通知，重点了解备降原因、备降预计落地时间、备降机型、停放需求、机位占用时长、地面代理等信息。

（3）依据机型、停放需求、占用时长及地面代理等因素结合当日航班情况综合评估、分配相应的停机位。

（4）将分配结果通知运行协调席位和机坪管制席。

（5）监督备降航班进出港情况。

五、返航航班保障流程

返航航班保障流程如下。

（1）运行协调席接到空管或航司通知出港航班返航的信息与需求，首先要了解返航原因、预计返航时间、机位需求、预计机位占用时长。

（2）运行协调席将相关信息传送给资源管控席，依据机位需求、地面代理、占用时长及使用跑道分配相应的远机位。

（3）航司或代理在机场运行指挥系统操作航班返航。

（4）资源席分配机位，将分配结果反馈运行协调席、航司和机坪管制。

六、常见特殊天气下的航班地面保障流程

1. 大风天气下的航班地面保障流程

关于大风天气下的航班地面保障（如发生台风天气，一般伴随降雨），机场更多关注的是如何防止航空器在停机位中发生滑动的问题。这种天气条件下，保障流程中一般会增加"系留航空器"这一操作：工作人员会将航空器前轮及双侧主轮拴挂到停机位中的地锚上，

以防止航空器停放期间发生意外的滑动，如图 8-3 所示。

另外增加的一个操作就是为航空器增加更多的轮挡，或者通过加油增加航空器配重和设置停留刹车等措施提升航空器的防风性能。同时，为了防止停机位周边设施对航空器的影响，机场现场运行过程中，还需关注停机位周边其他设

图 8-3　机务人员将航空器稳固系留在停机位的地锚上

备的系留和加固，防止周围的设备设施物品吹落而砸坏/损坏航空器。

当大风风力超过一定等级后，保障过程中会取消摆放安全锥桶的环节，以防止锥桶被大风吹走。此外，大风天气下很容易吹散行李货物或者其他物品而产生机场外来物（FOD），所以机场也会采取措施加强对行李车运输过程中的管理，防止行李货物遗撒、飞散等。

《运输机场运行安全管理规定》第一百一十一条规定："当遇到大风天气有可能对廊桥和停靠航空器造成影响时，必须对廊桥和航空器进行系留。航空器营运人或者其代理人负责实施航空器的系留，操作廊桥的单位负责廊桥的系留。"

2. 雷雨天气下的航班地面保障流程

对于雷雨天气下的航班地面保障流程，机场更多关心的是航班地面保障中人员防雷击的问题。所以雷雨天气对很多保障工作有一定的限制和影响。雷雨天气下，机场会禁止工作人员进行机坪电气类设备检修和高空作业，以及使用各种非绝缘物品，以防止出现人员事故。

此外，在雷雨天气下，运输行李、货物过程中，机场也会使用防水塑料布对货物进行外露式苫盖，以防止行李、货物被雨淋，同时行李车外部会加装网罩，防止塑料布飞散。

3. 冰雪天气下的航班地面保障流程

对于我国北方一些有冰雪天气的城市，航班地面保障中，非常重要的一个流程就是航空器除冰。若航空器相关零部件结冰，将影响到航空器的正常起飞。目前除冰一般使用乙二醇等降低冰点的化学物质。一般在航班出发前，完成一系列的除冰工作，并马上起飞，以防止航空器二次结冰。航空器除冰流程大致如下。

首先，机场会给需要除冰的航班安排除冰机位，并引导除冰航空器停入除冰机位中。机组与除冰指挥塔建立联系，明确除冰需求后，会安排除冰车前往航空器周围开展除冰作业。除冰结束后，持续监控航空器出港。

有些机场也会在滑行道上安排除冰机位和相关除冰液回收设施，航空器在发动机慢转下（慢车状态下），也会开展除冰工作，以节省在机场的运行保障时间，提高运行保障效率。这种除冰方式称为"慢车除冰"。这种方式使航空器在滑行道立马完成除冰流程后，就可以驾驶至跑道并准备起飞。

民航局对各类航空器的除冰保障时间设置了如表 8-2 所示的标准。

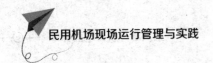

表 8-2　航空器除冰保障时间标准

单位：分钟

降雪类型	C类航空器		D类航空器	E类航空器	F类航空器
小雪	12	8	17	20	30
中雪	17	（慢车除冰）	22	28	40
大雪	25		30	36	50
黏雪	22		27	33	45

七、国际航班保障流程

国际航班所涉及的运行保障流程主要是海关人员、检疫人员和边防人员对航班所开展的检查。其中，海关人员会对航班运行中的各种行李/货物进行监察，防止旅客携带不合规的微生物、血液、种子以及一定金额的商品、出版物等出境。边防人员也会在国际航班中检查航空器货舱，主要检查内容包括：检查航空器货舱中是否藏匿人员，防止人员躲在货舱中偷渡；检查枪支的入境是否获得边防批准并开具携运证；缉毒检查，检查携带国家秘密的外逃人员，并及时扣押处置。

八、航班清洗保障流程

有些航空公司还会有航空器清洗的需求，但是需要与机务单位提前联系，航空公司在计划清洗时间前可向机场管理机构飞行区运行管理部门申请清洗作业，机场会安排到达指定机位进行清洗作业。但是，清洗作业一般安排在非冰雪季节，以防止航空器出现结冰或者道面出现结冰等现象。

九、航班试车保障流程

《运输机场运行安全管理规定》规定，航空器试车应当符合下列要求。

（1）一般情况下，航空器不得在机坪试车。

（2）机场管理机构应当设立试车坪或者指定试车位置。试车坪或者指定试车位置应当设有航空器噪声消减设施，并具备安全防护措施。

（3）发动机大功率试车应当在试车坪或机场管理机构指定的位置进行，并且应当在机场管理机构指定的时间段内进行。

（4）发动机怠速运转、不推油门的慢车测试和以电源带动风扇旋转、发动机不输出功率的冷转测试，应当在机场管理机构指定的位置进行。

（5）任何类型的航空器试车，必须有专人负责试车现场的安全监控，并且应当根据试车种类设置醒目的"试车危险区"警示标志。无关人员和车辆不得进入试车危险区。

航班试车保障流程具体如下。

（1）航空器试车前须由试车单位的机务部门或运控部门向机场运行指挥中心提出申请，申请的内容至少包括以下几项。

① 试车航空器的机号。

② 试车类型，包括发动机大功率试车、发动机部分功率试车、发动机怠速运转、不推油门的慢车测试、以电源带动风扇旋转、发动机不输出功率的冷转测试等。

③ 试车持续时间。

④ 试车所需安全范围、机头方向等。

（2）机场运行指挥中心在收到试车申请后，根据机场的实际运行情况安排试车时间和试车地点，并将试车信息通报空管站塔台。

（3）试车航空器如需拖动至指定的试车地点，试车单位须向空管站塔台申请，由空管站塔台指挥完成航空器拖动工作。

（4）以电源带动风扇旋转、发动机不输出功率的冷转测试，可由试车单位自行掌握，无须向机场运行指挥中心提出申请。

（5）发动机功率高于慢车的试车，必须在指定的站坪试车点进行。试车开始前，试车单位须经机场运行指挥中心批准后方可进行。

（6）试车单位负责试车期间的安全工作，配备试车警戒员，设置试车警告标志牌。试车过程中，确保发动机危险区域内（发动机进气口和排气区域）无摆放的设备和车辆、人员通过。当有不安全情况发生时，警戒员须及时采取处置措施。

（7）试车时应打开航空器航行灯和防撞灯，夜间试车还应打开机翼照明灯、发动机照明灯。

（8）试车时应关闭航空器所有舱门，撤走工作梯和所有保障设备，并严格按相关机型维护手册的要求做好安全保障工作。

第四节　机场航班地面保障资源分配管理

在机场现场运行中，经常会遇到机场航班地面保障资源"冗余"或"短缺"两种情况。当机场运行航班量非常少，且机场航班地面保障资源十分充足的情况下，航班保障资源的分配工作就不会让运行人员感到紧张。但当机场运行航班量处于一种高峰运行状态时，跑道、滑行道、停机位及其他运行保障车辆就会出现周转困难的情况，出现机场运行航班量与机场航班地面保障资源严重不匹配的问题。

一般情况下，机场由于有限的资金限制，无法无休止地扩建机场设施（如跑道、滑行道、停机位），也无法无休止地增加航班保障的资源设备。多余的设备虽然可以利于资源紧缺时周转使用，但是过多的资源也会占用机场空间，带来维保成本等负担。机场高峰运行是机场并不经常遇到的情况，机场航班地面保障资源临时性不足有时是机场运行的常态，所以在有限的航班地面保障资源下，如何对其进行合理分配管理并提高机场运行效率至关重要。

在机场现场运行中，飞行区内最为重要的航班地面保障资源有跑道、滑行道、停机位、登机桥、供电供气设施等。同时其他辅助的资源还包括各种保障车辆和设施，如引导车、牵引车、食品车、清水车、污水车、客梯车、传送带车、升降平台车，以及航空器自动泊位系统、停机位的引导标志、位置标志、助航灯光、驱鸟设施等。

机场航站楼、公共区内流程上的各种保障资源，包括航站楼的值机柜台（值机岛）、安

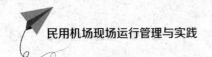

检通道、边检通道、航站楼服务设施等，公共区的停车楼（场）、公共交通等。

机场现场运行指挥中心资源分配席位主要对停机位、登机口、值机柜台和行李转盘四种重要的航班地面保障资源进行分配管理。本节主要对飞行区航班地面运行保障所涉及的停机位、廊桥两种重要的保障资源的分配管理进行讲述。值机柜台和行李转盘的资源分配会在第十章"航站楼运行管理"中进行讲述。

一、停机位的分配管理

目前，机场停机位资源的分配主要由机场运行指挥中心统一管理。机场运行指挥中心将最大限度地利用好现有停机位资源，从保障安全、服务用户、提高运行效率的原则出发，合理调配机位资源，为各航空公司提供公平、优质的服务。

（一）停机位的分类

1.按距离航站楼的远近进行划分

民用机场可根据机位距离航站楼的远近来划分停机位，距离航站楼近的机位称为近机位，距离航站楼较远的机位称为远机位。如果过站时间过长，需要维修，航空器会被分配到远机位，旅客则通过登机梯上下机，并乘坐摆渡车在机位与航站楼之间往返。这样在航站楼面积有限的情况下，机场可以供更多的航空器运转，从而减少基建费用，增加机场容量，提高航空器停放效率，提高分配的灵活性；但旅客乘坐摆渡车必然增加旅客登转机时间，降低旅客满意度，同时也会增加运营费用。

2.按承载功能进行划分

按照承载的功能不同，停机位可分为客机位、维修机位、等候机位和货机位等。

3.按照机型载客量划分

按照载客量的不同，飞机可分为大机型、中机型和小机型，相应地，机位也划分为大机位、中机位、小机位。

我国民航局根据飞机的最大客座数量划分机型，分为大机型、中机型和小机型三类，具体如表 8-3 所示。

表8-3 常见机型载客量分类

机 型 分 类	载客量/人	代 表 机 型
大机型	>200	A330、B737
中机型	100～200	A320、B737
小机型	<100	ARJ21

4.按飞机翼展和主起落架进行分类

一般情况下，为避免飞机因尺寸大小无法停放或造成机位资源浪费，停机位大小也可依据可停放飞机机身长和翼展进行分类，满足航班机型与停机位大小的匹配是停机位分配工作的首要条件。根据国际民航组织飞行区等级分类标准，我国民航飞机按飞机翼展和主起落架外轮间距分为 A、B、C、D、E、F 共六种，相应地，停机位按飞机翼展和主起落架外轮间距也分为 A、B、C、D、E、F 共六种，如表 8-4 所示。

表 8-4　停机位按翼展和外轮间距分类

单位：m

机 位 类 型	翼展/m	主起落架外轮间距/m	机 位 类 型	翼展/m	主起落架外轮间距/m
A	<15	<4.5	D	36~52	9~14
B	15~24	4.5~6	E	52~65	9~14
C	24~36	6~9	F	65~80	14~16

5. 按停放航班性质分类

机场管理机构在获悉周边机场因天气等原因不能正常运行、需要或者可能需要本机场提供备降保障时，应当及时了解本机场运行保障情况，包括所能提供的正常机位及临时机位数量，以及可使用机型、地面勤务保障条件、旅客服务保障条件等信息，以备航空公司或管制单位需要时及时提供。

正常机位是指能够正常提供飞机地面勤务和地面保障服务，并在航空资料汇编中公布的机位。

临时机位是指仅供备降航班临时停放的非正常机位，如利用滑行道等作为临时机位。特殊情况时，在确保安全的前提下，可进行上下客。

根据《备降航班工作规则》的相关规定，机场管理机构为了保证有接收备降航班的能力，按规定需保留足够数量的备降正常机位和备降临时机位。

（二）停机位的数量

1. 正常机位数量

停机位是机场供飞机停放的一个区域，是机场为飞机和旅客提供服务保障的关键节点之一，停机位数量和分布的合理性对机场运行效率有着重要影响。在机场建设中，停机位数量是站坪设计的重要参数，在进行停机位设计过程中，可通过停机位需求预测确定机场在各个发展阶段、各个建设期需要提供的机位数量。停机位需求预测步骤如下。

（1）收集历史数据。收集的历史数据应包括年起降架次、典型高峰月日平均（average daily peak month，ADPM）起降架次和过夜飞机架次、客机/货机架次比例、国际/国内架次比例、机位周转率等，一般至少应收集 10 年以上历史数据，如果数据量太少，则会对预测结果的准确性造成较大影响。

年起降架次预测是通过对年起降架次历史数据的统计分析，选择合适的预测模型，根据预测模型推算目标年起降架次预测值。起降架次预测值应与跑道系统的实际容量相匹配，并根据机场跑道建设计划对预测值进行调整修正。

高峰月日平均起降架次预测（ADPM）可通过年起降架次和 ADPM 架次集中率计算得到。ADPM 架次集中率是高峰月日平均起降架次和年起降架次的比值，反映了高峰期飞机起降的集中程度。

客机/货机架次预测过程中，客机和货机架次可通过日起降架次中客机、货机所占百分比计算得到。

国际/国内客机架次预测可通过国际和国内客机比例计算得到。

停靠近机位和远机位架次可通过飞机靠桥率的计算得到。靠桥率是指停靠近机位客机架次与客机总架次的比值，是反映飞机和旅客服务水平的重要指标。靠桥率的设置应当合理，设置值偏低，意味着大量航班要停放在远机位，飞机和旅客的服务保障受到影响；设置值偏高，则建设成本高。一般，靠桥率设置在80%～90%为宜。

（2）航空业务量预测。航空业务量预测方法有专家判断法、类比法、趋势外推法、计量经济学模型等，各种方法都有适用的特定条件。

（3）航空业务量预测值换算为停机位需求预测值。根据目标年航空业务量预测值、业务量构成以及运行效率指标预测值（如客机/货机架次比例、国际/国内架次比例、航班靠桥率、机位周转率等），将航空业务量预测值换算成停机位需求预测值。

（4）预测结果评估验证。停机位需求预测结果计算出来后，应进行有效性评估和验证，判断预测结果是否符合实际情况，是否与机场其他设施容量如跑道系统容量相匹配。

2. 备降正常机位数量

机场管理机构应当与有备降需求并同意作为其备降机场的航空公司签订备降保障协议，或者在与航空公司签订的有关机场使用协议（或地面服务保障协议）中明确备降保障内容。与航空公司签订了备降保障协议的机场（以下简称承担备降保障任务的机场），在协议有效期内，应当做好备降保障工作。

当未签订备降保障协议的航空公司航班在其备降机场因故无法接受备降而需在其他机场备降时，相关机场应当积极创造条件，提供备降保障，不得借故不予以保障。

承担备降保障任务的机场，应当完善备降保障所必需的基础设施，包括足够数量的备降正常机位及临时机位、飞机地面勤务设施设备、地面保障服务设施设备等。

足够的备降正常机位数量计算分为以下几种情况。

（1）具有正常机位数量在100个以下的备降机场，提供给备降航班使用的正常机位应当不少于正常机位总数的10%。

（2）具有正常机位数量在100个（含）以上、400个以下的备降机场，提供给备降航班使用的正常机位计算公式为：

$$Y = 20 - \frac{(X - 250)^2}{2250}$$

式中，X为正常机位总数量；Y为备降正常机位数量。

（3）具有正常机位数量在400个（含）以上的备降机场，提供给备降航班使用的正常机位，应当不少于10个。

足够的备降正常机位应当为C类（含）以上机位，不包括试车坪机位、专用除冰防冰坪机位。为充分调配使用机位资源，备降正常机位应当动态预留。

足够的临时机位是指不低于足够的备降正常机位的50%。

当以上计算结果为非整数时，向上取整。

当出现以下情形时，备降正常机位可适当动态调减，具体调减规则如下。

（1）每日0时至8时，30个以下正常机位的机场，备降正常机位不应调减；30个（含）以上正常机位的机场，备降正常机位应当至少预留3个；在以上预留基础上，具体预留机位数量，机场管理机构应当根据机场地域特点、运行实际、应急需求等因素综合评估后确定。

（2）每日 8 时至 24 时，因不停航施工、日常维护、廊桥故障、冰雪天气等特殊情形导致机位关闭或暂不能使用的，造成备降正常机位预留不足的，备降正常机位可调减，但调减值不超过备降正常机位的 30%。机场管理机构应当积极采取有效措施，最大限度地减少备降正常机位预留不足情形的发生。

（3）承担备降保障任务的机场应当挖掘潜力，充分利用现有保障资源，当航班备降需求量大时，应当启动相应预案，在保证安全和机场正常运行前提下，为正常航班预留的机位有 3 小时以上空余等待时间的，应当给予备降航班调剂使用。

（4）承担备降保障任务的机场，当足够的备降正常机位、临时机位以及为正常航班预留 3 小时以上空余等待时间的机位均饱和时，方可发布不接收航班备降的航行通告。当能够提供备降保障时，应当及时通报管制单位并发布航行通告。

机场管理机构不得无故不接收航班备降。

（三）停机位分配

停机位分配是在给定的作业时间窗内，考虑机型和停机位类型、航班进离场时刻等因素，指派进港飞机到有限的停机位上实现停靠。停机位分配的结果包括预分给航班的指定机位编号和该航班停放的始末时间，是机场运行中一项重要的地面工作，其中涉及预计航班的进离港时间和顺序、停机时间及机场的地面服务等因素。机场的相关各类保障车辆、人员的配备等其他资源的调度也是在此基础上进行安排的。目前，航班在机场进行着陆时机位的分配主要由机场现场运行指挥中心的资源管理席位进行操作。

1. 停机位分配的流程

一般情况下，机场停机位分配基本流程如图 8-4 所示。首先，航空公司递交航班计划给相关机场和空管局。然后，机场现场运行指挥中心对接收的航班计划汇总，根据实际情况对机场资源进行统一管理和调配。具体操作时，由运控中心资源管理席根据航班性质、航班机型和机位使用情况进行分配，然后据此发布停机位的分配方案至参与运行保障相关部门。正常情况下，航班按此方案进行机位停靠。若出现由机场突发情况或非正常运行导致航班不能正常进出停机位，机场的机位管理部门可根据实际情况对分配方案进行实时调整，确保有空闲机位可以供航班停靠。

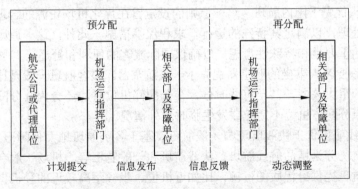

图 8-4　停机位分配一般流程

由图 8-4 可以看出，机场的停机位分配可以分为预分配和再分配两个阶段。

第一阶段是针对航班时刻表制定的停机位预分配方案。

停机位的预分配是综合各航空公司提交航班计划中的预计进离港时间和停机位的空闲时间，通过一定的技术手段给所有航班安排符合停放条件的停机位，产生航班的停机位预分配方案。停机位预分配原则上是在充分考虑机位使用安全、兼顾运行秩序、合理关注乘客、航空公司和相关地面保障部门的工作可执行性进行航班的停机位分配。在停机位预分配方案确定的基础上，实际运行的航班一般按照此方案进出机位。

第二阶段是针对航班的实际运行制定的再分配方案。通常，各架航班按照递交的航班计划时刻运行并停放至预先安排好的停机位。但实际运行中难免会碰到恶劣天气、交通管制等因素造成航班不能按计划时间飞行的情况，这会影响航班的进离港。由于机位资源有限，一架航班的延误很可能造成停放在同一机位的后续航班不能正常停放，此时就需要按照延误航班的实际到达时间及时对可能产生停放影响的后续航班调整停机位，将后续航班分配至符合停放条件的停机区域，产生再分配方案。停机位再分配应以保证运行安全、促进航班正点、提高廊桥使用率和提供快捷、方便、优质的地面服务为原则。为避免调整跨度过大，预分配为近机位航班优先就近调整至同区域近机位，远机位航班就近调整至远机位；机位调整时适当增加停机位分配最小间隔，提高机位冲突的安全裕度，避免多次调整；当出现大面积延误、国内主要机场流控以及周边大型机场出现恶劣天气时，可按机型机位使用要求将延误时间长或者不确定进港时间的航班直接分配到远机位。

2.机位分配规则

机场管理机构根据实际情况制定机位分配规则，进行停机位分配的过程中主要考虑以下规则。

（1）航班优先分配原则。

① 发生紧急情况或执行急救等特殊任务的航空器优先于其他航空器。由于发生紧急情况，如宣布剩余油量、航空器发生故障或发生火情等，会威胁到旅客和机组的生命安全，应优先分配机位，并分配到距离航站楼、其他航空器较远的远机位，保障其尽快着陆。

② 正常航班优先于不正常航班。尽可能保障航班的正常性，提高机场的航班正常率。

③ 大型航空器优先于中小型航空器。大型航空器承载旅客人数较多，优先分配机位保障旅客下机，可以减少旅客滞留的人数。

④ 国际航班优先于国内航班。这一原则的设定旨在优化机场资源的合理分配，确保国际航班的优先处理，以满足其特殊的运行需求和保障措施。此外，这一原则的设定也是基于对国际航班的重要性和特殊性考虑，以确保国际旅客的便利和舒适。

⑤ 专机或重要客人乘坐的航空器优先于一般航空器。要客航班一般是比较重要的旅客，他们承担一定的重大公务，甚至有些时候，在分配停机位时，还会为其分配一个相邻的备份机位，以防原分配停机位不适配或发生临时意外情况。

⑥ 精品航线航班优于快线航班与一般航班。基于各类航班地面保障服务水平的不同，可以将保障的航班分为精品航线航班、快线航班和一般航班等。机场一般会与航空公司合作为精品航线航班提供更优质的资源，比如近机位、步行距离较近的登机口等，以吸引更多的旅客，打造品牌。所以在停机位分配中，尤其是在近机位的分配管理中，精品航线航班会优先被分配较为优质的停机位，其次是快线航班，最后是一般航班。甚至对于一些精品航线航班，机场也为航空公司预留了固定的停机位专供相关航空公司使用。

⑦ 基地航空公司优先。对于与主基地航空公司和非主基地航空公司而言，主基地航空公司参与了机场前期规划建设或者进行了机场建设的相关投资，是与机场开展合作的主要大客户，比如首都机场的主基地航空公司为国航，北京大兴国际机场的主基地航空公司为南航。所以在停机位资源分配上，机场也会更多地向主基地航空公司倾斜更多的优质资源，保障主要服务客户（航空公司）的需求。

（2）机位分配不冲突原则。不冲突原则指的是机位使用过程中不能出现机位占用冲突（如同一机位同一时间安排了两架不同航班使用该机位）、机位占用时间部分重叠冲突、相邻机位冲突等。为了避免机位冲突，机位分配过程中应遵守以下规则。

① 适用于不同机型的机位在进行分配的时候，要留有足够的间隔时间，如 E 类停机位占用间隔时间最好相隔 20 分钟。

② 同时推出的航班不分配相邻机位，相邻机位航空器推出时间最好间隔 10 分钟以上。

③ 若一机位停靠了大型航空器（如 A380），出于安全考虑，相邻机位最好不分配航空器停靠。

（3）集中分配原则。

① 过站航班机位集中分配。

② 过夜航班机位集中分配。

③ 如无特殊情况，备降航班分配停放远机位，同一地面代理的备降航班集中停放。

（4）远机位分配规则。

① 遇低油量或其他紧急情况的备降航班，必须无条件接收，安排距跑道较近远机位，以便航班尽快落地入位。

② 针对流控航班优先选择分配至远机位，并将间距拉大至 30 分钟或以上。

③ 特殊航班由于安全需要，需分配在远机位进行全程监管。

（5）指廊型港湾区停机位分配规则。我国很多机场的航站楼采用指廊式构型，这种构型的航站楼优点是在相同场地条件下可以建更多的近机位（廊桥机位），但存在两条指廊之间的"港湾地区"多个机位共用一条滑行通道问题，进位、离位飞机滑行通道占用时间冲突的概率较高，如图 8-5 所示。

① 港湾内 E 类与 E 类机位之间、C 类与 E 类机位之间出港航班时刻相差 10 分钟及以上。

② 港湾内 C 类与 C 类机位之间出港航班时刻相差 5 分钟及以上。

③ 指廊型港湾禁止分配疫区航班。

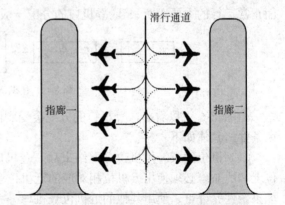

图 8-5　指廊式航站楼港湾地区机位布置

（6）尽量减少停机位资源分配的变更。在停机位分配中，要尽可能减少航班重新分配停机位的问题，因为这一变更指令会给后续流程带来一系列影响，即便必须重新分配停机位，也应考虑如何降低给旅客和保障流程带来的影响，同时还要考虑如何公平公正地为航

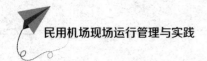

空公司提供服务。

这就需要机场机位分配人员对本机场的停机位资源情况要了如指掌（如要尽可能了解所有停机位的编号、中文名称、位置、加油模式、用途、允许停放机型、入位方式、是否有登机桥、机位周围保障资源、停机限制、占用及空域停机位情况、登机口分配情况等各项参数），这样才能按照航空公司保障的相关需求，将保障航班分配至其最合理的停机位中。在一些机位较多的大型机场，机场会制作《机位使用手册》来说明机位的以上相关信息。

（7）停机位资源分配中要考虑其对周边区域/其他保障资源的影响。在停机位资源分配中，如果在停机位资源充足的情况下，尽可能不要将停机位资源密集分配在一个区域。

（8）停机位分配适配性原则。停机位的适配性管理就是对停机位是否很好地满足航班保障需求来做出的分类分级管理。在停机位充足的情况下，尽量使用和分配适配性高的机位，可以保证机场提供比较好的服务，并防止出现差错。

二、登机口分配管理

提供旅客登机或者下飞机的区域，航站楼设定有若干登机口，一方面会根据旅客步行距离给旅客分配合适的登机口，另一方面考虑到机场运营成本，给飞机安排到合适的与停机位一一对应的登机口。每个登机口的国内/国际、到达/出发、宽体机/窄体机等功能属性事先给定，不能改变。

登机口分配问题是指在一定的约束下，为航班分配合适的登机口，从而保证机场正常运营的一个综合管理问题。

（一）登机口分配流程

在机场运行高峰时段，如果因为某些原因，如天气原因等，航班无法按预先给定的时间表正常进出港，可能导致登机口冲突、拥塞甚至事故。登机口容量的缺乏是限制机场地面正常运行的主要"瓶颈"。登机口的分配一般需要经过如图8-6所示的流程。

图8-6　登机口分配流程

由图8-6可以看出，登机口的分配会受到停机位分配的约束，除此之外还有很多的约束条件，具体如下。

（1）机位约束。停机位分配结束后，登机口分配与停机位的分配应相互匹配。在近机位上客的航班必须使用近机位相对应的近机位登机口，远机位首先使用远机位专用登机口，如果条件允许可以使用其他的近机位登机口。

（2）旅客步行距离。登机口分配应使旅客步行距离最短，指的是旅客安检结束后到指定登机口的距离，通过分配合适的登机口，减少旅客步行距离，进而提高旅客满意度。

（3）旅客换乘时间。在考虑中转旅客的分配中，由于其转乘的复杂度，将捷运时间、最短流程时间以及行走时间都考虑在内，使旅客换乘时间最短化。

（4）登机口缓冲时间。相继使用同一个登机口的航班，为了避免时间表冲突，设定最小间隔时间，这样可以保证登机的安全。根据登机口的大小确定不同的时间间隔。

（二）登机口分配规则

近机位登机口的分配应与停机位的分配保持一致，远机位登机口的分配应遵循以下规则。

（1）如有条件，尽量安排专用的远机位登机口。

（2）不得同时安排 2 架次（含 2 架次）以上 E 类航空器至同一远机位候机厅，且登机开始时间应和相邻登机口航班保持一定的时间间隔，避免现场旅客拥挤。

（3）为避免登机冲突，同一登机口航班与下一航班开始登机时间应至少保持足够的时间间隔，间隔时间与航空器的级别密切相关，如 C 类航班可保持 20 分钟的时间间隔，E 类可保持 40 分钟的时间间隔。

第五节　机场运行指挥系统概述

机场运行指挥系统是专门为机场运行指挥中心服务的系统，是机场最为核心的系统之一。运行指挥系统是为满足运行指挥中心的需要，根据运行指挥中心的工作流程，运用现代计算机网络技术、通信技术、数据库技术、应用开发技术、信息处理技术实现机场航班生产运营所需的航班信息、旅客信息、货邮信息、行李信息、机场资源等信息的及时采集和即时处理，为运行指挥中心工作人员提供决策基础信息、发布信息平台。此外，运行指挥系统还利用计算机接口技术为其他机场信息系统（如航显系统、广播系统）提供相关数据，是机场最重要的基础信息系统之一。

每个机场都拥有自己的机场运行指挥系统，这些系统中的模块分类会有所区别，在使用上也会有差别，但核心功能基本相同，主要模块包括航班信息处理系统、航班资源分配系统、航班指挥调度系统、航班运行监管系统等，有些机场还将协同决策（CDM）系统也作为机场运行指挥系统的一个子模块。机场运行指挥系统架构如图 8-7 所示。

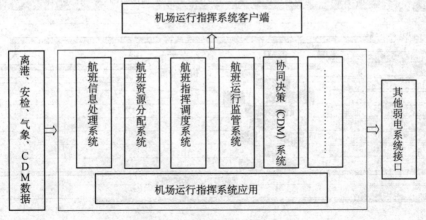

图 8-7　机场运行指挥系统架构

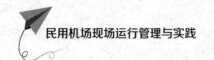
一、航班信息处理系统

航班信息处理系统作为机场运行指挥系统使用的基本系统之一，一般包含了涉及航班状态的各种信息，如航班号、航线、计划时间、预计时间、机号、机型、连班信息等。这些信息可以简单地分为两类：一类为固态信息，如航班号、航线等；另一类为动态信息，如预计时间和实际时间等，可以根据航班动态自动或通过人工操作而不断变更。该系统通常会与航班指挥调度系统、航班显示系统等相互连接，运行指挥员通过该系统对航班预计时间、延误状态、延误原因、机号变更、返航备降取消等进行操作。

二、航班资源分配系统

机场的航班保障资源有很多，如停机位、登机口、保障车辆等，机场运行指挥部门主要负责停机位、登机口、值机柜台和行李转盘的分配，所以有些机场运行指挥系统航班资源分配子系统设四个模块，有的机场只设置停机位的一个资源的分配模块。

1. 停机位分配模块

以某机场运行指挥系统的资源分配子系统中的停机位分配模块为例。系统提供停机位分配模块，负责机场范围内所有机位的分配。系统界面以甘特图形式显示，通过甘特图用户可以直观地了解权限范围内指定的时间段内的机位分配/使用的全局情况，如图 8-8 所示。在机场运行指挥系统中，停机位、值机柜台、行李转盘等资源分配都使用甘特图的方法表示资源的分配、占用、航班持续时间等。

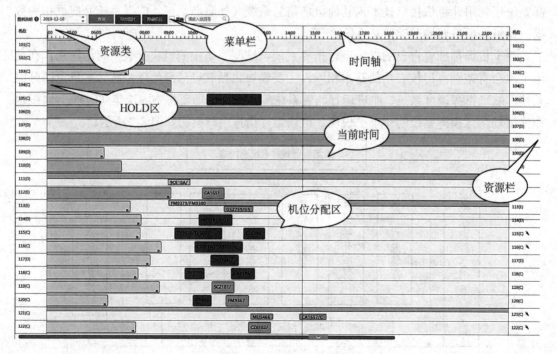

图 8-8　甘特图布局

甘特图是一种将项目任务与时间关系直观表示的图表，用条形图显示任务的持续时间和进度。甘特图横轴表示时间，纵轴表示资源（如停机位）。图条表示某几位在某时间段被某一航班的占用情况，可以根据航班的不同性质（国际或国内）、不同状态（是否延误等）采用不同的颜色显示，图条可以上下拖动，表示某航班换停机位。

甘特图布局主要分割为三部分。

（1）上部为工具栏和菜单栏，包含各种常用操作菜单/命令。在甘特图右上侧，系统提供预定义参数供用户过滤所有和当前席位无关的信息，突出显示职责范围内的航班资源分配信息。例如，显示指定区域内的资源分配情况，将资源分配按航空公司/代理、远近机位、客货机坪等区分开来，以便集中处理最重要的航班。所有不符合过滤规则的航班资源信息将不显示标题和信息。未选择的资源不在甘特图上显示。

（2）左侧为资源栏，包含各种资源的代码名称（机位、值机柜台/值机岛、登机门、行李转盘）。

（3）右侧为主显示和操作界面，包含 HOLD 区和资源分配区，HOLD 区包含待分配资源的航班区，此区中所有航班以图条方式显示。甘特图主界面最上一行设为 HOLD 区，该区包含所有待分配资源的航班。资源分配区包含已分配资源航班的资源信息（资源位置、计划和实际始/终时间资源状态、当前时间线等）。

2. 登机口分配模块

系统提供登机门分配模块，负责机场范围内的航班登机门分配功能。通过甘特图界面，用户可以方便地为选定时间范围内的进港航班和离港航班分配登机门。

登机门分配可以实现如下操作："下机开始"（到港航班），"下机结束"（到港航班），"登机开始"（离港航班）和"登机结束"（离港航班）。

3. 值机柜台分配模块

系统提供值机柜台分配模块，实现对机场范围内值机柜台的分配，以及对值机柜台的管理。模块通过甘特图界面为用户提供图形化的机场值机柜台资源营运状态总览，并支持用户在界面上进行值机柜台分配操作。

在值机柜台分配系统中，用户可以通过值机柜台甘特图直观地浏览指定运营时间范围内的值机柜台营运状态并进行实时调整。在资源分配客户端中可以实现的日常功能有值机柜台开启、值机柜台关闭和通用值机柜台设置。

4. 行李提取转盘分配模块

系统提供到港行李提取转盘分配模块，实现对机场范围内行李提取转盘的分配和管理的功能。系统通过甘特图界面为用户提供图形化的资源营运状态总览，并支持用户在界面上进行相关营运操作。

通过资源模拟分配/预分配模板，系统可以在不影响营运数据情况下提前为季度航班计划和日航班计划分配行李提取转盘。用户可以通过甘特图界面提供的各种功能手工调整分配的结果，或调用自动分配功能进行自动处理。

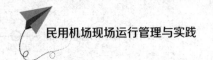

三、航班指挥调度系统

航班指挥调度系统是运行指挥系统的核心系统，主要是为了各个航班保障单位根据自身工作职责及时完成相关保障工作的一个系统。根据各个部门的职责，不同单位可以设置不同权限，进行相关操作。对于运行指挥员，主要用于对航班各个保障环节的监控，及时发现问题并及时介入解决。

航班指挥调度系统的功能包括：根据前一天的航班计划显示航班时刻，并根据电报实时显示前方起飞、预计到达、预计起飞等航班时刻信息并可以手动修改航班及其资源的相关信息；航班各保障环节的上报与查看；航班状态的变更、航班延误及延误原因的发布；机组要求及配载信息的上报与查看；机位甘特图（以甘特图的形式显示每个机位的航班信息）；历史航班信息查询。

四、航班运行监管系统

航班运行监管系统具有保障时间监管的作用，确保航班的正常起飞。所有保障环节的上报工作交由一线保障人员负责，一线保障人员在保障开始及保障结束时，在专业手持设备上进行操作上报。这样一来，系统采集的数据更及时、准确。

通过该系统，机场运行指挥员可发送催办消息给相关部门，查看进度，可查看选中保障环节的保障进度资源，可以查看该航班保障环节使用的资源信息执行，可以查看该航班的保障环节的执行人员，可以查看保障环节的流程以及时间。航班保障环节鱼骨图如图8-9所示。

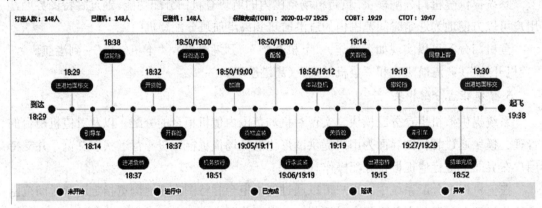

图 8-9 航班保障环节鱼骨图

五、协同决策（CDM）系统

协同决策（CDM）系统通过从空管CDM系统、离港信息系统、安检信息系统的数据接口获取各类数据，并对这些数据进行分析，分析的结果将会反馈给保障相关部门或相应权限用户，为运行指挥中心及部门做出合理决策提供数据支持。

协同决策（CDM）系统与空管CDM系统对接，系统从空管CDM系统中得到计划撤轮挡的时间，协同决策（CDM）系统根据运行监管模块得出的预计撤轮挡时间并发回给CDM系统。空管可以对两个撤轮挡时间进行对比，若空管计算的撤轮挡时间与机场计算的撤轮挡时间相差不大，可按计划正常起飞；若两个数据差距较大，空管可以根据天气、通行能力等信息重新计算撤轮挡时间并发送回运行指挥中心。运行指挥中心通知机场各保障部门按照新计算的撤轮挡时间保障航班。协同决策（CDM）系统通过与空管CDM系统数据的实时交换，计算出更加合理的撤轮挡时间，对于离港航班的放行顺序的优化具有重要意义，可以进一步提升机场的放行效率。协同决策（CDM）系统操作界面如图8-10所示。

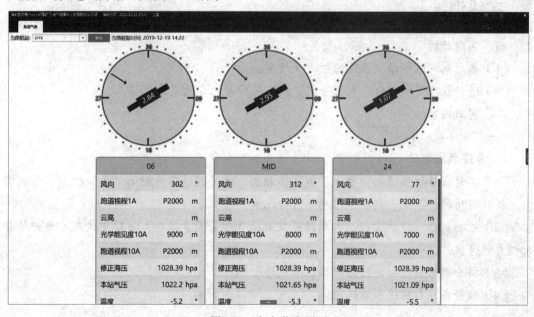

图 8-10　协同决策（CDM）系统操作界面

机场运行指挥系统除了以上介绍的几个主要子系统，还有一些辅助系统。不同机场根据不同机构设置、职责划分，会设置不同的辅助系统。常见的几个辅助系统具体如下。

（1）气象功能。有些机场运行指挥系统增加了气象系统数据接口，接入气象数据。保障人员可以通过气象功能查看实时天气及未来天气变化趋势，为特殊天气下的航班保障做好准备。及时了解本场及对端机场天气情况有助于对因天气原因延误的航班进行处理，在科学安排航班起降顺序的同时，有利于地面服务部一线人员处理航班延误。

气象信息页面主要用于查看跑道的风向、云高、能见度、气压、海压等气象信息，用于辅助飞机起飞降落，如图8-11所示。

图 8-11　气象信息页面

（2）视频监控系统。该系统主要为机场运行指挥员提供实时信息，及时了解航班保障动态以及突发事件的实时情况。

（3）航迹信息显示系统。该系统可以准确地报告飞机进走廊口的时间、落地时间和起飞时间以及预计落地时间，以便为有关工作人员提供方便快捷的通告服务。系统可将收到的雷达信息转成系统内部格式，并判断进出港航班后通知机场运行指挥人员。

（4）专业手持客户端。专业手持设备是基于 Android 系统开发的配有内存、显示器、CPU、键盘、电池等，可以移动使用，具有数据传输和处理能力的手持终端。终端内将预装运行指挥系统的 App。专业手持设备主要的使用者为各部门的一线保障人员，它的投入使用将有助于采集更加精准的保障数据，同时可以方便保障人员查看保障任务，对整个机场航班保障效率的提升具有重要意义。

思政阅读

杭州机场"00 后"新员工：在亚运航班保障中成长蜕变的"硬核少年"

实践训练

一、实践目的

（1）熟悉机场运行指挥系统的组成及使用。

（2）进行航班计划制订、机位分配、航班保障等内容的实践训练。

二、实践内容

（一）备降航班保障

1. 备降航班保障

（1）临时备降航班通知，重点了解备降原因、备降预计落地时间、备降机型、停放需求、机位占用时长、地面代理等信息并进行记录。

（2）依据机型、停放需求、占用时长及地面代理等因素结合当日航班情况综合评估分配相应的停机位。

（3）将分配结果通知运行协调席位和机坪管制席。

（4）监督备降航班进出港情况。

2. 配分与评分标准（见表 8-5）

表 8-5　备降航班保障的配分与评分标准

序号	考核内容	考核要点	配分	评分标准	扣分	得分
1	接收信息并记录	是否准确接收信息并记录	5分	接收信息和记录不准确的，扣5分		
2	及时向保障单位通报	是否及时通报备降信息	5分	未准确及时通报的，扣5分		
3	接收备降航班保障需求并通报	是否明确了解备降航班保障需求并熟知相应保障对象	5分	未准确接收信息或通报错误的，扣5分		
4	统筹协调正常航班与备降航班保障	是否能准确把握备降航班保障与正常航班保障间的关系	5分	不能准确把握备降航班保障与正常航班保障间的关系的，扣5分		
	合计		30分			

否定项：
① 不了解备降航班保障流程；② 通报记录不准确；③ 保障方面出现重大错误；④ 超过限定时间

（二）停机位分配操作

1. 停机位分配

××××航班因航空器无法进入事先分配的机位，机位调整操作。

（1）首先查看航班状态，立即通过二次雷达查看航空器位置，判断机位变更后能否正常入位。

（2）如可正常入位，立即进行机位变更。

（3）如不能或无法判断航空器位置，立即电话联系机坪管制暂停该航空器滑行，明确是否按照原调整计划调整机位，或调整其他机位。

（4）复核机位实际变更情况。

（5）变更后通知相应的机坪管制、航空公司、地面代理。

2. 配分与评分标准（见表 8-6）

表 8-6　停机位分配操作的配分与评分标准

序号	考核内容	考核要点	配分	评分标准	扣分	得分
1	二次雷达确认航班信息	是否会使用二次雷达确定航班信息	5分	不会使用二次雷达确定航班信息的，扣5分		
2	停机位分配操作	停机位分配操作是否正确	5分	停机位分配操作错误的，扣5分		
3	停机位核实	是否安排至正确的停机位	5分	航班安排至错误的停机位的，扣5分		
4	登机口分配	登机口是否与停机位匹配	5分	登机口与停机位不匹配的，扣5分		
	合计		20分			

否定项说明：
① 不会操作资源集成系统；② 系统未定位查找到××××航班信息；③ 未提交机位更改申请

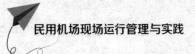

 本章复习题

1. 简述始发航班地面保障作业节点。
2. 简述停机位按飞机翼展和主起落架进行分类的具体内容。
3. 简述备降正常机位数量的确定方法。
4. 简述停机位分配原则。
5. 简述登机口分配的约束条件。
6. 简述机场运行指挥系统的组成。

本章测试题

第九章　航站区概述

【本章学习目标】

- 理解航站楼动态变化的概念内涵；
- 理解并能区分"航站楼"与"航站区"两个概念如何运用在不同的场合；
- 了解航站区由哪些部分构成；
- 了解目前一个典型的航站楼由哪些部分构成；
- 了解航站楼构型及其优缺点。

第一节　航站区的概念及位置确定

一、航站区的基本概念

　　航站区指机场内航站楼及其配套的站坪、交通、服务等设施所在的区域，主要为旅客和货邮运输服务，完成客、货邮陆空交通方式的转换。

二、航站楼概念内涵

（一）航站楼

　　运输机场的两大主要业务就是旅客运输和货物运输。然而，在运输旅客和货物时，除了需要建设飞行区给航空器提供起飞、降落、停放的区域，还需分别给旅客和货物提供暂时等待和储存的空间或场所。当航空器停靠机场时，为了可以快速地让旅客登机或下机、让货物可以及时装载于航空器或从航空器上卸载下来快捷储存，从而出现了专门供旅客和货物使用的建筑设施，这就是旅客航站楼（passenger terminal）和货运站（cargo terminal）。

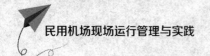

从上述对建筑的基本功能描述上看，航站楼就是一个容纳航空旅客的空间或场所。除此之外，航站楼还有一个基本功能就是将其暂时容纳的航空旅客通过与飞行区紧密连接的通道或者路径实现人流在航站楼与飞行区的交换。

由此可见，航站楼最基本的功能可以概括如下。

（1）储存功能：对旅客进行安置或者进行暂时容纳的功能。这是一种静态的功能。

（2）集散功能：实现航站楼与飞机区所建立起来的"人流交换"功能。这是基于航站楼与飞行区紧密连接的通道或路径实现的。"人流交换"就是航站楼与飞行区之间通过登机出港或进港下机的输出输入的过程。这是一种动态的功能。

（二）航站楼的功能拓展

鉴于航空出行的多方因素限制，如航空安全、口岸安全、防疫要求等，航站楼也相应地设置了有关流程来对旅客开展检查和处理（process）工作，以满足旅客离港和进港的条件。由此，航站楼也拓展出安检功能、口岸功能、防疫功能、商业功能等。

1.航站楼的安检功能

随着全世界频繁发生的飞机劫持事件，旅客安全检查成为在机场必不可少的一个环节。相应地，航站楼也成为承载安全检查的场所之一。就全世界而言，机场设置安全检查站对旅客进行安全检查始于20世纪60年代。那时也正是恐怖活动兴起的时代。在这种背景下，国际民航组织（International Civil Aviation Organization，ICAO）相继制定并通过了《东京条约》、《海牙条约》（《制止非法劫持航空器公约》）和《蒙特利尔条约》，从此建立了机场安全检查。目前，机场航站楼中施行安全检查包括旅客安全检查和托运行李、随身携带行李安全检查等。

2.航站楼的国际口岸功能

随着国际贸易、国际旅客运输的开展，出现了外来物种入侵、微生物传播、人员非法移民等各种问题。为了防止外来物种入侵、维护国际出入境秩序管理，对于一些具有国际运输功能的机场（以下简称国际机场，International Airport），又设置了海关检查、检验检疫和边防检查等口岸功能。但这些功能也是由航站楼承载的。海关人员、检验检疫人员和边检人员也入驻机场之中，对旅客及托运行李、携带行李进行查验，以确保国际机场口岸的安全运行秩序。

3.航站楼的其他功能

为了方便旅客购物、为旅客提供舒适的休息场所和餐饮等各种个性化需求，航站楼也招商引入了商店、餐饮、零售等各式各样的服务。这样一方面为机场增加了商业收入，另一方面打发了旅客在航站楼等待飞机的时间，同时缓解了因飞机延误给旅客带来的焦虑感。航站楼中的这些商业服务，同时也是国际机场提升自身国际吸引力、影响力的重点。

综上所述，航站楼的概念从功能上讲，不仅包括容纳旅客的储存功能、实现航站楼与飞行区人流交换的集散功能，还包括对旅客实施安全检查、实施公共卫生事件传染性疾病防控、提供餐饮零售等服务的功能。针对国际机场，航站楼还承担了海关检查、检验检疫和边防管控等国际口岸功能。

（三）城市航站楼

随着航空旅客对于便捷出行的更高要求，城市航站楼（City Airport Terminal）出现了。城市航站楼又称城市候机楼，是机场航空服务向城市的一种延伸和拓展形式。城市航站楼中通常具备旅客值机、行李托运等航空服务功能，依托各种交通工具（城市轨道交通、机场巴士等）满足旅客由城市前往机场的便捷化需求。

城市航站楼的概念最早出现在 20 世纪 40 年代。1941 年在美国纽约曼哈顿皇后区中心位置（公园大道和 42 街交叉口西南角）建成航空公司航站楼（Airlines Terminal），服务于纽约大都会的拉瓜迪亚机场（LaGuardia Airport）、纽瓦克机场（Newark Liberty Airport）和肯尼迪机场（Kennedy Airport），并提供票务、行李处理和巴士运输服务。美国这种航站楼模式的出现，将机场航站楼的部分功能延伸到了城市区域，让旅客可以在城市区域提前完成在机场航站楼内需要完成的业务办理流程，节省了在机场的排队时间和空间。

北京大兴国际机场自 2019 年投运以来，已经建成了 4 个城市航站楼，分别为草桥城市航站楼（位于北京）、固安城市航站楼（位于河北）、涿州城市航站楼（位于河北）和廊坊城市航站楼（位于河北）等。其中，最早建成并投入使用的就是草桥城市航站楼。草桥城市航站楼位于北京南城的草桥地铁站中。其与轨道交通巧妙衔接，使旅客在城市航站楼办理值机和行李托运手续后，可直接乘坐机场快轨到达机场航站楼内。旅客走出站厅层，就到了机场值机大厅和安检现场。对于已在城市航站楼办理了值机手续和行李托运手续的旅客，可直接安检进入机场航站楼候机区内候机。这种模式的出现解放了旅客双手，旅客不再拎着厚重的行李前往机场，同时也节省了在机场航站楼办理值机和托运行李的排队时间和空间，外景及内景如图 9-1 所示。

（a）外景　　　　　　　　　　　　　　（b）内景

图 9-1　北京大兴国际机场廊坊城市航站楼外景及内景

固安城市航站楼、涿州城市航站楼和廊坊城市航站楼都是建设在北京大兴国际机场周边——河北境内的航站楼。它们的建立可以加强河北地区与机场的联络，将机场的服务更好地延伸到机场外部，即将服务延伸到了旅客居住或者工作的区域，提升了机场对旅客的吸引力，让更多的人使用北京大兴国际机场。

三、航站区的位置确定

航站区具体位置的确定，尽管有诸多影响因素，但机场的跑道条数和方位是制约航站区定位的最重要因素，两者的位置关系是否合理，将直接影响机场运营的安全性、经济性和效率。航站区应布置在其到跑道起飞端之间滑行距离最短的地方，并尽可能使着陆飞机的滑行距离也最短，即应尽量缩短到港飞机从跑道出口至机坪、离港飞机从站坪至跑道起飞端的滑行距离，尤其是离港飞机的滑行距离（因其载重较大），以提高机场运行效率，节约油料。在跑道条数较多、构型更为复杂时，要争取飞机在离开或驶向停机坪时避免跨越其他跑道。同时，尽可能避免飞机在低空经过航站上空，以免发生事故而造成重大损失。

交通量不大的机场，大都只设一条跑道。此时，航站区宜靠近跑道中部，如图 9-2（a）所示。

如果机场有两条互相平行的跑道（包括入口平齐和相互错开）且间距较大，一般将航站区布置在两条跑道之间，如图 9-2（b）、图 9-2（c）所示。

若机场具有两条呈"V"字形的跑道，为缩短飞机的离港、到港滑行距离，通常将航站区布置在两条跑道所夹的场地上，如图 9-2（d）所示。

如机场的交通量较大，乃至必须采取三条或四条跑道时，航站区位置可以参考图 9-2（e）、图 9-2（f）。

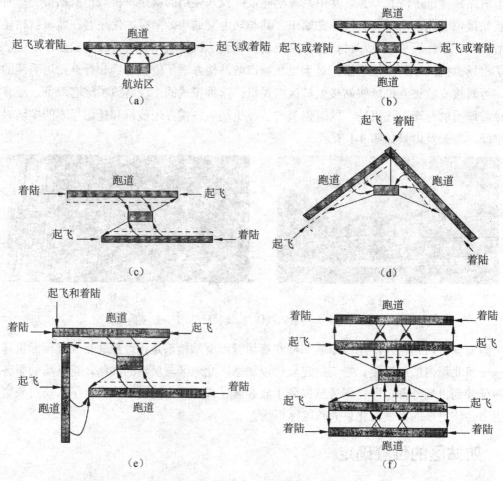

图 9-2　航站区的位置确定示意

第二节　航站楼的构成

一、航站楼的构型与水平布局

航站楼构型受到众多因素的影响。通过世界各国机场建设经验的积累，慢慢地出现了各种各样的航站楼构型。每种航站楼构型的形成都具有各自的优缺点。目前常见的航站楼构型有四种。这些构型的主要不同之处在于旅客从航站楼业务办理区（processor）到停机位的移动方式，或者说是航站楼业务办理区（processor）与候机区（concourse）位置关系的不同。

航站楼的四个基本构型为单线式构型、指廊式构型、卫星厅式构型、远程构型。

（一）单线式构型

单线式航站楼构型是最简单的一种航站楼构型，如图 9-3 所示。航空器沿着航站楼垂直停放，两侧均有扩建的潜力。航站楼长度主要取决于停机位的数量及其尺寸要求。但是，航站楼的航空器排列长度不能无限制扩大，因为楼内的步行距离是设计这种单线式航站楼需要考虑的因素，不能无限制地向两侧扩建来增加停机位；或者如果的确需要向两侧延伸扩建，那么机场需要考虑设置电动的人行步道或者提供航站楼内的代步工具等，以解决步行距离增长的问题。

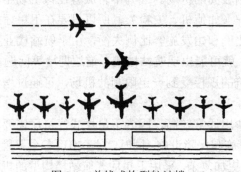 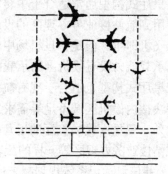

图 9-3　单线式构型航站楼　　　　　　　　图 9-4　指廊式构型航站楼

（二）指廊式构型

指廊式航站楼由一座主楼和一条或多条伸向停机坪的指形廊道组成，如图 9-4 所示。根据停机位扩展数量不同，指廊式航站楼可分为前置指廊型航站楼、多指廊型航站楼和 T 型航站楼。指廊型航站楼的优点如下。

（1）空间利用效率高：指廊式航站楼通过一条或多条指形廊道伸向停机坪，能够在维持旅客保障设施数量不变的同时，增加空侧停机位数量，提高近机位区域面积的利用率。

（2）增加商业收入：主楼内可设置集中的商业区，有助于增加商业收入。

（3）扩建方便：当需要进一步扩充时，只需扩建作为连接体的指廊，无须改变主楼结构，这有助于保持航站楼的整体性和功能性。

缺点如下。

（1）旅客步行距离增加：指廊式航站楼可能导致旅客的步行距离增加，尤其是最远端指廊的旅客，他们的进出港步行距离过长。

（2）运行效率问题：多个指廊并存时，主楼的面积和功能需足够强大以支撑多个指廊旅客的进出港手续。如果指廊间距过小，可能无法满足航空器地面双通道滑行的需求，导致航空器进出受限，运行效率不高。

（3）停机位调整复杂：如果临时更改停机位，不宜跨指廊更改，更不应跨航站楼更改，否则容易导致旅客误机。

（三）卫星厅式构型

卫星厅式构型是一种将航站楼的业务办理区和候机区进行分离的构型，如图9-5所示。卫星厅式构型包括一个或多个候机厅，这种构型可以让航空器围绕卫星厅一周停放，进一步增加了航空器停放的数量。卫星厅越多，停放航空器的机位就越多。但是由于航站楼的业务办理区与候机区是分

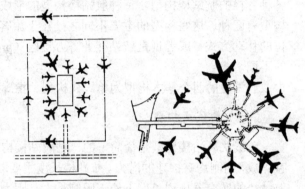

图9-5　卫星厅式构型航站楼

离的，因此需要地面、地上桥梁或地下通道将候机厅与航站楼业务办理区连起来运送旅客、行李和其他物料，如建造隧道或桥梁、步道、电动人行步道或全自动旅客捷运系统（APM）。

卫星厅式构型通常适合于中转客流比例较高的机场。因为中转旅客在该机场中转过程中不会用到航站楼业务办理区的设施和流程（如值机、安检），所以只要在卫星厅之间进行换乘飞机即可。但是一旦机场中转旅客比例和始发旅客比例失衡，由于航站楼业务办理区规划承载能力没有候机区的承载能力大，就可能出现航站楼侧车道边拥堵等问题。

卫星厅式构型也适合于现有航站楼建筑的规模受到一定限制的机场，可通过增设卫星厅来解决楼内候机区域不足等需求。

此外，卫星厅式候机厅的运营和维护费用通常较高，因为卫星厅式候机厅需要重复提供与航站楼业务办理区等一样的旅客服务设施和保障设施。同时，对于出现多个卫星厅的航站楼，公共信息标识系统规划起来也会变得更加复杂。采用卫星厅式航站楼构型的机场包括美国的哈兹菲尔德—杰克逊亚特兰大国际机场、丹佛国际机场和芝加哥奥黑尔国际机场等。

（四）远程构型

远程构型实际上就是航空器停放在离航站楼较远的机位进行保障的一种构型，如图9-6所示。航空器和航站楼之间的运输需要运送旅客、行李和其他货物的各种交通工具支持。这种构型在欧洲和南美机场很常见，在美国不常见。目前经常使用摆渡车将旅客从航站楼送至航空器停放机位。这要求旅客在传统的候机室等候，登上摆渡车前往航空器。相比航空器停在登机门附近而言，远程构型提供的旅客服务水平较低。

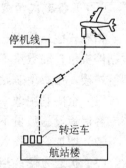

图9-6　远程构型航站楼

二、航站楼竖向布局

根据客运量、航站楼可用占地和空侧、陆侧交通组织等因素，航站楼竖向布局可采用单层、一层半、二层、三层四种方案。

（1）单层方案。进、出港旅客及行李流动均在机坪层进行。这样，旅客一般只能利用舷梯上下飞机，如图9-7所示。

（2）一层半方案。出港旅客在一层办理手续后到二层登机，登机时可利用登机桥。进港旅客在二层下机后，赴一层提取行李，然后离开，如图9-8所示。

图 9-7　单层方案　　　　　　　　　图 9-8　一层半方案

（3）二层方案。旅客、行李流程分层布置。进港旅客在二层下机，然后下一层提取行李，转入地面交通。出港旅客在二层托运行李，办理手续后登机，如图9-9所示。

（4）三层方案。旅客、行李流程基本与二层方案相同，只是将行李房布置在地下室或半地下室，如图9-10所示。

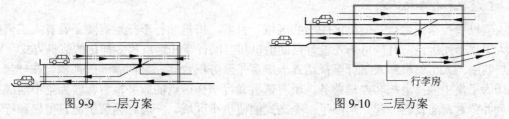

图 9-9　二层方案　　　　　　　　　图 9-10　三层方案

在实际应用中，除去旅客流程和行李流程的设计，还要考虑到餐饮、酒吧、商店等特许经营，航空公司和联检机构必要的用房，有时把地铁和停车设施引入楼内。因此，航站楼的设计是一个非常复杂的过程。以上四种方案只是在竖向布局里的简化分类，在现实中，可能要复杂得多，但都是在这四种方案的基础上进行演变。

三、航站楼内功能分区的布局

航站楼内功能分区的布局主要指的是航站楼内业务办理区和候机区的布局类型。对于每种构型，航站楼的主业务办理区可以为集中式，也可以为分散式（具体取决于候机厅如何与航站楼业务办理区连接起来）。采用集中式构型时，有一个单一的航站楼业务办理区，可为所有旅客手续办理、行李检查、安检和其他与"业务办理"相关的活动提供空间。采用分散式构型时，有多个航站楼业务办理区，可为不同的候机厅、指廊或卫星厅式候机厅服务。

航站楼的业务办理区域是为了实现旅客进入候机区所提前开展的一系列手续办理的区域或者离开航站楼所要开展一些业务办理的区域。这个区域通常包括航站楼公共活动区、旅客值机区、安检区、海关边防检查区、行李处理区、楼内候车区和其他租赁空间与服务设施（如艺术广告、卫生间、母婴室、吸烟室等）等。

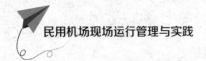

（一）公共活动区

航站楼内的公共活动区是服务旅客活动、访客等候并接送旅客的公共区域，包括航站楼出港送客大厅和进港迎接大厅。这些区域还可能设有一些餐饮、零售、租赁、休息室等各种服务。对于结构复杂的多楼层航站楼，还设有楼梯、自动扶梯、电梯和走廊等来贯通不同楼层以及航站楼不同的功能区域。

（二）旅客值机区（票务大厅）

旅客值机区是离港旅客办理登机手续、行李托运手续，获得登机牌、行李牌和其他航班信息，进行机票买卖、退改签的区域或场所。值机区既可以是一个连在一起的空间，也可以按功能或旅客类型或航班是否出境或者航空公司分布情况等划分为多个值机分区。

按照功能分区来看，可以分为仅获取登机牌的值机区和既能获取登机牌又能进行行李托运的传统登机手续办理区域。按照旅客类型分区来看，可以分为头等舱、商务舱、高级经济舱、经济舱旅客等值机区。按照航班是否出境分区来看，可以分为国际航班值机区、国内航班值机区、港澳台地区航班值机区。按照航空公司分布情况分区来看，可以分为国内航空公司值机区、国外航空公司值机区。

值机区一般由值机和行李托运点、排队等候区、公共活动区三个部分构成。

1. 值机和行李托运点

值机和行李托运点是值机区的核心区域。目前，值机和行李托运点除了设有人工值机和人工行李托运点，有些机场还设有自助值机和自助行李托运点等多样化的值机方式。

其中，人工值机和人工行李托运点一般都是服务柜台式，且两者一般都耦合在一起。机场为了集中为离港旅客办理票务，所有值机和行李托运点的服务柜台都较为集中地成排排列并背对背布设在一起，形成了一个岛式的值机小区，一般称为值机岛。值机和行李托运点一般设有航班信息显示屏，用来显示办理值机相应的航空公司信息、舱位水平（如头等舱、商务舱、高级经济舱、经济舱旅客等），以便提示旅客如何进行排队并在相应的区域办理业务。

对于自助值机和自助行李托运点，则均采用自助设备来代替人工服务，如图 9-11 所示。这些自助设备既包括分散于值机区中仅供办理值机的自助设备，也包括既能办理值机又能托运行李的耦合式自助设备。而有行李托运需求的旅客就可选择这种一体化的自助设备办理手续。

（a）自助值机设备   （b）自助行李托运设备

图 9-11　自助设备

2. 排队等候区

排队等候区是值机区域必不可少的部分。排队等候区的空间间距也是衡量航站楼值机区拥挤程度及服务水平的重要指标。排队等候区面积空间划设是基于考虑航站楼的客流量水平、值机速度、空间限制、排队策略、值机区的运营模式等多种因素考虑下决定的。

3. 公共活动区

公共活动区既可以看作与值机区独立的区域，也可以看作其一个组成部分。因为从航站楼入口处到值机区及从值机区到安检点，多是与公共区域贯通融合的。旅客和其他人能够在整个区域内顺利通行。该区域还包括各楼层之间的垂直活动区及生命安全出口，还会布设各种商店，向遭遇延误、安检前需长时间等待或与不允许越过安检区的送行好友提供共享空间。此外，公共区域也设有一些服务设施区域，如洗手间、母婴室、公共座位区、公共信息获取区等。

（三）旅客安检区

旅客安检区通常设置在旅客值机区（票务大厅）之后，是对旅客和旅客随身携带行李进行检查的区域，也是对旅客进入航站楼隔离区加以管制的管制点。

目前，航站楼的旅客安检区一般由排队等候区、证件查验区、物品卸除区、安检区、物品重整区、办公区域等构成。

1. 排队等候区

排队等候区是为旅客等待进入安检区进行安检所预留的区域。该区域通常被分隔为多个区域通道，主要是普通旅客排队等候通道。其中，也会设置若干个机组和机场员工通道，以便机组和机场工作人员进入航站楼隔离区开展相关工作。对于一些着急乘坐飞机，登机时间较为紧张的旅客，机场还会为其设置急客通道以便他们快速通过安检进入候机区。对于老年人、孕妇、小孩、带孩子的大人及残疾人，机场还会为其设置爱心通道（或无障碍通道）。机场还会设置军人优先通道、消防救援人员优先通道、外交礼遇通道、贵宾通道、两舱旅客安检专用通道等。有些国际机场的口岸区域，安检通道与海关申报检查合并，实行"过一次安检机，满足安检和海关两方检查"，以提高检查效率，同时还设置了兼具双功能的海关申报安检通道（红色通道）。

2. 证件查验区

证件查验区是安检工作人员检查旅客证件（身份证、护照、港澳台证、其他临时身份证件）、登机牌，以确认其旅客信息真实性的区域。在确认旅客信息无误后，安检人员会在登机牌上加盖安全查验的印章，允许他们前往安检区。随着技术的发展，安检人员加盖安全查验印的程序也在一些机场中通过人脸识别技术被取代。证件查验区目前也有闸机式，旅客通过扫描身份证或进行人脸识别即可通过证件查验区的闸机查验。

3. 物品卸除区

物品卸除区是根据相关检查要求，让旅客将随身携带的某些物品单独取出并送上安检机器的区域。在该区域内，根据安检区所配置设备的类型、检测精度、准确度和检查技术先进程度等限制，旅客必须在安检前对自己及随身携带的物品进行预处理，有时必须将金

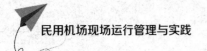

属物品及电子设备、外套、皮带、鞋子等物品单独取出或脱下，再放到传送带上进行安检。

4. 安检区

安检区就是对旅客和随身行李开展安全检查的区域。在该区域内，设置了各种安检设备，如金属探测门、毫米波门、X 光机、CT 机、手持金属探测仪、爆炸物探测仪等设备。通过先进的成像技术和物品物质探测技术，来检查旅客身上和随身携带行李中的危险品。在发现存在问题物品后，还会涉及对人身和行李的进一步检查，会设置现场行李开包区域。此外，对于有些条件较好的机场，为了保护残疾人的隐私，还为残疾人设置了专用的无障碍私人检查区，来检查残疾人携带的金属假肢等物品。

5. 物品重整区

物品重整区是为旅客完成安检之后取回和重新包装所卸除物品的专用空间区域，以及为脱下大衣、鞋子等服装和身体配饰的旅客设置的整理衣物服饰的区域。这个区域一般均是和安检区设置在一起的。

6. 办公区域

办公区域除上面安检区提及的位于安检区以内或其附近供安检人员操作和监控安检设备的区域外，还包括拘留室、安检人员培训室、安检人员休息室和其他办公空间，如机场警察和紧急情况响应人员（武警部队、机场应急管理部门）的办公区和辅助区域等。

（四）边防区域

根据《中华人民共和国出境入境边防检查条例》，在对外开放的机场等口岸要设立出境入境边防检查站，对出境、入境的人员及其行李物品、交通运输工具及其载运的货物实施边防检查，对口岸的限定区域进行警戒，维护出境、入境秩序。在机场国际航班区域规划中通常要设定用于边防检查的区域。《国家口岸查验基础设施建设标准》（建标 185—2017）对于边防区域规划建设也有相关规定。

（五）海关（检验检疫）区域

对于国际机场口岸，会设置海关区域。海关是国家的进出关境监督管理机关，监管进出境的运输工具、货物、行李物品、邮递物品和其他物品，征收关税和其他税、费，查缉走私等。为了满足检查需求，机场规划中要设定以下区域。《国家口岸查验基础设施建设标准》（建标 185—2017）对于海关（检验检疫）区域规划建设也有相关规定。

（六）托运行李处理区

托运行李处理区主要指的是对旅客托运行李进行一系列相关处理的区域。按照航班流程，托运行李主要分为出港托运行李、到港托运行李、中转托运行李三种。针对不同类型的托运行李，其系统处理区的构成也有所不同。

其中，出港托运行李的处理区域包括从值机大厅开始到装载于航空器全过程需要的区域，如行李打包区，登记、打印行李条牌的区域，放置行李、安检行李、分拣行李、运输行李、储存行李、装卸行李等区域；到港托运行李的处理区域过程包括从航空器卸载到交付旅客手中所涉及所有流程需要划定的区域，如行李卸载、运输、储存和交付等区域；中转行李的处理区域，包括中转行李导入区域等。而以上这些所需程序均需各种区域空间和相关的行李设备空间来进行处理。

（七）旅客楼内候车区

对于到港的旅客来说，从行李提取厅出来后的需求就是乘坐相关的地面交通工具离开机场。所以机场还会在走出行李提取厅的区域设置旅客楼内候车区。这个区域一般会设置旅客地面交通购票区、城市地面交通信息问讯区等。有时，候车区可能位于航站楼外的车道边区域。此外，对于一些规划了轨道交通的机场，走出行李提取厅后还会与轨道交通区域和火车站接驳，极大地方便了旅客，是一种空陆多式联运模式。所谓多式联运就是空中交通、地面交通、水上交通等多种交通方式的接驳，利用各自地理环节、交通优势，实现旅客的快速运输。

第三节　航站区空侧站坪的构成

航站区的空侧站坪区域主要是停放航空器的区域，以及为航空器提供服务保障所划定的区域。根据《运输机场总体规划规范》中的定义，站坪为"航站楼附近供客运航班上下旅客、装卸货物、加油、停放的机坪"。

一、停放航空器的区域

停放航空器的区域一般包括以下一些设施。

航站楼登机门、与登机门连接的旅客登机桥及与航站楼有直接接触的停机位，国内一般俗称为近机位。

登机桥按照结构型式分为轮式登机桥、柱座式登机桥和特殊型式登机桥。其中，轮式登机桥又分为旋转式登机桥和旋转伸缩式登机桥。登机桥按照整桥运动（水平运动和升降运动）的驱动方式，分为液压式登机桥、机电式登机桥和液压—机电混合式登机桥。登机桥按照活动通道侧壁型式，分为金属结构和玻璃结构等。

二、为航空器提供服务保障所划定的区域

为航空器提供服务保障所划定的区域是为停放区中的航空器实施行李货物装卸、加水、清污、供电、供气、配餐、检修维护、加油、推出等操作所划设的空间区域。

图9-12为保障一架航空器所涉及的车辆和设施的示意图，可以看出保障一架飞机所涉及的车辆和设备种类十分多，而且都是围绕航空器周围的区域空间开展的，所以预留规划出充裕合理的空间区域，可以避免设备之间的干扰，提高作业保障效率。该区域包括车辆及设备停放保障区、推出区、服务车道和其他相关配套设施等。

1. 车辆及设备停放保障区

这个区域是非常核心的区域，因为在为停放的航空器提供服务保障中，会有各种车辆

和设备一同参与保障作业，而为这些车辆及设备停放并开展作业所划定的区域就是车辆及设备停放保障区，保障车辆停靠位置示意如图9-12所示。因为在现场运行中，车辆和设备种类繁多，为了各项保障均具有作业空间并彼此之间互不影响，需要为这些提供服务保障作业的地面车辆及设备预留出充足的空间区域，保证它们安全高效地为航空器提供服务保障。

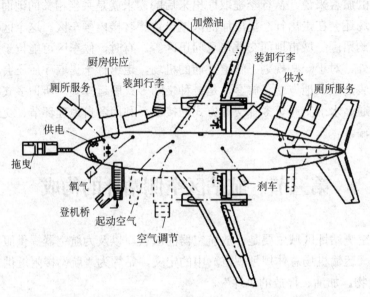

图 9-12　接驳登机桥的近机位在保障航空器时地面车辆位置示意

2. 服务车道

上述为航空器提供服务保障的车辆也需要相关路径驶向航空器来开展保障作业，所以也需划定服务车辆专用的行驶路面，这就是所谓的"服务车道"。一般情况下，服务车道的设置要考虑尽量减少车辆行驶对航空器运行的影响，将服务车道与航空器运行道面进行合理的规划，才能保障车辆与航空器不会有相撞的风险和各种运行上的冲突。

3. 推出区

停放在近机位中的航空器在完成了各项保障作业后，可能就会被推走，要么起飞，要么停放在其他停机位上。但是因为航空器一般无法自行反向滑动，所以一般情况下需要用特种设备（牵引车）将航空器机头推出到一定方向后方可由驾驶员操作进行自主滑行。为航空器的推出作业所预留的保障作业空间就称为"推出区"。此外，还要考虑在推出航空器的过程中航空器翼尖与周边航空器翼尖相碰撞的可能，为此预留充足的安全距离，以防止航空器相撞或者剐蹭。

4. 其他配套设施

为了保障空侧站坪的正常运作，还需要很多其他配套设施，如为航空器的电动车车辆充电的充电站设施、暂时存放航空器上垃圾的站坪垃圾场，还有为航空器供电的供电设施、为航空器供气的供气设施、航空器维修设施设备、保障设备用房等。这些配套设施也需要一定的规划空间。

思政阅读

"美貌"与"智慧"并存的航站楼是怎么设计出来的

实践训练

一、实践目的

1. 熟悉航站楼内的主要设备、设施。

2. 熟悉航站楼设备、设施的功能。

二、实践内容

根据视频图片所示，识别4个视频或图片中候机楼设施、设备并简述功能。

1. 设施、设备准备

机场 CCTV 监控系统视频或图片。

2. 配分与评分标准（见表9-1）

表9-1　航站楼设施、设备的配分与评分标准

序号	考核内容	考核要点	配分	考核标准	扣分	得分
1	识别出此项为安检设施（磁感应门、X光机）并简述功能	录入是否准确	5分	不会录入或者录入错误，或未简述功能的，扣5分		
2	识别出此项为行李传输带并简述功能	录入是否准确	5分	不会录入或者录入错误，或未简述功能的，扣5分		
3	识别出此项为泊位引导系统	录入是否准确	5分	不会录入或者录入错误，或未简述功能的，扣5分		
4	识别出此项为空管二次雷达	录入是否准确	5分	不会录入或者录入错误，或未简述功能的，扣5分		
合计			20分			

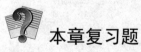

本章复习题

1. 航站楼构型和水平布局有哪些类型？

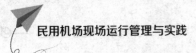
2. 航站楼内主要的功能分区有哪些？

3. 简述航站区的主要组成部分。

4. 简述航站区站坪的主要构成。

本章测试题

第十章　航站楼运行管理

【本章学习目标】

- 了解航站楼的运行特点；
- 掌握航站楼旅客流程的类别及其具体流程内容；
- 掌握航站楼行李流程的类别及其具体流程内容；
- 了解航站楼中的服务类别；
- 掌握航站楼资源的分配。

第一节　航站楼的运行特点

一、旅客来源及其他人员构成的多样化

随着我国民航业迅速发展，乘坐飞机出行的旅客越来越多，旅客来源也逐渐变得相对复杂起来。目前，旅客类型按照不同维度划分，可分为商务旅行人士、休闲旅行人士；母婴群体旅客、年轻旅客、老年旅客；身体健全旅客、残障旅客（视力障碍、听觉障碍、肢体障碍等）；国内旅客、国外旅客、港澳台地区旅客；单独出行的旅客、团体旅客等。

机场航站楼中除了上述来源广泛的各种旅客类别，还有许多与旅客相关的人员，如接送旅客的亲友、司机，保障旅客航班的机组人员、航站楼运维人员、航站楼地面服务人员、机场管理人员、公安、武警、海关、边检工作人员，机场规划设计人员，施工团队等。

二、各类服务需求的多元化

航站楼内旅客来源及其他人员构成的多样化，使其对航站楼的服务需求也呈现多元化。

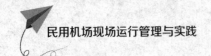

老年旅客和残障旅客的需求是需要更多帮扶,需要楼内安排更多人工引导服务并提供无障碍出行环境;母婴群体旅客的需求是需要有喂养婴儿的私密空间;商务旅行人士的需求是需要机场提供有品质的服务体验,如酒店、洗浴、会议服务;而机场员工的需求是工作地点附近有可以就近休息的场所。所以,针对这些不同群体的各种需求,机场会根据自身情况开展精细化的需求管理。

三、运行空间的区域化

根据航站楼内保障航班的类别划分,航站楼的运行空间可分为国内航班保障区域和国际及港澳台地区航班保障区。

根据航站楼内的旅客流程划分,航站楼的运行空间可分为出发区域、到达区域和中转区域。其中出发区域可分为送客区域、值机区域、安检区域、海关区域、边检区域、候机区域等;到达区域可分为海关区域、边检区域、行李提取区域、接机迎客区域等;中转区域可分为国内中转区域、国际中转区域。

根据航站楼内的航空安全保卫需求和进出境人员监管需求划分,航站楼的运行空间可分为空侧区域(airside)和陆侧区域(landside),以及旅客控制区、海关监管区、边检监管区等。当遇到公共卫生事件时,航站楼还专门设置了防疫检查区。在该区域开展人员的测温、健康码查验、隔离和转运工作。

根据机场航站楼内的服务功能划分,一些服务功能规划齐全的航站楼还设有贵宾区、酒店区、吸烟区、园林区、观景区、商业区等。

四、航站楼内的设施相互竞争空间

一般情况下,占用机场航站楼空间最多的设施是保障机场生产运行的核心设施,如值机柜台、安检通道、海关通道、边检通道、登机口/登机桥、公共区/候机区座椅、行李系统等。在确保机场基本运行设施满足需求后,为了提升机场服务质量,还需布设公共服务设施的空间,如卫生间、母婴室、吸烟室(区)、儿童活动室(区)、饮水机、人文艺术景观设施等,以及需要布设商业服务设施的空间,如零售/餐饮商店、睡眠舱、广告、电影院、游泳馆、书店等。

上述的这些运行设施、公共/商业服务设施以及航站楼内的消防设施等共同占据了航站楼内有限的空间面积。如果某种设施增多,意味着其他设施空间将被挤占。航站楼内可布设的设施空间总量受到航站楼空间面积的制约,所以航站楼内能布设的设施不是无限的。当航站楼内空间资源被利用到一定程度时,各种设施之间就呈现出了竞争关系。

五、运行管理趋向智慧化

随着科学技术的发展,机场管理者更愿意将各种新科技、新技术应用于机场航站楼的运行管理中来提升机场的整体运行效率和服务水平。

例如,早期的值机是用纸笔登记旅客信息的,随着互联网的发展,逐渐出现了值机系统，甚至出现了网上/手机值机等场外值机模式，使旅客不必到机场航站楼就可以完成值机流程。这不仅降低了人工服务出错的概率，而且极大地缓解了航站楼运行高峰阶段的值机排队问题和拥堵问题。将旅客分散到不同的渠道完成值机业务，也节约了旅客出行时间。

此外，随着自助化业务办理的盛行，自助值机设备、自助行李托运设备、自助安检查验设备、自助登机查验设备也在慢慢替代人工服务。公共卫生事件之下，机场无接触服务也慢慢兴起。电梯中的无接触感应按钮、红外测温仪、送餐机器人、自助结账商店、无人商店也在机场陆续呈现。这些新事物的出现都是机场管理者利用革新技术让机场越来越智慧化的体现。

第二节　航站楼中的旅客保障流程

航站楼中的旅客保障流程可按照以下维度进行分类。

（1）根据旅客所乘坐的航班是否涉及进出境，分为国内航班流程、国际及港澳台地区航班流程（以下简称"国际航班流程"）。

（2）根据机场航班保障流程类型，分为进港航班流程、出港航班流程、中转航班流程。其中，中转航班流程通常分为四种，分别为国内航班中转国内航班、国内航班中转国际航班、国际航班中转国内航班和国际航班中转国际航班。根据中转便利化程度，又分为通程中转和非通程中转。

（3）根据航空器所停放的停机位是近机位，还是远机位，还可分为近机位保障流程和远机位保障流程。

机场有时会发生大面积航班延误、大面积系统故障、机场航班取消，以及旅客临时决定不登机、国际旅客因手续不足被退运等特殊情况，此时就会涉及倒流流程。下面将针对常见的旅客流程进行介绍。

一、国内进港航班的航站楼内旅客流程

国内进港航班停靠在航站楼近机位登机桥处，航空器舱门开启后，旅客首先从登机桥下飞机进入航站楼内。在始发地机场托运了行李的旅客，通过地服人员引导或航站楼内引导标志去往行李提取大厅。到达行李提取大厅后，旅客在航班所在的行李提取转盘处领取行李，穿过进港迎客大厅，最终离开航站楼；而未在始发地机场托运行李的旅客直接穿过行李提取大厅、进港迎客大厅，最终寻找出口离开航站楼。流程如下。

旅客经登机桥下飞机→国内行李提取大厅→国内进港迎客大厅→寻找出口离开航站楼

进港航班停靠在远机位，航空器舱门开启后，旅客从客梯车下飞机，并乘坐进港摆渡车到达航站楼远机位进港厅。当发生全球公共卫生事件或其他公共卫生事件时，航站楼内的旅客流程会受到卫生健康部门的监管，旅客下飞机后，首先进行健康检查，在确保旅客呈健康状态后，方可进入行李提取大厅和进港迎客大厅并离开机场；而对于健康异常的旅客，会立即将其隔离并进行转运处理。旅客排队都需要保持一定的社交距离。

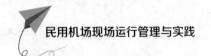

二、国际进港航班的航站楼内旅客流程

相比国内进港航班的航站楼内旅客流程，国际进港航班流程多了海关（检验检疫）和边检流程。进港旅客需经海关（检验检疫）和边检入境检查。在检验检疫区域开展入境卫生检查，通过检查旅客身体健康状况，防止旅客携病入境；在边检管控区内，旅客需通过边检警察的身份信息检查后（包括护照、签证），方可进入国际进港行李提取大厅。

旅客在行李提取大厅的相应提取转盘处认领行李，并经海关申报区。该区域的海关人员对旅客行李进行检查，防止旅客携带违禁物品入境。在确保检查无误后，旅客携带行李到达进港迎客大厅，并寻找出口离开航站楼。

国际进港航班的航站楼内旅客流程如下。

旅客经登机桥下飞机→海关入境卫生检疫检查→边检入境检查→国际行李提取大厅→（旅客办理海关入境申报）→（海关入境检查）→国际进港迎客大厅→寻找出口离开航站楼

三、国内出港航班的航站楼内旅客流程

国内出港航班的航站楼内旅客流程如下。

旅客到达航站楼→办理值机和行李托运手续→安检验证、人身及手提行李安检→进入出港候机区→寻找近机位登机口候机→登机口查验登机凭证→经登机桥登机

出港航班停靠在远机位，旅客需乘坐摆渡车到达机位，从客梯车上飞机。公共卫生事件旅客流程与进港航班流程一样，旅客首先经过防疫检查流程，后接入正常情况下的旅客流程。

四、国际出港航班的航站楼内旅客流程

国际出港航班的航站楼内旅客流程相对复杂，比国内出港航班流程多出海关（检验检疫）流程和边检流程，全流程具体如下。

1. 旅客到达国际航站楼的业务办理区

旅客根据航空公司提供的航班信息到达航班所在的国际航站楼，并根据引导标志来到专门办理国际（及港澳台地区）航班出港业务的区域。

2. 托运行李的海关申报

国际出港旅客一般携带大量行李出境，而这些行李是海关监管的对象。在国际航班出港业务办理区内设有托运行李海关申报柜台。托运行李中存在需申报物品的（需申报物品的种类见图10-1），前往海关申报柜台，通过填写《中华人民共和国海关进/出境旅客行李物品申报单》向海关书面申报。

3. 值机和行李托运

无行李申报需求的旅客，以及办理完海关申报手续的旅客，前往值机区办理值机和行李托运手续。

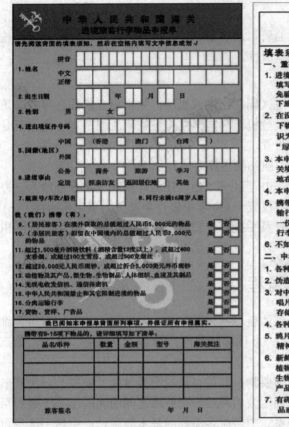

图 10-1　进出境旅客行李物品申报单正反面样例

4. 出境卫生检疫和健康申明

办理完值机和行李托运手续后，旅客前往海关卫生检疫区进行出境卫生检查，以防止传染病由国内传出，保护旅客健康。在该区域前也设有出境旅客健康申明（Health Declaration）填写处，以便出境旅客填写《健康申明卡》向海关如实申明。

5. 手提行李的海关申报和检查

旅客经出境卫生检疫检查正常后，经过手提行李海关申报区。该区域是旅客对手提行李进行书面申报（填写《申报单》）的区域。没有携带应向海关申报物品的旅客，无须填写《申报单》；而携带了应向海关申报物品的旅客需要填写《申报单》，向海关书面申报。

实施"红绿通道"验放制度的海关检查场所，一般设置两种通道：一种为无申报通道（又称"绿色通道"），另一种为申报通道（又称"红色通道"）。未填写《申报单》的旅客选择无申报通道通关；填写了《申报单》的旅客选择申报通道通关，并按照规定办理手续。不明海关规定或不知如何选择通道的旅客，应选择"申报通道"通关。

6. 安检

旅客在完成手提行李申报后，前往安检区域的安检通道开展身份验证以及人身、手提行李安全检查。目前，为了节约航站楼空间，安检通道和海关红绿通道会合并设置，实行"一机双检"模式，即在安检员检查手提行李的同时，海关人员也同步对手提行李实施监管。

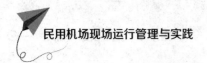

7. 边检

国际口岸的出境人员均会受到边检监管，旅客前往边检区开展边检出境检查。边检警察会查验出境人员护照、签证并加盖印章放行。

8. 候机、登机

通过上述一系列流程后，旅客方可进入国际出港候机区，并根据登机凭证寻找航班所在的登机口候机，最终登机离境。候机及登机流程与国内出港航班流程基本一致，只是旅客及其行李一直受到海关和边检的持续监管。

根据上述流程描述，国际出港航班的航站楼内旅客流程如下。

旅客到达航站楼→寻找国际出港业务办理区→（办理托运行李海关申报手续）→办理值机和行李托运手续→海关出境卫生检疫检查→（办理手提行李海关出境申报手续）→（手提行李海关出境检查）→安检验证、人身及手提行李安检→边检出境检查→进入国际出港候机区→寻找该航班近机位登机口候机→登机口查验登机凭证→经登机桥登机。

五、中转航班的航站楼内旅客流程

中转旅客只在机场转机，即由一个到达航班换乘另一个出发航班。这类旅客可再细分为四种：① 国内转国内；② 国内转国际；③ 国际转国内；④ 国际转国际。其中，第三类旅客较多。

中转旅客流程是枢纽机场建设的关键要素，与旅客最短衔接时间（航空公司进行航班波设计时应保证出发波的第一个航班与到达波的最后一个航班之间的间隔不小于最短衔接时间）、旅客中转的效率等都有密切关系。中转旅客流程的基本要求是：中转手续尽可能简捷；旅客中转行走距离尽可能短。为实现这些要求，设置中转旅客流程应遵守以下原则。

（1）中转流程与到达流程、出发流程隔离。例如，设置专门的中转航站楼或专门的中转楼层，旅客可以在同一楼层中办完中转手续，并且与其他流程不相互干扰。

（2）中转流程都设在隔离区内，减少流程长度。

（3）国际中转旅客免除过境签证，不用重新经过边防检查。

（4）中转值机柜台设在旅客最为方便的候机厅两侧，以方便旅客办理中转手续。

（5）如果旅客在起点站即已办好中转登机手续，应设有地面引导人员引导旅客登机。

（6）应使用廊桥上下机。

（7）中转标志设置应当醒目清晰，避免旅客因信息不清而耽误乘机。

如果是线性集中式航站楼，应把航班波的航班停靠在同一个或相邻指廊的廊桥上，中转旅客的行走距离将是最短的。

中转旅客流程如图 10-2 所示。

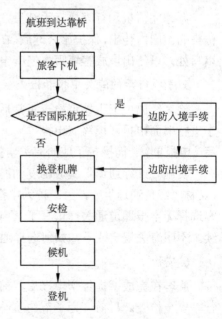

图 10-2　中转旅客流程

第三节　航站楼中的行李保障流程

航站楼中的保障流程除了旅客流程外，还有行李流程。航空运输中的行李包括托运行李和手提行李两种。手提行李流程随旅客流程一起进行，主要包括在手提行李安检、手提行李海关申报和检查环节。航站楼中的托运行李流程主要包括以下几种：① 托运行李的进港流程；② 托运行李的出港流程；③ 托运行李的中转流程；④ 其他特殊行李流程等。

一、国内进港航班的托运行李进港流程

国内进港航班停靠机场后，地服人员将托运行李从航空器货舱中卸下运送到航站楼的国内进港行李区。在该区域有国内进港行李传输线（或称上包台），其与行李提取大厅中的行李提取转盘连通。地服人员将国内进港航班的托运行李搬运到相应国内进港行李传输线上，将托运行李运输至行李提取大厅中的行李提取转盘处，供旅客自行认领。

国内进港航班的托运行李进港流程如图 10-3 所示。

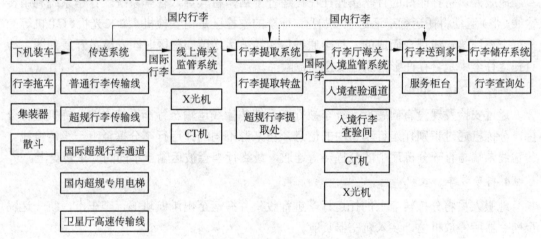

图 10-3　国内进港航班的托运行李进港流程

二、国际进港航班的托运行李进港流程

国际进港航班的托运行李进港流程与国内进港航班的托运行李进港流程基本一致。具体如下。

航空器进港停靠→地服人员卸下行李→将行李运送至国际进港行李区→通过国际进港行李传输线（或称上包台）/国际进港超规行李传输送线/其他通道将托运行李运输至国际行李提取转盘（附近）→旅客自行提取→国际行李提取厅出口接受海关入境检查。

对比国内进港航班的托运行李进港流程，国际进港航班的托运行李进港流程的主要不同点如下。

一是国际进港行李区与国内进港行李区是分开布设的，相应地，国际进港行李传输线

与国内进港行李传输线位于进港行李区的不同位置。

二是通过国际进港行李传输线传送的托运行李最终到达国际行李提取大厅的相应提取转盘处，其与国内行李提取大厅是物理分隔的。

三是国际进港航班的托运行李持续受到海关监管，在旅客提取了托运行李后，还要经历海关的入境检查。

三、国内出港航班的托运行李出港流程

国内出港航班的托运行李依靠行李出港系统完成一系列流程，包括行李托运、行李安检、行李分拣，最终由地服人员装车运输至航空器后装机出港。

1. 行李托运（baggage check in）

国内出港航班的托运行李出港流程开始于旅客办理行李托运时。地服人员会在托运行李柜台处将托运行李称重，为其打印行李条。行李条好比行李的登机凭证，内含行李信息，是后续行李系统识别托运行李并开展分拣、装机的关键。

2. 行李安检（security check）

地服人员将打印好的行李条拴挂在托运行李后，将其导入行李系统。行李系统利用传输线（带）运动将托运行李运送至安检区。行李的安检区是由安检机（如X光机、CT机等）与行李系统传输线耦合而成的。行李通过传输线被运送至安检区时，安检员开展判图，检查托运行李中是否存在影响航空安全的危险品。

3. 行李分拣（sort）

通过安检发现没有问题后，行李被行李系统传输线运输至行李系统中的分拣机进行分拣。分拣机通过识别托运行李条中的信息，将来源不同的托运行李分拣至下一级传输线。传输线末端与行李分拣厅中的分拣转盘连通，最终行李会被运输至不同的分拣转盘上。

4. 行李装车、装机

地服人员将分拣转盘上的托运行李进行收集并搬运至出港航班的行李车上，统一运输至航空器所停放机位，装入航空器货舱。

国内出港航班的托运行李出港流程如图10-4所示。

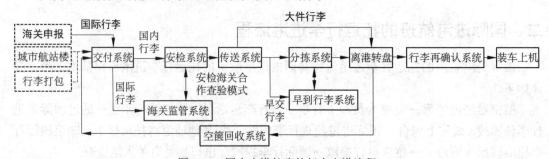

图10-4　国内出港航班的行李出港流程

需要特别说明的是，上述流程适用于安检环节未发现托运行李存在问题时。若托运行李在安检环节发现了可疑危险品，负责托运行李安检的安检员将与旅客开包确认、移除可

疑危险品。

四、国际出港航班的托运行李出港流程

国际出港航班的托运行李因受海关监管，所以在出港过程中多了海关申报和海关检查两个步骤。正常托运行李的国际出港流程如下。

（旅客办理托运行李海关申报手续）→旅客办理托运行李手续→行李安检（确认通过）→行李海关检查（确认通过）→通过各级传输线将行李运输至分拣机→行李自动分拣→行李分拣转盘→地服工作人员收集并进行确认后装车→运送至航空器货舱。

旅客办理完托运行李手续后，会被地服人员导入国际出港行李系统，国际出港行李系统的传输线上设有海关检查设备（如 X 光机、CT 机等）。海关人员通过判图识别托运行李中是否存在违禁品。

需要注意的是，在行李安检流程中发现行李存在危害航空飞行的物品时，也会在旅客流程中拦截旅客，通知其前往国际行李开包间配合检查，所以安检行李检查开包间与海关行李检查开包间可合并设置，以减少航站楼空间。

此外，国际出港行李系统因受海关监管，所以是与国内出港行李系统分流设置的，其末端是国际出港行李分拣转盘区域，该区域与国内出港行李分拣转盘区域也是分开设置的。

五、中转航班的托运行李中转流程

由于一架到港的飞机上载有中转到多个航班上的旅客，同时又将载着来自多个航班的中转旅客出港。行李必须随着旅客一起飞行，人与行李不能分离。因此，一个航班到达后，必须对行李根据中转的下一个航班进行分拣。对于到达的航班，将行李按照到达和中转分别进行分拣，再将中转行李运送到将要出发的航班上；对于将要出发的航班，应当集结来自各到达航班的行李。这个流程需要仔细设计，以防止行李的错送、漏送和破损。

如果未采用行李自动分拣系统，中转行李的流程如图 10-5 所示。

如果采用了行李自动分拣系统，行李卸机后用行李拖车运送至行李分拣厅，卸放在行李分拣系统的传送带上，自动分拣系统通过采集和分析行李上的 RFID 芯片/条纹码的信息，进行自动分拣，并将到达行李送至到达行李转盘上，中转行李分送至各出发航班行李拖车上。自动分拣系统能自动分析各出发航班行李是否已集结齐备，若已完成集结，拖

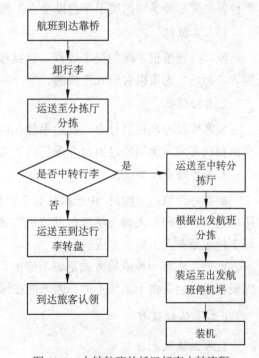

图 10-5　中转航班的托运行李中转流程

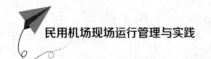

车将中转行李拖运至出发航班停机坪，然后装机。

由此可见，如果采用了行李自动分拣系统，中转行李的分拣流程是自动完成的。但对于非自动分拣系统，行李分拣主要靠人工完成。为防止出错和有秩序地开展中转行李分拣工作，在行李分拣厅应当设置中转行李分拣区，该区的分拣转盘专门用于分拣中转行李。航班到达后，从飞机腹舱卸行李时，装卸工根据行李上的标签识别是否中转行李，将到达行李独装一节车厢，与中转行李分开。行李装运至行李分拣厅后，到达行李运送至到达行李转盘，中转行李运送至中转行李分拣区的指定分拣转盘上进行分拣，由人工分拣后运送至出发航班停机坪装机。

第四节　航站楼运行资源分配

一、值机柜台分配

值机是旅客过站的关键环节，而值机排队长度可直观反映机场运行效率。

（一）值机方式

可以通过旅客使用的服务设备进行分类，分为自助值机、人工值机、半自助半人工值机三类。使用自助值机柜台、外部网络、个人手机终端等设备办理值机手续的属于自助值机类，使用传统人工值机柜台办理值机手续的属于人工值机类，使用自助设备与人工值机柜台各完成部分手续的属于半自助半人工值机。

1. 人工值机

旅客办理值机手续的整个过程，包括核对旅客信息、打印登机牌以及办理行李托运手续等，都是由人工柜台形式完成的。

2. 自助值机

旅客可以办理包括行李、托运手续在内（如果需要的话）的值机手续的整个过程，完全由自己完成，无须经过柜台办理任何手续。

3. 半自助半人工值机

旅客办理值机手续时，由于机场设备限制等原因，只能够通过自助方式完成信息核对、座位选择、打印登机牌（手机自助值机方式无须打印登机牌，只需出示二维码）等手续，行李托运是在人工柜台完成的。

此外，还有一种值机方式是城市值机，是指在市区设立值机点，供旅客在机场外就能完成值机，但是由于某些不适原因未能在国内各城市很好地推广。

（二）值机流程

1. 人工值机流程

人工值机是最典型的值机方式，旅客需要向值机柜台提交个人身份信息办理登机牌，如果需要托运行李则继续办理行李托运手续。人工值机流程如图 10-6 所示。

2. 自助值机流程

自助值机流程如以下。

自助值机柜台：依次进行语言选择、证件选择、证件扫描、座位选择、核对座位（如果所选座位已经被占，系统会自动分配一个座位号）、打印登机牌等。

网上值机：旅客在家中或者办公室等有网络的地方，登录航空公司的网站进行在线预选座位、办理值机手续，然后再通过一张普通的 A4 纸打印出网上值机登机牌（也可以在机场补打登机牌）。

手机值机：通过手机登录航空公司主页或手机网上值机页面，按照提示选择办理的航班、座位，选择好座位后点击"打印电子登机牌"按钮，输入手机号码接收手机登机牌二维码，或者通过手机短信值机的方式，根据语音提示操作获取手机登机牌二维码，旅客到达机场后凭二维码直接前往安检、登机口登机。

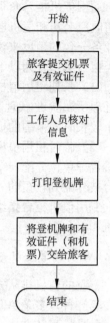

图 10-6　人工值机流程

需要注意的是，国内航班与国际航班的值机流程类似，此外，以上不同值机方式的值机流程中涉及可进行柜台资源动态分配的只有人工值机方式。

（三）值机柜台分配方式

值机柜台分配方式有以下几种。

1. 按值机柜台开放数量变化情况分类

依据值机柜台开放数量的变化情况，值机柜台可以分为动态分配值机柜台和静态分配值机柜台。动态分配方式是指值机柜台开放数量会依据不同时段或者旅客数量的变化而改变，而静态分配方式是指开放的值机柜台数量固定不变的情况。一般而言，动态分配方式的优势在于能够提高柜台资源利用效率和旅客过站效率，提高旅客满意度，同时可以使工作排班更合理，且能够降低运营成本。

2. 按航班属性分类

依据航班属性，值机柜台可分为国际航班值机柜台和国内航班值机柜台。国际航班的旅客在国际航班值机柜台办理值机手续，国内航班的旅客在国内航班值机柜台办理值机手续。

3. 按旅客属性分类

依据服务的旅客属性，值机柜台可分为经济舱值机柜台、商务舱值机柜台、头等舱值机柜台等。此外，还可分为无行李值机柜台、团体值机柜台等。

4. 按使用方式分类

依据使用方式，值机柜台可分为通用值机柜台和专用值机柜台。

通用值机柜台负责办理指定航空公司航班的值机，其值机柜台的分配由机场负责。通常将航空公司和值机柜台绑定，属于该航空公司的任何航班都能在这些柜台进行值机业务。从业务分包的角度来说，机场可以将指定区域的值机柜台资源租赁给航空公司进行管理，此类柜台可以分为以下两种。

（1）长期租用值机柜台：通过用户权限设置和分隔，可以为一家航空公司分配一个用户处理所属航班/代理航班在指定值机区域的航班值机业务。对于长期租赁，柜台被分配到一个较长时间范围的模板。

（2）临时租用值机柜台：临时出租给值机代理单位通过用户权限设置和分隔，可以为值机代理单位分配一个用户处理指定航班在指定值机区域的航班值机业务。对于临时租用，柜台被分配到较短的一段时间范围内的模板。

专用值机柜台指给特殊航班或需要特殊服务的航班使用的指定值机柜台，通常直接将航班和柜台绑定。

（四）旅客值机排队方式

常见的值机排队方式有两种。

第一种是多条单队列方式，即一个值机柜台对应一条值机队列的形式，如图 10-7 所示；另一种是蛇形队方式，即多个值机柜台对应一条值机队列，如图 10-8 所示。

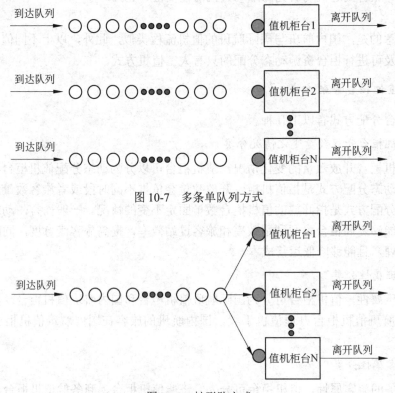

图 10-7　多条单队列方式

图 10-8　蛇形队方式

（五）值机柜台开放方式

值机柜台的开放方式可分为全开放方式和非全开放方式，对应的值机岛分为全开放值机岛和非全开的值机岛。全开放式值机柜台允许旅客当天截止值机前任何时候去值机,不设开始值机的时间限制。非全开放值机柜台则是设置了开始值机的时间限制,一般国内航班规定航班起飞前 2 小时或 1.5 小时开始值机,而国际航班一般规定航班起飞前 4 小时或者 2.5 小时开始值机。此外,无论是否为全开放式值机柜台,都设置了截止值机时间。根据民航局规定,在航班起飞前半小时停止值机。实际情况中,许多航空公司在航班起飞前 40 分钟或 50 分钟停止值机。

通过上面对值机业务系统比较全面的介绍,可以对值机业务总结出以下特点。

(1)在以上多种值机方式中,采用人工值机方式值机的旅客所占比重最大。

(2)国内航班值机与国际航班值机流程相似。

(3)经济舱旅客所占比重最大,且值机多采用公用柜台形式。

(4)邻近多个航班的旅客共用值机柜台的时候很容易造成排队拥挤。

(5)国内大型枢纽机场的旅客在公用值机柜台办理值机手续时常以蛇形队方式排队。

二、行李转盘指派

旅客下机后进入行李认领大厅提取自己的行李,是到达旅客流程的重要环节之一。繁忙机场,行李转盘是稀缺资源,如果不科学指派不但影响生产效率,而且影响使用均衡性,进而影响到机场的服务质量。

停机位指派和行李转盘指派是机场运行管理面临的两个重要指派问题,停机位指派要关系到前后两个航班,关系到出发旅客和到达旅客,但行李转盘指派只影响到达旅客。因此,对行李转盘的指派是在完成停机位指派的基础上进行的,在实际运行中,先进行停机位指派,再进行行李转盘的指派。

目前,国内机场行李转盘指派的方式主要有手工分配和机场运行指挥系统分配两种。

随着航空运输的快速发展、航班数量的增多,完全依靠人工完成该项工作的难度越来越大,更重要的是,依靠人工进行行李转盘指派不仅效率低、成本高,而且容易忽略一些复杂而重要的问题,分配不够合理。随着机场的发展,行李转盘指派的复杂度迅速增加,采用机场运行指挥系统中资源分配模块可以满足快速分配的要求,并使行李转盘容量最大化。

在机场的运行过程中,需要根据运行日的实际到港航班时刻表进行行李转盘的指派。理论上,同一时间行李转盘的指派有以下四种模式。

(1)一个行李转盘服务一个航班。

(2)一个行李转盘服务多个航班。

(3)多个行李转盘服务一个航班。

(4)多个行李转盘服务多个航班。

第一种和第二种指派模式应用较多,第三种和第四种指派模式会让旅客,尤其是无伴旅客产生困惑和不安。因为此种情况下,旅客无法确知其行李出现在哪一个转盘上,在选择等待转盘时不知所措,甚至可能需要来回于不同的转盘间寻找行李,造成行李提取区域

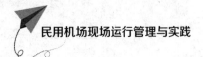

的无序和拥堵。

一般来说，对于大型国际机场，行李量较多的国际航班采取第一种指派模式，行李量较少的国内航班在高峰时段一般采取第二种指派模式。

思政阅读

北京大兴国际机场以数字孪生技术构建"有生命"的航站楼

实践训练

一、进港航班旅客流程

1. 实践目的

（1）掌握不同进港航班旅客的流程。

（2）绘制进港航班旅客流程图。

2. 实践内容

绘制国内廊桥进港旅客流程图和远机位进港旅客流程图。

3. 配分与评分标准（见表 10-1）

表 10-1　进港航班旅客流程的配分与评分标准

序号	考核内容	考核要点	配分	评分标准	扣分	得分
1	旅客进港流程相关区域	旅客进港过程中涉及的区域是否正确	10分	涉及区域缺少一个扣5分，缺少两个及以上扣10分		
2	旅客进港流程顺序	旅客进港流程顺序是否正确	10分	一个顺序错扣5分，两个及以上扣10分		
	合计		20分			

二、出港航班旅客流程

1. 实践目的

（1）掌握不同出港航班旅客的流程。

（2）绘制出港航班旅客流程图。

2. 实践内容

绘制国内廊桥出港旅客流程图和远机位出港旅客流程图。

3. 配分与评分标准（见表 10-2）

表 10-2 出港航班旅客流程的配分与评分标准

序号	考核内容	考核要点	配分	评分标准	扣分	得分
1	旅客出港流程相关区域	旅客出港过程中涉及的区域是否正确	10分	涉及区域缺少一个扣 5 分，缺少两个及以上扣 10 分		
2	旅客出港流程顺序	旅客出港流程顺序是否正确	10分	一个顺序错扣 5 分，两个及以上扣 10 分		
	合计		20分			

本章复习题

1. 简述航站楼典型的进出港流程。
2. 简述中转旅客的流程。
3. 简述行李在航站楼内流程。
4. 简述航站楼信息引导标志分类。
5. 简述值机柜台的分类。

本章测试题

第十一章　机场陆侧交通运行管理

【本章学习目标】

- 了解机场陆侧交通体系的构成；
- 了解机场陆侧交通系统常见的交通设施；
- 了解机场陆侧车道边分类方式；
- 了解影响车道边容量的因素。

　　机场的陆侧交通指的是为进离港旅客（货物）提供地面交通服务，是机场系统的重要组成部分。机场地面交通区域作为旅客集散的综合服务场所，主要有以下服务对象：航空旅客、接送人员、工作人员、地面交通的各类车辆等，其主体功能是对各种交通车流组织与人流组织的协调管理，提供便捷的旅客集散换乘服务。由于机场一般选址在城市边缘，其陆侧交通起到了连接城市和机场的作用，是旅客到达机场和返回机场的必经途径，是机场功能充分实现的前提条件，是城市基础设施水平的集中体现。

　　机场是个开放而复杂的系统，空侧完成陆空交通方式的转换，陆侧机场借助各种道路、停车场、车站、车辆与外界实现沟通。只有空侧、陆侧交通的各个环节达到均衡，机场才能正常运营。所以机场和城市的交通联系的便利程度，不仅影响机场的运行，也在一定程度上影响着城市的发展，重要性不言而喻。

第一节　机场陆侧交通系统概述

　　交通的管理对象是包括交通活动的四要素，即与交通活动有关的人、车、路和环境。所以机场陆侧交通系统的组成包括出入机场的客流、车流、交通设施以及交通组织等。

一、机场陆侧交通客流群体

出入机场的客流群体以出行目的为划分依据，可以分为航空旅客、接送人员、机场通勤人员、机场腹地到机场中转的非航空人员及机场附近居住人员。

航空旅客作为机场服务的主要客群，同时是机场运输交通的主要参与者，该客群对运输交通的可靠性及快捷性要求较高，对运输方式经济性适用性强。

接送人员以送别及迎接航空旅客为主要出行目的，在送客过程中需与航空旅客同时到达机场，在接客过程中则需提前到达机场，因此接送人员对时间价值有一定要求，但低于航空旅客。

机场通勤人员作为机场保障航空运输的工作人员，其出行特性具有明显的机场与居住地之间的通勤行为，具有潮汐性。该类人员参与机场集疏运交通中，对出行便捷度要求较高，同时对出行成本较为敏感。

机场腹地到机场中转的非航空人员利用机场陆侧枢纽设施实现不同交通方式之间的换乘，当机场综合枢纽中衔接高级别轨道交通时，机场陆侧交通枢纽能力增强及机场临空经济区发展，该部分客群将成为机场集疏运交通的重要组成部分。

机场附近居住人员就传统意义上参与机场集疏运交通程度较低，一般不到达机场陆侧区域完成居住地与市区之间及沿线附近地区的通勤。随着机场陆侧地区商务功能开发及机场综合枢纽建设，促进机场附近居民人员在机场完成非航空出行目的，可以增加对机场集疏运交通的参与程度。

二、机场陆侧交通方式

机场陆侧交通系统主要交通方式分为轨道交通和公路交通，如图 11-1 所示。机场陆侧交通组织包含这两种交通方式与机场之间的换乘与衔接，最终目的是到达或离开机场。

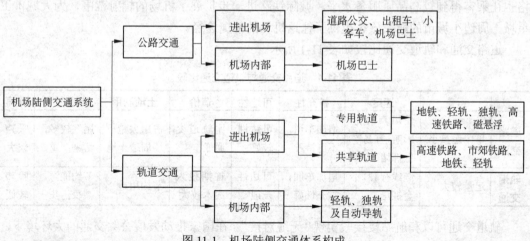

图 11-1　机场陆侧交通体系构成

1.道路交通

目前，机场集疏运交通主要依靠道路交通方式实现，因此道路交通方式仍然在机场集疏运交通体系中占主导地位。道路交通方式具有灵活、便捷、服务范围广等共同特点，但私家车、出租车、机场巴士等同时具有各自差异性。

其中，私家车因服务专一性，线路灵活、舒适性高等独特优势在道路集疏运方式中占据重要比例，尤其在美国机场集疏运体系中占据绝对优势。在我国随着私家车保有量持续增加及航空大众化出行趋势，私家车出行方式在机场集疏运体系中比重不断增加；随着城市交通出行压力日趋严重及公共交通出行引导的发展，特别是对机场接机私家车的出行限制，使私家车出行方式在机场集疏运体系中得到合理发展。

出租车在机场集疏运体系中占据较大比重，从航空旅客的出行目的角度分析，可将私家车出行转移至出租车交通方式，以实现到达及接客的目的，两者具有专一性服务、线路灵活、便捷等特点，但出租车经济性要差于私家车。

机场巴士在集疏运体系中以公共交通方式为主要代表，相比私家车及出租车，其表现出经济性突出、节能环保、人均设施占有率低等优势；但同时因其线路相对单一、停靠站点有限、发车频率低等劣势，限制机场巴士发展。在国家提倡公共交通出行的大背景下，随着机场巴士服务水平的提高，机场巴士在机场集疏运体系中的占比将不断增加。

此外，随着共享经济理念的逐步推广，以网约车、共享汽车为代表的共享型交通方式逐步参与到机场集疏运体系之中，使集疏运方式更加多元化。

2. 轨道交通

进出机场的轨道交通可以分为专用轨道和共享轨道。细分一步，专用轨道可以分为地铁（如深圳地铁一号线）、轻轨（如北京机场快轨）、磁悬浮（如上海磁悬浮线）、城际铁路（分为普通铁路和高速铁路）等。各种轨道交通方式各有特色，互为补充，服务对象也有所不同。地铁等城市轨道主要服务城市居民及游客，具有发车间隔小、快捷准时等特点。连接机场的地铁线可服务沿线各站乘客，价格低廉，不以联系机场为单一目的；磁悬浮等往往联系机场至城市主要交通枢纽，具有停靠站点少、点对点服务的特点，而且相对高的价格也让乘客得到较高品质服务水平。城际铁路进一步扩展了机场的辐射范围，为大城市卫星城、周边小城市的航空旅客提供了往返机场的便捷途径。

道路交通和轨道交通比较如表 11-1 所示。

表 11-1　道路交通与轨道交通比较

	运量	速度	扩充性	可达性	造价	土地利用	能源利用	噪声
道路交通	单个运量小	受城市交通影响,容易产生拥堵	增加车道,不可持续	可达性较好	比轨道交通低	占用大量机场周边土地	尾气较多,污染严重	噪声较大
轨道交通	运量较大	专线行驶,不会拥堵	增加车厢,扩充性好	可达性一般	首期投入成本较大	节约用地	节约能源,减少污染	噪声较低

轨道交通可以和航站楼接驳实现"无缝对接"。在国家推动发展公共交通的大环境下，轨道交通以其自身运输量大、环境影响低、可靠性强、经济突出等优势，将成为机场集疏运体系中的主导部分。

轨道交通包括城市地铁、火车、高铁等交通设施。

（1）城市地铁。城市地铁线路引入机场的例子在世界很多国家的大型机场已经非常常见。除了一些机场城市地铁可以直接进入航站楼，甚至对于具有多个航站楼的机场，城市地铁也将几个航站楼连接起来，极大地方便了旅客到达和离开相应的航站楼。在我国，北京首都国际机场具有三个航站楼，其将三个航站楼均衔接起来，实现了多个航站楼之间的转换。

（2）火车、高铁。火车或者高铁引入机场，相比城市地铁轨道交通来看，具有更强的地区辐射性和更广的集散范围。对于有跨城市通行需求的旅客，火车和高铁的引入弥补了城市地铁轨道交通和城市机场巴士、公共汽车的短板。例如，北京大兴国际机场对标国际大型机场，在机场内引入了高铁线路，如京雄城际。

三、机场陆侧交通系统的交通设施

一般来说，机场陆侧交通设施主要由机场陆侧道路系统、轨道交通系统以及为出行服务的静态交通设施等主要部分组成。

道路系统包括进场路、航站区道路系统、场区道路系统。进场路是旅客进出机场的主通道，将航站区道路系统衔接至机场规划红线或外围主干路网。航站区道路系统位于航站楼前，主要服务于旅客车辆，将进出场车流引导至航站楼各乘降点、停车设施等区域，通常采用定向循环、无冲突点的交通组织模式。场区道路系统覆盖机场的其他区域，主要服务于货运车辆、生产保障车辆、员工通勤等，一般采用棋盘状路网布局。

静态交通设施主要包括各类通道、停车场及其附属设施等。同时，随着机场地面交通发展时期的递进，交通一体化成为机场地面交通集疏运体系发展的必然趋势。机场地面交通的一体化发展规划使机场地面集疏运系统更加完善，机场服务水平相应得以提升，以机场为核心的综合交通运输客流集散、转运效率提高，核心业务量增加，由此很多枢纽机场建设了机场交通中心（ground transportation centre，GTC）。机场陆侧交通设施管理范围如图 11-2 所示。

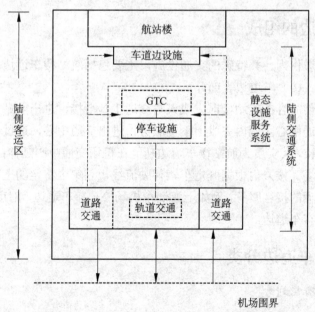

图 11-2　枢纽机场陆侧交通设施管理范围

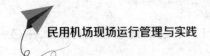

机场停车设施包括社会停车场（库、楼）、工作人员停车场、出租车停车场、公交停车场、长途汽车停车场等。地面交通中心内可以建设多层次、立体化的停车设施，设置专用停车楼层；大型停车场通常设于交通中心建筑本体外，枢纽核心区以内。

配套服务设施依托交通设施集聚客流，充分利用交通中心零散空间或旅客集中区域，拓展旅客商业流，满足旅客多样化的需求。可在地面交通中设置商店、餐饮、旅客等商业设施，以及自助值机柜台等辅助配套设施。

第二节　机场航站区道路系统

机场陆侧交通系统中的道路交通方式主要利用机场航站区的道路系统完成集疏运任务，主要包括陆侧循环道路、陆侧车道边两部分。

陆侧循环道路是指通过单向交通流实现车辆在航站区建筑单元之间或与停车场之间循环的道路。其特性是交通流量较小、设计速度较低、道路通行能力要求较低、道路设计标注较低等。为了满足机场航空业务量的不断增加，机场陆侧航站楼规模不断扩大，数量不断增多，这对陆侧循环道路提出了更高的要求，也使路网趋于复杂。

陆侧车道边（curbside roadway）是一种特殊的交通设施。从功能上来说，车道边是指机场陆侧供车辆停靠、旅客上下车的道路。在此区域，旅客可实现步行或乘坐地面交通工具进出机场的转换过程。因此，机场陆侧类的区域都可以称为"广义的车道边"。

随着机场旅客吞吐的增加、进场交通方式的多元化等，陆侧交通系统呈现巨大的交通压力，车道边的不同布局、容量、运行模式等直接影响到机场陆侧交通容量。下面将对车道边组成、布局等进行详细介绍。

一、陆侧车道边的组成

机场陆侧车道边作为一类特殊的交通设施，主要包括航站楼车道边、机场交通中心车道边、机场停车场（楼）车道边等部分。

航站楼车道边使旅客在航站楼前完成人与交通工具衔接，进出航站楼；机场交通中心车道边使旅客在交通中心区域内完成上下车服务，进出交通中心，通过交通中心与航站楼连接通道进出航站楼，其实质为航站楼车道边功能在机场交通中心延伸；机场停车场（楼）车道边是指在停车场（楼）内根据既定车辆行驶流线规划集中特定的上下客区域，一般用于私家车等社会车辆的接客服务，例如上海浦东机场停车库车道边、南京禄口 T2 航站楼前停车楼社会车辆接客车道边。

二、机场陆侧车道边分类

（一）按使用功能划分

车道边按照其使用功能的不同被划分为出发车道边和到达车道边，这是根据旅客的流线性质划分的。在服务的旅客类型上，出发车道边服务于离港旅客，是旅客乘坐机动车交通到达机场后短暂停靠下客的道路设施；到达车道边服务于到港旅客，是旅客乘坐航班抵达机场后换乘机动车交通的道路设施。

（二）按造型形式划分

出发车道边一般作为航站楼的主要出入口，其结构形式与艺术表达对于整栋航站楼而言是非常重要的。出发车道边空间的结构组合形式一般有三种。

1. 挑檐式

即出发车道边空间与航站楼结构为一檐口出挑的整体，例如北京首都国际机场 T3 航站楼。挑檐式的优点是整体性强，有利于航站楼造型的一体化设计，缺点是出挑宽度受结构限制，车道边空间的高度受航站楼内部空间高度的影响。

2. 雨棚式

即出发车道边的空间结构为一个单独的结构体，如西安咸阳国际机场 T3 航站楼等。雨棚式的主要优点是布置灵活，尤其是对车道中人行通道而言，其高度的设计受航站楼主体建筑内部空间高度影响较小，缺点是造型上与航站楼主体建筑的整体性不强，不利于造型一体化设计。

3. 混合式

上述挑檐式与雨棚式的混合形式，即出发车道边既有挑檐又有雨棚。混合式是前两种方式的综合和折中，优点是吸取了挑檐式的整体造型优势，同时又有雨棚式的灵活布置特点，丰富了车道边的空间层次；缺点是打破了造型的整体性，设计不好会让人感到车道边空间过于琐碎。

三、陆侧车道边布局

常见的车道边布局主要有以下几种。

1. 航站楼车道边线性布局

由于航站楼的建筑构型不同，车道边在线性上表现为直线式和弧线式两种。

（1）直线式车道边。此种布局的机场航站楼多呈现直线式构型，在我国应用广泛，可分为单一直线式和组合直线式，如图 11-3 所示。

（2）弧线式车道边。弧线式车道边在同等占地面积条件下车道边可用长度大、易于寻找停车位，很多新建大中型枢纽机场或指廊式航站楼多采用弧线式车道边，如图11-4 所示。

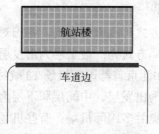

图 11-3　直线式车道边

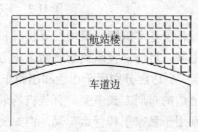

图 11-4　弧线式车道边

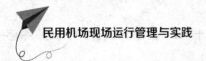

2. 航站楼车道边竖向布局

　　航站楼空间功能布局对车道边空间布局模式起决定性作用，根据航空旅客进出港流程特点，并结合机场航站楼空间布局特征，从竖向空间上可将航站楼车道边分为单层式、双层式、多层式等布局模式。

　　（1）单层式车道边。它指出发车道边和到达车道边位于同一层（一般是地面层），一般适用于客流量较小的机场，如图11-5所示。与单层式航站楼配合使用，表现为出发及到达功能车道边设置在同一层；通常优先保障离港旅客的出行需求；适用于中小型机场，特别是支线机场。

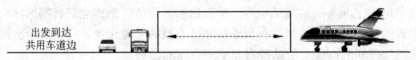

图11-5　单层式车道边

　　（2）双层式车道边。它指出发车道边和到达车道边分处一层（一般上层为出发层，下层为到达层），出发车辆和到达车辆分开，以缓解交通拥挤，一般适用于客流量比较大的中型机场。

　　到达层车道边的需求要远大于出发层车道边。一般机场的出发层车道边车辆需即停即离，不允许二次停车，我国大中型以上的机场到达层车道边一般不允许私家车进入。目前，我国大部分大中型机场采用双层式车道边，如图11-6所示。

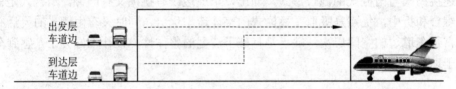

图11-6　双层式车道边

　　（3）多层式车道边。它是指一些大型枢纽机场为缓解高峰时刻到达车道边的拥挤，在双层式布局的基础上增加一层车道边，形成竖向多层式布局，如图11-7所示。

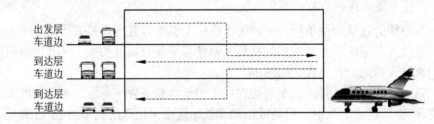

图11-7　多层式车道边

　　由于世界各国基本国情、机场发展状况和管理方式等因素的不同，各国对每层车道边的用途可能不同。目前，我国机场航站楼车道边布局方式为：最上层为出发、中间层和下层为到达层。到达层分别用于巴士和出租车，例如北京首都国际机场T3航站楼。美国机场航站楼车道边的布局方式多变，有些机场最上层为出发层、中间层和下层为到达层，两层到达层分别用于私家车和营运车辆，例如美国的奥兰多国际机场；有些机场上层为出发层、下层为到达层，都只服务于私家车，而中间层为出发和到达共用层，服务于营运车辆，例如丹佛国际机场。

3.航站楼车道边横向布局

航站楼车道边基于横向布局的特征，由机场设计规模、旅客便利性、车道边服务车型等因素共同决定，根据航站楼前车辆停靠方式不同，车道边横向布局分为平行式停靠、斜向式停靠和港湾式停靠三种布局模式。由于设计施工及其他原因，目前我国机场绝大部分采用的是平行式停靠布局。

（1）平行式停靠布局。根据道路横向断面类型，参照市政道路中路幅的概念将车道边平面布局模式分为单幅式、双幅式和三幅式三种。为满足客流量的需求并有效利用资源，不同规模的机场应选择合理的布局模式进行规划建设。

① 单幅式车道边，指路面上无隔离带，各条车道之间均无实体隔离，如图11-8所示。适用于旅客量不大的小型机场，整个航站楼布局模式以一层或一层半为主。车道边一般至少有3条车道，可以满足不同类型车辆的停靠。最靠近航站楼的那两条车道用于车辆停靠下客，称为停车道（不大于3条车道的只有1条停车道）；

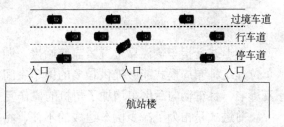

图 11-8 单幅式车道边

与停车道相邻的一条车道称为行车道，车辆从行车道进入车道边寻找停车道上合适的位置停靠，并在完成停靠、下客后汇入行车道，离开车道边；外围1条（或几条）车道用于因需在机场绕行或对机场不熟悉误入车道边而不在航站楼前停靠的部分车辆通过，称为过境车道。目前，我国小型支线机场和大中型机场早期建设的航站楼使用这种车道边的居多。

② 双幅式车道边，指路面有一条隔离带，将车道边分为内侧车道边和外侧车道边两部分，其容量可以增大近1倍，在外侧车道边下车的旅客通过人行横道步行进入航站楼，如图11-9所示。这种布局模式适用于中型机场航站楼，以实现不同车型的分离停靠。

③ 三幅式车道边，是指路面有两条隔离带，将车道边分为内侧车道边、中间车道边和外侧车道边三部分。此时，其容量可增大将近2倍，如图11-10所示，适用于大型枢纽机场。每个机场的客流量、中转率和管理方式等的不同，使每个机场对各幅车道边的分工用途也有所不同。

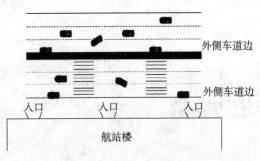

图 11-9 双幅式车道边

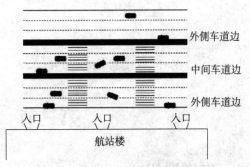

图 11-10 三幅式车道边

（2）斜向式停靠布局。它是指停靠方式是在车道边固定停车位，在指定的停车位车头

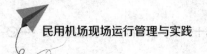

位置做停车导向岛，使车头与车道边有一个夹角，即斜停，有以下两种布局模式。

①无路肩固定车位式斜停，一般停靠角度为45°～60°，车道边不设置路肩，只采用固定停车位停靠的方式。采用这种布局模式，能够在单位长度的车道边提供更多的停车空间，根据车辆运行特征，可分为倒退式和前进式，分别如图11-11和图11-12所示。

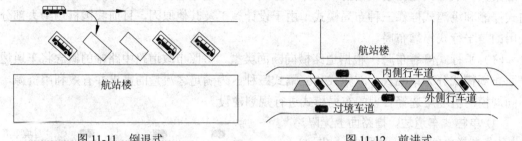

图11-11　倒退式　　　　　　　　　图11-12　前进式

倒退式是指车辆停靠位置紧靠航站楼，顺车进入停车位，下客完毕后向后倒车离开停车位。这种布局模式能够提供最多的停车空间，但每个停车导向岛之间相邻，车辆之间相互影响，且车辆向后倒车增加了司机的操作复杂性，存在安全隐患。

前进式是指为了减少倒车造成的不便，将靠近航站楼的车道留出，方便车辆斜停后向前行驶离开车道边。这种布局模式既增加了停车空间，又方便驾驶员操作，但是需要的车道边宽度较大（至少4条车道），且旅客在下车后需穿行内侧行车道进入航站楼，影响车辆通行。

②有路肩固定车位式斜停，又称锯齿形，是指每个停车导向岛之间保留一定的间距，车头和车道边夹角较小，一般小于45°，车辆落客完毕后，驾驶员只需稍打方向盘便可转入邻近车道前进离开，如图11-13所示。这种布局模式在国内外许多机场均有采用。

（3）港湾式停靠布局。它是指类似于市政道路中港湾式公交车停靠站，在车道边的设计过程中，为不影响车道边的通行能力和服务水平、降低公共汽车停靠时对交通流的影响，而设计的港湾式停靠车道边，如图11-14所示。

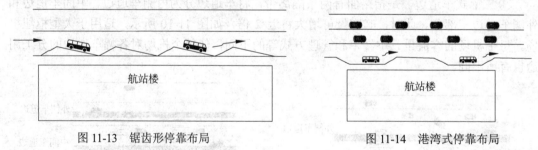

图11-13　锯齿形停靠布局　　　　　　图11-14　港湾式停靠布局

第三节　车道边容量

一、车道边组成

车道边一般由人行落客平台、停车道、行车道构成。车辆由外部道路驶入车道边后，在内侧停车道停靠落客(外侧行车道车辆需变道进入停车道),之后再变道进入行车道驶离,返回至外部道路。

出发车道边布局模式包含单组车道边及多层车道边。单组车道边是指仅有一套人行平台与车道组合的布局模式。多组车道边是指包含两套及以上人行平台与车道组合的布局模式。常见的车道边组数有单组、2组、3组,以2组居多,如图11-15所示。

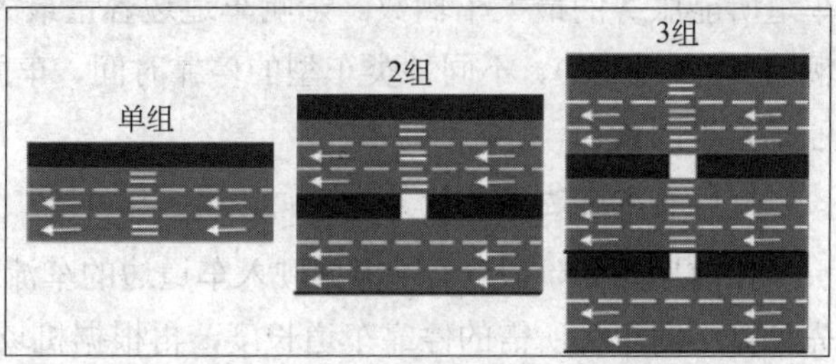

图 11-15　车道边组数

二、车道边上下客特征

进入出发车道边的车辆均有停车下客的需求,车辆在进入楼前车道边后需完成减速变道停靠—停车下客—关门起步—变道驶离车道边等操作过程。在此过程中,不同类型车辆驶入驶出车道边所占用的长度、落客时间、行李提取方式、对穿越车道边旅客的避让及管理方式等,均会对出发车道边的通行能力造成影响。

到达车道边需满足车辆停靠上客的需求。巴士车道边一般设置停靠站点,出租车则设置集中的上客点发车位。社会车辆由于车流量巨大,接客需求存在差异,均考虑车辆进入车库停放、旅客找车的模式。此外,巴士、出租车到达车道边有旅客候车的需求。车道边上下客特征汇总如表11-2所示。

表 11-2　车道边上下客特征汇总

车　辆		单车停靠时间/s	载客率/人·车⁻¹	车道边占用长度/m	行李提取方式	管 理 方 式
出发车道边	公交(大巴)	300	30	20(平行式停靠) 18.3(锯齿形停靠)	大多数车辆行李箱采用二侧开门的方式,以公交优先为原则,巴士车道边多设置在内侧车道,旅客下车后可直接进入航站楼	公交按调度时刻表进入车道边,管理规范统一;社会大巴存在不确定性,但车流量相对较小,管理相对简单
	中巴	150	12	14	后备行李箱	存在不确定性,随机性较大,管理难度大
	出租车	60~90	1.6	8	后备行李箱	可指定下客区域,较为规范
	社会小车	90	2.5	8	后备行李箱	随机性大,存在不确定性,管理难度大
到达车道边	公交	360	28	20	两侧行李箱	集中管理,设置旅客候车区域
	中巴	90~120	12	14	单侧行李箱	集中管理,设置旅客候车区域
	出租车	40	1.6	8	后备行李箱	集中布置,统一管理
	社会小车	40	2.5	8	后备行李箱	全部入库接客,便于管理

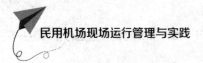

三、车道边容量

车道边的容量是指在时间和空间资源的约束下，T 时间段（一般取单位时间 1h）内停车道所能服务的最大车辆数。影响车道边容量最大的因素是车道边长度，此外还有停靠车辆的类型（长度）、不同种类车型的停靠时间、车间距、人行道数量及其宽度（人行道不可停车）等因素。

1. 出发车道边容量计算

在前期规划阶段，可以根据驶入车道边的车流量来计算车道边的大致长度，总体思路是先计算不同车种所需的停靠车道长度，再根据机场实际运行管理得到车道边组数及车道数。

（1）不同车种停靠车道长度。

不同车种停靠车道长度计算公式为

$$L_i = l_i \times \frac{(Q_i \times T_i)}{60}$$

式中，i 为不同车种（私家车、出租车、大巴等）；L_i 为不同车种所需停靠车道长度；l_i 为不同车种的停车位长度；Q_i 为不同车种高峰小时进入车道边的车流量；T_i 为不同车种在车道边的停靠时间。

（2）车流量 Q_i。

驶入出发车道边的某车种的车流量 Q_i 可以通过旅客吞吐量计算得到，计算公式为

$$Q_i = l_i \times \frac{\left[\dfrac{A \times (1-a)}{365} \times b \times (1+c) \right] \times \gamma \times \partial_i}{\beta_i} \times \varphi_i$$

式中，A 为机场旅客吞吐量；a 为航空中转率（一般取值 5%～30%，不同机场中转率有所差异，具体取值根据航空客流预测得到）；b 为高峰日系数（一般取值 1.1～1.3）；c 为接送客比例（一般取值 0.3～0.4）；γ 为高峰小时系数（一般取值 0.08～0.12）；∂_i 为某车种交通方式比例；β_i 为载客率；φ_i 为某车种驶入出发车道边的比例。

（3）出发车道边规模。出发车道边规模测算需要明确车道边的组数以及每组车道边的车道数。首先，计算不同车种所需停靠车道总长度，根据航站楼面宽（每组车道边长度基本等同航站楼面宽）可以大致计算车道边组数；其次，根据机场运营管理所明确的各组车道边停靠车种，可以计算各组车道边所需的停靠长度；最后，根据各组车道边所需停靠长度计算各组车道边车道数。

2. 停车利用率

每组车道边实际所需车道边长度除以该组车道边长度，可以得到停车利用率，对应于服务水平（需达到 D 级及以上）。

（1）过境车道饱和度。过境车道饱和度取决于通行该组车道边的车流量以及该组车道边的通行能力（考虑人行影响），对应于服务水平（需达到 D 级及以上）。

（2）人车冲突数。人车冲突数反映了车道边人行交通与车行交通相互干扰的程度。计算公式为

$$K = \Sigma_i Q_i \times P_1 + \Sigma_i Q_i \times P_2 + \Sigma_i Q_i P_3$$

式中，K 为人车冲突数；Q_i 为不同车种高峰小时进入车道边的车流量；P_1 为内侧车道边人流量；P_2 为中间车道边人流量；P_3 为外侧车道边人流量。

为提高车辆通行安全水平与保障旅客舒适体验感，必须减少人流和车流的冲突。对各个在各组车道边停车利用率及过境车道对应服务水平满足 D 级（及以上）的，进行人车冲突分析，优先选取冲突系数小的布局方案。

思政阅读

北京首都国际机场：让旅客在"家门"和"国门"之间顺畅抵离

本章复习题

1. 简述常见的机场陆侧交通方式。
2. 简述机场陆侧交通道路系统的组成。
3. 简述车道边布局分类。

本章测试题

第十二章　机场环境管理

【本章学习目标】

- 理解机场净空保护的内涵；
- 掌握机场净空保护管理的内容；
- 掌握机场障碍物限制面的构成；
- 了解常用的机场鸟击防范措施；
- 熟悉机场噪声控制管理措施。

第一节　机场净空管理

　　航空器在机场起飞爬升或者降落着陆的过程中，需要一定的安全空间从地面升到空中，也需要一定的安全空间从空中驶向地面着陆，为了避免航空器在机场周边低空运行（包括起飞、爬升，降落、着陆）时与其他物体［如建（构）筑物等人造物体，高大植物、山体等自然物体，以及鸟类、风筝、气球等活动物体］相撞，需要对机场低空运行区域内的空域进行管理，以防止机场航空器活动区域内和机场周边高楼大厦林立，或者出现复杂的地形，保证机场可以持续安全运行。为了保证航空器低空运行安全，《民用机场管理条例》第四十六条规定，民用机场所在地地区民用航空管理机构和有关地方人民政府，应当按照国家有关规定划定民用机场净空保护区域，并向社会公布。

一、基本概念

1.机场净空

机场净空是指机场现有的和规划的每条跑道的两端和两侧供飞机起飞、爬升、下滑、着陆、目视所需的规定空间，用于保障飞机安全运行，防止机场周围及其相邻地面上障碍物增多而使机场变得无法使用。

2. 机场净空保护

狭义机场净空保护指的是为保证飞机起降安全而规定的障碍物限制面以上的空间，用以限制机场及其周围地区障碍物的高度。广义机场净空保护指的是在机场附近划设的若干空间集合，用以保证飞机起降安全所需要的无障碍、无电磁干扰、无能见度影响和无助航设施辨识干扰的近空适航环境。

3. 机场净空保护区域

《运输机场净空保护管理办法》规定，运输机场净空保护区域是指以机场基准点为圆心，将水平半径为55公里的空间区域分为净空巡视检查区域和净空关注区域。净空巡视检查区域为机场障碍物限制面区域加上适当的面外区域，一般为机场跑道中心线两侧各10公里、跑道端外20公里以内的区域。净空关注区域为净空巡视检查区域之外的机场净空保护区域。净空关注区域一般无须开展巡视检查，但机场管理机构应当按照有关规定并结合运行实际，定期收集该区域内高大建（构）筑物的信息，并复核其对飞行安全的影响。

4. 障碍物限制面

障碍物限制面是指为保障飞机起降安全和机场运行安全，防止由于机场周围障碍物增多而使机场无法使用，规定了几种空间限制面，用以限制机场及其周围地区障碍物的高度。根据《国际民用航空公约》附件14，机场障碍物限制面包括起飞爬升面、进近面、过渡面、内水平面、锥形面、复飞面、内过渡面、内进近面。

（1）起飞爬升面。起飞爬升面的作用是保证起飞爬升过程中从10.7m高爬升到450m高的净空安全。起飞爬升面为跑道端外规定距离处或净空道末端处的一个倾斜的面或其他规定的面。起始宽度为180m，12.5%扩张至1200m或1800m宽，坡度为2%，总长度为15 000m，前3000m与进近面同高，其后更低，如图12-1所示。

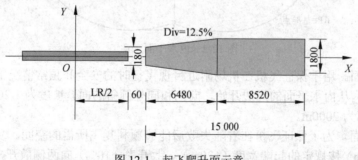

图12-1　起飞爬升面示意

（2）进近面。保护一架飞机在进近至着陆操作的最终阶段应该没有障碍物的空域体量。进近面是跑道入口前的一个倾斜的平面或几个平面的组合。进近面自跑道两端前各60m开始、宽300m，侧边散开率为15%，总长度为15 000m。进近面一共分成3段。第一段：长3000m、坡度2%，到60m高；第二段：长3600m、坡度2.5%，到150m高；第三段：水平段8400m，如图12-2所示。

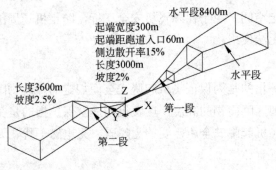

图 12-2 进近面示意

（3）过渡面。保证飞机在进近中，低空飞行偏离跑道中线或复飞阶段时的安全和正常。过渡面为沿升降带两侧边缘和部分进近面边缘向上和向外倾斜至与内水平面相交的一个复合面。坡度为 1/7（14.3%）。

（4）内水平面。内水平面的用途是保护着陆前目视盘旋所需空域，防止可能在穿云下降后发现是对准了一条不是用来着陆的跑道。内水平面的起算标高应为跑道两端入口中点的平均标高。以跑道两端入口中点为圆心，按规定的内水平面半径画出圆弧，再以与跑道中线平行的两条直线和圆弧相切成一个近似椭圆形，形成一个高出起算标高 45m 的水平面，如图 12-3 所示。

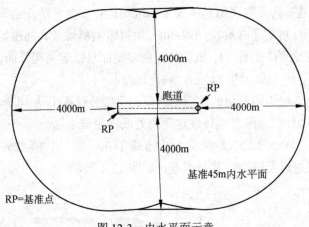

图 12-3 内水平面示意

（5）锥形面。用于保证飞机在机场附近目视飞行时的安全和正常情况下所需要的空域体量。锥形面为从内水平面的周边开始，向上和向外倾斜的面。坡度为 1/20（5%），高度为 100m，距离为 2000m。

（6）复飞面。为了保证飞机在着陆失败后能够顺利复飞所需的空间。复飞面为跑道入口后面（1800m）按规定的起端宽度（120m）、散开率（10%）向两侧散开，并以规定的坡度（1/30）向上延伸，直至与内水平面相交的一个面。基本上高于进近面。

（7）内过渡面。内过渡面与过渡面相似，但梯度为 33.3%，用于对更靠近跑道的区域进行限制，通常使用较少。

（8）内进近面。距入口 60m 开始，宽 120m，长 900m，坡度 2%。与精密进近灯光长度相似，范围与进近面相重合，更严格地要求不能穿透。

不同类型的跑道必须有相应的障碍物限制面，以保证飞行安全，提高运营效率。具体设置要求如表 12-1 所示。

表 12-1　障碍物限制面设置要求

障碍物限制面	Ⅱ类精密进近跑道机场	Ⅰ类精密进近跑道机场	非精密进近跑道机场	非仪表跑道机场
起飞爬升面	必设	必设	必设	必设
进近面	必设	必设	必设	必设
过渡面	必设	必设	必设	必设
内水平面	必设	必设	必设	必设
锥形面	必设	必设	必设	必设
复飞面	必设	应设	可不设	可不设
内进近面	必设	应设	可不设	可不设
内过渡面	必设	应设	可不设	可不设

二、机场净空管理内容

（一）障碍物管理

1.机场净空管理中常见的障碍物类型

为了更好地开展管理工作，目前可以将障碍物分为几类进行管理。

（1）根据障碍物来源分类。

根据障碍物来源，可以将障碍物分为人造障碍物和自然障碍物。

① 人造障碍物，包括各种人工形成的各种建筑物和构筑物，其中建筑物包括居民楼、办公楼、商场楼、写字楼等；构筑物包括高压输电塔、避雷针、烟囱、灯杆、具有一定高度的堆积物（如土方）等。此外，人造障碍物还包括机场范围内具有一定高度的施工设备（如施工起降设备、起重机械）、周围居民放飞的风筝、饲养的鸽子、为了广告宣传或者活动需求施放的气球，以及最近越来越兴起的无人机，等等。

② 自然障碍物，包括自然界本身存在的各种障碍，比如特殊的障碍地形（山峰、山体、自然存在的土堆等地面明显突出），此外还有自然生长的高大树木，以及与航空器飞行区域共享飞行空间的动物，如各种鸟类、蝙蝠等。

（2）根据障碍物是否运动分类。

根据障碍物是否运动，可将障碍物分为静态障碍物和动态障碍物两种，如表 12-2 所示。

表 12-2　机场净空障碍物管理中常见的障碍物或产生障碍物的活动类型

影响净空安全的常见障碍物、活动类型	人造障碍物	自然障碍物
静态障碍物	机场周边建（构）筑物如居民楼、办公楼、商场楼、写字楼，22 万伏（含 22 万伏）高压输电塔、避雷针、烟囱、灯杆、机场周围堆积土方等	树、山体、山峰
动态障碍物	无人驾驶的自由气球、系留气球、动力伞、滑翔伞、飞艇、航模、其他较近的航空器、对空射击的靶场；施工中的起重设备（吊车、吊臂等升降物体）；风筝；烟花爆竹、焰火、孔明灯、饲养鸽子；无人机	蝙蝠、鸟类（放养飞禽、鸽子等除外）、生长的树木

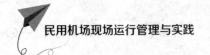

（3）根据航空器飞行活动的类型分类。

根据航空器飞行活动的类型（如起飞、进近等），可将障碍物分为起飞过程中的障碍物、进近过程（包括复飞过程）中的障碍物等。

2. 机场净空障碍物管理规定

（1）在机场净空保护区域内，机场管理机构应当采取措施，防止下列影响飞行安全的行为发生。

① 修建可能在空中排放大量烟雾、粉尘而影响飞行安全的建筑物（构筑物）或者设施。

② 修建靶场、爆炸物仓库等影响飞行安全的建筑物或者设施。

③ 设置影响机场目视助航设施使用的或者机组成员视线的灯光、标志、物体。

④ 种植影响飞行安全或者影响机场助航设施使用的植物。

⑤ 放飞影响飞行安全的鸟类动物、无人驾驶自由气球、系留气球和其他升空物体。

⑥ 焚烧产生大量烟雾的农作物秸秆、垃圾等物质，或者燃放烟花、焰火。

⑦ 设置易吸引鸟类及其他动物的露天垃圾场、屠宰场、养殖场等场所。

⑧ 其他可能影响飞行安全的活动。

（2）精密进近跑道的无障碍区域内（OFZ 由内进近面、内过渡面和复飞面所组成）不得存在固定物体，轻型、易折的助航设施设备除外。当跑道用于航空器进近时，移动物体不得高出这些限制面。

（3）任何建筑物、构筑物经空中交通管理部门研究认为对航空器活动地区、内水平面或锥形面范围内的航空器的运行有危害时，应当被视为障碍物，并应当尽可能地予以拆除。

（4）在机场障碍物限制面范围以外、距机场跑道中心线两侧各 10 公里，跑道端外 20 公里的区域内，高出原地面 30m 且高出机场标高 150m 的物体应当认为是障碍物，除非经专门的航行研究表明它们不会对航空器的运行构成危害。

（5）在机场障碍物限制面范围以内或以外地区的障碍物，都应当按照《民用机场飞行区技术标准》的规定予以标志和照明。

（6）在精密进近跑道和非仪表跑道的保护区域内，新增物体或者现有物体的扩展，不得高出进近面、过渡面、锥形面和内水平面，除非经航行研究认为该物体或扩展的物体能够被一个已有的不能移动的物体遮蔽。

（7）非精密进近跑道的保护区域内，新增物体或者现有物体的扩展不得高出距内边 3000m 以内的进近面、过渡面、锥形面、内水平面，除非经航行研究认为该物体或扩展的物体能够被一个已有的不能移动的物体遮蔽。

3. 遮蔽原则

高出进近面、过渡面、锥形面和内水平面的现有物体应当被视为障碍物，并应当予以拆除，除非经航行研究认为该物体能够被一个已有的不能移动的物体遮蔽，或者该物体不影响飞行安全或航空器正常运行。

为规范民用机场净空保护工作，明确机场障碍物限制面范围内遮蔽原则的应用方法，更好地适应我国民用机场净空保护和地方规划发展的需要，按照安全适用、科学审慎的原则，民航局编制了《民用机场净空障碍物遮蔽原则应用指南》，于 2023 年 1 月 1 日期实施，适用于民用机场(含军民合用机场中的民用部分)的障碍物限制面范围内遮蔽原则的应用。

遮蔽原则是指当物体被现有不能搬迁的障碍物遮蔽,自该障碍物顶点背离跑道方向为一水平面,朝向跑道方向为向下 1:10 的平面,任何在这两个平面以下的物体,即为被该不可搬迁的障碍物遮蔽,如图 12-4 所示。

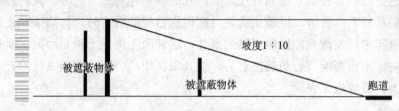

图 12-4 遮蔽原则示意

遮蔽物一般是指穿透障碍物限制面的、已经存在且具有不可被迁改和调整、合法合规等属性的永久性物体,如自然山体和建(构)筑物,不包括通信基站、高压线塔、输电线、广告牌、高杆灯、烟塔、风力涡轮机、塔台、航站楼、航行所必需的物体及临时性建(构)筑物等。

(1)遮蔽原则的适用范围。允许应用遮蔽原则的区域包括障碍物限制面内、进近面和起飞爬升面从其内边起至 4000m 与过渡面组成的区域外的范围,如图 12-5 所示。

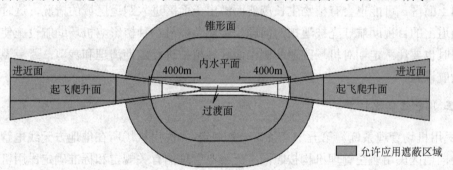

图 12-5 允许应用遮蔽原则的区域

遮蔽物及被遮蔽物均不得位于进近面和起飞爬升面从其内边起至 4000m 的区域及过渡面内。已应用遮蔽原则建设的物体不得作为遮蔽物。在应用遮蔽原则时,不应考虑遮蔽物的附属设施,如避雷针、通信天线、广告牌等。

(2)遮蔽原则的应用步骤。遮蔽原则的应用应按照以下步骤实施。

第一步:确定遮蔽区域。

第二步:判定遮蔽原则的适用性。

第三步:进行拟被遮蔽物体的航行研究。

第四步:决定是否应用遮蔽原则。

(二) 光环境保护

为了防止出现影响机场目视助航设施使用或者防止出现影响飞行员视线的物体,机场也要采取一系列管理活动,这也是净空管理的另外一部分内容。一般来说,遮挡驾驶员视

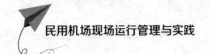

线的物体包括光污染、空气污染和其他遮蔽物体等。

1. 光污染

机场周围地区可能存在景观照明、机场内部照明、附近公路、社区照明等发光、发亮物体，这些也会妨碍驾驶员对地面目视助航灯光的识别和判断。这时，就需要熄灭、遮蔽或者改装这些路灯、广告屏，以防止驾驶员在识别目视助航灯时，与其他发光设施发生混淆。此外，近年来频发激光照射航空器的事件，这种激光也是一种光污染。激光照射在飞行员驾驶舱内，不但影响飞行员的注意力，使其眼花缭乱，影响判断飞行的方向，还会损害飞行员视力，造成永久失明。

2. 空气污染

影响、妨碍驾驶员视线的情况还包括空气污染，比如农村地区焚烧农作物秸秆、垃圾等产生大量烟雾；附近工厂排放气体污染物（如烟雾、粉尘等）等，也会导致机场周围的能见度降低，不利于飞行的判断。对于这类情况，通过检查发现后，应进行制止，提升宣传教育，更多的是需要和环境保护部门、农业部门等加强联络，加大监管和处罚力度。

3. 其他遮蔽物体

机场进近灯光场地保护区范围内，要注意不能有遮挡进近灯视线的物体。在机场跑道两侧的土面区，可能也会有植物生长茂盛而溢出土面区进入跑道区域的情况，这时也需要注意跑道上的目视助航灯光被遮挡的问题。要避免在机场种植影响机场助航设施使用的植物，同时也要注意定期对机场跑道两侧土面区域植被进行定期清理和裁剪，避免溢出遮挡目视助航设施。

（三）电磁环境保护

《民用机场管理条例》第五十三条第一款规定："民用机场所在地地方无线电管理机构应当会同地区民用航空管理机构按照国家无线电管理的有关规定和标准确定民用机场电磁环境保护区域，并向社会公布。"

机场电磁环境保护区域包括设置在机场总体规划区域内的民用航空无线电台（站）电磁环境保护区和机场飞行区电磁环境保护区域。机场电磁环境保护区域由民航地区管理局配合机场所在地的地方无线电管理机构按照国家有关规定或者标准共同划定、调整。

民用航空无线电台（站）电磁环境保护区域，是指按照国家有关规定、标准或者技术规范划定的地域和空间范围。

机场飞行区电磁环境保护区域，是指影响民用航空器运行安全的机场电磁环境区域，即机场管制地带内从地表面向上的空间范围。

在机场飞行区电磁环境保护区域内设置工业、科技、医疗设施，修建电气化铁路、高压输电线路等设施不得干扰机场飞行区电磁环境。

机场管理机构应当建立机场电磁环境保护区巡检制度，发现下列有影响航空电磁环境的行为发生时应当立即报告民航地区管理局。

（1）修建可能影响航空电磁环境的高压输电线、架空金属线、铁路（电气化铁路）、公路、无线电发射设备试验发射场。

（2）存放金属堆积物。

（3）种植高大植物。

（4）掘土、采砂、采石等改变地形地貌的活动。

（5）修建其他可能影响机场电磁环境的建筑物或者设施，以及进行可能影响航空电磁环境的活动。

机场管理机构发现机场电磁环境保护区域内民用航空无线电台（站）频率受到干扰时，应当立即报告民航地区管理局。

三、机场净空保护管理措施

机场管理机构负责机场净空巡视检查工作，发现影响飞行安全的障碍物、升空物体及其他活动或者行为时应当及时处置。

机场管理机构设立或者指定部门负责净空管理工作，并根据净空管理工作需要，配备足够数量的净空管理及巡视检查人员和必要的设备。净空巡视检查人员数量应当根据巡视检查工作量、巡视检查方式和机场周边净空环境等因素评估确定（一般不少于 2 人）。

机场管理机构应当建立净空管理和巡视检查人员业务培训制度，并严格落实。业务培训包括初始培训和年度复训。净空管理和巡视检查人员初始培训应当不少于 24 学时，年度复训应当不少于 8 学时。

机场管理机构应当制定机场净空管理制度，内容至少包括：净空管理工作目标，组织机构及职责，人员培训与考核，与地方人民政府有关部门的定期协调机制，机场净空保护区域图、机场障碍物限制面图和机场障碍物图-A 型的制作、更新及备案规定，机场净空巡视检查方案等。

机场管理机构应当定期开展机场净空保护宣传活动，增强社会公众的净空保护意识。

机场管理机构应当每年至少开展一次净空管理工作评估，分析净空管理工作状况，及时改进完善净空管理工作。评估内容应当至少包括定期协调机制落实情况、净空巡视检查方案的执行情况及存在的问题等。

净空巡视检查区域的巡视检查每月应当不少于一次（全覆盖），其中重点巡视检查区域的巡视检查，每周应当不少于一次；无障碍区域及距跑道端 1.5 公里进近面以内区域的巡视检查，每日应当不少于一次。机场管理机构应当根据季节、机场周边净空环境等因素，在净空巡视检查区域研究确定重点巡视检查区域。

机场管理机构应当建立机场净空管理档案。档案至少应当包括以下资料。

（1）障碍物限制图。

（2）巡视检查记录。

（3）障碍物测量资料。

（4）机场净空保护区域内的建筑物或构筑物的新建、迁建、改（扩）建审批资料。

（5）障碍物拆除、迁移和处置的资料。

思政阅读

石家庄机场：净空宣传进乡村

第二节　机场生态环境管理

机场生态管理是维护机场运行安全的一个重要组成部分。当机场生态环境较为和谐、美丽时，就会招引很多动物进入机场区域。这些动物，无论是在天上飞行的，还是在地面活动的，均会对机场航空器的安全运行构成一定的影响。因此，在机场生态管理中，要对机场周边陆生生物种类、数量进行详细调研。基于食物链管理原理，生态管理中也会对机场周边的植被等生态构成要素（包括机场周边填埋场、露天垃圾场、农田、鱼塘等）加以管理，以减少对动物的吸引。

一、机场鸟击防范措施

机场生态环境中的动物主要分为鸟类动物和非鸟类动物两种类型。

机场鸟击又称鸟撞，是指飞机在起飞、飞行和着陆过程中与空中飞行的鸟类相撞所产生的飞行剐蹭或鸟击征候安全事故。由于鸟类的活动区域与航空器在低空飞行时的区域存在很大的重叠交叉，因此航空器在起飞、降落阶段容易与鸟类相撞。此外，喷气式航空器的发动机在运行过程中具有较大吸力，也可能会把鸟类吸入发动机中，导致发动机损坏而无法运行，对飞行安全的影响很大。

地面野生动物的入侵，同样可能被吸入发动机。另外，机场出现野生动物，也会对旅客服务造成一定的影响。例如，动物进入机舱、货舱，或者进入旅客活动区域等，会给旅客造成不安或者不适的感觉。

机场鸟击防范措施主要是利用防范手段开展鸟击防范工作，具体包括环境综合治理、物理防治法（驱鸟炮、假人驱鸟、拦鸟网、彩旗驱鸟、音频驱鸟、恐怖眼、风动驱鸟器等）、化学防治法（除草剂、驱鸟剂及杀虫剂）、生物防治法（利用薰衣草和猎鹰进行鸟击防范工作）等。

（一）物理防治法

1. 驱鸟炮

许多机场配有煤气炮，其是一种以煤气为燃料的爆炸装置。机场地面工作人员定时燃放煤气炮，发出巨大声响，以驱走鸟类，但是长期使用煤气炮会使鸟类对其声响产生耐受，影响驱赶效果，如图 12-6 所示。

2. 恐怖眼

恐怖眼是绘制有巨大眼睛图案的气球，由于鸟类对眼睛图案比较敏感，随风飘舞的恐怖眼会起到很好的驱赶效果，但是长期使用恐怖眼同样会面临耐受问题，如图 12-7 所示。

图 12-6　驱鸟炮

图 12-7　恐怖眼

3. 音频驱鸟

音频驱鸟使用配有高音喇叭的汽车播放猛禽的鸣叫或鸟类受到虐待时凄厉叫声的录音，活动于机场的鸟类受到录音的刺激会很快逃离。这种驱鸟方式受到地域的限制，必须使用本地鸟类的录音才会有较好的驱赶效果。

4. 假人、彩旗驱鸟

草坪里放置着各种打扮的"稻草人"，以及五彩斑斓的小彩旗。传统的稻草人比较有效果，旗的颜色要经常更换，否则鸟一旦熟悉了，就不会害怕了，如图 12-8 和图 12-9 所示。

5. 拦鸟网

拦鸟网是机场防范鸟击的重要手段，国内几乎所有机场采用拦鸟网对可能穿越机场跑道的鸟类进行拦阻，可以说应用非常广泛，如图 12-10 所示。拦鸟网对不同鸟类的拦截效果不同。日常观察中可以看到家燕、雨燕在夏季特别是雨后会大量出现，但并不会靠近拦鸟网，有明显的躲避性，拦鸟网几乎对其没有作用，但对于隼科的鸟类拦鸟网的拦截作用极其明显。同时，拦鸟网是否能对鸟类进行捕获和有效拦阻还取决于拦鸟网的拦截面积、松紧程度、网面涂层、网目大小、网线粗细、架设高低、网兜深浅等因素。

图 12-8　假人驱鸟

图 12-9　彩旗驱鸟

图 12-10　拦鸟网

6. 风动驱鸟器

以自然风能为动力，让画有鹰脸的扇叶快速旋转，再加上铝制底座因太阳照射发出反射光，以此来驱赶鸟类。

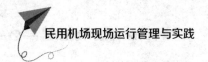

（二）化学防治法

化学防治法主要是通过喷洒化学试剂来达到驱鸟、灭虫、防止鸟类繁殖的目的。常见的化学试剂主要包括农药、杀虫剂、驱鸟剂、氨水等。

驱鸟剂是在研究鸟类的嗅觉后研制的一种特殊气味的化学药剂，喷在草地上后，使鸟类厌恶这种气味。可在停机坪周边用喷雾器洒氨水，氨水散发出的刺激性气味会让鸟的神经系统紊乱，以此达到驱鸟的目的。农药类似驱鸟剂，喷上鸟类厌恶的农药，使鸟类闻到气味后远离机场。也可喷洒绝种药物，把绝种药物添加到饲料中后，鸟类吃了会产下不能孵化的无效卵，防止鸟类繁殖。

（三）生物防治法

生物驱鸟技术使用的是鸟类真实的天敌，威慑能力强，并且具备长期有效、环保、对鸟类伤害小等优点，符合国家生态文明建设及可持续发展的要求。尤其是使用猛禽驱鸟技术手段，能够达到人工驱鸟难以达到的 80m 以上高空盲区，大大提升了机场飞行安全保障能力。

有些机场从生态学角度着手，通过种植一些昆虫不喜欢的植物来进行鸟击防治。例如，新疆伊宁机场从 2009 年秋季开始在飞行区内试种植薰衣草，目前已成为亚洲单体连片最大的一片薰衣草基地，机场也因此有了"薰衣草机场"的美名。由于薰衣草体内富含樟脑、芳樟醇、芳樟酯等成分，昆虫对其具有规避性。薰衣草除具有鸟击防范效果外，还具有一定的景观价值及经济价值。

二、机场生态管理综合防治

（一）机场土面区草高、草种管理

因为土面区中的草是很多昆虫（或者蠕虫）的食物来源，而这些昆虫又是鸟类的食物来源，所以必然会招致一部分鸟类前来机场土面区觅食，如果太多鸟类聚集，就会对航空器运行造成一定潜在的威胁。当草势长高时，草地也会给小型的哺乳动物做掩护，让其成为小型哺乳动物的栖身之所。因此，土面区的草高管理是机场飞行区管理中的常见工作。

《运输机场运行安全管理规定》第六十七条规定，每日需要对土面区的草高进行检查。第五十条第二款、第三款规定："飞行区内草高一般不应超过 30cm，并且不得遮挡助航灯光和标记牌。植草应当选择不易吸引鸟类和其他野生动物的种类。割下的草应当尽快清除出飞行区，临时存放在飞行区的草，不得存放在跑道、滑行道的道肩外 15m 范围内。"在中国民航局制定的《机场使用手册范本》中，推荐的草高高度要求低于 30cm。各个国家推荐的草高控制标准也不尽相同。ICAO 推荐草皮草的高度控制在 20cm 以上为好，英国民航局推荐为 15~20cm；FAA 推荐为 15~30cm；加拿大交通部推荐以机场自身动物群体的情况决定最适宜的草高。

草种管理，是对以草的种子为食的动物进行管理时需要注意的。为了防止草种散播，机场在割草时需要在草类结种前将其割除。有些草类，也可以通过控制草高来防止结种。

（二）改良土面区

1.利用土面区覆盖物覆盖处理

为了防止鸟类或者其他野生动物来机场飞行区干扰飞行，使用土面区的覆盖物覆盖土面也是一种解决办法。例如，利用人造草皮覆盖或者利用沥青等覆盖，减少土面区域中动物的水源、食物源和栖息地。

2.更换土面区内植被类型

因为不同的草具有不同特性的口味，通过种植当地鸟类或者动物不愿意食用的草类，可以减少对其的吸引。例如，美国一些机场常用的草类是牛尾草，常被新伤寒菌（一种真菌内生菌）感染，使得食草野生动物和昆虫不愿食用，进而可以减少对某种鸟类的吸引。研究还发现肯塔基蓝草、细叶草是加拿大雁所喜爱的草，而结缕草、生胡子草（蛇尾草）、圣奥古斯丁草（窄叶草）不是加拿大雁所喜欢的草类。由此，可以根据生物习性，来更换土面区覆盖物。

（三）机场道面区管理

道面区域需要关注的管理要点是机场发生降雨后或特殊天气下，道面也会出现吸引鸟类的动物，如蚯蚓、蟾蜍等。这种情况下，在飞行区内可以采用适当的化学药品驱赶、毒杀。但是，利用化学药品时应注意人员安全和避免污染环境。

（四）机场具有隐蔽性的建（构）筑物管理

机场内具有隐蔽性的空间包括机场的排水系统，如排水暗沟、暗涵等，再如飞行区内很多设备间、机器散热间或者机场废旧的机库等其他废旧区域等。这些区域的特点为隐蔽性强，温度温暖，为动物的藏匿、避寒或者短暂停留提供了暂时空间。这些区域可能藏匿老鼠、野鸡、土狼、浣熊等。机场在管理中在掌握动物藏匿习性的基础上，可以开展定期的清理计划或者按时巡查这些具有风险的区域，减少动物的繁殖和影响。

（五）具有一定高度的建（构）筑物管理

机场附近的电线杆、天线、较高的树木和具有一定高度的平整屋顶也是容易吸引前来暂歇的鸟类的空间区域。尤其是猛禽，因为这些较高的区域是猛禽观察猎物视野较好的区域空间；而鸽子等喜欢在屋顶平整区域（没有坡度的安全区域）筑巢；燕子等喜欢在有高度且支撑物（横梁）的地方筑巢。可以对这些构筑物的平面部分进行处理，将平整表面改为平滑曲面或者斜坡，并加装尖顶，可以防止鸟类飞落此处，让鸟类产生不适感，可以阻碍鸟类停留、筑巢。

（六）机场围界管理

机场围界是机场飞行区与外界隔离的重要防护设施。围界的设置一方面要控制外来人员进入机场航空器运行区外，另一方面要防止地面活动的动物从围界侵入。

《运输机场运行安全管理规定》第五十四条规定："飞行区围界应当完好，具备防钻防攀爬功能，能有效防止动物和人员进入飞行区。飞行区围界破损后应当及时修复。破损部

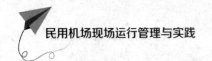

位修复前应当采取有效的安全措施。"

对于围界的管理，应不断地持续地加强巡视，发现漏洞、倒塌、沉陷等问题时进行及时修补，加固围界与地面衔接处。拆除有利于人或者动物攀爬的建筑物、构筑物或者其他有利的地形地势等。当围界上有植物（蔓藤植物）或垃圾时，应及时进行清理，减少对动物的吸引。

三、机场周边的农业、畜牧等其他生态环境的管理

除以上介绍的土面区、机场内外构筑物（天线、灯杆、指示牌、电线杆、排水沟以及机场飞行区围界）等离航空器起降最接近的较为核心区域的生态管理外，为了最大限度地减少鸟害的影响，机场外延区域也是需要额外关注的。比如，机场周边其他特殊的生态系统，如湿地、农业用地、运动场、高尔夫球场、垃圾场、屠宰场等用地会对动物产生吸引。下面将针对常见的周边生态情况进行简单介绍。

（一）机场周围农业生态管理

为了避免鸟类或者其他野生动物的入侵和危害，距机场周边或者航空器活动区的一定距离内最好不要有任何农田种植区域（如种植玉米、大豆和小麦）或者农作物晾晒区。此外，果树或者坚果等具有果实类的经济类作物也会招引生物。这些也是需要在机场附近区域杜绝种植的。美国联邦航空管理局对于机场周边生态管理的建议是，在机场运行区外要设定一个 5 英里（约 8 公里）的缓冲区域，缓冲区域禁止各种可能招引动物的土地利用模式。

（二）畜牧业管理

有些外国机场采用生态治理方法，通过在机场围界外区域放牧来控制草高，不仅为机场带来了经济效益，还减少了喜欢高草和茂密植被的野生动物（如兔子、鹿、啮齿动物）的栖息地。需要注意的是，对机场飞行区围界加强管理和巡视检查，防止放牧物种的入侵。

养殖场（如奶牛场）等是集中水、食物和垃圾废物的地方，也会吸引其他动物。例如，乌鸦等鸟类会食用腐败的垃圾或者食品，容易被招引到机场周边。所以机场区域应该避免出现垃圾场、屠宰场。此外，机场周边也存在养殖鸽子的情况，可以通过净空宣传或者鸟击危害等科普活动来减少当地居民养鸽子和放鸽子的可能性。

第三节　机场环境污染控制

环境污染问题的产生，源于从自然界中所取的自然资源作为生产原料转化为所需的物品时，无法实现 100%的物质转化，过程中（如加工过程）附带产生的气体排放到空气中就变成了废气，附带产生的固体物体变成了固体废弃物，而附带产生的液体则变成了废水。产生的环境污染其实受到的是技术的制约。机场环境污染类型多种多样，包括噪声污染、空气污染、水污染、固体废弃物、光污染和能源过度使用等。

一、机场噪声污染及其控制

随着喷气式航空器的投入使用，也随着航空运输量的提升，机场周围社区居民对飞机噪声的争议越来越大。由于喷气式飞机起飞时的噪声相当于数十万辆客车的总和，且具有呈立体空间扩散的特点，其与其他机场环境问题相比，是最令人敏感的污染源之一。噪声一般来源于航空器在机坪、跑道运行过程（如航空器助跑、起飞、着陆等阶段）发动机运行产生。其巨大的声响可造成周围居民不适和生活质量受损，严重危害人体健康水平（头晕、呕吐）和睡眠质量，以及对儿童学习能力造成危害。因此，机场噪声污染成为机场周围社区投诉最多的问题之一，也是最为敏感的社会焦点之一。一个机场能否可持续发展，关键在于能否有效解决噪声问题带来的影响。

关于机场噪声的治理也有各种各样的方法，最为根本的治理方法就是从源头上进行控制，即飞机制造商改良飞机的动力装置，杜绝噪声产生。因为本书更多关注机场运行管理，所以将在下面讲述机场运行管理中常用的一些"缓解方法"，如土地兼容性使用、调整跑道使用模式、限制运行时间、限制航空器类型准入、变更航线、噪声阻断等。这些方法无法从根源上解决噪声问题，但是可以减轻噪声对人体或者环境的危害和影响。

1. 土地兼容性使用

"土地兼容性使用"的理念来自美国 1985 年 1 月通过的《联邦航空条例》（Federal Aviation Regulation，FAR）第 150 部的《机场噪声兼容性计划》。该计划持续对机场周围的噪声进行监测，通过分析监测数据，来找到与噪声兼容的土地使用方式信息。"土地与噪声的兼容"意味着机场周边的土地利用方式是可以与噪声影响同时存在的，周边的土地利用方式并不会受到机场噪声的影响。而土地兼容性使用就是通过噪声监测分析寻求到一种与噪声和谐相处的土地利用模式。也就是说，对于噪声敏感的土地利用方式（居民区、学校、医院、养老院等）不能规划在离机场较近的位置。而对于噪声不敏感的土地利用模式（加工厂、农业用地、林业用地、资源开采用地等）则可以规划在离机场较近的区域。这种土地兼容性使用的模式，也为解决目前机场噪声影响与周边土地使用方式存在矛盾寻求了一条有效途径。

2. 费用调控

环境治理中，通过费用调控减少或者倒逼减少环境影响的例子很多。费用调控是通过经济学的手段将环境影响的"外部性"内部化的一种管理手段。这里的"外部性"指的是污染对环境的外部经济影响，是一种经济学的概念。外部性内部化就是通过提高技术手段实现原材料到产品的 100% 转化，通过污染治理将污染成本计算在污染排放者手中，减少对环境和社会的负面成本提升，这就是环境污染费用调控的机制。具体到机场航空器噪声的治理，就是要将污染折算为成本费用，向航空公司收取噪声排放的费用，这样可以倒逼航空公司选用噪声环境影响小的航空器机型，甚至影响到航空器制造商对于航空器发动机技术的改进。

采取这样的管理手段，首先需要的是政府对于不同的航空器噪声水平进行认证，同时机场也可以通过噪声监测量化计量航空器的噪声水平，基于航空器到达机场或者离开机场

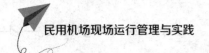

的时间、频次等因素收取不同价格的着陆费用和起飞费用。这就是使用费用调控手段，让航空公司或者飞机制造商承担污染成本，能很好地调控航公司的经营行为，促使航空公司驾驶员通过各种减噪飞行程序、更换机型等方式尽可能减少噪声污染方面要承担的治理成本，实现机场噪声污染治理和周围环境相协调。

3. 机场空中航班管理

对航班进行管理，机场管理机构需在机场范围内与航空公司、空管单位、飞行程序设计单位进行深度沟通，共同解决机场周边的噪声问题。

第一种方法是对空中航班进行管理，促进驾驶员使用降噪飞行程序。例如，驾驶员采用连续下降进近程序（Continuous Descent Approach，CDA）可以减少飞机进近路径下地面区域的飞机噪声，可以有效减少了飞机通过不断调整增加发动机驱动力所导致的航空器噪声。

第二种方法是针对具有多跑道的机场，可以采用优化跑道的使用方式。通过控制飞越进近路线和离港路线的航空器数量和方向来控制噪声，减少对飞越区域的持续性影响。但是这种方法受到很多因素的影响，如当天天气，比如风向、风速是否可以让跑道具有调换的可能性。

4. 机场地面航空器的管理

航空器在地面的滑行过程也是一个很重要的噪声来源。有以下两种机场地面航空器管理的方法。

一是需要机场去鼓励飞行员在航空器着陆过程中减少航空器反推装置的使用。有些机场采取鼓励飞行员自愿限制反推装置的使用，并鼓励使用全长跑道来减少噪声。但是这种方法存在一些现实问题，就是机场需要依靠飞行员的具体操作来实现，同时机场跑道也应该足够长，应具备条件可以让飞机以这种方式着陆。当天气较为恶劣，或者跑道的表面状况性能并不是很好，或者跑道长度不够长时，是不鼓励采用这样的着陆方式的。

二是控制机坪上的航空器使用发动机供能。机场可以限制航空公司和其他驻场单位在航空器停放机坪时，或者航空器靠桥时使用发动机给航空器供电。这就需要机场提供地面电源装置（ground power unit，GPU）、地面空调，鼓励使用 APU，来减少发动机供电产生的噪声。

二、机场空气污染及其控制

机场空气污染是继噪声污染又一显著的机场污染来源，且空气污染具有累积性。只要航空器减少或飞行停止，机场航空器噪声会立即消失和缓解，但机场大气污染物则会不断累积，影响大气质量。有机场环境专家预言，随着土地兼容性规划等措施的实施，未来机场的噪声问题会逐渐缓解，而空气污染会成为机场头号环境污染问题。

1. 机场空气污染排放来源

根据污染源是否具有流动性，可将污染源分为由航空器、车辆等设备使用释放空气污染物的移动源，以及机场内各种耗能设备使用释放空气污染物的固定源。其中，固定源就是位置和地点固定不变的污染源；移动源是指交通工具在行驶时向大气中排放污染物的污染源。移动源在运行过程中因为使用燃料燃烧产生动力而排放空气污染物，下面详细介绍。

（1）航空器。航空器是机场大气污染的主要贡献者。航空器发动机通过燃烧航空油料产生动力，来推动航空器的运行。所以在航空器起飞、着陆、滑行和开车等待等各种发动机启动的阶段都伴随着空气污染物的排放。这些空气污染物包括二氧化碳（CO_2）等温室气体，以及一氧化碳（CO）、氮氧化合物（NO_x）、碳氢化合物（C_xH_y）、二氧化硫（SO_2）和微颗粒（PM）等有害物质。其中，二氧化碳和氮氧化合物是航空器起降时排放最多的两种物质。

（2）APU。APU（auxiliary power units）全称为辅助动力装置，是航空器上更小型的涡轮发动机。使用APU可以独立向航空器提供气源和电源，少量APU还能给航空器提供附加推力。APU也是启动航空器发动机使之运转的装置。当航空器在机场地面滑行和停靠机位时，可以关闭发动机，借助APU为机载设备供电、为机舱照明和空调使用。

（3）地面服务设备（ground service equipment，GSE）。移动源中，除了航空器发动机和APU，机场运行保障过程中还涉及众多地面服务设备和车辆，也是空气污染排放的来源。关于运行中排放的污染物的多少，取决于一架航空器的保障中涉及多少车辆和设备的使用，同时车辆和设备使用的动力来源类型，例如使用汽油、柴油、电力等，其产生的空气污染物的排放量也有所不同。

（4）机场地面交通系统。上述三个移动源发生在机场飞行区内，此外机场陆侧区域也存在移动污染源，例如进出机场区域的机动车辆、航站楼车道边停放等待旅客的车辆以及为机场航站楼运送商品货物的车辆等。

固定源空气污染物可以分为燃烧源和非燃烧源两种。典型的污染源包括能源供给设施（机场的发电机、供热锅炉、冷却塔、制冷机等）、供油设施（油料储存库、油罐、加油栓井、加油站）、机场市政设施（航空垃圾焚烧厂）、机务维修设施（机库、喷漆车间、发动机试车台等）。燃烧源类的空气污染源的污染程度取决于设备类型、设备规模以及燃烧燃料过程和污染物排放的控制方法。

2. 机场建设施工的污染源

机场建设施工发生于机场飞行区内外各个区域，这些污染源主要也都是移动源，例如施工中使用的各种（重型）机械施工设备（挖沟机、推土机、沥青摊铺机等铺路设备）和运输施工用料的水泥车、翻斗车，以及施工人员往返施工工地所用的汽车、皮卡车（pick-up trucks）。施工建设的污染源还包括施工材料储存时、建筑物拆除时、土方作业时产生的扬尘和铺装沥青时产生的挥发物体。机场施工过程中的污染物体排放主要取决于施工的位置、规模以及施工活动水平高低（持续时间）。

3. 其他产生空气污染物的活动

（1）机场消防训练时也会燃烧燃料而产生气体释放，从而产生空气污染。比如，在燃烧汽油和柴油产生模拟火苗或者火灾时，或利用地面流淌火模拟飞机漏油火灾时，会有大量不可燃烧污染物和颗粒物向空气中释放。

（2）一些污染源来源于燃料或者机场内使用的化学品挥发产生的空气污染物。例如，机场油库运行、航空加油操作、飞机维护过程中使用溶剂清理飞机，或者为飞机喷漆等过程中产生的具有挥发性的污染物排放到空气中。

（3）机场风沙、扬尘等来源。机场公共区域土面尘土、周边农业用地等因大风原因导

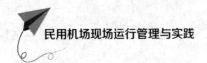

致的沙尘。

4. 机场空气污染排放的控制管理

通过上面对于机场空气污染物的识别，可以更加有效、有针对性地对空气污染物进行控制。目前，常见空气污染物减排管理方法如表 12-3 所示。

表 12-3　空气污染物排放的常用缓解措施（部分例子）

污染物来源	缓解目标	缓解措施（主要责任人）	受到影响的污染物
航空器（移动源）	减少发动机的使用	采取单引擎滑行模式（航司）	CO，UHCs
	降低发动机功率	减少使用推力起飞（航司）	NOx
	减少发动机排放	使用更先进的机型（航司）	CO，UHC
	减少发动机排放	优化机场行驶路径、使用替代性燃料（机场、航司、供油商）	PM，Sox，温室气体
	减少单位旅客排放量	提高飞机载客率（航司）	标准污染物、温室气体
	减少 APU 的使用	使用机场提供的电力和空调（机场）	标准污染物、温室气体
机场设施（固定源）	减少供热供冷需求	调整办公区域和航站楼温度（机场）	标准污染物、温室气体
	减少电力和锅炉使用	更换绝缘层（机场）	标准污染物、温室气体
	减少电力使用	跑道、滑行道灯光使用 LED 灯（机场）	标准污染物、温室气体
	提高设备能效	保证设备连续性运转（机场）	标准污染物、温室气体
机场/航司车辆 GES（移动源）	减少排放量	使用电动车辆（机场、航司）	标准污染物、温室气体
	减少车辆的使用	优化车辆的行驶路径（机场）	标准污染物、温室气体
员工车辆（移动源）	减少车辆的使用	鼓励共享驾驶、远程办公（机场）	标准污染物、温室气体
旅客车辆（移动源）	减少发动机的使用	对车道边的停放车辆进行管控（机场）	CO
	减少旅客车辆数量	促进、鼓励大容量公共交通的使用（机场）	标准污染物、温室气体
	减少车辆污染物排放	推动为机场出租车提供动力混合燃料（供油公司）	标准污染物、温室气体

三、机场垃圾的来源及其控制

某些大型的机场犹如一座小城市，垃圾是无处不在的。客流量大的机场，人类活动也较为活跃，必然会产生各种各样的垃圾来源。开展具有可持续性的垃圾管理可以减少机场对环境的影响，保护环境资源。

1. 机场垃圾来源

机场垃圾也是机场污染的来源之一。这里所提的垃圾概念指的是机场固体废弃物。一般来说，机场产生的垃圾类型包括以下几种。

（1）建筑垃圾。此种垃圾来源于机场内的建设活动或在维护、翻新、拆除机场设施（跑道、滑行道、机坪、机场公共区道路等）过程中产生的固体废弃物。例如，飞行区和公共区道路施工过程中产生的尘土，混凝土、沥青，航站楼改造装修过程中产生的塑料、玻璃、石膏、木头、砖瓦、金属、沙子、砾石、石块、石材废料、玻璃等。这些垃圾一般是一些非可燃的垃圾。

（2）可用于堆肥用途的垃圾。机场产生的可用于堆肥的垃圾有机场绿化管理中修剪树木、草坪、除草，清理落叶等产生的垃圾；机场范围内准备航食、航站楼内餐饮行业因为食品丢弃产生的餐厨垃圾。

（3）机场航班垃圾。机场航班垃圾指的是从航空器中收集的垃圾类型，主要包括塑料瓶、金属罐、报纸杂志、其他纸张类、塑料杯、塑料餐具、纸巾、未吃完的食物垃圾等。其中，具有特殊性的航空垃圾是国际航班客舱中产生的垃圾，需要进行单独处置。

（4）机场其他活动产生的垃圾。日常的机场运行活动也会产生各种垃圾，比如来源于航站楼中的各种商品垃圾（如塑料瓶、玻璃瓶、包装材料和硬纸箱等）、停车场内产生的垃圾、安检前因为物品管制需要丢弃的物品（化妆品、液体食物、打火机等），以及机场失物招领处无人认领的物品。

（5）危险废物。机场也会产生各种危险废物，例如电池、荧光灯、电子设备垃圾等都对环境有一定的危害。

2. 机场垃圾管理

每个机场所处的地理环境和规模不同，机场垃圾的来源和构成也有所不同。实现机场内部垃圾的全面管理，需要机场管理机构与航空公司、其他驻场单位（机场商铺等）、垃圾处理单位共同实现。

现在，垃圾管理的比较成熟的理念就是 3R 原则，即减量化（Reduction）、再利用（Reuse）和再循环（Recycle）。其中，第一个 R（减量化）就是从源头思考如何避免垃圾产生太多；第二个 R（再利用）是在无法满足减量化的基础上，产生的垃圾要思考如何尽可能实现垃圾的多方位用途，直至不可用，延长其成为垃圾的时间；第三个 R（再循环），基于第一个、第二个 R 的基础上，将垃圾转为新产品使用。

四、机场其他污染及其控制

1. 水污染及其治理

机场污水主要由生活污水、生产废水以及储罐区废水等组成。机场内生活污水主要来自机场内航站区、工作办公区、旅客过夜宾馆、餐饮食堂、职工宿舍等，一般占到机场污水的95%以上。生产废水主要来自机务维修区、货运区、飞机冲洗等；机场航空油料库的储罐区废水来自油罐区冲洗废水及航煤污油罐内油水分离装置产生的废水。其中，油罐区冲洗废水需经罐区内独立管网收集后进入油水分离池预处理后才能汇入机场内统一污水管网。

2. 机场土地污染

飞行区升降带土质区，可能因多种原因而受到污染、侵蚀。例如，道面维护、施工、除胶、除冰、除油时采用的有害化学药剂，可能随雨水、冲洗水而流入土质区，污染土壤。

另外，为控制草高、鸟害而喷施缓生剂、麻醉剂、杀虫剂等，以及飞机喷气流吹袭也会对土质区土壤造成影响。

除噪声、大气、水体和土地污染外，民用机场还不同程度地存在其他污染，如电磁污染、光污染、热污染等。

思政阅读

郴州北湖机场"驱鸟卫士"守护每一次飞行安全

实践训练

一、实践目的

（1）在机场生态环境调研报告的基础上制定适宜的驱鸟措施。

（2）熟悉机场鸟击及动物侵入防范方案内容。

（3）熟悉鸟类和其他动物活动情况现场巡视要求。

二、实践内容

在了解机场生态环境调研报告的基础上，模拟适宜的驱鸟措施，编制鸟击及动物侵入防范方案、防范措施评估及现场巡视。

三、配分及评分标准（见表12-4）

表12-4　机场鸟击及动物侵入防范的配分及评分标准

序号	考核内容	考核要点	配分	评分标准	扣分	得分
1	提出的驱鸟措施是否合理	对常见的各种驱鸟措施进行考核	5分	不能说出任何一种驱鸟措施的，扣10分		
2	编写鸟击及动物侵入防范方案是否正确	鸟击及动物侵入防范方案内容是否完善合理	10分	鸟击及动物侵入防范方案内容逐项进行检查扣分，每项1分，最高扣10分		
3	机场防鸟击及动物侵入防范专业人员配备数量是否合理	规范性文件中对于专业人员数量的要求	5分	不会结合机场旅客吞吐量确定专业人员数量的，扣10分		
4	现场巡视	根据图片或视频对机场鸟击及动物侵入防范现状进行检查	10分	对土质地带、草高、限定高度内空间等未进行检查，每个检查项2分，最高扣10分		
	合计		30分			

本章复习题

1. 常见的鸟击防治措施有哪些？
2. 机场净空管理的主要内容包括哪几方面？
3. 简述机场净空障碍物限制面的种类。
4. 简述遮蔽原则的原理。
5. 简述机场环境污染物种类。

本章测试题

第十三章 航班正常管理

【本章学习目标】

- 了解《民航航班正常统计办法》发展过程；
- 掌握航班正常统计指标的概念和计算方法；
- 掌握航班不正常原因的界定；
- 掌握航班正常考核范围及方法。

近几年，随着我国民航事业的不断发展，民航运输飞行量快速增长，航班总量从 2003 年的 89.6 万架次上升到 2019 年的 496.62 万架次，年平均增长率超过 15%，而因为各种原因造成的航班延误，一直是困扰全球民航业的一个主要问题，它在运输服务领域已经成为政府、企业和旅客越来越关心的问题。与此同时，随着当前民航业国际竞争的不断加剧，提升民航服务和航班正常水平也是行业提高国际竞争力的必然选择。

民航总局为提高航班正常率，在 2004 年先后发布了一系列重要文件，如《民航总局对国内航空公司因自身原因造成航班延误给予旅客经济补偿的指导意见（试行）》《民航航班正常统计办法》《民航总局关于加强航班正常工作的通知》《关于明确航班正常统计工作有关问题的通知》等。按照《民航航班正常统计办法》的要求，机场、航空公司、管制单位按时上报航班正常率，2006 年、2007 年和 2009 年的航班，平均正常率保持着较高的水平，基本高于 80%。但随着民航业的飞速发展，航班持续高位运行，保障系统满负荷运转，航班增长速度越来越高于综合保障能力提升的速度，航班正点率严重下跌。2015 年，中国民航航班正常率只有 65.78%，行业数据可统计时间段内达最低，航班不正常大大降低了我国民航的运行品质，严重影响了我国民航在激烈的国际竞争环境中的竞争力。

完善的规章体系是做好航班正常工作的重要保障，民航局不断出台各项相关规章制度，以加强航班正常管理工作。2016 年 5 月 20 日，为提高航班正常率，有效处置航班延误，提升民航服务质量，维护消费者合法权益和航空运输秩序，民航局发布了《航班正常管理规定》（CCAR-300，2017 年 1 月 1 日正式实施，以下简称《规定》），这是我国第一部规范航班正常工作的经济管理类规章，对旅客集中关切的航班延误原因界定、延误后的信息告知方案、投诉的及时处理、反馈以及服务保障流程等问题做出了具体规范。随后，民航局提出"以建立完善航班正常考核、信息通告、延误取消原因判定、投诉反馈等四个机制为主要内容，扎实做好《规定》实施前期各项准备工作"，并连续发布《关于做好航班正常管理规定实施准备工作的通告》《关于印发航班延误取消原因确认工作程序的通知》《关于印发公共航空运输服务消费者投诉管理办法的通知》等文件。2016 年发布了《关于实施 2017 年航班正常考核指标和限制措施的通知》，首次推出了航班正常考核指标和限制措施，对航空公司、机场、空中交通管制单位进行航班运行正常性的考核，民航局开始着手建立以考核为机制的航班正常管理工作的政府监督管理体系。目前，航班正常率是航空公司获得航班时刻、引进航空器、开设分公司的重要权重指标。

为确保运行安全，全力提升航班正点率，2017 年 9 月民航局发布了《关于把控运行总量调整航班结构提升航班正点率的若干政策措施》，计划从 2017 年冬春航季开始，对航班时刻安排进行运行总量控制和航班结构调整，全面提升航班正点率。

2017 年 12 月 27 日，2018 年全国民航工作会议在北京召开。2018 年民航工作总体要求是：以习近平新时代中国特色社会主义思想为指导，深入学习贯彻党的十九大精神和中央经济工作会议精神，坚持稳中求进总基调，坚持新发展理念，坚持供给侧结构性改革这条主线，全面落实"一二三三四"新时期民航总体工作思路，始终坚持"飞行安全、廉政安全、真情服务"三个底线，聚焦人民群众的需求和关切，聚焦行业发展迫切需要解决的关键问题，推动民航高质量发展，开启新时代民航强国建设新征程。此次会议提出了真情服务，在民航领域中，航班正常工作是真情服务的核心内容。同时，该会议首次在 2018 年预期主要指标中提出全年航班平均正常率不低于 75%。把航班正常管理工作上升到一个新的高度。

为满足新时期民航发展的需要，民航局在总结服务工作经验、开展调查研究、广泛征求意见的基础上，于 2018 年 3 月出台了《关于进一步提升民航服务质量的指导意见》（以下简称《指导意见》）。《指导意见》是首部全面指导民航服务质量的纲领性文件，提出了关于民航服务质量的总体要求、主要任务、保障措施，为当前和今后一个时期进一步提升民航服务质量指明了方向。

《指导意见》重点解决人民群众不断增长的航空运输服务需求和民航服务能力不足之间的矛盾。到 2020 年，初步建成系统完善的航班正常保障体系，航班正常水平稳步提升，全行业航班正常率达到 80%以上，机场始发航班正常率达到 85%以上。

《指导意见》把加强航班正常管理作为六大主要任务之一，做了重点要求。航班正常是真情服务工作的核心，是行业运行品质的集中体现，是民航应对竞争和外来挑战的核心竞争力。在健全航班正常管理体系方面，《指导意见》明确提出，要通过加强资源能力、信息畅通、协同联动、快速处置等方面建设，着力构建以运行控制为核心的航空公司运行管理体系、以提升运行效率为核心的机场保障管理体系、以流量管理为核心的空管运行服务管理体系和以考核机制为核心的政府监督管理体系，实现航班正常工作从管理框架向管理体系转变的历史性跨越，推动行业提质增效。

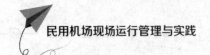

航班正常性统计是航班正常管理工作的一个前提，为了切实提高国内民航正常性水平，需采用一种科学、合理的航班正常性统计办法，准确、客观开展航班正常统计工作，全面反映航班正常实际情况，对整个航班出行的优化都有着十分直接的效益，民航应当对航班正常性统计工作加以实时完善和发展，提高航班出行的准确性。

第一节　民航航班正常统计

一、我国民航航班正常统计办法发展概况

（一）1979年版民航航班正常统计办法

最早一份有关航班正常统计办法的文件是民航总局指挥部于1979年1月发布的《关于重新颁发航班飞行正常率统计分析方法的规定》，于1979年2月1日实施。当时考核航班是否正常，主要参照落地时间。航班落地时间不超过班期时刻表规定的到达时间前后30分钟，即判定航班正常（如因天气或顺风提早到达，其时间不限）。机场放行方面则参照起飞时间。航班起飞时间不超过班期时刻表规定的时间前后15分钟，即判定机场放行正常。航班不正常原因共有15项：天气、机械故障、没有飞机、跑道、禁航、运输服务、机务、车辆保证、空勤人员、调度、通信、气象保证、空军指示、下站原因、其他。

（二）1990年版民航航班正常统计办法

伴随着民航改革中出现的新情况，为提高飞行正常率和做好服务工作，民航局于1990年发布了《民航局关于〈航空公司航班飞行正常率和机场班机放行正常率统计分析方法〉的通知》（民航局发〔1990〕177号）。

航班正常和机场放行统计标准大致与1979年版相同，只是增加了航班中间经停的情况。航班不正常原因共有18项，与1979年版统计办法相比，新增了联检、安检、油料、流量控制，取消了下站原因，原因项目的变化反映出了统计办法具有很强的时代性。

（三）1994年版民航航班正常统计办法

1994年5月，民航总局发布《民航总局关于〈航空公司航班正常率和机场（航站）飞行架次统计办法〉的通知》（民航总局发〔1994〕146号），于1994年8月1日起执行。

航班正常率分为直达正常航班和非直达正常航班进行统计。统计工作主体是航空公司，每月月初由航空公司将上月数据上报地区管理局，地区管理局汇总后上报民航局并对外公布。机场统计方面，1994年版统计办法取消了先前机场放行正常率的统计，只要求各机场统计本场起降架次。不正常原因新增了公司航务、飞机清洁、食品供应、安全检查、公安治安、旅客原因等。

（四）1995年版民航航班正常统计办法

1994年版统计办法执行后，民航总局根据运行情况反映出的问题，组织管理局、航空公司、机场等单位，对原有办法进行了修订，修订后的统计办法（民航空发〔1995〕173号）

于 1995 年 10 月 29 日执行。较之上一版，1995 年版统计办法新增了记录和统计部门、统计管理要求等项，首次就业务电报格式、航班编排计划要求、统计工作设备等方面进行了明确和要求。这些工作要求大部分一直沿用到现在。同时，1995 年版统计办法取消了有关机场架次统计方面的内容。

航班正常统计取消了原先以起飞时间为标准，改以飞机关舱门时间为统计标准。航班在计划离站时间前 15 分钟内关好客货舱门，并在计划离站时间后 15 分钟内起飞的航班即为正常航班。航班不正常原因新增了"飞机晚到"一项，取消了"上级指示"一项，并将原先的机场设施、航行需要、公安治安等项更名为机场、航行保障、治安管理。

（五）2003 年版民航航班正常统计办法

2003 年，民航总局组织有关部门，对航班正常统计办法再次进行修订。修订后的统计办法（民航空发〔2003〕96 号）于 2004 年 1 月 1 日执行。

2003 年版统计办法首次区分了繁忙机场标准地面滑行时间（北京、上海、广州、深圳机场，20 分钟）与非繁忙机场标准地面滑行时间（15 分钟），并恢复了机场放行正常率的统计。航班不正常原因共有 22 项，新增了"空防"一项，将原先的治安管理、意外情况、飞机晚到等项分别更名为场区秩序、飞行事故、外机晚到。

（六）2007 年版民航航班正常统计办法

2003 年后，随着我国民航事业的不断发展，民航运输飞行量快速增长，原先的统计办法已经不能完全满足航班统计工作的需要。为此，2007 年民航总局再次组织有关单位对统计办法进行了修订，修订后的统计办法（民航发〔2007〕149 号）于 2008 年 3 月 30 日执行。

较之先前几版，2007 年版统计办法最为显著的变化就是修订了航班正常统计标准，并增加了航班延误时间统计指标。先前几版统计办法判断航班正常，主要是考核航班离港情况，而 2007 年版统计办法兼顾了起飞和落地正常两种情况，与旅客的实际感受更为接近。此外，新增了有关航班延误时间统计，从而更好体现出航班延误的严重情况。航班延误原因方面，2007 年版统计办法按照航班延误责任主体将延误原因分为天气、公司、空管、机场、联检、油料、离港系统、旅客、军事活动、公共安全 10 项。

（七）2012 年版民航航班正常统计办法

2010 年年初，民航局开展了保障航班正常和大面积航班延误后应急处置专项整治工作，其中修改《民航航班正常统计办法》作为一项主要措施。经过两年多的修订，该统计办法（民航发〔2012〕88 号）于 2012 年 11 月 1 日实施。

统计指标方面，新增了平均延误时间和始发航班正常率两项统计。此外，为准确掌握始发航班延误原因，还新增了时刻协调机场始发航班起飞正常率的统计，从而更加准确地分析出影响始发航班正常的主要因素，为制定相关措施提供了可靠依据。

延误原因方面，将因飞行流量大或设备校验、机场施工造成保障能力下降而产生的流控归为"流量"原因，并单独成大项。将因天气、军事活动、公共安全等情况造成保障能力下降而产生的流控分别归入上述三种原因。

民航航班正常统计办法虽在 2013 年、2014 年、2015 年又进行了修订，但修订后的版

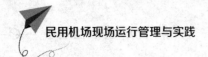

本内容与民航航班运行的情况存在一定的偏差，现均已废止，目前依然有效的是 2012 年版的《民航航班正常统计办法》。

二、民航航班正常统计范围

民航航班正常统计范围为国内外运输航空公司执行的客货运航班，包括正班、加班、包机。往返港澳台地区的航班及国际航班国内段，按国际航班统计。

机场放行正常统计范围为国内外运输航空公司在国内机场离港的客货运航班，包括正班、加班、包机。

民航航班正常和机场放行正常月度统计以自然月为周期，每月 1 日 0 点（北京时，下同）起至当月最后一日 24 点止。每日统计从当日 0 点起至当日 24 点止。跨日航班按计划关舱门时间所在日期统计。

航空公司提前一日取消的次日航班或次日补班计划，不列入航班正常和机场放行正常统计范围。当日取消的航班按不正常航班统计，机场放行正常不做统计。

三、统计部门和职责

（一）记录单位

1. 航空公司

始发航班从飞机滑至停机位起至关舱门为止，过站航班从飞机落地起至关舱门止，由航空公司或其代理机构，记录航班保障情况。

航空公司负责记录、汇总和报告：航班实际关舱门和开舱门时间、离港航班松停留刹车时间、进港航班入位后收停留刹车时间。

以上数据航空公司应通过 ACARS（飞机通信寻址与报告系统）电报自动采集，执行航班的航空器无 ACARS 通信能力时，由执行航班的航空公司通过其他方式收集填报，并对所填报数据真实性负责。

前段航班晚到的延误原因，由航空公司或其代理机构及时了解情况，并负责通知相关部门。

2. 空管部门

从飞机关舱门起至航班在目的机场落地止，由空管部门记录航班保障情况。

空管部门负责记录、汇总和报告：航班报告准备好申请推出（开车）时间、管制员许可航班推出（开车）时间、航班起飞和落地时间、航班报告滑行入位时间。以上数据空管部门应通过自动化信息管理系统采集记录，执行航班的起降机场空管部门无自动化信息管理系统时，可以通过其他方式收集填报，并对所填报数据真实性负责。

（二）工作职责

（1）航空公司（或其代理机构）、机场负责记录航班和机场放行不正常原因。

（2）地区管理局本部、空管分局（站）或机场空管部门负责记录航班和机场放行不正常原因，汇总、上报统计数据。

（3）监管局负责监督、管理辖区内航班正常统计工作。当统计数据或原因界定存在分歧时，负责协调解决。

（4）地区空管局负责汇总、上报统计数据。

（5）地区管理局负责监督、管理本地区航班正常统计工作。当统计数据或原因界定存在分歧时，负责协调解决。

（6）民航局负责组织管理全国航班正常统计工作，汇总、审核、发布全国统计数据。

四、统计报告及要求

1. 报告时间

航空公司、空管部门和机场应当于每日 15 点前完成前日航班正常统计的汇总、报告和核对工作。对统计原始资料不能达成一致意见的，最迟于 23 点前提出裁定申请。

地区管理局应当及时受理辖区内机场离港航班统计原始资料的裁定申请，并于下一个自然月第 2 日的 24 点前完成区内上月所有裁定申请的裁定工作。

2. 报告方式

统计单位通过航班正常统计系统或航空固定通信网上报统计数据。

五、航班正常统计相关基本概念

1. 航段班次

航班每一次起降为一个航段班次。航班正常统计以航段班次为统计单位。

2. 计划关舱门时间

航班时刻管理部门批准的离港时间。

3. 实际关舱门时间

飞行地面保障工作全部完成并关闭客货舱门，机组向空管部门申请推出或开车时间。需要注意的是，考虑当前统计手段，当飞机停靠廊桥或停靠远机位且需推车推出时，实际关舱门时间按机组申请推出时间记录；当飞机停靠远机位无须推车推出时，实际关舱门时间按机组申请开车时间记录。

4. 计划开舱门时间

航班时刻管理部门批准的到港时间。

5. 实际开舱门时间

飞机在机位停稳后，开启客舱门的时间。

6. 航班起飞、落地时间

空管部门拍发起飞、落地电报中所标注的时间。

7. 机场放行班次

每一个航班离港起飞为一个放行班次。机场放行统计以放行班次为统计单位。

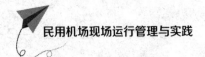

8. 计划过站时间

前段航班到达本站计划开舱门至本段航班计划关舱门之间的时间。

9. 实际过站时间

前段航班到达本站实际开舱门至本段航班实际关舱门之间的时间。

10. 机型最少过站时间

机型计划过站需要的最少时间。机型最少过站时间按座位数分类，如表 13-1 所示。

表 13-1　机型最少过站时间分类

单位：分钟

座 位 数	机 型	机 场		
		北京、虹桥、浦东、广州、深圳、成都、昆明机场	天津、杭州、重庆、西安机场	其 他 机 场
60 座以下	EMB145、ATR72、CRJ200 等	50	45	35
61～150 座	CRJ700、E190、A319、B737（700 型含以下）等	65	60	50
151～250 座	B737（700 型含以上）、B757、A310、A320 等	75	70	60
251 座以上	B747、B777、A330、A340、A380 等	90	85	75

11. 始发航班

同一注册号飞机，计划关舱门时间在当日 6:00（含）以后，实际执行的第一段离港航班。

12. 机上延误

机上延误是指航班飞机关舱门后至起飞前或者降落后至开舱门前，旅客在航空器内等待超过机场规定的地面滑行时间的情况。

机上延误时间计算公式：机上延误时间=实际起飞时间−实际关闭最后一个舱门时间−起飞机场标准地面滑出时间。

例题： 某航班执飞贵阳—西昌航段，关货舱门时间为 15:40，关客舱门时间为 15:50，计划离港时间为 15:55，实际起飞时间为 16:50，该航班机上延误时间为多少分钟？

解： 由表 13-2 可知，贵阳龙洞堡机场标准地面滑行时间为 25 分钟，所以该航班机上延误时间=16:50−15:50−25=35（分钟）。

第二节　航班正常统计指标

民航航班正常统计指标包括航班正常率、航班延误时间、始发航班正常率、机场放行正常率。

一、正常航班

符合下列条件之一的航班即为正常。

（1）起飞正常：在计划关舱门时间后规定的机场标准地面滑行时间之内起飞，且不发生滑回、中断起飞、返航、备降等不正常情况。

（2）落地正常：不晚于计划开舱门时间后 10 分钟落地。

对于国际航段，只考核国内航站的起飞是否正常。当航班备降时，如备降机场与计划目的地机场属同一城市，且实际（起飞或落地）时间较计划（起飞或落地）时间在规定范围内，则该航班为正常航班。

机场标准地面滑行时间分类如表 13-2 所示。

表 13-2 机场标准地面滑行时间分类

单位：分钟

机场名称	滑行时间
北京首都、北京大兴、上海浦东、上海虹桥、广州白云、成都双流、深圳宝安、昆明长水、西安咸阳、重庆江北、杭州萧山及境外机场	30
南京禄口、厦门高崎、乌鲁木齐地窝堡、长沙黄花、武汉天河、郑州新郑、青岛流亭、天津滨海、海口美兰、三亚凤凰、哈尔滨太平、贵阳龙洞堡、沈阳桃仙、大连周水子机场	25
济南遥墙、福州长乐、南宁吴圩、兰州中川、太原武宿、长春龙嘉、呼和浩特白塔、南昌昌北、合肥新桥、珠海金湾、宁波栎社、温州龙湾、石家庄正定、银川河东、烟台蓬莱机场	20
其他国内机场	15

例题 1：某航班执行重庆—上海浦东航段，重庆计划离港时间为 8:20，飞机实际离港时间为 9:00，未发生返航备降。上海浦东机场计划到港时间为 10:45，实际到港时间为 10:52，试判定该航班的正常性。

解：由表 13-2 可知，重庆江北机场的标准地面滑行时间为 30 分钟，该航班在 8:50 之前离港即可判定为离港正常，在 10:55 前到港即可判定为到港正常。

该航班离港虽然不正常，但是到港正常，所以该航班为正常航班。

例题 2：某航班执行重庆—上海浦东航段，重庆计划离港时间为 8:20，飞机实际离港时间为 8:40。上海浦东机场计划到港时间为 10:45，航班在飞行过程中，因故障于 10:46 在上海虹桥机场备降，试判定该航班的正常性。

解：由表 13-2 可知，重庆江北机场的标准地面滑行时间为 30 分钟，该航班在 8:50 之前离港即可以判定为离港正常，因此该航班离港正常。但该航班因故发生了备降，但备降机场与目的机场属于同一个城市，并在计划到港时间后 10 分钟内着陆，所以该航班为正常航班。

二、不正常航班

凡符合下列条件之一的，可判定为不正常航班。

（1）不符合正常航班全部条件的航班。

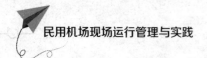

（2）当日取消的航班。

（3）未经批准，航空公司自行变更航班计划的航班。

需要注意的是，计划离港时间前6小时取消的航班不计入航班正常统计；计划离港时间6小时以内取消的航班计入航班正常统计，且属于不正常航班。

三、航班正常率

航班正常率是反映航班运行效率的指标，经常用于衡量航空公司的运行效率和服务质量。航班正常率即正常航班的航段班次与计划航班的航段班次之比，用百分比表示。

计算公式：航班正常率=正常航段班次/计划航段班次×100%。

四、航班延误时间

反映航班延误程度的一个指标。航班延误时间等于实际起飞时间晚于计划关舱门时间与机场标准地面滑行时间之和的时间。

计算公式：航班延误时间=实际起飞时间−（计划关舱门时间+机场标准地面滑行时间）。单位用分钟表示。

航班平均延误时间：反映航班总体延误程度的指标，即计划航段班次总延误时间与计划航段班次之比，以分钟为单位。

计算公式：航班平均延误时间=计划航段班次总延误时间/计划航段班次。

在统计计算航班延误时间时，需注意以下两点。

（1）航班延误总时间等于所有延误航班对应的延误时间之和，发生备降、返航的航班延误情况用"无延误时间"表示；延误航班数量包括当日已执行的延误航班和当日取消航班。

（2）当日计划航段班次包括当日已执行航班和当日取消航班两个部分。

例3：某航班计划7:35在昆明长水机场离港，8:25起飞，该航班的延误时间是多少分钟？

解：由表13-2可知，昆明长水机场的标准地面滑行时间为30分钟，则根据航班延误时间的计算公式可知，该航班的延误时间=8:25−（7:35+30）=20（分钟）。

例4：某航班在银川机场离港，计划离港时间为9:15，实际离港时间为9:45，该航班延误了多少分钟？该航班发生返航，第二次实际离港时间为10:45，该航班延误了多少分钟？

解：由表13-2可知，银川机场的标准地面滑行时间为20分钟，根据航班延误时间计算公式可知，该航班的延误时间=9:45−（9:15+20）=10（分钟）。

发生返航再次起飞后，根据《民航航班正常统计办法》可知，发生备降、返航、取消的航班，用"无延误时间"表示。

五、始发航班正常率

1. 始发航班正常

始发航班在计划关舱门时间后规定的机场标准地面滑行时间内起飞，或在目的地机场该航班的计划开舱门时间后10分钟（含）以内落地，则始发航班正常。

始发航班起飞正常不仅考虑航班是否在规定的时间内起飞，如果在规定的时间起飞后发生返航、备降，该航班仍判定为起飞正常。

2. 始发航班不正常

如有下列情况之一，则判定为始发航班不正常。

（1）不符合正常始发航班条件的航班。

（2）未经批准，航空公司自行变更航班计划的航班。

3. 始发航班正常率

反映始发航班在起飞机场运行效率的指标。始发航班正常率指始发正常航班量与始发航班总量的比值。计算公式为：始发正常率=始发正常航班量/始发航班总量×100%。

六、放行航班正常统计标准

1. 放行正常

符合以下条件之一，称为放行正常。

（1）计划关舱门时间之前完成各项地面保障工作，并在规定的机场标准地面滑行时间内起飞，则该航班放行正常。

航班起飞正常即放行正常，即航班实际起飞时间−计划离港时间−该机场规定地面滑行时间≤0。

（2）针对过站航班，当前段航班实际开客舱门时间晚于计划开舱门时间，如在计划过站时间内完成地面服务保障工作，并在规定的机场标准地面滑行时间内起飞，则该航班放行正常。

换言之，当前程航班晚到，即前段航班实际到港时间−计划到港时间>0时，航班实际起飞时间−前段航班实际开舱门时间−计划过站时间−该机场规定地面滑行时间≤0。

考虑到当前统计手段，前段航班实际开客舱门时间约等于前段航班实际落地时间加上10分钟。

计算公式：前段航班实际开舱门时间≈前程航班实际落地时间+10分钟。

即针对过站航班，当实际起飞时间≤前段航班实际落地时间+10分钟+计划过站时间+起飞机场标准地面滑行时间时，属于放行正常。

2. 放行航班正常率

反映航班在机场过站时，各单位综合保障能力的指标。放行航班正常率指放行正常航班量与放行航班总量的比值。

计算公式：放行正常率=放行正常航班量/放行出港航班总量×100%。

机场放行正常统计范围包括：在该机场放行的客运航班（包括国内航空公司和外国及港澳台航空公司客运航班）。货运航班、非航班飞行任务、备降到本场后继续执行的后续航班、航空公司取消的航班暂不做统计。

例5：某航班计划关舱门时间为11:30，实际关舱门时间为11:25，11:40从成都双流机场起飞，判断该航班放行是否正常。

解：由表13-2可知，成都双流机场的标准地面滑行时间是30分钟，该航班在计划关舱门时间前完成地面保障，并在规定的机场标准地面滑行时间内起飞，该航班起飞正常，属

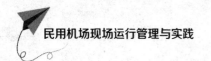

放行正常航班，判断过程如图 13-1 所示。

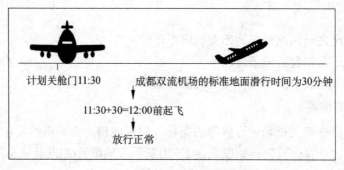

图 13-1　航班放行正常判断过程

例 6：某航班计划在成都双流机场的开舱门时间为 11:30，计划离港关舱门时间为 12:30。但由于天气原因，前段晚到，航班在成都双流机场的实际开舱门时间为 12:30，过站服务后，1:25 关舱门，1:50 起飞离港，判断该航班是否属于放行航班。

解：由表 13-2 可知，成都双流机场的标准地面滑行时间为 30 分钟，从题中可以看出该航班在成都双流机场的计划过站时间为：12:30−11:30=60 分钟。

航班实际过站时间：1:25−12:30=55 分钟<60 分钟

地面实际滑行时间：1:50−1:25=25 分钟<30 分钟

由此可见，该航班前段实际开舱门时间晚于计划开舱门时间，但在计划的时间内完成地面保障，并在规定的机场标准地面滑行时间内起飞，所以该航班为放行正常航班。

第三节　航班不正常原因

一、航班不正常原因

航空运输是一个复杂的系统活动，需要多方面的密切配合才能完成。航班生产过程的链条涉及机场、空管、运输企业、民航数据公司、油料公司、代理公司等多个单位和近百个专业，每一个环节出现问题，都有可能造成航班不正常。

航班不正常的原因也多种多样，根据《航班正常管理规定》，按造成航班不正常的责任性质可分为承运人原因和非承运人原因两类。承运人原因是指造成航班不正常的可归责于承运人的航班计划、航班调配、运输服务、机务维护和机组等原因。非承运人原因是指造成航班不正常的天气、突发事件、空中交通管制、安检、旅客或公共安全等原因。

按照 2012 年版的《民航航班正常统计办法》规定，航班不正常的原因分为天气、航空公司、流量等 11 类一级延误原因。航班不正常原因分类如下。

1. 天气

（1）天气条件低于机长最低飞行标准。

（2）天气条件低于飞机最低运行标准。

（3）天气条件低于机场最低运行标准。

（4）因天气临时增减燃油或装卸货物。

（5）因天气造成机场或航路通信导航设施损坏。

（6）因天气导致跑道积水、积雪、积冰。

（7）因天气改变航路。

（8）因高空逆风造成实际运行时间超过标准航段运行时间。

（9）航空器进行除冰、除雪检查或等待除冰、除雪。

（10）天气原因造成航班合并、取消、返航、备降。

（11）天气原因（发展、生成、消散等阶段）造成空管或机场保障能力下降，导致流量控制。

（12）其他天气原因。

2. 航空公司

（1）公司计划。

（2）运行保障。

（3）空勤组。

（4）工程机务。

（5）公司销售。

（6）地面服务。

（7）食品供应。

（8）货物运输。

（9）后勤保障。

（10）代理机构。

（11）擅自更改预先飞行计划。

（12）计划过站时间小于机型最少过站时间。

（13）其他航空公司原因。

3. 流量

（1）在非天气、军事活动等外界因素影响下，实际飞行量超过区域或终端区扇区保障能力。

（2）实际飞行量超过机场跑道、滑行道或停机坪保障能力。

（3）通信、导航或监视设备校验造成保障能力下降。

4. 军事活动

（1）军航训练、转场、演习、科研项目等限制或禁止航班飞行，造成保障能力下降。

（2）军方专机禁航。

（3）军事活动导致流量控制。

（4）其他军事活动原因。

5. 空管

（1）空管人为原因。

（2）空管系统所属设施设备故障。

（3）气象服务未及时提供。

（4）航行情报服务未及时提供或有误。

（5）擅自降低保障能力。

（6）其他空管原因。

6. 机场

（1）机场跑道、滑行道等道面损坏。

（2）机场活动区有异物。

（3）人、动物、车辆进入跑道或滑行道。

（4）发生在飞机起飞阶段高度100m（含）以下或者进近阶段高度60m（含）以下，或与机组确认为机场责任范围内发生的鸟害。

（5）机场所属设施、设备故障。

（6）等待停机位或登机口分配。

（7）机场原因导致飞机、保障车辆等待。

（8）候机区秩序。

（9）机场运行信息发布不及时。

（10）未及时开放、增开安检通道或安检设备故障。

（11）机场施工造成保障能力下降。

（12）机场净空条件不良造成保障能力下降。

（13）机场或跑道宵禁造成保障能力下降。

（14）机场所属拖车等保障设备到位不及时。

（15）跑道查验。

（16）其他机场原因。

7. 联检

（1）因联检单位（边防、海关、检验检疫）原因未及时为旅客办理手续，造成旅客晚登机。

（2）其他联检原因。

8. 油料

（1）未按计划供油。

（2）油品质量不符合规定要求。

（3）加油设施设备故障。

（4）加油时损坏飞机。

（5）其他油料原因。

9. 离港系统

（1）离港系统故障不能办理旅客登机手续，或离港系统运行效率降低造成旅客办理乘机手续时间延长。

（2）其他离港系统原因。

10. 旅客

（1）旅客晚到。

（2）登机手续不符合规定。

（3）旅客突发疾病。

（4）旅客丢失登机牌，重新办理手续。

（5）旅客登机后要求下机，重新进行客舱及行李舱安全检查。

（6）旅客拒绝登机或前段航班旅客霸占飞机。

（7）其他旅客原因。

11. 公共安全

（1）突发情况占用空域、跑道或滑行道，造成保障能力下降。

（2）因举办大型活动或发生突发事件，造成保障能力下降或安检时间延长。

（3）航班遭到劫持、爆炸威胁。

（4）发生可能影响飞行安全的事件，如机场周边燃放烟花导致能见度下降，发现不明飞行物、气球、风筝。

（5）地震、海啸等自然灾害。

（6）公共卫生事件。

（7）其他公共安全原因。

民航航班统计上报系统中航班不正常原因填报分类也是按照上述 11 类进行分类填报的，根据机场、航空公司所填报的原始数据，进行全国航班正常率的统计，对航空公司和机场进行考核。

二、航班不正常原因的界定

在市场需求增量与保障资源不匹配的情况下，只有实施精细化管理才能促进行业高质量发展，而航班不正常原因裁定工作正是实施航班正常精细化管理的有效措施之一。航班不正常时需要对航班不正常原因进行界定，确定责任主体，作为提高航班正常率的重点工作内容。2012 年版的《民航航班正常统计办法》将航班不正常原因分为 11 类，每一类原因中又包含多种要素，诸如此类的原因往往错综复杂交织在一起。这些原因中有的是不可抗力的原因，有的是承运人的主观原因等，确定航班不正常原因，客观、真实地判定航班延误原因，才能明确界定航班延误原因的主体责任，督促各单位采取措施，提高保障效率，确保航班正常。各个统计部门应按照相应规定，完成航班不正常原因的界定工作。

（一）航班不正常原因的界定主体

不正常航班在计划离港时间（含）之前关好舱门的，其不正常原因由离港机场的空管部门为主界定；在计划离港时间之后关好舱门的，其不正常原因由航空公司或代理机构界定。航班离港机场可以根据自身掌握的信息辅助界定航班不正常原因。当出现意见不统一的时候，由监管局当日值班领导负责裁定。

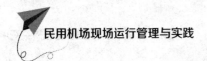

（二）航班不正常原因的界定

根据 2012 年版的《民航航班正常统计办法》，航班不正常原因采取"一通到底"的原则进行判定。即一架飞机执行多段任务，当出现首次不正常并导致后续航段全部不正常时，后续原因均按首次不正常时原因填写。如果后续某航段转为正常，但其后续航段又再次不正常，则后续不正常原因按正常航段后发生的首次不正常原因填写。

依据民航局〔2017〕1850 号文件要求，2017 年 11 月 1 日起，除真实的公司自身原因和计划过站时间不足造成的延误外，航班延误原因的填写采取"只通两段"的原则进行判定。即一架飞机执行多段任务，航班不正常并导致后续航段全部不正常时，首次不正常和其后第一段的不正常原因均按首次不正常时原因填写，如果其后第二段仍然不正常，则从其后第二段开始不正常原因均填写为航空公司原因中的运行保障原因，直至航班转为正常。如航班在某航段转为正常，但其后续航段又再次不正常，则后续首次不正常原因和其后第一段的不正常原因按正常航段后发生的首次不正常原因填写，如果其后第二段仍然不正常，则从其后第二段开始不正常原因均填写为航空公司原因中的运行保障原因，直至航班转为正常，以此类推。

（三）机场放行不正常原因的界定

机场放行不正常应当填写不正常原因。机场放行不正常只统计在本站放行发生的不正常原因中，与前段航班是否晚到无关。机场放行不正常航班在计划离港时间（含）之前关舱门的，其不正常原因由离港机场的空管部门为主界定；在计划离港时间之后关好舱门的，其不正常原因以航空公司为主界定。当前段航班实际到港时间晚于计划到港时间，在计划过站时间内完成服务保障工作并关好舱门的，其不正常原因由离港机场的空管部门为主界定；未在计划过站时间内完成服务保障工作并关好舱门的，其不正常原因以航空公司为主界定。航班离港机场可以根据自身掌握的信息辅助界定机场放行不正常原因。

2019 年 5 月 1 日，经民航局批准、西北管理局授权，先期在西安机场试点由运管委裁定航班延误的原因（《关于在西安机场试点由运管委裁定离港航班延误原因的通知》）。2020 年 4 月 28 日，为推动运管委在航班地面保障中发挥更大的作用，民航局在征求各地区管理局意见后，发布《关于在部分机场实施由运管委裁定航班延误原因的通知》（局发明电〔2020〕1048 号），决定 2020 年 7 月起在 14 个机场实施由运管委裁定航班延误原因。

由于北京首都国际机场地理位置特殊，空域复杂，航班正常性管理难度较大。不仅如此，北京首都国际机场航班数量常年为国内之最，它的航班不正常，往往会影响全国其他地区，可谓是"牵一发而动全身"。因此，2019 年 12 月制定了《首都机场航班延误原因裁定规则（试行）（征求意见稿）》。延误原因裁定规则以"科学分类、突出重点、明确主体、综合评价"为原则，通过对航班关舱门时间、航班申请推出、同意推出、实际推出时间等关键环节数据的分析，依据民航局相关运行保障标准，按照航班保障流程，评估各环节保障完成情况，以首个影响航班正常保障的关键因素来界定延误原因。延误原因囊括了方方面面，包括天气、航空公司、时刻安排、其他空域用户活动、空管、机场、旅客及公共安全，同时包含联检、油料、离港系统等。其中，对于空管、机场等原因还分为本站和外站分别予以记录。

思政阅读

呼和浩特机场 2022 年航班正常性工作圆满收官

实践训练

一、实践目的

（1）掌握航班正常统计的使用。

（2）利用航班正常统计系统分析机场某月正常性数据。

二、实践内容

通过航班正常统计系统分析机场某月正常性数据(包含航班正常率、始发航班正常率、机场放行正常率、航班不正常时间及原因分析、环比同比情况）。

1. 准备要求

航班正常统计系统、记录本、签字笔等。

2. 配分与评分标准（见表 13-3）

表 13-3　航班正常统计的配分与评分标准

序号	考核内容	考核要点	配分	评分标准	扣分	得分
1	航班正常率的查询	是否会查询航班正常率	4分	不会查询航班正常率的，扣4分		
2	机场始发正常率的查询	是否会查询机场始发正常率	4分	不会查询机场始发正常率的，扣4分		
3	机场放行正常率的查询	是否会查询机场放行正常率	4分	不会查询机场放行正常率的，扣4分		
4	查询航班延误时间及原因分析	是否会查询航班延误时间及原因分析	4分	不会查询航班延误时间及原因分析的，扣4分		
5	进行环比、同比正常性对比	是否会进行环比、同比正常性对比	4分	不会进行环比、同比正常性对比的，扣4分		
	合计		20分			

本章复习题

1. 某始发航班××××，计划时间为 08:00，实际关舱门时间为 08:02，实际推出时间

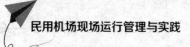

为 8:03，实际起飞时间为 08:20，请回答该航班机场放行是否正常。如放行不正常，其原因应由哪个部门判定，并说出理由。（该机场地面滑行时间为 15 分钟。）

2. 始发航班 CA1803（北京—虹桥），计划起飞时间为 08:00，实际起飞时间为 08:28，请判断该航班是否放行延误并说明理由。

3. 简述航班正常性统计范围。

4. 简述什么是不正常航班。

5. 民航航班正常统计指标有哪些？

本章测试题

第十四章　民用机场运行效率

【本章学习目标】

- 了解不同国家机场运行效率指标构成；
- 掌握机场飞行区运行效率指标；
- 掌握航站楼运行效率指标。

第一节　机场运行效率概述

一、效率的概念

效率是指在特定的时间和资源条件下，达到预期结果的能力。在这一过程中，能够最大限度地利用各种可用资源，有效地组织和管理工作，以提高工作的质量和速度，达到尽可能大的效益和价值。因此，人们通常会把效率视为衡量某个组织、部门或个人工作能力的重要指标，也是评价经济、科技、管理等方面发展的重要标准之一。

机场运行效率是衡量机场实际运行与最优条件下运行之间的差别。根据效率定义的描述可知，单位时间内任务完成度越高，效率越高；或在一定资源条件下，资源利用率越高，效率越高。但就机场系统而言，要实现较高的机场运行效率，就要达到实际运行条件与最优条件的无限接近。另外，由于机场运行是一个连续又烦琐的大系统，仅依靠某一个环节的最优难以实现整体最优。机场系统协同运行，环环相扣，实现整体层面上较高的运行效率是十分关键的。机场运行效率取决于多个因素，是一个复杂的综合性指标，决定于航空客货吞吐量、客货流特征、机场运行程序和机场设施的容量等因素。机场运行效率高，有利于提升机场的利用率，减少飞机等待时间，缩短旅客等待时间，提高货物运输效率，使机场更为高效地运作，对提高机场的核心竞争力具有积极的作用。

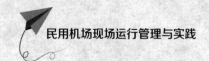

二、机场运行效率指标

（一）国内机场运行效率指标

在《2017年全国民航航班运行效率报告》中得出与机场运行效率相关的四个效率指标如表14-1所示。其中，机场日交通量指的是在一个自然日内，机场处理和服务的航班数量总和。这个数据可以用来评估机场的运营能力和吞吐量，可以通过起飞架次和降落架次的飞机数来计算，该指标主要受机场容量以及机场服务设施数量影响。

表14-1　国内机场运行效率指标

指　　标	计 算 方 法	出　　处
机场日交通量	起飞和降落架次的和	全国民航航班运行效率报告
机场小时流量分布	按一天24小时统计一段时间内每个小时的平均航班量	全国民航航班运行效率报告
机场放行正常率	机场放行正常班次与机场放行总班次之比	全国民航航班运行效率报告
机场平均出港滑行时间	航空器起飞时刻减去航空器松刹车时刻	全国民航航班运行效率报告

机场小时流量分布反映了在一天的24小时内，机场内旅客出入境、航班起降及各项航空服务等业务流量的分布情况，可以按照一天24小时统计一段时间内每个小时的平均航班量进行计算。机场可以根据不同时间段的流量情况，调整运营策略和服务安排，以提高机场的运行效率。

机场放行正常率是指在一定时期内，机场的所有航班正常放行的次数占总放行次数的比例，能够反映机场的航班保障能力和运行水平。

机场平均出港滑行时间是指飞机从离开机位开始到起飞的时间，包括从机位移动到跑道等待区的滑行时间，可以通过航空器起飞时刻减去航空器松刹车时刻来进行计算。该指标主要受机场跑道数量以及滑行道数量的影响。

（二）国外机场运行效率指标

1. 美国机场运行效率评价指标

FAA采用了三个指标来描述机场效率，如表14-2所示。

表14-2　FAA机场运行效率指标

指　　标	计 算 方 法	出　　处
机场系统效率	机场的离场效率和到达效率的加权平均值	FAA ASPM
终端区进场效率	通过效率计算得到的到达飞机数除以到达需求和到达流量中较小的一个	FAA ASPM
终端区离场效率	实际离场飞机数除以离场需求和离场率中较小的一个	FAA ASPM

机场系统效率是指机场在一定时间内能够处理的航班数量和旅客数量与机场所拥有的资源（如跑道、登机口、航空器地面服务）之间的关系，可以通过机场的离场效率和到达效率的加权平均值来计算。

终端区进场效率是指在机场进近管制区内，飞机从进入降落流程开始到降落前的整个时间，包括从机场管制塔或哨所发出进场指令，到完成飞机降落前的准备工作，该指令受机场运行管理、航班调度、航空器地面服务等因素的影响。

终端区离场效率是指在机场起飞管制区内，飞机从起飞指令发出到起飞的整个时间，包括完成起飞前的各项准备工作和飞机从离场滑行道离场的时刻。该指标同样受到机场运行管理、航班调度、飞机地面服务等因素的影响。

2. 欧洲机场运行效率指标

欧洲制定了航班运行效率的五个指标，如表 14-3 所示。

表 14-3 欧洲机场运行效率指标

指　标	计　算　方　法	出　　处
离场前延误	总延误/所有离场航班数	PRU
流量控制延误	总流量控制延误/所有受限制航班数	PRU
流量控制时隙使用率	实际起飞时间和计算起飞时间之差在−5 至 10 分钟可接受延误窗内的所有航班数/所有被分配流量控制时隙的航班数	PRU
滑出延误	每个分类下的平均滑出延误和滑出延误中位数	PRU
进场延误	每个分类下的平均进场延误和进场延误中位数	PRU

离场前延误是指航班计划起飞时间到实际起飞时间之间的时间延误。这种延误主要是由于机场、天气、航空公司等原因引起的，可以通过总延误/所有离场航班数来进行计算。

流量控制延误是一种因为空中交通管制系统发出的航班起飞延误命令而导致的飞行延误，可以通过总流量控制延误/所有受限制航班数来进行计算。

滑出延误是指航班从机场停机位出发延误的时间，可能由于机场拥堵、气象条件、安全检查、维修等原因导致。滑出延误可能会影响飞行计划和调整后续航班的时间表。

进场延误是指航班到达目的地机场时，因为空中交通管制或机场操作等原因而延误。

欧洲将机场效率指标设计为反映航班运行不同阶段的延误情况。例如，进近阶段开始的进场延误，代表航班在此阶段延误的情况；地面等待延误，描述航班在过站后推出前等待地面服务的延误时间，同时计算航班推出时间符合分配的时隙比例；滑出延误则表示推出后滑行延误的时间。由于数据来源可能不全，欧洲还定义了推出前延误这个指标，它包括了所有可能导致推出延误的因素，如过站延误、航路拥堵等待延误、目的地机场造成的延误和本场空管造成的延误。

FAA 设计的效率指标主要从能否有效满足需求的角度出发。终端区离场效率指机场的离场需求能否被有效满足的程度；同理，终端区进场效率则表示机场的进场需求被满足的程度。机场系统效率指标结合了离场效率和进场效率，来评估机场系统整体的效率。

第二节　飞行区运行效率

一、飞行区运行效率概述

机场飞行区主要是供航空器起降、滑行和停泊的场所，高效的飞行区运行管理主要表现为足够的航空器起降能力，航空器可以在机场区域内进行无交叉（等待、绕行）滑行，同时尽可能消除航空器地面等待时间。使用机场飞行区另外一个主要客户是飞行区的各种车辆，应当尽量消除车辆行驶路线中和滑行道的交叉，为旅客、货物和行李的运输以及配餐、油料等车辆提供方便。

影响飞行区运行效率的因素很多，滑行道排队、等待机位或者跑道、避让滑行航空器等因素都会使飞机在地面等待，可以根据以下五个因素来着手提高飞行区的运行效率。

（1）航空器机型种类和各种机型的比例。

（2）运行程序：滑行路线、滑行距离。

（3）跑道可用性：飞机噪声限制、风、能见度。

（4）滑行道构型：快速脱离道和平行跑道的可用性。

（5）泊位分配：数量、大小和位置。

地面运行保障和应急勤务从机场运行管理的角度看，数量合理的地面服务商对于提高效率和服务质量具有关键作用，面对旅客的服务和飞机勤务是机场地面保障的两个重要部分，具体实施方式和组织方式是多种多样的。机场的正常运行需要供水、供电、天然气、通信等多个部门的协作，连同为航空器提供地面勤务和应急保障等要素一起，是枢纽机场正常运行的重要保证。

一般来讲，影响机场运行效率的保障和勤务工作包括：航空器过站时间——快速飞机勤务；消防车反应时间——2分钟、最长3分钟到达跑道顶端；残损航空器搬移能力；危险品处理能力；冬季运行除冰除雪能力；备用电源转换时间；跑道排水、标志标线、灯光可用比例和强度；鸟害防治等。

二、飞行区运行效率指标

（一）机场地面滑行时间

从机场航班的运行流程可以知道，滑行是一个航班在机场运行的重要阶段，从落地滑入停机位，再从停机位滑至跑道头起飞，滑行将空中运行和地面运行连接在一起。滑行阶段的效率在很大程度上反映了整个机场航班的运行效率。国内公布的效率指标主要用机场平均出港滑行时间来反映机场航班的运行效率。

航班滑行时间是反映单个航段班次地面运行效率的指标，分为滑出时间和滑入时间。滑出时间指航班从实际离港时间至起飞时间之间的时间；滑入时间指航班从落地时间至实际到港时间之间的时间。航班滑行时间以分钟为单位。实际统计中，实际落地时间以空管部门拍发的航班落地电报（或民航局认可的其他方式）报告的时间为准。

机场平均滑行时间是反映航空器在机场地面运行效率的指标，分为机场平均滑出时间和机场平均滑入时间。机场平均滑出时间是离港航班滑出总时间与离港航段班次之比；机场平均滑入时间是到港航班滑入总时间与到港航段班次之比，这里需要注意以下两点。

（1）离港航班滑出总时间等于所有离港航班滑出时间之和；到港航班滑入总时间等于所有到港航班滑入时间之和。

（2）对发生滑回、中断起飞、返航、备降的航班在发生上述事件的机场不进行滑行时间统计。

　　然而，由于机场规模的不同，不同机场、不同停机位、不同起飞跑道造成的运行存在差异，仅凭机场平均滑行时间这一单一指标无法准确反映机场的地面运行效率。《民航航班正常统计办法》公布的标准地面滑行时间作为标准滑行时间来计算滑行超标准时间，由于没有考虑上述因素的差异，计算得到的滑行超标准时间也不够准确。因此，有必要考虑机场的地面布局、停机位跑道组合对滑行阶段的效率进行研究。相比之下，结合机场平均滑行时间和无阻挡滑行时间的差别来衡量机场的地面运行效率会更加准确。

　　美国联邦航空管理局对滑行时间的定义为：飞机从推出停机位到起飞离地过程的时间；对畅通滑行时间的定义为：在不受机场地面拥挤、天气等可能影响飞机滑行时间的因素干扰下，一架飞机的滑行时间。畅通滑行时间是表征机场运行性能的重要参数，在美国，畅通滑行时间按照航空公司和季节来划分。以此为基础，FAA和欧洲空管局（EUROCONTROL）都采用实际滑行时间和畅通滑行时间之差来评价机场拥挤和滑行效率。

（二）航班正常率

　　航班正常率是反映航班运行效率的指标，即正常航班的航段班次与计划航班的航段班次之比，用百分比表示。航班正常率是民航的重要数据与指标，也是影响乘客对民航满意程度的重要因素。

　　影响航班正常率的原因非常多，主要包括天气、航空公司、流量控制、机场保障、旅客等方面的原因，其中又以前四者最为常见。首先就天气原因而言，雷暴、地面大风、低能见度、低云、低空风切变、气流等严重影响飞机正常飞行和起降的因素，都会对航班正常率造成影响。而从航空公司、流量控制及机场保障的角度来看，管制扇区的架次、陆空通话负荷、机场放行情况，受CRS外部流控影响，CTOT及关舱门执行情况、MDRS响应情况、区域繁忙航路点架次、区域繁忙航路架次等都是影响航班正常率的主要因素。

（三）航班过站时间

　　航班的过站时间可在一定程度上反映机场和航空公司的运行效率。过站时间的合理设置不仅能够有效提高航班正点率和旅客满意度，还能减轻航班延误对航班计划的影响，以及改善机场运行能力。

　　《民航航班正常统计办法》指出，航班过站时间是在同一个机场，从航空器滑至停机位放下轮挡到航空器准备工作就绪收起轮挡之间的时间。计划过站时间是前段航班到达本站计划到港时间至本段航班计划离港时间之间的时段。实际过站时间是指前段航班到达本站实际到港时间至本段航班实际离港时间之间的时间。机型最少过站时间指机型计划最少过站时间。不同机型的最少过站时间如表13-1所示。

　　为了做好基地站过站和二次出港航班的保障工作，合理压缩地面保障时间，提高保障效率，尽力减少航班延误，提高航班正常性，航空公司和机场各个部门会尽可能缩短保障时间，实现航班快速过站。航班快速过站是指在航班运行过程中，由于前站航班进港实际落地时间与本次航班公布的关舱门时间之差低于该机型规定的最小过站时间，或者由于各种特殊原因需要快速过站保障的航班。快速过站的时间标准是飞机前段航班上轮挡开舱门

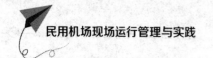

至后段航班飞机关闭客货舱门之间的时间。根据民航局《航班快速过站保障方案》中的标准，不同机型快速过站时间如下。

（1）A319、B737（700型以下）等150座以下机型的航班保障时间在35分钟以内。

（2）A310、A320、B757等151~250座机型的航班保障时间在40分钟以内。

（3）A330、B777、B747等251座以上机型的航班保障时间在50分钟以内。

为了提高航班正常率，机场和航空公司都制定了航班快速过站程序，大大减少了航班过站时间，例如东航在白云机场实施快速过站，使每个航班过站时间减少了20分钟。

第三节　航站楼运行效率

航站楼是旅客和行李中转的重要场所，是枢纽机场的重要组成部分。航站楼位于机场陆侧与空侧的交界处，连接陆侧交通与空侧交通。航站楼为旅客地面和空中交通转换或空中交通转换提供场所，旅客在此完成航空旅行的出发、到达或中转。航站楼空间的有序组织形成了旅客和行李流程，是流程的具体化。航站楼的空间和流线是互相适应、相辅相成的，良好的空间设计可使旅客流程高效便捷，满足旅客航空出行功能需求和精神需求。

从国外民航管理当局对中型、大型机场运行效率方面的要求来看，在旅客服务方面，关键的运行效率指标包括：拥挤程度；排队时间；旅客服务速度；值机手续；证件检查手续；中转衔接时间；步行距离——任何两项手续间距离；楼层变化——最少，同时提供辅助设施；信息系统——清晰的航班信息显示、标志牌和广播系统。航站楼运行效率的主要指标有行李处理时间、乘客流动时间、设备利用率。

1. 行李处理时间

行李处理时间是衡量机场服务效率和质量的重要指标。这个指标是指从旅客办理行李托运到行李送达行李转盘的总时间，包括行李运输、安检、排序等多个环节。该指标可考察行李检查、传送、卸载和取回的效率。高效的行李处理有助于减少遗失行李的可能性和提高旅客体验。

2. 乘客流动时间

乘客流动时间是指乘客从进入机场到登机口的总时间。乘客流动时间包括乘客在安检、出入境检查、候机、步行等各个环节的时间。乘客流动时间的长短不仅影响乘客的旅行体验，还可能影响航班的正点率。因此，通过数据分析来了解乘客流动时间的构成和影响因素，对于优化机场运营效率和提升乘客体验十分重要。单位旅客登机时长指平均每位旅客从开始登机到登机结束所需的时间。旅客登机等待时长指旅客结束安检到开始登机所需的等待时间。

3. 设备利用率

设备利用率是一个衡量机场设施使用效率的关键指标，包括登机桥、行李处理设备、安检设备等的利用率。高设备利用率意味着设备的使用效率高而设备闲置时间短，这有助于降低机场的运营成本并提高服务效率。然而，设备利用率过高可能会导致设备过度磨损，增加故障风险，因此需要找到一个平衡点。通过数据分析，可以了解设备的使用状况，预测设备的需求，优化设备的调度和维护策略，从而提高设备利用率和设备的生命周期。廊桥周转率是指廊桥在单位时间内能保障的航班架次，即单位时间内保障的航班架次越多，该廊桥的周转率越高。登机效率共包括登机口变更比例、登机口变更提前时长、单位旅客登机时长、旅客登机等待时长等指标。登机口变更比例指由于天气、飞机延误、调度等原因，临时调配飞机停靠地点，变更旅客登机口的比例。

第四节　机场协同决策系统

一、A-CDM 系统概述

机场协同决策（A-CDM）系统的目的是通过提高各部门在飞机过站阶段的工作效率，提高保障能力和优化机场各部门的操作程序，充分利用各种信息，加强配合，使各部门更紧密地一起工作。尽管各部门以前也有合作的经历，但经机场协同决策后变得更加紧密，特别是在受不利因素影响后优势更为明显，采用 A-CDM 系统的机场通常可以更快更好地恢复正常运行。图 14-1 表示了系统中 16 个里程碑时间。

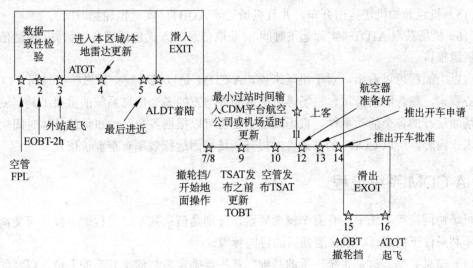

图 14-1　"里程碑"示意

（1）EOBT（预计撤轮挡时间）前 2.5 小时，航空公司提前派发领航计划报，ATC 根据FPL 激活即将进行的飞行计划，为后续工作做好准备。

（2）EOBT 前 2 小时，空管协同放行系统根据 FPL 和航路情况计算得到 CTOT（计算起飞时间），指导航空公司离场飞行活动。

（3）航班实际起飞后，空管根据起飞报文和航路情况等得到 ELDT（预计着陆时间）。

（4）空管根据雷达信息跟踪航班飞行动态和位置，继续更新 ELDT，使时间更加精确。

（5）航班开始最后进近后，空管不再更新 ELDT，放行系统根据 ELDT 的时间和过站

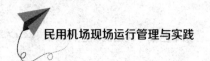

时间更新 CTOT 和 COBT（计算撤轮挡时间），指导下一阶段航班离场飞行活动。

（6）航班实际落地后，由空管再一次根据 ALDT（实际降落时间）更新 CTOT 和 COBT，保证预测时间更贴近实际运行。

（7）航班落地后经滑行道滑行至停机位，记录航空器实际上轮挡时间（AIBT），再根据过站时间和地面运行情况，更新 CTOT 和 COBT。

（8）从实际开始进行地面服务的时间起，机组和机场、航空公司信息共享，沟通各自活动可能完成的时间，通过 A-CDM 系统更新 TOBT（目标撤轮挡时间）和 TTOT（目标起飞时间）。

（9）EOBT 前 60 分钟再次更新 TOBT，由航空公司与机场根据机场情况确认并提交航班预计能够准备好的 TOBT，为协同放行系统进行预排序提供决策支持。TOBT 变动次数有限。

（10）空管根据放行系统的预排序结果，提前 55 分钟发布 TSAT（目标许可开车时间），指导航空公司和机场下一步活动。

（11）开始登机，机场和机组根据 TAST 组织登机。

（12）航空器准备好，由机组向 ATC 报告航空器已经准备好。

（13）机组向塔台申请推出开车。

（14）塔台通知机组可以推出开车，并告知离场放行信息。

（15）机组通知机场推出开车，并且机场记录 AOBT（实际撤轮挡时间）。

（16）机场获取 ATOT（实际起飞时间），获取信息的方式包括塔台管制员、雷达信号提供和机组报告。

由以上流程可以看出，对于机场来说，A-CDM 是以机场航空器撤轮挡时间（COBT）为核心要素，整合航空公司、机场等航空活动参与方的多个信息系统的重要工具，涵盖了机场场面运行的各个活动事件。机场或航空公司可以根据各个活动事件的具体时间规划自己的工作内容，所以 COBT 的准确性对提升机场场面运行效率有重要价值。

二、A-CDM 系统流程

机场协同决策系统中共有五个概念要素，分别是信息共享、里程碑事件、可变滑行时间、不利条件下的运行、航班更新后的协同管理。

（1）信息共享。这是系统决策的基础，首先要确定参与信息共享的人员，以及如何实现信息共享。良好的信息共享平台能够极大地提升对一切航空活动的提前预知性，所以各参与方应当提供准确、及时的信息供其他参与方使用。

（2）里程碑事件。这是指在一切航空活动中发生的影响决策的重要事件。将飞行过程划分为几个重要的环节。在每个关键事件节点提供所需要的信息，进而对下一阶段的关键事件进行预测，使决策者掌握各个事件的进行过程。需要指出的是，这是建立在信息共享完全的基础上的。

（3）可变滑行时间。预计航空器从停机位滑行至跑道或从跑道滑行至停机位所用的时间，用以计算 TTOT 或 TSAT，包括 EXIT 和 EXOT。EXOT 为航空器离场的整个过程所用的时间，包括推出开车时间、地面活动时间、跑道外等待时间。

（4）不利条件下的运行。大型机场应当以快速处置为依托，建立不利条件运行机制，减少航班延误和旅客滞留。通过建立不利条件提前研判程序，明确航班运行动态干预的标准和方法等，实现机场容量和流量的平衡。A-CDM 系统，可以为不利条件态势预判、运行监视、协同决策等提供技术支撑。

（5）航班更新后的协同管理。航班信息发生变化后，机场运行控制中心应及时在 A-CDM 系统中更新航班状态，航空公司、空管单位使用流量管理系统和 A-CDM 系统数据进行交互，及时变更相应数据，做好航班保障工作。

航空器离开停机位的顺序与可变滑行时间息息相关。航班通常在起飞后飞行时间预测比较准确，所以 A-CDM 系统主要用以保障航空器离场的顺利执行，是以航空器正常推出为核心的，即 COBT 和 TSAT 的时间计算，涉及的时间点包括 TOBT、TTOT、EOBT、CTOT 和 EXOT。航空公司需对 TOBT 负责，能够根据公司各单位工作情况发布 TOBT，即理论上航空器准备妥当的时间，接着通过 TOBT 计算出 TTOT，以便流量管理系统（ATFM）根据空域运行情况和地面准备情况给出合适的 CTOT，如果得到 CTOT，应尽量遵守 CTOT。管制单位依据 CTOT 的时间安排航空器离场，结合 EXOT 给出合适的 TSAT（COBT），力争保障航空器按照 CTOT 按时起飞。TSAT（COBT）可以提供先期离场序列的基础和预计开车时间最迟的时间点，航空公司根据这个时间保障航班，CDM 系统流程如图 14-2 所示。

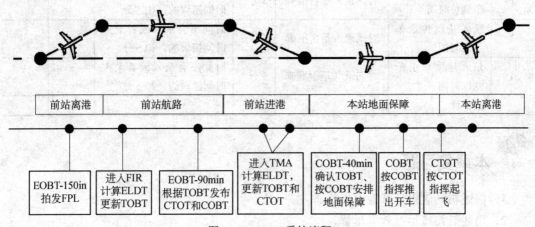

| 前站离港 | 前站航路 | 前站进港 | 本站地面保障 | 本站离港 |

| EOBT-150in
拍发FPL | 进入FIR
计算ELDT
更新TOBT | EOBT-90min
根据TOBT发布
CTOT和COBT | 进入TMA
计算ELDT，
更新TOBT和
CTOT | COBT-40min
确认TOBT、
按COBT安排
地面保障 | COBT
按COBT
指挥推
出开车 | CTOT
按CTOT
指挥起
飞 |

图 14-2 CDM 系统流程

 思政阅读

A-CDM 在我国的发展

实践训练

一、实践目的

（1）熟悉 A-CDM 系统的组成及功能。

（2）熟练 A-CDM 系统的操作。

二、实践内容

通过 CCTV 监控系统画面，在机场 A-CDM 系统（或其他同功能信息录入系统）中监管录入××××出港航班地面保障过程中加油车、航空食品餐车、行李传送车、地面牵引拖车到位保障节点。

1. 设施设备准备

机场 A-CDM 系统（或其他信息录入系统）、机场 CCTV 监控系统、笔记本、签字笔等。

2. 配分与评分标准（见表 14-4）

表 14-4　A-CDM 系统的配分与评分标准

序号	考核内容	考核要点	配分	考核标准	扣分	得分
1	录入油料车到位时间	时间录入是否准确	5分	时间不会录入或者录入时间错误的，扣5分		
2	录入航空食品餐车到位时间	时间录入是否准确	5分	时间不会录入或者录入时间错误的，扣5分		
3	录入货运传送车到位时间	时间录入是否准确	5分	时间不会录入或者录入时间错误的，扣5分		
4	录入地面牵引车到位时间	时间录入是否准确	5分	时间不会录入或者录入时间错误的，扣5分		
合计			20分			

本章复习题

1. 简述机场航班运行效率指标。

2. 简述航站楼运行效率指标。

3. 简述 A-CDM 系统的主要功能。

本章测试题

参 考 文 献

[1] 刘国光，杨跃敏，牛富俊，等. 春融作用对寒区机场土面区工作性能的影响[J]. 深圳大学学报（理工版），2019，36（6）：621-627.

[2] 何勇，王保山. 机场外来物（FOD）的管理[J]. 西藏科技，2012（9）：3-6.

[3] 孙源，孙灿飞，刘佳伟. 数字视频监控技术在机场跑道异物监测系统中的应用[J]. 电子技术与软件工程，2013（15）：91-93.

[4] 樊曼劼. 机场跑道异物（FOD）检测研究[D]. 北京：北京交通大学，2011.

[5] 曹甜甜. 基于雷达图像的机场跑道异物检测系统搭建及算法研究[D]. 北京：北京交通大学，2012.

[6] 吴静，王洪，于雪莲，等. 多目标环境下跑道异物监测雷达的 CFAR 检测技术[J]. 光电工程，2013，40（10）：42-47.

[7] 赵锦华，张军. 机场跑道异物检测系统研究[J]. 现代电子技术，2012，35（19）：120-122，126.

[8] 李平伟. 毫米波雷达用于机场跑道 FOD 检测的现状与展望[J]. 微波学报，2012，S1(79):264-266.

[9] 李柏林. 机场跑道维护管理的实例分析[J]. 四川建材，2013，39（3）：150-151.

[10] 顾寄南，李柱，包运佳，等. 一种超高压水射流机场跑道除胶除标线执行装置：CN103938532B[P]. 2014-07-23.

[11] 薛胜雄，王永强，于雷，等. 超高压大功率水射流技术在中国的工程应用[J]. 清洗世界，2005，21（2）：4-9.

[12] 郭双. 机场跑道橡胶胶痕检测方法研究[D]. 天津：中国民航大学，2016.

[13] 林英英，马玉平. 机场场道除冰雪设备数量配置分析[J]. 中国科技信息，2020(20)：32-33.

[14] 中国民用航空总局. 民用机场特种车辆、专用设备配备：MH/T 5002—1996[S]. 北京：中国民航出版社，1996.

[15] 中国民用航空局机场司. 民用机场飞行区技术标准：MH 5001—2021[S]. 北京：中国民航出版社，2021.

[16] 中国民用航空局机场司. 民用机场道面评价管理技术规范：MH/T 5024—2019[S]. 北京：中国民航出版社，2019.

[17] 张登滨，王正，蔡绪涛，等. 机场道面除冰雪保障对策研究[J]. 中小企业管理与科技(上旬刊)，2016（4）：278-279.

[18] 李慧群. 我国机场除冰雪设施设备配备分析[J]. 城市建设理论研究（电子版），2015，5（28）：3010-3011.

[19] 吕志国，王翠玲. 机场飞行区土质地带密实度问题研究[J]. 建筑工程技术与设计，2013（2）：172.

[20] 张兴中. 浅谈机场飞行区土质地带密实度的问题[J]. 建筑工程技术与设计，2016（19）：1467.

[21] 张栋. 民用机场飞行区改扩建工程不停航施工组织与安全管理[J]. 工程技术研究，2020，5（15）：187-188.

[22] 运昊，汤俊杰，赖晓南. 民用机场道面检测与评价[J]. 广东土木与建筑，2022，29（5）：112-115.

[23] 陆迅，朱金福，唐小卫. 航站楼车道边容量评估与优化[J]. 哈尔滨工业大学学报，2009，41（9）：96-99.

[24] 杨杰. 机场车道边设计要点及运行特性分析[J]. 中外建筑，2015（7）：129-132.

[25] 邓松武. 机场停机位需求预测方法研究[J]. 民航管理，2013（8）：60-62.